本书受山东财经大学研究生精品教材出版专项计划
资助出版

INTELLIGENT
ACCOUNTING
THEORY, METHOD AND
APPLICATION

智能会计

理论、方法与应用

王爱国　主编

人民出版社

《智能会计——理论、方法与应用》
编写人员

主　编　王爱国

副主编　赵冠华　牛艳芳　李瑞雪　史文雷　刘玉玉

目　　录

第一章　智能会计本质 ··· 1

第一节　智能会计的意义 ·· 1

第二节　智能会计的功能 ·· 17

第三节　智能会计的内容 ·· 24

第四节　智能会计的方法 ·· 30

第五节　智能会计的科学属性 ·· 43

第二章　智能会计核算 ·· 48

第一节　智能会计核算的历史逻辑 ·································· 48

第二节　智能会计核算的理论逻辑 ·································· 56

第三节　智能会计核算的流程形式 ·································· 69

第四节　智能会计核算的技术应用 ·································· 81

第五节　智能会计核算案例 ··· 91

第三章　智能财务共享 ·· 101

第一节　智能财务共享的基础理论 ·································· 101

第二节　智能财务共享的形成模式 ·································· 131

第三节　智能财务数据中台建设 ···································· 153

第四节　智能财务共享的应用实践 ·································· 161

第四章 智能财务决策·································· 185

　　第一节　智能财务预测与决策概述·············· 185

　　第二节　智能财务预测·························· 197

　　第三节　智能财务决策·························· 214

　　第四节　智能财务预测与决策应用场景·········· 234

第五章 智能财务分析可视化························ 243

　　第一节　相关基础性概念、理论与方法·········· 243

　　第二节　智能财务分析可视化的内涵、特点和步骤····· 267

　　第三节　智能财务报表可视化应用·············· 272

　　第四节　智能业财分析可视化应用·············· 288

第六章 智能审计监督······························ 308

　　第一节　智能审计概述·························· 308

　　第二节　智能审计的目标与对象················ 326

　　第三节　智能审计技术及应用·················· 330

　　第四节　智能审计数据准备···················· 346

　　第五节　智能审计模型························ 358

参考文献·· 380

后　　记·· 394

第一章　智能会计本质

第一节　智能会计的意义

人工智能(Artificial Intelligence,AI)①开启了数字化、智能化的大门，为人类带来了巨大的发展机遇。反应敏锐的企业将利用 AI 技术提升核心竞争力，而未能善用 AI 的企业将面临严峻挑战甚至衰退。就像拥抱个人电脑、互联网、移动设备和云端技术一样，我们要拥抱 AI,学会利用 AI 的技术优势。人类社会正站在 AI 的起跑线上，正处在"百年未有之大变局"加速演进的进程中，正越来越接近物理世界和数字世界的无缝融合。

作为为经济建设服务的会计，以前主要是指近现代会计②，公认的是一个信息系统，一个旨在向企业的股东、信贷者和其他债权人等利益相关者提供会计信息和其他经济信息的系统。它在本质上是一个镜像体系，

---

①　人工智能的思想可以追溯到人工神经元网络概念的产生(McCulloch et al.,1943)和"图灵测试"(Turing ,1950)。1959 年约翰·麦肯锡(John McCarthy)在达特茅斯会议上正式提出了"人工智能"一词，指出:"人工智能就是要让机器的行为看起来就像是人所表现出的智能行为一样。"2007 年他在《什么是人工智能》(What is Artificial Intelligence)一文中又给出了人工智能更为宽泛的定义，即:"制造智能机器，特别是智能计算机程序的科学和工程"，而《牛津词典》给人工智能下的定义是:计算机系统的理论与发展，能够执行通常需要人类智力的任务，例如视觉感知、语音识别、决策和语音翻译等。

②　关于会计史的分期问题并无定论，古代会计、近代会计和现代会计的说法并不十分严谨，具体可以粗略地划分为"原始计量记录""簿记""财务会计""财务会计与管理会计并存并用"等几个阶段。一般而言，只有运用了复式簿记这样一套科学的计量与记录方法，且具有独特属性或特征的会计，方可称为"现代会计"。

是对现实的物理世界所发生的经济活动及其业务的概念化、抽象化、货币化和规则化处理系统,简言之,就是用信息系统来映射现实的物理世界,故而存在失真可能。而未来的,也就是智能会计,则是一个全面嵌入现实和虚拟这两个世界之中以生成和利用数据信息为目的的内生性复杂系统。它与数字化的虚拟世界融为一体,和谐共生,同频共振,虽说也存在通过人机交互对现实的物理世界的投射或映射问题,但更主要的方面是通过计算机或机器去模仿、学习和思考,进而实现对现实的物理世界的数字化、模型化、模态化、自动化和智能化反映,是一个"实""虚"转化、"物""数"孪生的过程,即将物理世界迁移至数字世界,或者说用虚拟世界来替代现实世界,所以存在虚拟现象。

一、智能会计的定义

关于未来会计的称谓,目前学界和业界存在"云会计""互联网+会计""大数据会计""数智会计""智慧会计""智能财务""智能财会"等各种说法。我们认为,从会计的技术性和会计发展的技术逻辑看,将其命名为"智能会计"是比较恰当、最为科学的。因为,自文艺复兴和工业革命以来,科学技术是会计现代化演进的最主要力量,何况,会计也具有内在的技术本质。会计的技术本质,一方面是指记账方法、记账手段和记账系统本身是技术的,另一方面是指科学技术的发展促进了会计理论与方法的进步,例如造纸术、计算技术、计算机和互联网等技术的发明与应用。科技赋能会计,这是会计发展的永恒主题。智能会计毋庸置疑是会计拥抱技术、会计与 AI 等数字技术深度融合的产物。

在本质上,智能会计是一项基础性管理活动,一项以数字经济为前提、业财融合为基础、财务共享为平台、人工智能为支撑,在宏观和微观经济与管理领域,主要发挥大数据分析和辅助决策支持作用的人机共生、协同进化和管理赋能的会计管理活动。① 伴随数字经济发展和数字企业建设的加速推进,在企业组织中,智能会计涉及的业务范围必然会越来越大、工作边

① 王爱国:《智能会计:会计转型发展的方向》,《会计之友》2020 年第 9 期。

界必然会越来越模糊,呈现出多元、平等、协商的治理特征,成为一项数据治理主体参与、数据治理手段实施和数据治理机制协同的,在一定意义上超越了企业边界,带有全域性和生态性也就是生命共同体意识的会计治理活动。①

二、智能会计首先是"会计"

智能会计是现代会计发展到数智时代的产物,从根本上讲,它还是"会计"。既指会计工作,也指会计科学。

众所周知,以借贷复式簿记为灵魂的现代会计是以公司制②为代表的现代商业世界的底色——底层逻辑和底层规则。现代会计不仅是现代商业制度化的起点,而且是现代商业发展与经济繁荣的记录技术基础。

历史地看,如果"结绳记事"③不算"会计"的话,中国会计至少可以追溯到西周时期,《周礼·天官冢宰第一》中就有"司会掌邦之六典、八法、八则……而听其会计"的记载。而西方会计④即使从意大利卢卡·帕乔利的"复式簿记"⑤算起,也已有五百多年的历史。

① 王爱国:《再论智能会计——兼谈智能会计的科学属性》,《财会月刊》2021年第21期。
② 公司制是一种独立于公司组成人员(自然人)的企业法律存在,是民法中自然人概念在公司法上的"模拟",本质上是一种法律"虚拟"组织。它是现代社会最主要的企业财产组织形式,在相对有效地解决了业主制、合伙制等其他企业制度形式所存在的生产规模偏小、管理能力不足和经营风险过高等严重影响经济社会发展问题的同时,也因企业财产所有权与经营权(控制权)的分离,而产生了"信息不对称""逆向选择""道德风险""内部人控制""隧道挖掘""盈余管理"等市场规范和公司治理问题。
③ 东汉武梁祠浮雕上记载:"伏羲仓精,初造王业,画卦结绳,以理海内";《周易·正义》中则讲:"事大,大结其绳;事小,小结其绳;结之多少,随物众寡。"
④ 在国外,已知最早的账本是1929年发掘于幼发拉底河下游右岸伊拉克境内的"库辛(Kushim)泥板"。据考证,它属于公元前3500—3000年苏美尔文明的乌鲁克城,记载内容为"37个月收到了29086单位的大麦,签核人库辛"。
⑤ 复式簿记产生于13—15世纪意大利商贸比较发达的佛罗伦萨、热那亚、威尼斯等北方城市。1494年11月10日,意大利数学家卢卡·帕乔利(Luca Pacioli)所著的《算数、几何、比及比例概要》(也称《数学大全》)一书在威尼斯面世,在《计算与记录详论》一章中集中阐释了当时威尼斯复式簿记的内容、方法与程序。歌德(Johann Wolfgang von Goethe)曾称赞它是"人类智慧的绝妙创造之一,每一个精明的商人从事经营活动都必须利用它";马克斯·韦伯(Max Weber)也指出"复式簿记从技术角度看,是簿记发展的最高形态";熊彼特(Joseph Alois Schumpeter)则认为"资本主义实践将货币单位转换成为合理的成本—利润计算的工具,复式簿记是它高耸的纪念塔"。

　　"办经济离不开会计,经济越发展,会计越重要。"会计发端于生产力——主要是物质生产力的不断发展,形成于由生产力不断发展所带来的财产物资的不断丰富以及管理和分配这些财产物资的不断需要。现代会计从它产生的那一刻起就是商品经济的产物,也就是商品革命和价格革命的产物。如果没有商品经济的孕育、发展和繁荣,现代会计就不可能得以产生和发展;如果没有商品经济从地中海沿岸的意大利、西班牙等国家或地区,向大西洋沿岸的葡萄牙、法国、比利时、荷兰等国家或地区以及由英国向美国的转移、传播和蔓延,现代会计也不可能成为国际通用的商业语言。马克思曾指出:"过程越是按社会的规模进行,越是失去纯粹个人的性质,作为对过程的控制和观念总结的簿记就越是必要"①,会计一开始只是"生产职能的附带部分",在生产时间之外附带地把收支、支付日期等记载下来,后来才从生产职能中分离出来,成为特殊的、专门委托的当事人的独立的职能。会计"在记账时,每时每刻把商品转化为价值符号,抛开商品的材料和它们所具有的一切自然属性,只把它们当作交换价值登记下来"②。

　　现代会计在中国的发展总体来说是相对滞后的。这是由于我国长期处在农耕文明时代,重农抑商思想根深蒂固,商品经济始终不够发达。中国会计在相当长的历史时期是以服务于统治阶级管理国家财政收支为目的的,使用的是"量入以为出"的"上计"或"上计簿"——以"收入""支出""结余"或"旧管""新收""开除""实在"为要素的"三柱清册法"或"四柱清册法"。随着明末清初"龙门账"在山西商帮中的广泛应用,中国会计才真正成为商人核算商品交易盈亏的重要工具。而所谓的"龙门账",就是把全部账目划分为"进""缴""存""该"四大类,运用"进-缴=存-该"平衡式检查账目和计算盈亏,编制"进缴表""存该表"。后来,伴随"洋务运动"的兴起,以"借贷记账法"为核心内容的现代会计才正式传入中国,1905 年湖北官书局出版发行的蔡锡勇

---

　　① 《马克思恩格斯全集》第 24 卷,人民出版社 1972 年版,第 152 页。
　　② 马克思:《政治经济学批判大纲(草稿)第一分册》,刘潇然译,人民出版社 1975 年版,第 74 页。

和蔡璋所编写的《连环账册》第一次全面系统地介绍了这种复式记账法。

新中国成立至党的十四大召开,现代会计一直被视为国民经济核算的重要组成部分,"是反映和监督生产过程的一种方法,是管理经济的一个工具"①。1992年,随着党的十四大"社会主义市场经济",即"要使市场在社会主义国家宏观调控下对资源配置起基础性作用"地位的确立,以及1993年《企业财务通则》《企业会计准则》和10个行业财务制度、13个行业会计制度(简称"两则两制")的颁布实施,借贷复式记账法成为推动我国市场经济全面、有序、健康发展和全球化的重要管理工具。2006年,1个基本会计准则和38个具体会计准则的颁布实施,才正式标志着与国际会计标准或惯例接轨、趋同和等效的中国企业会计准则体系的初步形成。

在数字经济和数字企业方兴未艾的今天,智能会计的"会计"本色并没有变,依然是"人们管理生产过程的一种社会活动""本身就具有管理的职能,是人们从事管理的一种活动""人们只要进行生产活动,就需要会计管理"②。"'会计管理'是建立在'会计是一种管理,或是一项经济管理工作'这一认识的基础上的。……客观现实中会计地位、作用的提高,是产生'会计管理'概念的重要基础"③。"会计的实质是管理,会计本身是一种管理活动"④——"对各单位的经济业务进行核算与分析,作出预测,参与决策,实施监督,旨在提高经济效益的一项具有反映和控制职能的经济管理活动"⑤。也就是说,现代会计始终是一项围绕价值反馈和价值创造而开展的企业管理活动。智能会计自然也具有这种管理属

① 高等财经院校会计教材编写组:《会计原理》,中国财政经济出版社1979年第2版,第1页。

② 杨纪琬、阎达五:《开展我国会计理论研究的几点意见——兼论会计学的科学属性》,《会计研究》1980年第1期。

③ 杨纪琬:《1982年会计学论文选》,中国财政经济出版社1983年版,第41—89页。

④ 娄尔行:《会计的实质是管理——〈现代物资企业会计管理〉序》,《中国物资流通》1989年第12期。

⑤ 杨纪琬、娄尔行:《经济大辞典》,上海辞书出版社1991年版,第36—45页。

性,且具有"治理"意蕴,突出为有共同目标的一系列治理活动,具体表现为工作主体的多元性、工作基础的数字性、工作方式的协商性和工作手段的技术性。①

必须指出,在信息社会,也可从信息论角度去理解会计。"会计是一个信息系统——一个用来把企业或其他营业个体有意义的经济资料传递给对它有利害关系的各方的信息系统"②。更确切地讲,会计"是把一般信息理论在有效率的经济营运问题上的一种应用""是为经济决策提供信息的特殊信息系统"③,"会计是一项服务活动。它的职能是提供有关经济主体的性质上属于财务的数量信息,以便有助于作出经济决策"④。"根据当前的现实及其今后的发展,应把会计看作是一个信息系统,它主要通过客观而真实的信息,为管理提供咨询服务"⑤,"从广义上讲,会计是一种旨在传达一个企业的重大财务和其他经济信息以便其使用者据以作出明智的判断和决策的'经济信息系统',即经济信息专门化"⑥,"会计是旨在提高经济效益、加强经营管理和经济管理而在每个企业、事业、机关等单位范围内建立的一个以提供财务信息为主的经济信息系统"⑦。

当然,我们也必须看到,"以信息处理为主要功能的会计信息系统已经不能适应智能化环境下企业管理和社会发展的需求,而会计管理

① 王爱国:《再论智能会计——兼谈智能会计的科学属性》,《财会月刊》2021 年第21 期。

② Sidney Davidson, *Handbook of Modern Accounting*, New York: McGraw-Hill Book Company, 1977, p.1.

③ American Accounting Association (AAA), *A Statement of Basic Accounting Theory*, 1966, p.1.

④ Accounting Principles Board (APB) Statement No.4, *Basic Concepts and Accounting Principles Underlying Financial Statements of Business Enterprises*, AICPA, 1970, p.1.

⑤ 余绪缨:《要从发展的观点,看会计学的科学属性》,《中国经济问题》1980 年第5 期。

⑥ 潘序伦、王澹如:《基本会计学》,知识出版社 1983 年版,第 14—20 页。

⑦ 葛家澍:《会计学导论》,立信会计图书用品社 1988 年版,第 27—30 页。

活动论则为智能化环境下的智能会计系统构建提供了新的思路和方法"①。在数字化和智能化风起云涌的浪潮中,"管理活动论"抑或治理活动论似乎更能反映和揭示会计的本义,体现智能会计的精髓。换句话说,从信息系统和管理活动相结合的角度来描述会计的本质似乎更为恰当,即"会计是一个经济信息系统,一个旨在为企业管理当局和其他利害关系单位或个人提供决策有用的可用货币计量的会计信息和其他经济信息的系统,它是企业管理的重要组成部分,或者说是企业管理系统的一个重要的子系统"②。实际上在把会计活动理解为一个"系统"这个问题上,会计的管理活动论与信息系统论的看法是一致的,它们的区别在于:前者把会计看作一个会计控制系统,强调监督与控制;后者则把会计看作一个信息生成与提供系统,强调如实反映。

三、智能会计重点在"智能"

随着 AI 的爆炸式迭代与现象级应用,当今世界毫无疑问地已经进入了一个由网络协同和数据智能双螺旋驱动的智能商业时代③,并终将随着新技术的突破性发展和应用而进入从工业化后期向后工业化转变的时代。④ 一句话,人类社会即将进入,甚至是已经进入了一个以 AI、数字技术(Digital Technology,DT)和万物互联为代表的第四次科技与产业革命的时代。在这个时代,工业化、信息化、数字化和智能化得到了前所未有的大交叉、大融合和大发展,形成了一个技术赋能、数字驱动的越来越"陌生的社会"。随之而来的是,人类生产生活消费方式以及由此引导的经济范式和管理模式已经或将会发生颠覆式变革,包括工业、农业、商业、交通、物流、家居和科技等在内的一切人类经济社会活动,都将由机械化、自动化

---

① 续慧泓、杨周南、周卫华、刘锋、刘薇:《基于管理活动论的智能会计系统研究——从会计信息化到会计智能化》,《会计研究》2021 年第 3 期。

② 王爱国:《会计理论研究——构建中国特色的会计理论体系》,南海出版公司 1995 年版,第 7 页。

③ 曾鸣:《智能商业》,中信出版社 2018 年版,第 79—89 页。

④ 黄群慧:《未来 30 年中国工业化进程与产业变革的重大趋势》,《学习与探索》2019 年第 8 期。

向数字化、智能化转变发展。作为一个经济信息系统抑或是一项企业管理活动,现代会计正面临着在会计本质与逻辑"不变"前提下的智能化转变。

历史早已告诉我们:会计是与技术共同发展的。现代会计的第一次重大技术变革始于20世纪六七十年代计算机化会计系统的出现,它影响了会计记录和分析技术[1];第二次转变发生于20世纪90年代末和21世纪初,当时万维网和企业资源规划(Enterprise Resource Planning,ERP)等集成信息系统(Intelligence Information System,IIS)的发展,改善了企业信息供应以及组织内部获取和提供信息的方式,它在保留了传统会计报告模式的同时也改变了会计核算过程。[2] 当前,也就是第三波改变源于大量数字技术的同时出现所带来的会计智能化转型,表现为智能会计概念的提出和落地实施。当然,"会计""技术"的这种变革是双向的,即数字技术推动了会计智能化发展,相应地,智能会计通过参与组织的技术开发又塑造了数字技术的进步。

数字技术是灵活的,可以根据需要建模[3],它能够在促进企业数字化转型的同时助力会计智能化转型。首先,数字技术影响了会计的边界,使会计角色和会计职业本身的边界比IIS时代更加模糊,使会计可以非常便利地关注交易以外的行为[4]和社会媒体信息[5][6];其次,数字技术改变

---

① Porter M.E., Heppelmann J. E., "How Smart, Connected Products are Transforming Competition" *Harvard Business Review*, Vol.92, No.11, 2014, pp.64-88.

② Rom, Anders, Carsten Rohde, "Management Accounting and Integrated Information Systems: A Literature Review", *International Journal of Accounting Information Systems*, Vol.8, No.1, 2007, pp.40-68.

③ Knudsen D. R., "Elusive Boundaries, Power Relations, and Knowledge Production: A Systematic Review of the Literature on Digitalization in Accounting", *International Journal of Accounting Information Systems*, Vol.36, 2020, p.100441.

④ Bhimani A., Willcocks L., "Digitisation, 'Big Data' and the Transformation of Accounting Information", *Accounting and Business Research*, Vol.44, No.4, 2014, pp. 469-490.

⑤ Agostino D., Sidorova Y., "How Social Media Reshapes Action on Distant Customers: Some Empirical Evidence", *Accounting, Auditing and Accountability Journal*, Vol.30, No.4, 2017, pp. 777-794.

⑥ Arnaboldi M., Busco C., Cuganesan S., "Accounting, Accountability, Social Media and Big Data: Revolution or Hype?", *Accounting, Auditing and Accountability Journal*, Vol.30, No.4, 2017, pp. 762-776.

了组织及会计的权力关系,既改变了组织的内部权力关系,诱发了组织内部权力的横向转移,又改变了组织边界之外的权力关系,当管理决策依赖的数据越来越多地来自组织外部时,就意味着会计的权力可能会被削弱;最后,数字技术带来了决策知识质和量的改变①②,一些新型的、非事务性数据进入组织,催生了新的组织决策行为和实践。③

需要进一步说明,在智能会计语境中,会计是"智能"④的。这里讲的智能虽有生命智能之义,但主要是指"人工智能",即"人工"制造出来的"智能",亦称机器智能,也就是把人智赋予机器,让计算机去模拟、延伸、扩展或替代人的思维和劳动的智能。理论上,人工智能需要依赖机器算法、语言和逻辑这三大底层工具,通过不间断地学习而迭代发展。一开始,人写语言,赋予机器,并由机器去识别、模仿、计算和存储,即由机器代替人去干活;逐渐地,人写一部分语言,在此基础上机器通过海量数据的储备和利用,具备了一定的自主学习能力,即机器不仅可以替代人的部分工作,而且可以自己去找活干;更高级的,机器具备了强大的知识存储能力、现实识别能力和数据运算能力,甚至具备或基本具备了生命心理潜能或类人功能,能够替代人类进行逻辑思考,最终脱离人的赋能,成为一种

---

① Quattrone P., "Management Accounting Goes Digital:Will the Move Make It Wiser?", *Management Accounting Research*, Vol.31,2016,pp. 118-122.

② Scott S. V., Orlikowski W. J., "Reconfiguring Relations of Accountability: Materialization of Social Media in the Travel Sector", *Accounting, Organizations and Society*, Vol. 37,No.1,2012,pp. 26-40.

③ Bhimani A., Willcocks L., "Digitisation, 'Big Data' and the Transformation of Accounting Information", *Accounting and Business Research*, Vol.44,No.4,2014,pp. 469-490.

④ 在英文语境中,"智能"一词对应的"intelligence"源于由"inter"和"legere"两部分构成的古拉丁语"intelligere"。其中,前者可理解为"在其中",后者可解释为"辨识和选择",结合起来看,就是"从中辨识和选择"。因此,"intelligence"可以引申为"自动地学习、研究、通晓和领会";在中文语境中,"智能"是"智慧"和"能力"的缩写。前者是指人从感觉到记忆、再到思维的完整过程,后者是指对智慧产生的行为和结果的表达过程。它们在人这一个体中发挥智能的程度分别被描述为"智商"和"能商",而我们通常讲的"情商",则是介于这两者之间,发挥调控作用,使之正确或恰到好处。"智商""能商""情商"在一定意义上是人的感知、认知和行为的外显。

特殊的"生命体"。退一步讲,这时的人工智能不再是单纯模仿①,而是识别和处理以及更高级的逻辑推演,乃至情感反应或反馈识别处理及分析检验②。换句话说,原来的人类生活和社会活动是由人来完成的,完全是一个人教人的过程;进入人工智能时代,则是一个人教机器、机器与机器对话交流的过程。从"图灵测试"(The Turing Test)、到"深蓝"(Deep Blue)、阿尔法狗(AlphaGo)、再到横空出世的 ChatGPT③、Sora 都已表明:人工智能发展的这种趋势是不可逆的,是非常明确、极为迅速的,只是发展过程还相当曲折、漫长和未知而已。

诚然,人工智能的迭代速度和程度取决于机器的自我学习能力,而这

---

① "模仿"在这里指的是外在模仿而非人脑或行为模仿。它是人工智能的第一步,是初始阶段。这时的人工智能还谈不上"学习"——无论是"弱学习",还是"强学习"。模仿的过程,一是要借用人工智能从无法用指标衡量的现实问题中收集获取可供后续数据分析的图片、文字、数据并加以记录和储存;二是要在已收集的资料和信息基础上,对其进行人工智能识别、分类,并根据不同类别加以指标化,使之成为可供数学或统计模型处理的数据信息;三是要基于已收集转化的数据指标和信息,结合处理实际问题的具体规则和实践,按照原有问题推演过程建立起人工智能处理体系,使求解问题智能化;四是将已建立的人工智能处理体系投入实际问题处理过程以检验其可行性,发现其不足之处,以求改进。

② 目前来看,某些人类觉得非常困难如微积分、金融策略、翻译等事情,对人工智能来说都非常简单。相反,一些人类感觉非常容易如视觉、直觉、动态等事情,对人工智能来说又极为困难。用 Donald Knuth 的说法就是"人工智能已经在几乎所有需要思考的领域超过了人类,但是在那些人类和其他动物不需要思考(本能的,引者注)就能完成的事情上,还差得很远"。

③ ChatGPT(Chat Generative Pre-Trained Transformer)于 2022 年 11 月 30 日由 OpenAI 公司正式发布,前后经历了 GPT-1(2018 年 6 月)、GPT-2(2019 年 2 月)、GPT-3(2020 年 5 月)、GPT-4(2023 年 3 月)四次大规模迭代。GPT-1 在 Transformer 架构基础上进行了简化,训练了一个 12 层仅 Decoder 的解码器(原 Transformer 模型还包含 Encoder)。经 GPT-2 到 GPT-3,最终发展成为一个高度智能化的自监督模型,且经微调后的 InstructGPT 可将有害、不真实和有偏差的输出最小化,更适合自然语言生成任务。GPT-4 则是一个大型多模态预训练模型,能够接受图像和文字输入,能够生成诗歌、创意文本,实现风格变化等。ChatGPT 作为一种对话式大规模语言模型使用了人类反馈强化学习(RLHF)技术进行训练,并且应用了基于注意力机制来处理长序列依赖关系的 Transformer 架构。它取代了之前主流的神经网络架构(循环/卷积神经网络,RNN/CNN),能完成模型自主训练,是自然语言处理领域的一个重要里程碑,标志着基础/通用模型时代的到来。

种学习能力的形成则是一个由弱渐强的过程,即机器必须在已经具备了弱人工智能学习工具的基础上,又被赋予或自主获得一种相较之前处理能力更为复杂和高级的功能。按照机器学习的程度和能力,机器的这种学习功能一般被分为"弱学习"和"强学习",前者是一种针对特定领域,机器自身通过内在模仿、学会处理问题的具体过程与方法的自主学习的过程,也就是机器具备了在既有原理或学科框架和实践经验基础上,对同一类实践体系(不是具体问题与信息)进行识别、分析,形成与现实实践中的处理过程相对应的机器端的镜像实践体系,进而利用这一自我生成的镜像体系去实践或处理具体实际问题,并对实践或处理结果进行自我反馈,在反馈与进一步学习过程中不断自我完善,最后形成"学习—实践—反馈"螺旋式上升循环体系的能力;后者的构建和形成则比较复杂,且对机器本身要求甚高,一般是指机器自身在拥有数理逻辑、语言文字以及与之相适应的算力、算法基础上,从某一个专业领域入手,首先利用"弱学习"工具获取一套分析处理问题的规则步骤,再利用"强学习"工具,对其进行人工智能认知分析处理检验的过程,也就是在具有图像、语言、数据等知识储备与信息认知能力的基础上,打破行业界限,机器自身具备了一种通用的,可以思考、推理和思维的自主学习能力。

需要特别指出,人的感知、认知和行为等过程是非常复杂的,作为人工制造出来的"智能"装置,人工智能从严格意义上讲是不可能完全取代人的心理活动和思维尤其是辩证思维过程的。"辩证的思维——正因为它是以概念本身的本性的研究为前提——只对于人才是可能的,并且只对于已处于较高发展阶段上的人(佛教徒和希腊人),才是可能的。"[1] 但是,我们不能以此为借口来否定人工智能对人的思维(包括直觉、形象、逻辑和辩证等)的部分或全部的放大作用,换句话说,人工智能即使没有辩证思维,也不会影响它辅助人或人类的整个悟性活动——归纳、演绎及抽象,以及对未知对象的分析——判断、预测和决策。事实上,

---

[1] 《马克思恩格斯选集》第3卷,人民出版社2012年版,第924页。

人工智能在本质上是一次关于人类"思考"与"思维",也就是具有人文特征的自我认知革命,属于继哥白尼革命、达尔文革命和神经科学革命以后的人类认知的第四次革命,也就是图灵革命——用机器装置代替人类执行原本需要人的思想、智慧和能力来完成的任务或解决的问题。①

目前,人工智能已应用于经济和社会的各个方面②,贯穿于人类社会生产生活消费的各个环节,涵盖了医疗健康、金融服务、运输与制造等世界最大的兆级产业。从微观、中观和宏观三个层面来看,人工智能在微观层面上增进了技术与人的互动和交流——尽管存在致使人类面临信息泄露、技术不适和伦理失范等新的风险,但是更多的是为人们带来了更高效率、更高质量和更加个性化的诸多便利和服务;③在中观层面上引发了行业与组织的变革和再造——在进一步打破了虚实界限的同时,重塑了传统的基于人际互动而形成的组织关系,助推了行业和组织中分工与责任的重构,使"人机对峙"走向了"人机合一";在宏观层面上推动了制度变迁和政策回应——在一切经济活动或事项和社会具象都可能或可以被"数字化"的同时,加速了国家治理体系和治理能力更广、更深、更实的现代化进程,促进了经济社会制度的整体变迁和法规政策的实时回应。

人工智能应用到会计领域,势必要推动会计信息形成和利用的思维、规则、职能、组织、制度和文化等方面发生广泛而深入的变革、重生。一是会计信息的形成可以高效率、低成本地实现一体化、敏捷化、实时化和可视化,也就是可以极为便捷地把被标准化、规范化和流程化了的会计场景加以全时反映。二是会计信息的利用随着人工智能自主学习、自我进化和自由意志能力的提高而逐步转向大数据分析和辅助决策支持,即:(1)对待市场、政府和社会等方面的信息,从关注不够甚至漠不关心到敏捷

---

① [意]卢西亚诺·弗洛里迪:《第四次革命:人工智能如何重塑人类现实》,王文革译,浙江人民出版社 2016 年版,第 85—88 页。

② Mcafee A.,Brynjolfsson E.,*Machine*,*Platform*,*Crowd Harnessing Our Digital Future*,New York:W.W.Norton & Company,2017,pp.39-74.

③ Pasquale F.,*The Black Box Society*,*The Secret Algorithms That Control Money and Information*,Cambridge:Harvard University Press,2015,p.56.

反应;(2)对待技术,尤其是计算技术、信息技术和数字技术,从一般化或碎片化应用到系统化和生态化加速整合;(3)对待判断、分析、预测和决策,从会计核算的边缘走向会计管理的中心。尤其是,ChatGPT 所代表的生成式人工智能(Artificial Intelligence Generated Content,AIGC)将会驱动会计工作流程优化、降本提质增效,塑造交互财会智库、全球化财会人才、智能财务决策顾问、个性化技术助理、自动化报告助手、多功能分析工具和全天候财会秘书等财会场景或角色,形成人机协同工作模式和人机协同共生局面。

四、智能会计是内嵌于数字企业的复杂系统

作为一种新型经济组织,数字企业目前还没有一个公认的规范性定义。在信息化时代,已经实现了全面信息化的企业,实际上是一个集计算机技术、网络技术、信息技术、制造技术、自动控制与管理技术等于一体的,整合了各种不同功能的标准化子信息系统而建立起来的网络化、自动化、模块化、开放或半开放式的现代信息系统。这是一个基于信息技术(IT)并携载着特定业务模式,旨在支持和实现组织价值创造的信息系统,主要包括电子数据处理系统(EDP)、管理信息系统(MIS)、决策支持系统(DSS)、办公自动化(OA)、人力资源(HR)、产品开发管理(PDM)、产品生命周期管理系统(PLM)、供应管理系统(SRM)、客户管理系统(CRM)、业务流程管理系统(BPM)、企业资源规划系统(ERP)、知识管理系统(KMS)、绩效支持系统(EPSS)和在线学习系统(OLS)等。

在智能时代,也就是网络、信息和数据时代,已经或即将实现了全面数字化转型的企业,则是指通过工业互联网或物联网、大数据、区块链、云计算、AI 和机器人流程自动化(Robotic Process Automation,RPA)等新兴技术的深度嵌入和广泛应用,全方位实现产供销、人财物、责权利、上下游、财税金的全面互联互通,以及全要素、供应链、产业链、价值链的全面连接集成,最终形成了在数据、算法、算力、场景共同驱动下的以产品(服务)而非人为核心、以流程(过程)而非功能(职能)为导向的去中介化、非物质化、分散化和柔性化的全新生产制造与服务系统。这是一个基于数字技术的"物质流、价值流、信息流"也就是"业务、价值、数据"高度一体

化的数字信息集成系统,其资源、能量、信息或数据是开放的、敏捷的、富有弹性和交互交换的,在本质上是一个边界模糊化、运营生态化、组织扁平化、工作平台化、流程一体化、员工社会化、利益共享化的全新企业生态。理论上,一个成熟的数字企业应该基本或完全实现了供应链条协同化、库存仓储可视化(看板化)、机器装备传感化、生产过程智能化、订单处理实时化、客户服务交互化、端到端链接便捷化、业务(事项)活动线上化、信息形成(采集)自动化、数据要素集成化、管理决策算法化、运营管理平台化和组织架构哑铃化(扁平化、中台化和阿米巴化)。

很显然,数字企业是一种以数字信息而非产品制造或服务提供为主导的全新企业制度,不能简单地将其理解为企业这一现代信息系统的升级版。因为,企业信息化是以 IT 为技术手段,以业务流程为核心,强调满足业务流程信息化需要,旨在提高流程效率。业务的边界在哪儿,信息系统的边界就在哪儿,二者是一致的。而企业数字化是以 DT 为技术手段,以业务数据为核心,突出数据采集、开发与应用,旨在提高决策质量。数字系统的边界是模糊的、开放的,是跨界集成的,它所使用的资源与信息化建设所使用到的资源,如技术、制度和文化等,是完全分离开来的,不存在或不应存在"系统烟囱"和"数据孤岛"等问题。面对 20 多年企业信息化建设的现实,出于利益偏好和投入约束,数字企业建设难以也不可能实际上也不现实废除这些既有的信息系统,只能按照数据逻辑,通过主数据管理平台将其输出结果——"信息",加以数字化处理,即实现"信息数字化",形成定义规范、口径统一、要求一致的标准化数据,即"元数据"(Metadata),进而集成为主数据库,以便通过算子算法加以分析、挖掘和使用,甚至形成数据资产进场交易。

首先,数字企业是一个数字商业生态系统(Digital Business Ecosystems,DBE),即数字生态系统(Digital Ecosystems,DE)与商业生态系统(Business Ecosystems,BE)相结合而产生的新型价值协同创造网络,是一个分布式经济社会技术系统,具有自组织、可扩展性、可持续性和商业价值等属性或特征。它实际上是一个数字信息系统集。如果说信息是对现实的物理世界的一种记录映射的话,那么数字则是对现实的物理世界的一种完全替代,形成了虚拟数字世界,也就是时下所讲的元宇宙(Metaverse)①。在物理世界里,数字仅是信息若干组成内容或表现形式之一,而在数字世界里,信息基本上都是用数字来表征的,即所谓的数字信息。基于这样的逻辑,数字企业就是通过数字信息系统将其构成要素、组态、过程、环节和端点等规则化、结构化、数字化和智能化地集成在一起所形成的虚拟与实体的数字孪生体,即数字信息及其生成和使用系统的集合体。

其次,企业数字化转型实质上是一个以期改进实体的过程。这是一个数字技术与产业或企业实体逐步或一步深度融合即"数实融合"的过程,具体就是借助数字技术将企业这个现实世界映射并迁移到数字世界,旨在高效、敏捷、柔性地满足客户个性化需求,并持续促进企业价值创造和价值实现。企业数字化转型是通过信息技术、计算技术、通信技术、连接技术和数字技术的组合而触发实体属性的重大变革,不仅涉及单纯的技术问题,而且更加需要全面重塑或调整企业的组织架构、规则制度、文化习惯和既得利益,必然要经历一个纵向集成、横向协作、端到端链接的数字化和集成化渐进过程,至少涉及组织重构、流程重构、物流重构、人力重构和业务重构。其中最紧要的是努力实现企业的业务数字化,即以数字化理念、技术、工具和方法等改造现有业务流程,也就是进行业务流程梳理,即明确企业各项业务活动的序列。具体就是明确为满足客户等利益相关者价值目标要求所从事的每一项任务或工作的输入输出参数,同时相应地要明确业务流程设计者即企业决策者及专家团队,和执行者即软件装置和人力资源。通过业务活动的流程化、清单(册)化、自动化和智能化,来系统回答基于客户价值企业应该"如何做"和"做什么"。

最后,企业数字化转型既是时代要求也是大势所趋。企业生存与发展的环境因素已经从根本上发生了改变,表现在万物互联、供求直连、价值交互和数字原生企业对传统企业的"围猎"。面对这种极具波动性、不确定性、复杂性和模糊性的"乌卡"环境,斯密及泰勒时代的以分工原则

① 元宇宙是人类运用数字技术构建的,由现实世界映射或超越现实世界,可与现实世界交互的虚拟世界,具备新型社会体系的数字生活空间。它本身并不是新技术,只是集成了一大批现有技术,包括5G、云计算、人工智能、虚拟现实、区块链、数字货币、物联网、人机交互等。

为基础、以专门职能为中心、以人为决策与人工执行为核心,强调层级、功能和规则的按部就班式科层企业制度和流水工作方式,显然已不能满足和适应市场与环境对产品或服务提供速度、效率、灵活、柔性等方面的现实要求,需要借助复杂的数字技术范式或范例,及时作出领导或跟随的战略选择和策略安排,摒弃观望抑或放弃的徘徊心态和消极态度,尽快破除烟囱和孤岛思维,实现企业组织架构、管理要素、生产过程、经济业务和资源运管的数字化和智能化,构筑数字企业。

总之,企业数字化转型就是使用数字技术执行、控制或改善共同构成价值链的每一项有形和无形活动,来创造智能产品、提供智能服务,最终改变抑或重构商业模式,是一个涉及企业的愿景、组织、要素、流程、文化、利益和技术的价值重构、价值重生、价值共创和价值共生过程。具体就是:一要通过业务数字化和智能化重构来实现企业的价值重构和价值重生;二要通过与客户、伙伴和利益相关者的实时协同合作来实现企业的价值共创和价值共生。智能会计作为反映企业价值反馈和支持企业价值决策的会计管理活动,在本质上是一个嵌入数字企业系统之中,规范数字经济健康有序发展,链接数字企业价值重构、价值重生、价值共创和价值共生的数字记录和数字运用技术装置系统。

具体来说:一方面,作为数据或信息采集与形成系统,智能会计核算在促进企业数字化转型方面发挥着基础性作用。表现在:(1)智能会计核算能够更充分地利用数字技术,大幅提升了会计信息的可靠性和精准度,从而有利于经济主体对经济活动或经济业务进行更科学合理的预测与把握,在市场竞争中发挥主动权;(2)在传统会计核算中,企业普遍存在会计信息失真现象,而智能会计核算按照管理标准建立统一的财务会计系统,从而保证了数据的统一性与安全有效性;(3)智能会计核算将大数据技术与会计业务活动相结合,对企业日常资金运动中的各种信息进行整合处理,发挥数据库的最大效用,为企业决策提供更可靠的依据。

另一方面,作为数据或信息挖掘与应用系统,智能财务决策在促进企业数字化转型方面发挥着决定性作用。因为,智能财务决策是将财务管理相关理论与计算机技术和数字技术相结合,将财务分析资料和资源深入有效地应用于企业的运营决策中,为管理层的决策提供全面的财务信息支持。(1)鉴于目前数字化转型实践中多数企业由于转型成本偏高而"不能转"的现实,智能财务决策则依靠大数据数量庞大、获取迅速、聚合价值等优势,打通各个系统之间的数据链路,提升决策效率,进而降低决策成本、减少转型成本;(2)智能财务决策的发展是企业转变财务职能的重要手段,随着市场决断机制的智能化发展,管理与决策层凭经验认知的决策模式将被替代;(3)数字时代的财务决策者,既是信息的创造者,也是信息的使用者与再生产者,同时又深度参与企业战略、运营运维管理的各个方面。

第二节　智能会计的功能

作为一项管理活动,抑或是治理活动,智能会计除了"作为对过程的监督和观念上的总括"[1],即具有反映(核算)和监督(控制)基本职能以外,还具有大数据分析和辅助决策支持功能。当然,智能会计反映职能的核心要义是孪生、是数字孪生,而不是过去的"映射"或"投射"。也就是说,在数字经济发展和数字企业建设过程中,现代会计的反映(核算)和监督(控制)职能将逐步被机器和技术所取代,从而让位于智能会计的大数据分析和辅助决策支持功能,并在技术和数据双螺旋驱动下,最终实现由会计核算向会计管理的整体性职能转变。

一、大数据分析功能

"大数据"(Big Data)[2]一词首见于 1998 年 10 月 23 日《科学》(Sci-

---

[1]　《马克思恩格斯选集》第 2 卷,人民出版社 2012 年版,第 327 页。

[2]　大数据一般有两种广泛的含义:一是小写的大数据(big data);二是大写的大数据(Big Data)。前者指的是与数据科学相关的活动与方法,由于这些数据集过大以至于不能用传统方法进行研究,只能基于大数据思维、采用大数据技术与方法;后者指的是与数据相关的活动和方法嵌入到人类社会各个领域,例如在经济上,这个术语表示以数据为中介的商业形式,在文化上代表一种由数据驱动的新知识及其形成或生产方式。当然,两种含义的大数据皆因"数据域"的存在而存在。

ence)中的《大数据处理器》(A Handler for Big Data)一文①,这个词最初被创造出来的背景是:由于各行各业、各门学科广泛使用了数据采集与存储设备,潜在的难以控制的富余数据逐渐汇集成了大量的数据,且通过数据挖掘技术可以挖掘其潜在的认知和商业价值。2008 年《自然》(Nature)和《连线》(Wired)杂志围绕"大数据"这一主题组织了有关谷歌(Google)的讨论——它作为一个科学研究的典范,人类从中可以学到什么,也就是从这个时候开始,"大数据"的含义发生了明显变化。2011 年美国信息存储资讯科技公司易安信(MMC)在"云计算相遇大数据"大会上介绍并使用了"大数据"概念,使其成为计算机行业和管理科学领域的热词。

大数据,或称巨量资料,指的是所涉及的资料量规模巨大到无法透过目前主流软件工具,在合理时间内达到撷取、管理、处理,并整理成为帮助企业经营决策更积极目的的资讯,是一个超越传统典型数据各方特性的新型数据集合②,是基于现代信息技术与工具,可以自动记录、储存和连续扩充的、大大超出传统统计记录与储存能力的一切类型的数据③,是在一定条件下,数据量必须达到一定规模的可扩充的有待挖掘的全体数据④。它是一种海量、高增长率和多样化的信息资产,具有规模大(Volume)、种类多(Variety)、速度快(Velocity)和价值密度低(Value)等所谓的"4V"特性⑤,或者加上真实性(Veracity)的"5V"特征。⑥ 与 20 世纪 80 年代末 90 年代初的"信息高速公路"一样,大数据又是一件重大科技大事变,已迅速而广泛地存在并应用于经济、政治、社会、文化、教育和

---

① Tony Cass,"A Handler for Big Data",*Science*,No.10,1998 ,p.636.

② Manyika J.,Chui M.,Brown B.,Bughin J.,Dobbs R.,Roxburgh C.,Byers A. H.,*Big Data:the Next Frontier for Innovation,Competition,and Productivity*,McKinsey Global Institute,2011,http://stat-athens.aueb.gr/~jpan/MGI_big_data_full_report.pdf.

③ 李金昌:《大数据与统计新思维》,《统计研究》2014 年第 1 期。

④ 李金昌:《从政治算术到大数据分析》,《统计研究》2014 年第 11 期。

⑤ 马建光、姜巍:《大数据的概念、特征及其应用》,《国防科技》2013 年第 2 期。

⑥ Marr B.,*Big Data:Using SMART Big Data,Analytics and Metrics to Make Better Decisions and Improve Performance*,Chichester:John Wiley & Sons,2015,pp.1-656.

管理等生产生活消费的各个领域,尤其是"它将会像土地、石油和资本一样,成为经济运行中的根本性资源"①。目前,与"大数据"概念密切相关的不仅是一套行业内行之有效的如何使用数据的方法、数据科学和机器学习,而且是一种发现科学知识的新技术和新工具。

大数据分析,顾名思义,是基于大数据并利用大数据技术,来观察事物现象、探究事物联系、揭示事物本质和发现事物规律的一种人类(在一定意义上也可能是机器)认知活动。它是一种更宽泛的基于学习数据的包容性概念而不纯粹是基于数理统计的数据分析。大家知道,基于"一切事物或现象背后皆有终极解释"的认知逻辑,传统意义上的数据分析,或者说小数据分析特别关注客观事实背后的所谓"因果关系",重点强调"前提预设"和"理性推论",并在前提、推理和结论这一理性演绎中反复追问"为什么",即试图找出事实真相和行动缘由。

但是,在大数据时代,我们不必非得知道现象背后的原因,而是要让数据自己"发声",知道"是什么"就足够了,没有必要知道"为什么"。也就是说,大数据分析放弃了传统分析对"因果关系"的渴求,而是转向了对事物或现象"相关关系"的关注,即通过对"主观事实"的建构——把那些与"客观事实"存在相关关系的"主观事实"全部列示出来,去为组织或个体决策提供各种适切选择或解决方案。由于大数据分析技术的迭代发展和广泛应用,使得全样本分析也就是全归纳分析成为可能:在无假设约束下,对事物或现象之间可能存在着的相关性进行探索性分析,已经是一件既方便又省时省力的事情了。

诚然,大数据分析并非全然排斥因果关系,它离不开随机或抽样分析的支持和配合。一旦我们完成了对大数据的相关关系分析,而又不再满足于仅仅知道"是什么"时,我们就会继续向更深层次研究因果关系,找出背后的"为什么"。事实上,只有通过两者的有机结合,即通过大数据分析发现或找出事物或现象之间的相关关系,再通过随机或抽样分析,也

---

① ［英］维克托·迈尔·舍恩伯格等:《大数据时代:生活、工作与思维的大变革》,盛杨燕等译,浙江人民出版社2013年版,第1—261页。

就是验证性分析"把数据由大变小""从处理过的大数据中提取价值"①，才能更加精准地发现、预测和总结事物或现象也就是大数据背后所隐藏的规律、模式及其未来发展趋势。

会计原本就具有分析性。会计分析曾被认为是会计学的三大内容之一，其他两大内容是会计核算和会计检查。"会计这门学科是分析性的，主要是为了对企业的现状和发展情况提供资料。……会计是分析性的，指的是它从为数众多的业务数据出发，经过分类和汇总，把大量的数据缩减为较为少量、极其重要而又互有联系的项目，这些项目只要编排得当，就会很充分地反映出一家特定企业的现状和发展情况"②。只不过，当时的会计分析限于获取资料或数据的技术水平和能力，主要还是基于会计信息的，特别是会计报表中那些以货币尺度计量和揭示的结构化数据，而这些数据表征单一、规模有限、数量偏少、结构简单，并没有充分考虑企业业务信息和宏观社会信息，加之，会计分析所采用的方法又相对简单、技术手段相对落后，多是一些计划统计和数量统计至多是网络技术等方面的方法，且侧重指标尤其是量化指标分析，致使此时的会计分析在本质上还是一项质性分析基础上的有限度的数量分析。

随着 IT/DT 技术尤其是 AI 技术在会计领域的广泛应用，作为一个数字化、自动化和智能化的信息反馈和价值管理系统，智能会计的处理对象应该从微观领域的经济活动的数量方面，逐步延伸到微观企业及其以外的宏观领域的经济活动和社会生活的质和量的方面，更多的业务信息和社会信息逐渐纳入了会计分析的视野和范围。会计信息的生成、会计数据资源的管理和利用日趋自动化、智能化、共享化、社会化和生态化，智能会计真正成为连接宏微观经济管理和社会活动的纽带与桥梁，成为价值链上或生态圈内资源优化配置和价值创造实现的"参谋"或"助手"，以此为基础的会计分析切实具备了大数据分析的特质，演化成了名副其实的

---

① 胡雄伟、张宝林、李抵飞:《大数据研究与应用综述》,《标准科学》2013 年第 11 期。
② Mautz R. K., *Effect of Circumstances on the Application of Accounting Principles*, *Financial Executives Research Foundation*, New York: Financial Executives Research Foundation, 1972, pp.1-188.

大数据分析,会计分析所依据的数据不仅融合了企业内部业务数据,而且超出了企业边界进一步扩大到了社会领域的群集数据。

可见,智能会计意义上的大数据分析是计算机科学、数据科学和计算科学等相关学科赋予会计分析的新任务和新功能,是一项以会计信息为基础数据,并延伸到业务信息和社会信息所进行的会计分析活动,也就是说,它是一个利用大数据分析技术,通过对会计信息、业务信息和社会信息的分解辨析,从中找出有助于企业科学决策与管理的隐藏模式模型、未知相关关系以及其他有用信息的人机协同的认知过程。

二、辅助决策支持功能

作为一个经济/技术系统的组织①,企业是一个有机统合管理决策和员工决策的复杂技术系统。"管理就是决策""决策贯穿于管理的全过程"②"决策是行政的心脏"③。正所谓"管理的重心在经营,经营的重心在决策"。没有科学的管理,也就是没有理性的决策,企业在配置经济资源和组合生产要素时,就很难保证既有效率又有效益,进而就很难增进社会财富和提高文明程度。

众所周知,理性"是一种行为方式,是指在给定条件和约束的限度内适应于达到给定目标的行为方式"④,有其特定的思维方式、认知逻辑和方法论基础。当然,理性"在它缺失全知全能性时是有限的",这种有限性主要指的是"人类认知能力的局限性,即人在较短或一定的时间内处理信息能力的界限"⑤,主要"包括知识和计算能力两方面的局限性"⑥。

---

① [美]卡斯特·罗森茨韦克等:《组织与管理:系统方法和权变方法》,李柱流等译,中国社会科学出版社1985年版,第1—724页。

② Simon H. A.,"Rationality in Psychology and Economics",*Journal of Business*,No.59,1986,pp.209-224.

③ Simon H. A.,*Administrative Behavior*,New York:Macmillan,1947,p.59.

④ Simon H. A.,*Theories of Bounded Rationality*,Amsterdam:North-Holland,1972,p.50.

⑤ Simon H. A.,"Bounded Rationality in Social Science:Today and Tomorrow",*Mind & Society*,No.1,2000,pp.25-39.

⑥ Simon H. A.,*Models of Bounded Rationality*(*Vol.*3),Cambridge:The MIT Press,1997,pp.1-470.

而决策则是一种战略或策略选择,"是一个分阶段、涉及很多方面的系统过程"①,"就决策导向最终目标的选取而言,我们把决策称为'价值判断';就决策包含最终目的实现而言,我们把它称作'事实判断'"②。可见,决策是不是理性,也就是说,管理是不是科学,其重要的前提是能不能获取足够量的信息,信息关联在管理决策过程中具有重要作用,它渗透在"决策前提赖以从一个组织成员传递给另一个组织成员的任何过程"③。

在智能时代,企业流程或企业样态已不再是传统意义上的产品研发、生产制造、营运管理、商品销售和售后服务,而应该是价值共创、智能制造、敏捷决策和柔性营销。作为一个信息系统,传统会计提供信息的技术和能力是有限的,尤其在信息获得、存取和计算能力方面,尚达不到理性决策所要求的"满意化"程度。"今天的稀有资源不是信息,而是处理信息的能力"④。而智能会计,一是作为一个智能会计核算系统,也就是作为一个在会计规则基础上,按照借贷编码语言,自动化或智能化地如实反映微观主体或宏观领域经济活动的信息输入、加工和输出系统,它能够及时、精准和低成本地提供科学或理性决策所需要的全部会计信息和其他相关业务甚至社会信息;二是作为一个智能决策支持系统,也就是作为一个基于计算机技术、人工智能技术与会计科学、管理科学相结合的决策支持系统,它是一种以数据仓库为基础,以联机分析工具(OLAP)和数据挖掘工具(DM)为手段的一整套可操作、可实施的决策支持解决方案,其处理对象始终聚焦在决策和支持上,不仅提供足够的或全样本数据化信息,

---

① Simon H. A., *Administrative Behavior-A Study of Decision Making Processes in Administrative Organization*, New York: Macmillan Publishing Company, 1971, pp.1-400.

② [美]赫伯特·西蒙:《管理行为》,杨砾等译,北京经济学院出版社 1988 年版,第 1—314 页。

③ Simon H.A., "Rational Choice and the Structure of the Environment", *Psychological Review*, No.63, 1956, pp.120-138.

④ [美]赫伯特·西蒙:《管理决策新科学》,李柱流等译,中国社会科学出版社 1982 年版,第 1—146 页。

而且要致力于决策问题的结构化。①

今天回过头来看,新中国成立后,关于会计(主要是近现代会计)职能的认识,在政策上与20世纪60年代我国国民经济实行的"调整、巩固、充实、提高"的八字方针密切相关,在理论上主要源于马克思关于"簿记"功能的一般性描述,即"过程越是按社会的规模进行,越是失去纯粹个人的性质,作为对过程的控制和观念总结的簿记就越是必要"②。其中,"所谓'观念总结',是指用观念上的货币即计算货币来总括地反映生产过程及其成果"③。基于上述考虑,我国学术界和实务界把对"过程的控制和观念总结"概括为"反映"和"监督",认为会计的基本职能"一是反映(观念总结),二是监督(控制)"④,1985年颁布的《会计法》中又把会计的基本职能规范为"核算"和"监督"。

毫无疑问,会计"对经济发展是反应性的"⑤。因此,智能会计作为一个反应性系统,总体上要内嵌于日趋成熟的数字世界,服务于数字经济建设和企业数字化转型。具体地,一方面要由机器或技术基本或完全取代其反映或核算职能,另一方面要使监督职能回归到它的"控制"本义,并赋予计划、分析和评价等基本内涵,形成一个相对完整的会计管理循环,其内容至少包括"会计预测、会计决策、会计预算、会计计量、会计控制、会计报告和会计分析"⑥。诚然,此时之"控制"已经是"管理"的同义语了。在"控制"职能中,"监督"仍然有强调的必要,只是监督的内容、方法、方式和手段,都已经发生了根本性甚至是颠覆性变化。

---

① 只有将半结构化和非结构化的决策问题结构化,才方便于使用决策规划来确定问题、设计解答方式、并从中选择最佳或最优方案。其中,结构化的问题可以通过机器来自动化求解;半结构化的问题就需要人机交互;非结构化的问题应借助技术水平和认知能力的提高而逐步半结构化或结构化。

② 《马克思恩格斯全集》第24卷,人民出版社1972年版,第152页。

③ 葛家澍:《马克思的簿记理论与现代会计》,《中国经济问题》1983年第1期。

④ 阎达五:《会计管理结构——对中国会计理论建设的若干思考》,北京出版社1990年版,第34页。

⑤ [美]迈克尔·查特菲尔德:《会计思想史》,文硕等译,中国商业出版社1989年版,第1—347页。

⑥ 阎达五、陈亚民:《论会计管理循环》,《财会通讯》1988年第8期。

完全可以预见,在把以会计信息为基础的大数据推送到管理决策边缘或中心的过程中,智能会计不单是一种支持决策与行动的数据收集和处理的智能化工具,而且更重要的是,它将通过对宏微观经济组织或个体的业务分析、数据理解、数据准备、建立模型及评估和信息调配等,不断地提高数据的结构化水平和决策过程本身的智能化程度,使数据更加贴近或走进科学决策和价值创造过程,即:一是通过处理、分析日常业务和数据工作,为管理者及其团队提供信息支持;二是通过回答、构建情景模拟等方式协助解决更为复杂的现实问题或优化决策;三是自动评估评价各种备选解决方案,并进行商业智能决策。

第三节　智能会计的内容

一、智能会计的内容框架及其内在逻辑关系

从会计信息和数据处理的流程角度来讲,智能会计作为一个复杂系统应该包括以下六大核心内容:(1)用于进行会计数据/信息收集与处理的智能会计核算系统;(2)用于支持企业决策的外部数据采集系统;(3)用于存储或集成会计/业务数据并负责数据和流程标准化的智能财务共享中心(企业/财务数据中台);(4)用于大数据使用即分析、预测和决策的智能财务决策系统;(5)用于报表信息和分析结果呈现的智能财务分析可视化系统;(6)用于企业内部控制的审计监督智能化系统。

这六大系统是根据定义数据(懂业务)、采集数据(识数据)、处理数据(用工具)、分析数据(会分析)、呈现数据(讲故事)、治理数据(保真实)等数据应用及价值实现的数据管理业务流程来设计安排的,它们是相辅相成的。智能会计核算系统形成的内部数据与外部数据采集系统收集的外部数据一起共同构成了企业/财务数据中台的数据内容,同时数据平台的数据结构设计又为内外部数据的形成与采集提供了相应标准,并可以对数据进行预处理和存储与管理;智能财务共享中心所存储的大数

据可以借助智能化技术与数理模型用于辅助企业进行预测式经营与决策,并通过可视化手段进行展示;智能财务分析可视化系统亦可使用智能财务共享中心所集成的大数据进行业财与报表数据分析,并进行动态直观展示;而上述系统科学、顺利运行需要企业内部控制系统的智能化,也就是要建立以内部控制智能化为主要内容的审计监督智能化系统,主要包括党建活动、内部环境、控制活动、信息沟通等数字化和风险评估智能化、内部监督技术化。智能会计内容框架体系及其内在逻辑关系如图1-1所示。

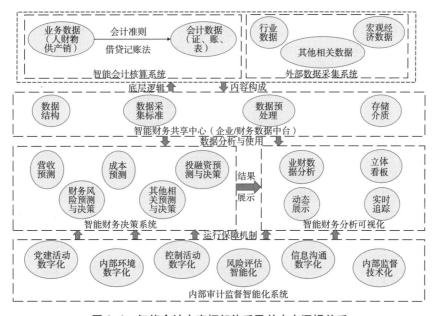

图1-1　智能会计内容框架体系及其内在逻辑关系

二、智能会计包含的主要内容

(一)智能会计核算

智能会计核算是一个基于会计规则自动生成会计数据或会计信息的智能引擎系统。它处于会计和业务数据链的前端,有报表导向和业务导向两种会计数据生成模式。也就是说,它是一个基于会计概念、会计准则,按照会计数据和信息生成与循环逻辑,利用新一代信息技术自动化和智能化地实现经济业务与会计核算一体化的计算记录技术装置系统。它以会计报表为导向,以会计准则为引擎,在经济业务发生时,实时完成分录编制、试算平衡(稽核)和证账表税等数据与信息处理工作,是一个一步或一键生成会计和业务数据的信息处理系统。基于数据科学理论,智能会计核算的实现过程主要包含业务数据采集、会计数据生成和会计数据应用三个阶段。

在业务数据采集阶段,目前主要存在三种情况:一是对于纸质原始凭证信息可以使用文本识别技术(Optical Character Recognition,OCR)进行采集,其收集的数据为非结构化数据,识别后依赖自然语言处理技术将其转化为结构化数据;二是对于电子发票等原始凭证信息直接提取为结构化数据;三是对于前端业务系统数据的采集,如核算系统自动化实现企业销售人员所填写的销售数据的采集,可依据所设置的业务数据与会计科目匹配原则自动将业务数据匹配至会计数据。当前会计核算系统正处于会计信息化向会计智能化转变的进程中,更多的情况是实现了部分或全部自动化。

在会计数据生成阶段,目前实务界所采用的多为强匹配方式,即通过业务人员和财会人员的共同梳理,结合会计大数据系统所采用的数据库特点,梳理出企业业务数据,依据借贷复式记账法所对应的科目,并将其设计在数据库字段中,从而实现业务数据一发生即可自动生成记账凭证的功能。这种模式可以减少错误率,但在前期系统构建时不仅需要大量的人工投入,而且对业务人员的会计素养和财会人员的数据库知识有一定要求。

在会计数据应用阶段,依据财务报告主要是会计报表生成标准,将智能会计核算系统中的会计大数据自动生成各类报表。报表的生成主要有两种形式:一是依据会计数据逻辑将规则设置进数据库架构中的内潜式生成;二是依据报表需求,通过数据提取和计算生成个性化报表。

智能会计核算最关键的工作:一是经济业务流程梳理、设计及其作业或活动清册的编制;二是将会计准则等规则嵌入智能会计核算模型,形成基于业务和管理需要的合理算法;三是选择和利用适配技术,避免技术错配或过载。

另外,智能会计核算系统在设计时,要预留端口充分考虑与外部数据衔接。这些数据是指主要用于辅助企业决策的行业、社会中的宏观经济和政策数据,可从统计年鉴、行业网站、电商平台等多渠道获取,常用技术手段有 Python 爬虫、文本和词频分析、ChatGPT 等。

（二）智能财务共享

智能财务共享是存储智能会计核算系统和外部信息采集系统所采集或生成数据并将其融为一体的数据治理系统,它实际上是一个企业全息信息系统或大数据管理系统,这个系统的中枢应该是财务共享中心这个现实存在,或者说是以财务共享中心为元组织而建立起来的,理论上不应该是一个新设的机构或职能部门。它以服务而非以人为核心,以流程而非以职能为导向,要害在流程共享,关键在专注于向多用户提供高质高效数字服务。它处于会计和业务数据链的中端,在这里,数据被存储、被治理。

财务共享中心最初主要是依托信息技术,实现了会计集中核算——财务数据集中处理和流程优化,后来通过财务共享平台,逐步实现业财税商金一体化。目前财务共享正处在多系统整合向数据中台构建的进程中,也就是借助大数据和人工智能技术,架构和建设智能财务共享中心的过程中,痛点集中于组织重构、业务流程和主数据梳理以及多源异构数据的标准化及其整合集成上,尤其是数据标准的制定上。数据标准就是业务标准,一定要依据业务标准来制定数据标准,即锚定业务梳理、系统衔接、流程打通和价值创造,突出数据结构、数据采集标准、数据预处理和数据存储介质等。

智能财务共享或者智能财务共享中心是企业的数据中台,发挥着连接供需两端、整合资源要素、展示产品形态、重构业务逻辑的作用。从这个数据中心,企业大脑或头部组织获取信息,进行决策,发出指令;企业前线或作战单元接收命令,落实执行,回馈信息。它至少涉及数据获取——元数据采集和信息数字化、数据标准——数据定义和数据字典、数据模型——数理模型与算法、数据存储——数据仓库、数据池/湖/海和存储介质、数据治理——数据安全和数据伦理等内容。

（三）智能财务决策

数据集成的目的在使用以及在创造价值。智能财务决策就是利用人工智能等先进数字技术对业财数据的终极应用，是一个基于机器学习等人工智能技术的数据重组和利用系统。它处于会计和业务数据链的末端，在这里，集成的、标准化的数据被重组、分析和利用，为经营管理和决策提供数据支持或服务，即辅助企业进行预测式经营和精准性决策，一般包括商业理解、数据清洗及准备、数据建模及评估、信息或方案发布等几个阶段。具体就是，将大数据分析和人工智能技术与企业的业务、项目、场景和资金结合起来，通过数据挖掘、模型构建、参数调整、优化学习等全面挖掘资源要素之间的相关关系，并深度分析它们之间的因果关系，为企业决策提供精准化解决方案。

目前智能财务决策尚处于起步阶段，实践中更多的是一种可视化的财务分析。原因在于智能财务共享尚处在发展的初级阶段，企业数据中台还没有完全形成，数据规模不大、质量不高、模态单一，尤其是财务决策模型过于简单，只涉及机器学习的简单模型，深度学习和神经网络等复杂模型应用较少，且主要集中在财务领域，对企业经营、下游和区域或行业任务关注不够。

运用新一代信息技术推动企业管理的数字化和智能化，尤其是为企业预测与决策提供精准的数据支持，始终是智能财务决策的重中之重。一是运用案例推理、遗传算法、人工神经网络、粗糙集、决策树以及支持向量机等算法来进行智能财务预测，其中预测数据准备应包括数据获取、数据检查、数据整合与清理、数据转换与规约以及数据分割等内容；二是运用数据仓库、数据挖掘、机器学习与深度学习、专家系统、模式识别、自然语言处理等关键技术进行智能财务决策，其中要结合场景形成智能财务决策的完整数据流程图，为智能财务决策勾勒出科学的数据逻辑关系。

（四）智能财务分析可视化

智能财务分析可视化是指利用新技术工具将会计核算结果和财务决策方案予以图形化或图像化展示的一种数据和信息披露方式。主要内容包括:一是对业财数据、财务数据及其报表分析予以可视化;二是对智能财务决策结果或方案予以可视化。常用的技术工具包括 PowerBI、ExcelBI 和 Tableau 等较为成熟的商业软件,也可以通过 Python(如 matplotlib 包)、ChatGPT 等来实现。目前智能财务分析可视化主要集中在第一个方面,展示方式主要是数据分析、立体看板、动态展示和实时追踪(下钻或穿透)等。

商务智能作为集数据架构、数据库和应用分析于一体的技术平台,已经由传统数据查询和报表制作演变成为数据分析和智能控件应用的敏捷智能分析平台,具有智能化、可视化和易学习等特点。通过对敏捷商务智能平台 Power BI 特点及对财务分析适用性的介绍,进而提出了智能财务分析可视化的理论框架,概括了智能财务分析可视化的内涵、特点、国内外发展和应用步骤。同时,以面向上市公司财务报表分析可视化案例和面向某电商企业内部业财融合可视化案例,分别展示了前沿商务智能技术对财务分析的支持和可视化呈现效果,使得原先枯燥的财务分析转换为生动、直观的交互式可视化图表,为企业报表分析、经营分析等提供重要的技术理论与方法支持。

（五）智能审计监督

审计监督是保障国民经济和企业运营的有效监控机制。在数字时代,审计监督的对象和内容、审计监督的技术和手段、审计监督的程序和方法等都发生了颠覆式或根本性变化。审计监督数字化、技术化和智能化是其变革的基本方向。

智能审计监督是一种模型审计,是一个以逻辑推理、印证和判定的方式,由机器代替人工来达到审计目标的数字包或模型包。它不同于一般的审计软件,也不同于数据分析模型,而是指对特定的审计事项能够由机器智能化地完成全部或大部分审计作业的技术装置系统。一个完整的智能审计模型通常包含模型名称、审计事项、审计目标、审计思路、审计依据、所需数据、数据库语句和法律法规等要素。

智能审计监督与现实生活中的计算机审计、大数据审计等密切相关,但又不完全一样。智能审计监督强调的是将相关制度、规则、标准内嵌于机器装置系统,通过技术自动监督、控制和校验,发现异常现象,寻找审计证据,形成审计意见并出具审计报告。其突出特点是:大数据思维,融合了多种先进技术,转变了审计价值、审计方式和审计视角。与传统审计相比,智能审计对象也是被审计单位的经济管理活动,但是智能审计的直接对象是数据,包括业务数据、财务数据、内部控制数据和管理数据,这些数据有文本、音频和视频等多种形式。从数据处理流程角度来看,智能审计技术主要分为审计数据采集技术、审计数据处理技术、审计数据分析技术和审计数据报告技术等,其中最常见的主流技术是 OCR 技术、自然语言处理、机器学习、RPA 技术、区块链、数据可视化技术等。

第四节　智能会计的方法

　　智能会计方法是用来反映会计对象、执行会计任务和完成会计工作的一系列手段。传统会计核算主要有设置账户、复式记账、填制和审核凭证、登记账簿、成本计算、财产清查和编制会计报表七个专门方法。智能会计除了在信息技术基础上继续运用这些专门方法以外,会更加注重数字技术在会计核算与管理领域或场景中的应用,主要涉及计算科学、数据科学、区块链和人工智能等领域的技术方法,更为适配的数字技术方法将在以后的章节中介绍。

一、计算科学理论与方法

　　计算科学源于计算机技术的迅猛发展和广泛应用。1946 年 2 月由莫克利(John W. Mauchly)和艾克特(J. Presper Eckert)发明的世界上第一台电子计算机(ENIAC)在美国宾夕法尼亚大学诞生。1945 年 3 月约翰·冯·诺依曼(John von Neumann)在波斯特-图灵程序(Post-Turing Program)基础上提出了一个全新的"存储程序通用电子计算机方案"(EDVAC)。但它能否成为一门独立的科学,在 20 世纪七八十年代曾经进行过激烈争论。1985 年美国计算机协会(ACM)和美国电气与电子工

程师协会(IEEE)联合组成攻关组开始了计算科学存在性研究,1989 年 1
月,*Communications of the ACM* 刊登了 ACM 提交的题为《计算作为一门学
科》(Computing as a Discipline)的研究报告①,1990 年 IEEE 联合 ACM 形
成了一份题为《计算教程 1991》(Computing Curricula 1991)的研究报告,
这两份报告认为:计算科学来源于对数理逻辑、计算模型、算法理论和自
动计算机器的研究,是描述和变换信息的算法过程,回答什么能和什么不
能有效地自动进行的问题,主要包括理论、分析、设计、效率、实现和应用
等问题的系统性研究。

　　计算科学是计算机作为人类思维的延伸——使人类跨越自身的"可
计算性"和"不可计算性"之间的界限,建立了可能性而出现并迅速崛起
的一种新的科学方法。它的出现实际上是一种"哈金式革命"(Hacking
Revolutions)②或者更准确地说是一种"侵位革命"(Emplacement Revolu-
tion)——在保留了一些旧方法的同时又吸纳或补充了很多新方法,而非
库恩式的革命(Kuhnian Revolutions)——当科学革命发生时,方法会随之
而变。因此,计算科学的进步不仅是理论上的而且也是技术上的,即新技
术可以将人类引入新的认识领域,也就是说,人类已经被嵌入到具有非人类
认知主体的网络之中,而这种网络的基本节点是计算仪器、设备和装置。

　　进一步地,计算科学按照"抽象、理论和设计"的认知逻辑有其相对
独立的学科形态。其中,"抽象"源于客观世界,是对客观事物进行概念
性描述即由现象到本质、由个别到一般的认识过程和思维方法,通过建立
具体问题的概念模型,来实现对客观世界的感性认识。具体而言,抽象源
于经验,是对现实原形的理想化。尽管理想化后的现实原形与现实事物
相比有了质的区别,但它们总是现实事物的概念化,是有现实背景的,包
括形成假设、建造模型、做出预测设计、实验并收集数据和对结果进行分
析四种形态或步骤;"理论"源于数学,是由科学概念、科学原理以及对这

---

　　① Denning P. J. et al., "Computing as a Discipline", *Communication on ACM* , Vol.32,
No.1,1989,pp.9~23.
　　② 所谓"哈金式革命":(1)能引发多学科的科学实践方式的大转变;(2)引导新机构促进
新的做法;(3)与实质性的社会变革有关;(4)这种革命的历史可以不是完整和全面的。

些概念、原理的理论论证所组成的经过实践检验的系统化的知识体系,通过建立具体问题的数学模型,来实现对客观世界的理性认识。具体包括定义和公理——表述研究对象的特征、定理——假设对象之间的基本性质和对象之间可能存在的关系——确定这些关系是否为真、结论和解释等四种形态或步骤;"设计"源于工程,一方面在对客观世界的感性与理性认识基础上完成某个具体的任务;另一方面要对工程设计中所遇到的问题进行总结、提出问题并加以理论解决,即为解决某个具体问题而设计一套系统或装置,一般包括需求分析、建立规格说明、设计并实现该系统和对该系统进行测试与分析四种形态或步骤。

计算科学的基本问题在本质上是能行的问题[①],也就是要解决计算的平台与环境问题、计算过程的能行操作与效率问题和计算的正确性问题。其中,计算的平台与环境问题研究的实质是构建各种计算模型,研究计算问题在理论上或实践中是否能行和使用便捷问题,实际上,应用中的计算机系统、高级程序设计语言、计算机体系结构、软件开发工具与环境、编译程序与操作系统等都属于这一问题的研究。计算过程的能行操作与效率问题研究的核心是基于某一恰当计算模型的算法问题,数值与非数值计算方法、算法设计与算法分析、代数化简、结构化程序设计的效率分析、以计算机部件为背景的数字系统逻辑设计技术、密码学与快速算法、演化计算、程序设计方法学、自动布线、自动推理技术等都是与之密切相关的分支学科。计算的正确性问题研究关注的是:一个计算问题在给出能行操作序列的同时,必须确保计算的正确性,而计算的正确性问题又常常归结为各种计算机语言的语法和语义问题,数值和非数值算法理论、程序设计语言的语义学、程序(程序描述与验证)理论、程序测试技术、软件工程技术、计算语言学、容错理论与技术、Petri 网理论、进程代数与分布式事件代数、分布式网络协议等都是为解决这一基本问题而发展形成的。

需要强调的是,计算科学的方法远远超越了人类自身的能力,并以人

---

① 赵致琢:《关于计算机科学与技术认知问题的研究简报(1,2)》,《计算机研究与发展》2001 年第 1 期。

类无法完全理解的方式运作着。由于一个人不可能完全严格地追踪到计算机所做的每一步计算过程,使计算科学的认识论在本质上有别于传统的数学证明和科学推导,带来"不透明性"(Epistemic Opacity)。也就是说,人类对待计算科学应该放弃以人类为中心的认识论,走出人类中心困境,从而采取一种不透明的认识论,也就是一种源于技术进步而非过去的经验①、臆测或理性选择而获取科学知识(除概念、理论和数学)的所谓透明的认识论。

二、数据科学理论与方法

数据科学②一词出现于 20 世纪 60 年代。1968 年,国际信息处理联合会(IFIP)通过了一份题为《数据科学:数据与数据处理的科学,及其在教育中的地位》的报告。1996 年国际分类学会联合会(IFCS)两年度东京会议的标题为"数据科学,分类及相关方法"。2002 年,国际科学理事会(ICSU)下属的国际科学技术数据委员会(CODATA)主编的《数据科学》创刊。2015 年,美国密歇根大学宣布了"数据科学计划"(Data Science Initiative,DSI),声称"数据科学已成为除实验、建模、计算之外的第四种科学发现方法",认为数据科学是"科学发现和实践之间的连接,包括对于各种科学的、可转化的、跨学科的应用相关联的大量异构数据的收集、管理、处理、分析、可视化和解读"。

数据科学是一门研究新环境下大数据的新科学③,即利用数据学习

---

① 以云计算为例,在其发展进程中的主要技术事件是:(1)1969 年美国高级研究计划署(ARPA)推出 ARPSNet,使用的协议是 NCP,计算机网络交流诞生;(2)1973 年温顿·瑟夫(Vinton Cerf)和鲍勃·卡恩(Bob Karn)共同开发出 TCP 模型,弥补了 NCP 无法做到和个别计算机网络交流的缺陷;(3)1989 年蒂姆·伯纳斯·李(Tim Berners-Lee)设计的 3W 协议广泛应用于现代互联网;(4)1999 年赛富时(Salesforce)开始以云的理念提供基于互联网的企业级服务;(5)2006 年 AWSEC2 奠定了云计算的业界标杆;(6)2013 年以 IBM Watson 为代表的认知计算涉足商业领域,计算开始变得智能,步入"后云计算时代"。

② 一般认为科学必须具备知识内容、以可以理解的形式组织、把实证看作检验有效性的最终标准三个要素。在网络、信息和数据时代,新科学兴起的四个驱动力是统计学理论、计算机和显示设备的快速发展、各个领域大量数据带来的挑战和广泛多样的学科对量化的强调或重视。

③ 赵致琢:《关于计算机科学与技术认知问题的研究简报(1,2)》,《计算机研究与发展》2001 年第 1 期。

知识的科学或基于数据处理的科学①,是研究探索赛伯空间(Cyberspace)中数据奥秘的理论、方法和技术②,是由大数据时代新出现的理论、方法、模型、技术、平台、工具、应用和最佳实践组成的一整套知识体系。③ 数据科学通过综合运用计算机科学、数学和统计学以及各专业知识来系统研究数据的各种类型、状态、属性及变化形式和变化规律,同时为自然科学和社会科学提供数据方法这一新的研究方法。它至少涉及数据探索和准备、数据表示和转换、数据计算、数据建模、数据可视化与演示、数据科学相关科学六部分内容。④ 数据科学有以下特点:一是数据密集型范式,数据的获取、管理、分析、呈现等,数据驱动的科学理论、方法和技术;二是数据工程和数据分析,数据建模、数据管理与数据集成、数据挖掘与数据可视化、数据安全等,以及模型驱动的数据分析方法、数据驱动的数据分析方法、云计算、并行计算等;三是应用创新,商业、数据产业、领域数据科学等。

数据既然是反映自然世界的符号化表示——是对现实世界的事物、现象和行为的数字化替代,那么其所形成的数据空间自然就蕴含了现实世界的运行规律,具备了独立于其他学科领域的特质,既具有诸如对称性、黄金分割、长尾分布等常数规律特征,又具有非确定性、数据广义关联、时空演化、数据复杂性等大数据规律特征,而数据科学就是要运用分析、建模、计算等科学方法来研究数据的这些规律和特征,旨在发现或实现数据价值、深化对现实世界的认知和把控。用科学方法来研究数据,实际上这是一种数据驱动的科学发现,不同于以往的实验观测、理论推演和计算仿真,图灵奖得主吉姆·格雷(Jim Gray)将其称为第四范式(The Fourth Paradigm)。当然,数据科学可以作为一个独立整体、独立学科来研究,也可以基于不同视角和目的,针对特定领域的大数据来研究,譬如金融大数据、医疗大数据和能源大数据等。其中在第一种研究维度上讨

---

① Peter Naur, *Concise Survey of Computer Methods*, New York: Petrocelli Books, 1974, pp.1-20.

② 朱扬勇、熊赞:《数据学》,复旦大学出版社2009年版,第3—20页。

③ 朝乐门、邢春晓、张勇:《数据科学研究的现状与趋势》,《计算机科学》2018年第1期。

④ Donoho D., "50 Years of Data Science", *Journal of Computational and Graphical Statistics*, Vol.26, No.4, 2017, pp.745-766.

论的议题,主要集中在数据范式、数据驱动、大数据智能、数据密集型问题、数据加工、用户体验、大数据分析、算法可扩展性、数据产品开发和大数据人才培养等方面。

　　数据科学是统计学、机器学习等领域或行业知识的交叉,其方法体系具备"数据、技术、应用"深度融合的特点,与统计学、计算科学等领域或行业知识密切相关。概括起来:(1)数据科学与统计学的研究对象都是数据①,但是前者在研究问题的范畴上已经超越了后者,一是数据收集不再是刻意的、经过设计的而更多的是用户使用电子数码产品的副产品或用户自行产生的内容,数据的客观性提高了,统计上的样本意义淡化了;二是数据分析不再依赖于统计学中如独立同分布假设、低维假设等这样一些强假设,而是依赖于多源异质的真实数据。(2)从计算科学到数据科学,也就是从传统计算机领域的算法复杂性分析转变为对数据的复杂性和非确定性等特性分析,要求计算技术更新升级,在对大数据的存储、管理以及分析架构等方面作出适应性应对,借以解决有限时空下进行复杂计算的难题,厘清数据复杂性、模型复杂性与模型性能的关系,进而形成一套大数据计算与技术模型。(3)数据科学被普遍定义为将数据转化为有价值的商业信息的完整过程,其实大数据问题很大程度上来自商业领域,受商业利益驱动,这就要求数据科学家应同时具备数据分析技术和商业敏感性等综合技能,不仅要了解数据的来源、类型和存储调用方式,而且还要知晓如何选择相应的分析方法,同时对分析结果也能做出切合实际的解释。

---

　　①　统计学研究的是现象的数量方面,是关于数据的收集与分析的科学,其核心是统计测度——从测度的计量方式看,包括自然测度、物理测度、化学测度、时间测度和价值测度。它和会计学一样,都是关于数据的科学,但是会计学更侧重于价值测度或价值计量。随着数字技术等测度或计量手段和工具的低成本普及与运用,智能会计计量越来越呈现出非价值化和非货币化特征。统计学虽然也十分关注本体论和认识论意义上的数据问题,但主要还是侧重对数据收集与分析的实践,即由于统计因果性偏好和投入约束而更加注重实操意义,而不像数据科学那样是运用科学的方法从原始数据(主要是大数据)中解放或创建意义。

三、区块链理论与方法

公认的最早关于区块链的描述性文献是中本聪发布的《比特币：一种点对点的电子现金系统》(Bitcion: A Peer-to-Peer Electronic Cash System)，文中将区块和链描述为用于记录比特币交易账目历史的数据结构。在维基百科上将其类比为一种分布式数据库技术，通过维护数据块的链式结构，来维持增长的、不可篡改的数据记录。

一般认为，区块链有狭义和广义之分。狭义上讲，它是一种以区块为基本单位的链式数据结构，各区块之间利用数字摘要对之前的交易历史进行校验，以满足分布式场景下防篡改和可扩展性的需求；广义上讲，它指代基于区块链结构实现的分布式记账技术，包括共识算法、隐私与安全、点对点通信技术、网络协议、智能合约等。我国工信部指导发布的《区块链技术和应用发展白皮书(2016)》中将区块链解释为：狭义上讲，区块链是一种按照时间顺序将数据区块以顺序相连的方式组合成的一种链式数据结构，并以密码学方式保证的不可篡改和不可伪造的分布式账本；广义上讲，区块链技术是利用块链式数据结构来验证和存储数据、利用分布式节点共识算法来生成和更新数据、利用密码学的方式保证数据传输和访问的安全性、利用自动化脚本代码组成的智能合约来编程和操作数据的一种全新的分布式基础架构与技术范式。

顾名思义，区块链是一种以区块(Block)为数据存储和传递基本单位或单元，并按时间先后顺序块与块之间首尾相连所形成的记录业务或行为的链式(Chain)数据结构。它在本质上类似于现行会计核算体系中的"日记账"（亦称"流水账"）。只不过，"日记账"是某一会计主体也就是中心化组织按照经济业务发生的先后顺序逐日逐笔序时登记的，其最小记账单元是一笔笔实际发生的业务。区块链则是某些会计主体也就是多元或去中心化组织按照反映经济业务的区块形成的先后顺序逐日逐"块"序时登记的，其最小记账单元是一个个标准化的区块。"日记账"有借、贷、余或数量、单价、金额"三栏式"，或者按照对应会计科目设置的"多栏式"。区块也有一定的格式和统一的要求，一般包括区块头和区块主体两部分：前者主要由父区块哈希值（Previous Hash）、时间戳（Timestamp）、默克尔树根（Merke Tree Root）等信息构成；后者主要是指一串交易的列表。正是从这个意义上，人们习惯于把区块链称之为一个"账本"。事实上，区块链中的"区块"可以视为序时记录某段时间内所发生交易或事项和状态结果的具有一定汇总功能的账簿，在一定程度上设定了"区块"的边界；而区块链中的"链"则是由区块按照发生先后顺序串联而成的反映整个账本状态情况的"日记"记录。

现代复式记账技术要求特定主体在发生每一笔交易或事项时，都要以相等的金额在两个或两个以上的对应账户或科目中同时加以记录，在一定程度上确保了记账的可靠性和可稽核性，但是这种记账工作需要专门人员在特定的场所或机构集中控制来完成，所形成的数据由特定主体统一存储，是一种典型的一元或中心化记账技术。相反，区块链记账技术在理论上人人都是"记账员"，参与其中的所有节点，包括企业、单位、其他组织或个人都可以在交易或事项发生时添加记录，即使是不在同一组织，甚至彼此互不认识抑或没有任何信任基础，是一种多元或去中心化的记账技术。换句话说，凡是参与区块链系统的节点，都有维护"区块"和增长"链"的权利与义务，形成的是一种典型的分布式"超级账本"。

具体而言，区块链记账技术与复式记账技术相比，一是具有更强的可扩展性，也就是区块链系统具有通过横向增加节点来实现整个系统扩张扩大的能力，账本由交易各方共同维护和使用，分散度高，便于添加记录，且具有高共享性。但是，它所遇到的技术难题与信息化背景下的复式簿记是一样的，即在交易或事项发生时，由谁来录入系统，以及采用怎样的技术方法和手段来写入账本。二是不可篡改，也就是区块链记账一旦交易或事项通过验证添加到系统内，就再难修改、移除或者删除，或者说篡改的时间、算力成本太高，在经济上不划算。但是，它依然解决或避免不了录入或写入系统前的业务造假、恶意篡改或破坏记录等人为问题。因此，如何保证所有参与者在录入或写入交易数据时诚实可信，是区块链记账技术正式进入商用领域①的关键。当然,两种记账技术都能够全面反映交易或事项的来龙去脉,都具有交易或业务溯源能力,只是在便捷性、自动化和智能化程度上有所不同而已。

　　目前来看,区块链记账所涉及的基础技术主要包括:(1)哈希算法。也就是散列算法,即把任意长度的输入经过一定的计算机运算,就会生成并输出一个固定长度的字符串,也就是数字摘要,这个字符串就是该输入的哈希值。在区块链系统中,每一个区块都有一个唯一、准确地标识该区块的哈希值,且在每一区块中都包含了标识上一个区块的哈希值,层层套嵌,最终将所有区块串联起来形成区块链。一个优秀的哈希算法必须具备正向快速、逆向困难、输入敏感、碰撞避免等特征。区块链技术就是利用哈希值这些特质构建区块的链式结构,实现快速检测,并确保防篡改可追溯。(2)数字签名。是指利用密码学中的相关算法对签名内容进行计算机运算处理,获取用于标识物理签名的一串字符。数字签名不是电子签名,它包括签名和验证两种运算,并采用非对称加密算法。在区块链系统中,每个节点都拥有一对密钥,即公钥和私钥。公钥人人可以获取,所有节点都可以校验身份的合法性;私钥只有本人可以拥有,用于交易或数据签名。只有交易或数据附加的数字签名进行验证后,该交易或数据才会触发后续处理流程。(3)共识算法。形成共识或达成一致性是区块链落地生根的前提,所有节点都在参与交易或数据记录,都参与到了共识形成或一致性达成过程中,由于各节点本身状况、网络环境、传输时间、信息可靠性等难以做到相同或一致,势必影响区块链记账的一致性、安全性和权威性,影响共识或正确"区块"的生成。目前常用的共识算法有四大类:一是工作量证明类的共识算法(PoW);二是 Po* 的凭证类共识算法;三是拜占庭容错类共识算法(BFT);四是结合可信执行环境的共识算法。

---

　　① 尽管区块链记账技术商业应用正在加速落地,但目前仍然处于发展的初级阶段,仍未出现"杀手级"的商用案例。第一次热潮出现在 2013 年前后,"区块链"这个术语频繁出现,并集中在以比特币为代表的加密货币和相关技术领域等。第二次热潮出现在 2016 年左右,2015 年 7 月底以太坊(Ethereum)开源项目正式上线,标志着以区块链为技术基础的分布式账本被证实存在商用价值,2015 年年底埃森哲、摩根大通等 30 家金融企业和科技企业联合发起了超级账本(Hyperledger)开源项目,并由中立的 Linux 基金会进行管理。

（4）智能合约。智能合约是一种在满足一定条件时,就能自动执行的计算机程序。在区块链系统中,一个智能合约需要包括事务处理机制、数据存储机制及完备的状态机,一旦满足触发条件,就会根据预设规则和逻辑,读取相应数据并进行计算,并将计算结果永久地保存在链式结构中,也就是自动执行合约。完备性和安全性始终是智能合约的生命线,提高其语言确定性、堵塞其逻辑漏洞是其永恒的主题。（5）P2P网络。它是一种消除了中心化服务节点的对等计算机网络（Peer - to - Peer Networking）,也就是将所有的网络参与者均视为对等的,并在它们之间进行任务和工作负载分配,从而自动配置闲置计算能力。利用这一技术,区块链系统中的所有交易或区块传播并不需要发送者将其发送给所有节点,只需发送给相邻节点即可。相邻节点则按一定规则“一传十、十传百”发送出去,最终覆盖所有节点,实现交易或区块的永久存储。

需要强调,区块链技术应用于目前的会计核算系统,一是通过P2P搭建底层网络通信框架,同时通过智能合约代码化会计规则——这些规则实际上就是“共识”,实现人机交互;二是利用非对称加密技术实现公私钥配对,一个预留系统——类似于传统会计上的预留银行印鉴,一个留给自己;三是利用哈希函数标识块与块之间的前后衔接、传承,“块”就是时间轴上的一段数据包——类似于传统会计上的汇总凭证或账簿,“数据摘要”即哈希值就是这个“块”的唯一标识——类似于传统会计上的“转下页”或“承前页”;四是作为一个开放式记账系统,严格来讲,区块链记账过程及结果不需要监管,而是有赖所有参与者自身商业往来的合规性以及相互监督。

四、人工智能理论与方法

公认的人工智能元年是1956年[①]。经过计算驱动、知识驱动和数据

[①]　1956年8月在美国汉诺斯小镇的达特茅斯学院,约翰·麦卡锡（John McCarthy）、马文·明斯基（Marvin Minsky）、克劳德·香农（Claude Shannon）、艾伦·纽厄尔（Allen Newell）、赫伯特·亚历山大·西蒙（Herbert Alexander Simon）、亚瑟·塞缪尔（Arthur Samuel）等科学家聚集在一起,共同讨论一个主题:用机器来模仿人类学习及其他方面的智能,就是要让机器的行为看起来就像人所表现出来的智能行为一样。虽历时两个月也未达成共识,但将讨论内容概括为“人工智能”。

驱动三次浪潮,人工智能已经发展成为研究、开发用于模拟、延伸和扩展人的智能的理论、方法、技术及应用系统的一门新的技术科学。时至今日,人工智能已经扩展为包括图搜索及优化搜索、知识表示及知识图谱、机器学习、知识发现及数据挖掘、自然语言理解、机器视觉、专家系统、机器人等相关学科及研究方向的庞大知识体系。主要包括六大单元或板块知识:

一是运用搜索技术进行问题求解。这些搜索技术包括盲目搜索和启发式搜索。前者是指仅按预定控制策略进行的搜索,例如深度优先搜索、宽度优先搜索和回溯搜索等;后者是指利用知识来引导的搜索,例如 A 或 A^* 算法、模拟退火、遗传算法和粒子群算法等。

二是运用知识图谱进行知识表示,也就是把人类知识表示为机器能够处理的数据结构,以使机器具备理解和解释的能力。单就技术而言,知识图谱可以追溯到 20 世纪 60 年代末形成的知识工程,包括专家系统①、语义网络、描述逻辑、语义 Web(1.0,2.0,3.0)等。所谓知识图谱是指用节点和关系所组成的图谱,在本质上是一种大型的语义网络,等于知识本体(Ontology)+知识实例(Instance)。前者表达的是实体之间的层次关系;后者表达的是实体之间的语义关联。具体包括通用知识图谱,如常识类、百科类等,和行业知识图谱,如金融、电信、医疗和教育等。

三是运用机器学习进行知识发现,也就是使用机器来模拟人类学习活动,以获取新的知识或技能。机器学习就是让计算机从示例中学习到数据输入至输出的函数对应关系,包括学习模型、数据准备(数据集划分

---

① 专家系统指的是一个具有大量专门知识和经验的计算机程序系统,或者说是一套知识驱动的计算机软件装置。它聚焦于某个专业领域,模拟人类专家回答问题或提供知识,帮助工作人员做出决策,以解决那些需要专家决定的复杂问题。一方面,充分利用现有专家的知识经验,建立庞大的知识库,即专家规则。截至 2017 年已累计超过 150 万个概念数据和 2000 万条常识规则;另一方面,利用计算机编程设定如何根据提问进行推理,找到答案,即推理引擎。专家系统思想可追溯到:(1)1965 年美国著名计算机专家费根鲍姆(Feigenbaum)设计了可以根据化学仪器的读数自动鉴定化学成分的专家系统 Dendral;(2)1980 年卡内基梅隆大学(CMU)研发的 XCON 投入使用,它设定了超过 2500 条规则,处理了超过 80000 条订单,准确率超过 95%。

和数据标注)、学习方式(有监督学习、无监督学习、集成或半监督学习、概率图模型)、模型评估和深度学习(强化学习及迁移学习)等过程和内容。其中,深度学习是人工智能发展的重要拐点,指的是一种深度网络训练算法,而深度网络是一种各层之间节点局部连接而非全连接的神经网络,例如卷积神经网络(CNN)。

四是运用视觉和语音进行感知理解,也就是通过机器翻译、语音助手、客服机器人、3D 景物建模与识别等,识别出特定类别的实体,摘录出关键文本或知识,进行情感分析,提取对象特征并理解视觉对象。这里的视觉是指计算机视觉,就是利用计算机和照相机来获取所需要的、被拍摄对象的数据与信息;这里的语音是指计算机语音识别,就是利用计算机实现从语音到文字的自动转换。

五是运用自然语言处理强化自然语言理解与生成。要实现人机间的自然语言交流,就要使计算机既能理解自然语言文本的意义,又能以自然语言文本来表达给定的意图和思想等。前者称为自然语言理解(NLU),后者称为自然语言生成(NLG)。而自然语言处理(NLP)是指计算机理解并解释人类写作和说话方式的能力,也就是让计算机在语言理解上像人类一样,旨在弥补人类交流(自然语言)与计算机理解(机器语言)之间的差距。

六是运用推理机、软件机器人和机器人等进行系统构造。具体就是对用户提问进行推理解释,感知环境并接受反馈,运用自身知识进行问题求解,并构造具有感知机能、运动机能、思维机能和通信机能的封装实体。

现在来看,人工智能"是关于知识的科学,即怎样表示知识,怎样获取知识和怎样使用知识的科学"①,"是研究如何使计算机去做过去只有人才能做的富有智能的工作"②,"是一个知识信息处理系统"③。也就是

---

① [美]尼尔斯·约翰·尼尔逊:《人工智能原理》,石纯一译,科学出版社 1983 年版。

② [美]帕特里克·亨利·温斯顿:《人工智能(第 3 版)》,崔良沂、赵永昌译,清华大学出版社 2005 年版。

③ Feigenbaum E. A., "The Art of Artificial Intelligence: Themes and Case Studies of Knowledge Engineering", *Proceedings of the 5th International Joint Conference on Artificial Intelligence*, 1977.

说,人工智能是借助于计算机建造智能系统,完成诸如模式识别、自然语言理解、程序自动设计、定理自动证明、专家系统、机器人等智能活动。按照对人类认知本质的三种不同理解——理性推导、经验学习和人与环境互动,人工智能已形成基于知识表示、人脑神经网络和感知/行动三种不同的范式和基于符号主义、连接主义和行为主义的三种不同纲领的流派。所谓符号主义,也称逻辑主义,其基本思想是人类的认知过程是各种符号进行推理运算的过程。人和计算机都是一个物理符号系统,因此能用计算机来模拟人的智能行为。符号主义认为:知识和概念可以用符号表示,认知就是符号处理过程,推理就是利用知识对问题的求解过程。符号主义的落脚点在符号推理与机器推理。所谓连接主义,也即仿生学派,其基本思想是人类思维的基本单位是神经元而不是符号处理过程。它为神经网络提供了连接机制与学习算法。人脑和计算机不同,网络中的每个节点即神经元没有特定的意义,但是每个节点都参与整体的概念表示。在连接主义中,概念是由一组数字、向量、矩阵或张量来表示的,即由网络整体的特定激活模式来表示的。连接主义的落脚点在神经网络与深度学习,典型应用是感知机(Perceptron)的出现。所谓行为主义,也称进化主义,其基本思想是智能取决于感知和行动,并提出了智能行为的"感知—动作"模式。智能不需要知识、表示和推理,智能行为只能通过与周围环境的不断交互表现出来,人工智能可以像人类智能那样逐步进化。行为主义的落脚点在行为控制、自适应和进化计算,典型应用是机器人控制系统。

时下在神经网络、深度学习①和神经拟态②等算法技术的强劲推动下,人工智能在算力、算法和数据等方面都取得了飞速发展,正在由单纯的观察、感知、认知,向自适应、独立意识和全面替代甚至超越人类智慧和

---

① 深度学习(Deep Learning)是指基于多层神经网络算法模型,能够不断强化机器从海量非结构化数据中自行归纳物体特征以及对新事物多层特征提取、描述和还原的能力。它使人工智能技术的识别准确率不断提升,从而可以在更广泛的场景下解决实际问题。

② 神经拟态(Neuromorphic)主要是指用模拟、数字或者模数混合大规模集成电路(包括神经元或者神经突触模型的新型材料或者电子元器件)和软件系统,来模拟神经系统、实现神经网络建模,并在此之上构建智能系统。

能力等方面的快速演进。也就是说,人工智能越来越拥有了接近、达到或超越了人的智慧,越来越具有类人的感知、欣赏、心情、情感、意识和推理等功能,即具备了完成感知、理解、推理、分析、决策和行动等一系列交互任务的能力,从最初的"弱人工智能"(Weak AI)或"窄人工智能"(Narrow AI)——模拟或代替人类劳动,逐步迈向了现在的"强人工智能"(Strong AI)或"通用人工智能"(Artificial General Intelligence,AGI)甚至是"超级智能"(Super Intelligence)——增强或扩展人类智慧和能力。2017 年我国《新一代人工智能发展规划》中重点强调的智能技术与其他技术的融合,就属于"强人工智能"或"超级智能"的范畴,主要包括大数据智能、跨媒体智能、自主智能、人机混合增强智能、群体智能五大关键技术类型。

第五节　智能会计的科学属性

智能会计是会计知识与大数据技术和人工智能技术的完美结合。伴随数字技术的涌现和应用,一方面大数据成了一个现象级领域;另一方面计算能力得到大幅度提升,推动会计进入了一个用数据和计算来定义和理解也就是智能会计的新阶段。正是由于数字技术对会计学的这种技术赋能,才在一定程度上使"在学术大家庭里的会计学这一新生儿"①,由"软科学"向"硬科学"迈进了一大步。可以这样讲,智能会计学是会计、科技(技术)和管理(决策)三者深度融合、一体化发展的应然和实然结果,而大数据、算力、算法共同驱动了会计智能化跃迁这一重要进程。

智能会计是一门关于处理会计数据和业务数据的科学,具有管理和技术的交叉性。作为一门科学,智能会计不仅要关注一笔笔经济业务、一个个鲜活案例和一列列对应变量,更要关注可用数学模型或统计模型捕捉到的语言、位置、运动、网络、图像和视频等非货币化和非结构化的质性

---

① ［美］约翰·B.坎宁:《会计中的经济学》,宋小明等译,立信会计出版社 2014 年版,第 1—271 页。

元素及其表征出来的大数据之间的依赖关系;不仅要进行会计与技术的一体化、整体化研究,而且要在会计与技术的"无缝之网"中研究会计现象、探寻会计规律。也就是说,在智能会计学这个概念中,"会计"一词更多的是强调把会计理论(主要是指会计准则、制度、标准和规则)带入"智能"(主要是指的人工智能中的算力、算法,即计算能力)这个数据采集、挖掘、建模、输出的全过程之中。"智能"一词更多的是强调对会计核算和会计管理的技术赋能。这是一个理论指导计算,计算启发理论的过程。

应该说,智能会计是一门基于包括会计信息的大数据,利用会计科学与计算机科学、数据科学、计算科学等相关学科相结合的方式方法,研究智能会计活动——主要是智能会计核算、智能会计预测、智能会计决策、智能会计预算、智能会计分析、智能会计控制和智能会计评价等专门问题的方法性、计算性、实践性和交叉性科学,属于交叉学科范畴,具有计算社会科学属性。它不仅要研究智能会计的基本理论与方法问题,而且要研究会计和业务数据的采集、加工、处理、组织、计算、记录、分析、可视化、故事化以及数据产品开发和数据资产管理等具体问题。一个完整的智能会计知识体系至少应该包括相应的概念、理论、方法、技术、工具、平台、应用和最佳实践等内容。

一、智能会计是一门方法性科学

发展到今天,鉴于会计的科学性,不能否认智能会计也是一门实质性科学的论断,也就是它本身具有解释现象、分析原因、预测未来和指导实践的理论功用。但是,如果从技术和方法论角度看,智能会计又确实是一门更加侧重方法论的科学。换言之,智能会计不仅是一门基于规则、数据和技术来研究会计实在及其规律的实质性科学,而且更是一门关于会计方法技术化、智能化和智慧化的方法性科学,亦即着重研究方法论的一门科学。

智能会计虽然也研究规律,但是它所研究的业务或交易之规律,是在归纳业务或交易的方法时,或者说是在为了研究业务或交易方法时,才开始研究的。为方法而研究规律,是智能会计学的鲜明特征。智能会计分析数据及其要素间的结构、关联和因果之关系,主要是为了数据建模或者统计建模,是为了说明和总结方法,侧重的仍然是方法科学的内容。

二、智能会计是一门计算性科学

大数据、人工智能等这些数字技术广泛而深入地应用于会计领域,无疑塑造了智能会计这个新领域,并促使会计更加趋向于计算化和数字化。在智能时代,任何组织或个人"所处的整个世界是由算法控制,并且按算法确定的程序进行演化"[1],"计算已成为人们认识自然、生命、思维、社会的一种普遍的观念和方法"[2]。与传统会计相比,智能会计更是"一个计量过程"[3],"会计计量是会计活动的核心职能"[4]。从严格意义上讲,受传统计算技术等因素影响,现行会计计量是很难达到如实反映和决策相关等会计信息质量特征要求的,而智能会计则不然,在计算和数字技术支持下,它能够极大地提高会计信息的确定性和逼近性,细化其颗粒度,也就是智能会计所形成的以数字表示的会计信息会越来越精准、越来越揭示现实经济世界的本质和全貌。

可以说,智能会计既是"计算"也是"算计",在本质上就是一种计量——一种面向数字技术应用的社会计算过程,具有计算社会科学属性。具体而言,智能会计不仅要计算经济活动的数量方面,而且要通过大数据的收集与分析,去发现更有意义的模型,甚至通过深度机器学习,去观察更大规模的会计现象,去透视更为复杂的会计系统,进而发现和形成创造性的会计思想、理论与方法。一句话,智能会计不仅要关注计算机或更广义的数字技术在会计活动中的应用,而且要研究会计知识在计算机或数字技术中的嵌入使用,并以此来探究和认知智能会计科学中的规律性和方法性知识。

---

[1]　李建会:《走向计算主义》,《自然辩证法通讯》2003 年第 3 期。

[2]　孟小峰、李勇、祝建华:《社会计算:大数据时代的机遇与挑战》,《计算机研究与发展》2013 年第 12 期。

[3]　林志军:《关于会计计量的认识》,《会计研究》1986 年第 5 期。

[4]　Yuji Ljiri, "The Theory of Accounting Measurement", *American Accounting Association* (*AAA*), 1975, pp.2–12.

三、智能会计是一门实践性科学

智能会计归根结底是一种社会活动、一种认识活动,"在本质上是实践的"①,"是一种实践活动"②"一种具有历史性、建构性的实践活动"③,即为了实现组织资源和生产要素的优化配置,按照既定目标和规则,来反馈和创造价值,来管理和控制宏微观价值运动。理论源于实践。对智能会计这种后发性的科学而言,其理论、观点和方法即知识体系的形成和建构,更多的是始于实践观察,更要强调对客观存在着的、在一定程度上也是方兴未艾的智能会计实践的观察、反映和分析的这种实践优位性。因为,"科学规律(除数学以外)必须要从事实中归纳和总结得出,人类的主观性可以被这种方法有效地过滤掉"④。当然,作为一种社会实在,智能会计实践又不完全等同于自然现象,不仅要广泛地运用数学、统计学和人工智能技术,而且也包含着更多的价值判断与主观选择。

四、智能会计是一门交叉性科学

基于组织及其环境关系的数字性和复杂性,智能会计具有鲜明的交叉学科特征,或者说,它本身就是一门交叉学科。过去,我们一般把会计学限定在经济领域,视为一项经济管理活动,甚至仅视为一项微观经济管理活动。而现在,随着企业生产社会化和数字化程度的不断提高,智能会计工作早已超出了微观主体边界,甚至从国民经济整体利益的角度出发,在整个社会范围内基于所谓的大数据来组织其活动,成为一种经济、社会、技术交叉融合的综合实践活动,具有显而易见的复杂性、突发性和多尺度性。

众所周知,针对复杂、综合和交融性的重大经济社会问题,单一学科

---

① 《马克思恩格斯选集》第 1 卷,人民出版社 1995 年版,第 60 页。

② 杨栋、魏大鹏:《科学观之演进与管理学科学属性之争》,《管理世界》2009 年第 6 期。

③ 李正风:《科学知识生产方式及其演变》,清华大学出版社 2006 年版,第 344 页。

④ Rosenberg, "Lakatosian Consolations for Economic", *Economics and Philosophy*, No.2, 1986, pp.127−139.

的知识往往难以进行多维度、全方位、整体性的深入探讨和系统建构，"需要互补应用多种研究路径——统计模型和模拟、社会和经济理论、实验室实验、田野调查与民族志、历史和档案分析，以及实践经验"①，需要运用计算机科学等理论，通过对问题的不同层次的抽象，利用算法解析业务行为，设计人工智能系统，求解复杂问题，并利用数学模型和方法形成更有针对性的解决方案。

实际上，相对于数字中国建设对会计专门人才的数字化、敏捷化和智能化的要求，传统会计学已经出现了难以逾越的知识屏障、技术不足和能力短板，迫切需要吸收、嫁接和融合不同学科的发展成果，通过"交叉"也就是各大门类科学及各专业知识之间的整合、共享和交融这一学科演化和设计的基本途径，逐步实现智能会计学的知识积累和体系构建。从这个意义上讲，智能会计是会计科学与计算机科学、数据科学、计算科学、数学科学、统计科学等相关或相近科学之间发生的外部交叉，以及会计科学内部各专业知识之间发生的内部交叉所形成的边缘性、横断性和综合性知识体系。

---

① Duncan Watts, *Computational Social Science: Exciting Progress and Future Challenges*, The Bridge on Frontiers of Engineering, 2013, pp.12-39.

第二章　智能会计核算

第一节　智能会计核算的历史逻辑

一、会计核算的基本环节

会计核算主要涉及财务会计,而财务会计与管理会计是"同源分流"的。财务会计作为一个独立概念出现在 20 世纪 30 年代,确切地说是"一般公认会计准则"(Generally Accepted Accounting Principle,GAAP)形成以后。它的发展注定是与对外提供会计信息紧密联系在一起的,甚至可以说财务会计的一个最终目标主要就是向企业外部的股东、信贷者和其他利益相关者提供会计信息。现代企业在形式上是法律虚构,而实质上体现为一系列契约关系的结合,其基本财产关系是生产资料所有权与经营权的分离。由于信息不对称,带来了企业契约关系的摩擦,导致企业运营和社会交易成本居高不下,影响企业可持续发展和资本市场健康有序运行。一般认为,通过制定具有公共物品性质的公认会计准则,规范会计信息的形成与披露,也就是对会计信息的形成与披露进行适度管制①,可

---

① "管制"是会计信息披露的必要条件而非充分必要条件。因为,即使缺乏对会计信息披露的管制,企业管理当局为了显示企业的异质性,借以筹集资金,仍然会披露会计信息,但是由此披露的会计信息可能具有以下几点缺陷:(1)会计信息披露可能具有非连续性,即只有在需要筹集资金时才会披露;(2)即使连续披露,可能也无法保证会计信息披露的质量;(3)导致会计信息披露要么过载、要么不足;(4)选择性会计信息披露、缺乏透明度,无法保证中小投资者的利益,导致公司治理的紊乱。

以引导社会资源和生产要素的有效配置。换句话说,作为企业的外部投资者,由于社会分工和个人禀赋的不同,往往并不直接参与企业的经营管理,基于成本效益原则,也无法对企业的日常运营保持实时监督,而只能够通过企业定期披露的通用财务报告,来评价企业管理当局受托责任履行情况及进行各项经济决策。

依托资本市场和公司治理这一时代制度背景,在公认会计准则和现代大型股份有限集团公司①加持下,财务会计逐渐形成了以报告为核心的"确认、计量、记录、报告"四大基本会计处理环节。在财务会计之中,初始确认、计量和记录只是为报告准备数据,只有列入财务报告主要是指财务报表的数据才是最有用的信息,在财务报表中的确认和计量才是最终的和可信的。具体来看:

（一）会计确认方面

按照传统会计观点,权责发生制是会计确认的唯一基础,资产负债表和利润表都是遵循权责发生制的产物。但是,随着现金流量表,一开始称为财务状况变动表,被陆续确定为财务报表体系中的第三张报表,会计确认就不再是单纯地以权责发生制为基础了,而是兼顾了收付实现制。因为,对一个企业而言,流动性是最为重要的,即所谓"现金为王",及时反映和监督现金的存量、流量等信息成为财务会计的一项重要任务。凡是涉及现金,不论其是否影响到企业权责后果如何,都要按照收付实现制先行记录,而后再按照权责发生制进行调整。同样,对于收入的确认,虽然仍坚持实现原则,但是实现

---

①　现代大型股份有限集团公司在股东人数及其动态变化上,是过去企业所无法比拟的。在区分所有权和控制权时,必须记住这样的事实,即使许多人在企业之中拥有一定的权益,但是他们实际上已不再具备能够控制经营者的能力,因此我们通常不再认为他们是企业的所有者。实质上,在现代大型股份有限公司中,众多小股东尽管从法律意义上仍然是企业的所有者,但是他们不仅没有能力而且也不愿意去设法联合控制企业,包括约束、替换经营者等,在一个资本趋利化流动的不断完善的资本市场上,他们所能、所愿意做的,只有、也只能根据公司管理阶层及其代理人所编制的财务报告来进行决策,即购买或抛售公司的股票或证券、更改自己的既有决策、"用脚投票"——主动撤换乃至放弃自己"虚设"的股东权利。

的内涵和外延都已发生了变化，即不再机械地坚持"已实现"，而是拓展为"可实现"，从而为全面或综合收益表的出现奠定了理论基础。

（二）会计计量方面

按照传统会计观点，历史成本计量是确保会计信息可靠性和稳健性的基础，经过存货"成本与市价孰低"或"成本与可变现净值孰低"等计量方法的陆续运用，历史成本已经不再是唯一的会计计量基础，现行成本、重置成本、公允价值等都可以用来对特定属性资产项目进行计量。当前的财务会计计量模式实际上是一种混合计量模式，资产负债表中的资产越来越证券化，而权益越来越负债化。

（三）会计记录方面

财务会计的复式簿记原理，尤其是借贷记账法，一直是现代会计的记录技术基础。但是，随着可扩展商业报告语言（Extensible Business Reporting Language，XBRL）的推广普及，使互联网财务报告披露成为可能；随着区块链技术的日益成熟和逐步应用，使会计核算去中心化、建立智能合约和信任机制，在保护隐私和数据安全的前提下，实现分布式记账、改变会计处理流程成为可能，甚至从根本上动摇了会计记录的技术基础。

（四）会计报告方面

财务会计是以对外报告为导向的，会计报表、会计报表附注和补充资料等是传统财务报告体系的主要组成部分，表内确认和附注披露是其重要的信息揭示方式。但是随着会计信息使用者及其诉求日趋多元化，财务报告体系日益呈现出扩表和增加其他报告手段也就是其他财务报告的新趋势，甚至增加了大量的非财务信息和预测性信息，即其他与财务会计不相关的报告。一些主要文献及其代表性观点如表2-1所示。

表 2-1 企业财务报告改进的代表性观点

不同的公告	缺陷/理由	改进意见
ICAEW & ICAS (1991) "未来财务报告的模式"	(1)重成本而轻价值； (2)过于重视单一计量； (3)重过去而轻未来； (4)重盈利而轻现金流量； (5)重法律形式而轻经济实质	(1)不要重视单一的盈利数字、重视现金流量信息、重视未来信息、坚持实质重于形式； (2)应提供目标与战略计划表、资产负债表、收益表、利得表、现金流量表、未来展望表
AICPA (1994) "改进企业报告——着眼于用户"	(1)财务报告不能面向未来； (2)会计信息失去相关性； (3)会计信息严重地不完整。同时该报告认为:第一,没有证据表明,使用者由于认为信息不相关或其他原因而放弃财务报表分析;第二,没有使用者建议,财务报表应予以放弃而由基本不同的组织财务信息的手段来取代	(1)改进企业分部信息的披露； (2)衍生金融工具的核算及披露； (3)表外融资的特征、风险及机会的披露； (4)区分核心、非核心业务,按照公允价值计量非核心资产及负债； (5)特定资产和负债计量不确定性的披露； (6)单独披露第四季度报告,按季度提供分部资料； (7)取消缺乏相关性的披露； (8)其他建议
Wallamn(1996) "会计与财务报告的未来(Ⅱ);彩色报告模式"	(1)会计和财务报告的相关性日益下降,体现在:①未考虑会计主体外延的弹性；②对软资产如人力资源、智力资本未能进行恰当的确认与计量；③财务报告的及时性及预测性严重不足；④会计信息传递渠道不畅通 (2)财务报告的黑白模式	彩色报告模式: (1)相关性、可靠性、可定义性和可计量性均符合要求； (2)相关性、可计量性和可定义性都符合要求,但可靠性存在疑问； (3)相关性与可计量性符合要求,但可定义性与可靠性存在疑问； (4)相关性、可靠性和可计量性符合要求,但可定义性存在疑问； (5)仅相关性符合标准,可靠性、可定义性和可计量性都不符合
IASC (1999) "电子企业报告"	(1)网络为基础报告的增长； (2)网络为基础交易的增长； (3)全球化与网络报告的前景； (4)全球化和信息技术发展对管制市场的冲击	电子企业报告,含多维报告模式、多种在线资料等
Upton (2001) "企业和财务报告:来自新经济的挑战"	投资者需要的信息和企业提供的信息在新经济下存在巨大的鸿沟	(1)更多的非财务信息披露； (2)更多的前瞻性信息； (3)更多的无形资产信息

续表

不同的公告	缺陷/理由	改进意见
FASB（2002）"改进企业报告：强化自愿披露的调查"	改进自愿披露可以使资本流动更富有效率、降低资本成本	（1）企业资料、管理当局对企业资料的分析、预测性信息、管理当局与股东的信息、公司背景信息、未确认无形资产的信息； （2）企业的重要方面、管理当局的战略及计划、非财务计量（如市场占有份额、经营效率等）、竞争劣势等

二、会计核算系统的演进

（一）会计信息系统的建设与应用

借助信息技术，会计核算基本实现了信息化。会计信息系统（Accounting Information System，AIS）是现代企业管理信息系统中的一个极为重要的子系统。利用计算机来处理会计信息，国外最早出现在1954年美国通用电气公司第一次使用计算机来计算职工薪酬，国内最早是1979年长春第一汽车制造厂引入计算机从事工资核算、固定资产核算、成本核算等单项会计核算工作。1981年财政部和中国会计学会在长春召开了"财务、会计、成本应用电子计算机研讨会"，在这次会议上将计算机在会计工作中的应用正式命名为会计电算化。会计电算化是借助计算机技术，基于借贷复式记账原理，按照凭证、账簿、报表先后顺序，运用会计科目，将业务数据转化为会计信息的半自动化或自动化过程。会计电算化的基本业务处理程序如图2-1所示。

进入21世纪，互联网技术得到了飞速发展，会计信息系统逐步网络化和集成化，传统财务软件的缺陷逐渐显现，企业不仅要求软件系统进行记账与报表输出，而且还要求软件系统能够提供与业务相关的成本、盈利及绩效等方面的支持信息，这就促使会计信息系统逐渐向ERP等高度集成化的管理信息系统发展。伴随ERP的诞生和应用，企业的业务管理和财务管理逐步整合融合，也就是业财一体化的业务流程重组（Business Process Reengineering，BPR），实现了技术功能集成与管理制度创新。业财一体化的会计信息系统业务处理程序如图2-2所示。

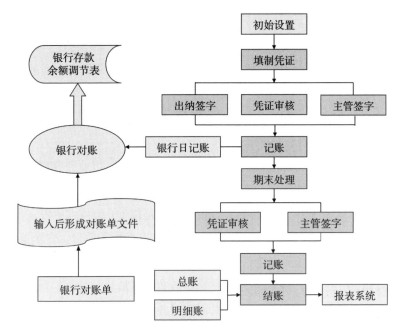

图 2-1　会计电算化的基本业务处理程序

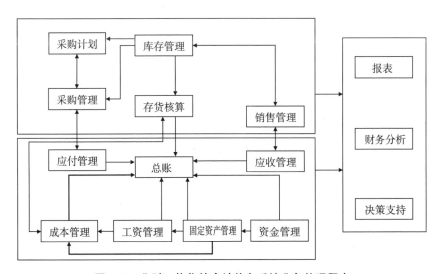

图 2-2　业财一体化的会计信息系统业务处理程序

（二）智能会计信息系统的发展趋势

伴随新一代信息技术的突破性发展,特别是 2017 年德勤财务机器人

"小勤人"的问世,学界和业界开始关注和思考会计的智能化问题,提出了智能会计和智能财务等新的会计概念,并加以推广和实践。目前比较一致的认识是:智能会计与智能财务在内涵与外延上并没有本质的区别,都属于"大会计"或"大财务"的概念范畴,只是前者多是学术界对会计智能化的一种称谓,更适用于人才培养领域,后者多是实务界对会计智能化的一种叫法,更适用于企事业单位。

在信息化时代,会计信息系统是以 IT 为技术手段,以业务流程为核心,强调满足业务流程的信息化需要,旨在提高流程效率。进入数字化时代,智能会计信息系统,也就是智能会计核算系统是以 DT 为技术手段,以业务数据为核心,突出数据采集、开发与应用,旨在提高决策质量。它涵盖了会计工作的全过程,涉及财务会计、管理会计、财务管理和管理审计(内部审计)的各方面,从企业生产经营活动,也就是业务数据或信息的统一平台输入,到数据标准化加工和信息规范化处理,再到财务或企业数据的中台搭建、数据治理和数据存储,再到集成数据的模型化、可视化、实时化和共享化应用,实现会计数据和其他业务数据的决策有用性,在数据驱动下共创企业价值。

智能会计核算系统所涉及的数据或信息处理过程都要借助底层的智能引擎系统自动完成,输入信息不仅来源于企业的内部业务活动,而且还来源于合作方、第三方以及自动爬取的公开数据资源,最大限度地实现会计信息、业务信息和行业或社会信息的即时集成。通过人机协同模式将机器客观采集到的信息和人类主观感知到的信息结合起来,按照会计信息处理的要求完成信息的输入,按照事项会计[①]的理念,建立事项库,形成企业大数据中心,并借助区块链技术保障数据的真实性和安全性,实现分布式输入和穿透式验证。基于这样的逻辑和思路,智能会计核算系统的基本业务流程如图 2-3 所示。

---

① 1969 年,美国会计学教授索特(George H.Sorter)在"构建基本会计理论的事项法"(An Events Approach to Basic Accounting Theory)一文中提出了"事项会计"。他认为,会计的目标在于提供与各种可能的决策模型相关的经济事项信息,与决策相关的事项的信息应尽量以其原始的形式保存。所谓"事项"(Events)指的是会计主体,主要是企业的各种经济活动,这些经济活动既可以用货币计量尺度衡量,也可以用某种易于理解的方式描述。

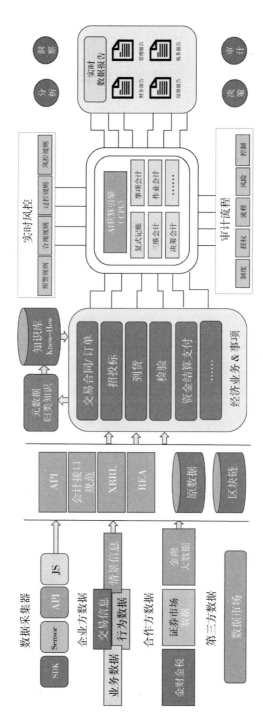

图2-3 智能会计核算系统基本业务流程

第二节　智能会计核算的理论逻辑

一、智能会计核算的基本假设

作为一种国际通用的商业语言,传统会计假设主要包括会计主体假设、持续经营假设、会计分期假设和货币计量及币值稳定假设,它们是基于工业文明时代企业的性质、组织边界与形态以及业务特征而言的。而作为服务于数字经济和数字企业的智能会计,其会计核算的基本前提条件已经发生了根本性的变化。

（一）会计主体裂变为"利益共同体"

当前共享经济、体验经济、平台经济等新型商业模式层出不穷。一是新型网络经济实体越来越多,这类经济主体规模大、用户多、变化快,其兴也勃焉,其亡也忽焉;二是传统企业跨界、跨区、跨行业合作日趋频繁,长链企业越来越多,这类经济主体范围广、链条长,圈化现象突出,呈现出"基础设施数字化、经济活动全球化、商务运营智能化、竞争日趋生态化、经济活动网络化"等特点;三是企业组织样态多样化,自组织、平台组织、生态组织、海星组织等新型组织形态不断涌现,企业日益呈现出"边界模糊化、运营生态化、组织扁平化、工作平台化、流程一体化、员工社会化、利益共享化"等新特征。总之,现代企业越来越成为一个生死攸关的"利益共同体",价值共创、价值共生是其核心价值追求。这要求智能会计不仅要如实反映企业个体的经济业务,而且也要全面反映企业生态圈或价值链、产业链和供应链上的所有经济或社会活动。因此,智能会计主体应裂变为与企业紧密相关的"利益共同体"。

（二）持续经营裂变为"预测式经营"

当今社会最为确定的是"不确定性",企业面临的生存与发展环境越来越易变、不确定、复杂和模糊,无时无刻不在与变化的市场共舞,无时无刻不在进行调整、组装、变革、重生。"预测"成为确保企业可持续发展的重要抓手,基于大数据进行预测式经营,做到干一、算二、看三,是企业规避风险、把握未来的不二法门。在经济环境迅速变化、商业模式迭代创新、社会环境加速演进的新时代,持续经营假设已很难契合变幻莫测的外部世界,日渐失去其科学性和合理性。尤其是对无形资产相对密集型的新兴企业而言,其价值更容易受到技术迭代和商业模式创新的影响,且企业一旦丧失持续经营能力,这些资产的清偿价值远低于有形资产。因此,持续经营假设应裂变为"预测式经营",也就是基于大数据、大算力、大模型的分析型预判式经营。

（三）会计分期裂变为"实时或即时传递"

在新技术加持下,企业生产越来越连续、自动和智能,智能制造、智能工厂将是企业生产的典型组织形式。所谓智能制造,是指在制造工业的各个阶段,将新一代信息技术与先进自动化技术、传感技术、控制技术、数字制造技术和管理技术相结合,以一种高度柔性与高度集成的方式,支持工厂和企业内部、企业之间和产品全生命周期的实时管理和优化。所谓智能工厂则是智能制造产业落地的重要载体,是将新一代信息技术的核心创新力与制造业务过程和运营管理高度融合而形成的一种新的制造与组织模式,是在数字化工厂基础上,综合吸收了柔性、敏捷、精益、云、可持续等多种制造理念精华的集大成者,着眼于打通企业生产经营的全部流程,实现由工厂内部的人、技术、设备的综合集成向包含物理和虚拟制造资源的跨部门、跨层次、立体化、智能化集成延伸。可见,再把企业的经营活动人为地划分为若干所谓的会计期间已没有必要,提供这种带有暂时性的会计信息,也会越来越难以满足信息使用者的要求。因此,智能会计不再也没有必要单纯按会计期间（年度、半年、季或月）来核算和披露会计信息,而应该是实时核算、即时报告。

（四）货币计量裂变为"动态多重计量"

价值不能自我表现,货币是价值唯一可以表现的、能够量化的形式。[1] 货币的一项重要职能,就是当作价值的尺度。但是,在数字经济时

---

① 葛家澍:《关于财务会计基本假设的重新思考》,《会计研究》2002 年第 1 期。

代,驱动企业创造价值的创意设计、品牌影响、信息资源、创新能力、团队合作、人力资本、结构资本和关系资本等因素,以及与之相关的人力资源、数据资源、技术专利和知识产权等要素,如果仅以货币作为计量单位,就会极大地限制数字经济对价值创造的反映能力。只有辅以非货币计量,也就是多模态计量或模糊计量,这些价值创造驱动因素或要素才能得到充分反映。可见,以"货币计量为主,非货币计量为辅"是智能会计破解财务报告无法客观反映企业价值的有效途径,而且借助新一代信息技术的赋能,智能会计完全可以实现从单一的静态货币计量向多维的动态多重计量转变。

二、智能会计核算的规则基础

现代会计核算的规则基础是权责发生制,即凡是当期已经实现的收入和已经发生或应当负担的费用,不论款项是否收付,都应作为当期的收入或费用处理;相反,凡是不属于当期的收入和费用,即使款项已经在当期收付,都不作为当期的收入和费用处理。它强调收入和为实现收入所发生费用配比的会计期间,而不论是否收到或者付出现金,因此,也称为应计制。与之相对应的是收付实现制,即凡是在本期收到的收入和支出的费用,不论是否属于本期,都应作为本期的收入和费用处理;相反,即使收入取得或费用发生,没有实际款项的收付,也不作为当期的收入和费用处理。它强调款项的收付,因此,也称为现金制。

现代社会是一个信用社会,法治思维、契约精神和道德操守是其制度标配。工业经济时代的交易一般是借助信用来完成的,加之,现代企业委托代理关系的普遍存在,需要明确业绩的期间归属来考核受托责任的履行和完成情况。但是,进入数字经济时代,一是信用在理论上完全可以通过技术来保证,业务数字留痕已难以更改或篡改;二是会计分期已逐渐失去现实意义,即时在线或实时在线已是常态;三是虽然受托经管责任、资本保值和增值依然重要,但更为重要的是企业价值创造尤其是以货币尺度衡量的价值创造与价值实现。因此,智能会计核算需要遵循应计制和现金制"双规则"基础,提供多规则、多基础、多模态的数据信息,尤其是现金净流量、时间分布和不确定性等方面的信息。

三、智能会计核算与报告目标

自 20 世纪七八十年代以来,财务报告目标研究和厘定基本上是按照"决策有用观"和"受托责任观"来展开的,只是在不同的阶段各有侧重而已。所谓决策有用主要是从资本市场出发,财务会计的目标应该是向现在的或潜在的信息使用者提供有助于他们进行各种经济决策的量化或货币化信息。所谓受托责任主要是指资源的受托方对资源委托方交付资源进行有效经营和管理的责任,包括经济责任和社会责任。传统财务报告所要回答的主要问题是:谁是财务报告的信息使用者,信息使用者对会计信息的主要用途或诉求,以及财务报告能够提供哪些主要信息。

以国际会计准则理事会(International Accounting Standards Board,IASB)为例,国际会计准则理事会的前身国际会计准则委员会(IASC)1989 年在《编制财务报表的框架》中确立的财务报告目标是"有助于使用者做出经济决策,同时也反映管理层对受托资源的经营管理成果";IASB 2010 年在发布的《财务报告框架》第一章"通用财务报告的目标"中删除了"受托责任"(Stewardship)一词;IASB 2018 年在新版《财务报告概念框架》中在明确信息使用者的决策主要是资源配置决策的同时,又重提管理层关于主体经济资源经管责任履行情况的评估问题。IASC/IASB 有关财务报告目标的演绎逻辑及变革内容如图 2-4 所示。

智能会计是财务会计与管理会计的有机统一,遵循的是"决策有用"与"受托责任"相结合的双元目标观。一是为企业的投资者、信贷者和其他债权人等提供有助于资源配置的各类经济决策的会计信息和其他经济信息;二是反映企业管理层或经营层受托责任的履行和完成情况;三是为企业内部决策和管理提供生产经营决策的相关成本、相关收入和其他相关经济信息,包括事前、事中、事后三个时态和预测、决策、预算、控制、考核五个环节;四是按照国家相关政策法规,披露国家宏观调控所必需的相关信息。

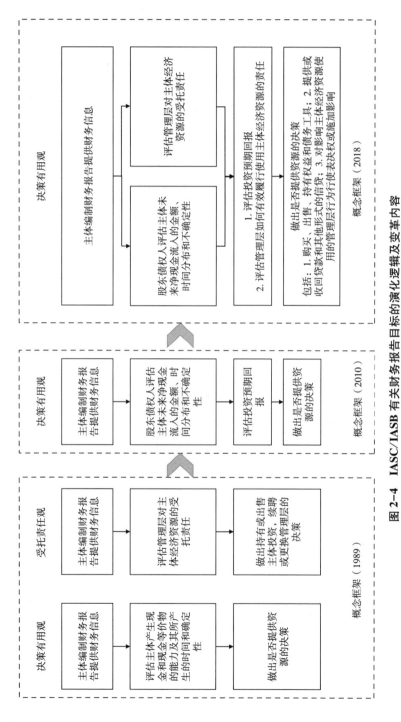

图 2-4 IASC/IASB 有关财务报告目标的演化逻辑及变革内容

资料来源：毛新述、戴德明、张桩：《财务报告概念框架：变革与挑战》，《会计研究》2019 年第 9 期。

四、智能会计信息质量特征

（一）传统会计信息的质量特征

会计信息质量特征是会计核算和报告目标实现的根本保证,在会计理论研究中,一般将其看作财务报告目标体系的一组建议。1970 年,美国财务会计准则委员会(FASB)首先提出了财务会计信息质量特征应包括相关性、可理解性、可验证性、中立性、及时性、可比性、完整性。1980年 FASB 在发布的财务会计概念公告(SFAC No.2)中,又重新定义了会计信息质量特征,并提出了会计信息质量特征体系,如图 2-5 所示。

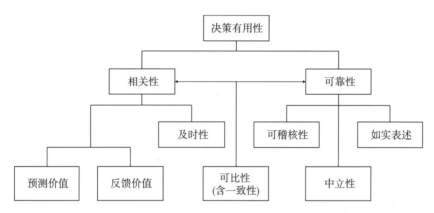

图 2-5　SFAC No.2 会计信息质量特征体系

1989 年,国际会计准则委员会(IASC)在发布的《编制财务报表的框架》中,提出了财务报告信息质量特征包括相关性(预测价值、确认价值、重要性)、可靠性(如实反映、中立性、实质重于形式、谨慎性、完整性)、可比性和可理解性,并勾勒出了信息相关性和可靠性的制约因素,包括及时性和成本效益原则等。

1999 年,英国会计准则委员会(ASB)发布了《财务报告原则公告》,全面阐释了财务报表的概念框架,在其第二章"财务信息的质量特征"中系统解释了质量特征内涵及属性,并提出了相对完整的会计信息质量特征的标准体系,如图 2-6 所示。

智能会计——理论、方法与应用

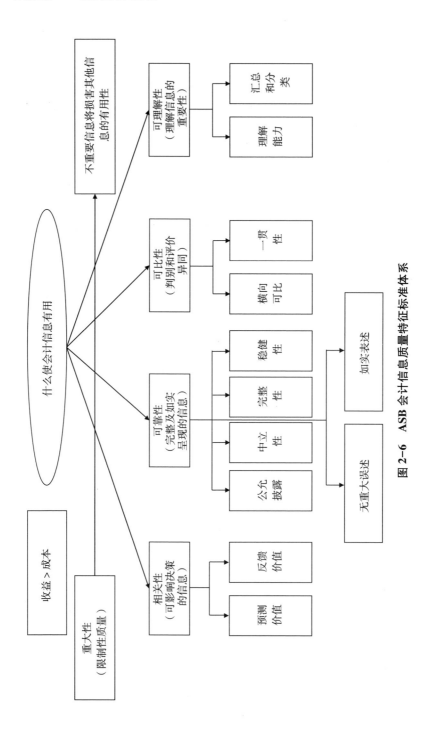

图2-6 ASB会计信息质量特征标准体系

62

2010 年 IASB/FASB 在联合发布的《财务报表概念框架》第 8 号概念公告中,将质量特征区分为基本质量特征和增强质量特征,并以"如实反映"取代了原来的"可靠性"。其提出的会计信息质量特征体系如图 2-7 所示。

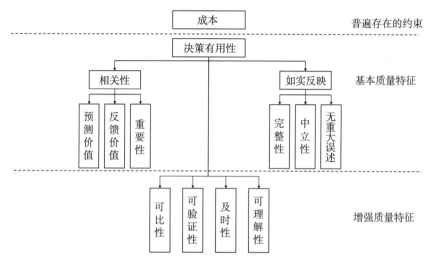

图 2-7　SFAC No.8 会计信息质量特征体系

2018 年 IASB 发布修订后的财务报告概念框架,除了对"如实反映"做了更准确的定义外,又重新加入了谨慎性与实质重于形式,并且增加了计量不确定性对信息有用性的影响,使会计信息质量特征更加充实和完善。

2006 年我国公布的企业会计准则体系中,详细列示了会计信息质量的一般原则,包括可靠性、相关性、可理解性、可比性、实质重于形式、重要性、谨慎性和及时性。也把会计信息有用性视为财务会计追求的终极信息质量目标。所谓有用性,也就是决策有用性,是指财务会计对外披露的会计信息和其他经济信息应基本满足信息使用者的决策需要。这就要求所披露的会计信息:一要与信息使用者的决策相关,即相关性;二要能够如实反映企业生产经营的财务状况、经营成果和现金流量,即可靠性。

（二）智能会计对会计信息质量特征的影响

上述质量特征看似非常完善、自成体系,但是如果放在数字时代来看,目前传统会计信息质量特征体系不仅没有从根本上解决"相关性"和"可靠性/如实反映"的效用选择问题,而且还存在及时性不足、内容不完整以及报表项目看似确定其实掩盖了其本质上的"不确定性"等问题。而智能会计核算系统的建立与应用,不仅赋予了现有会计信息质量特征新的含义,而且还对现有会计信息质量特征要求进行了优化和调整。

1.智能会计核算系统实现了可靠性(如实反映)与相关性兼具

一方面,传统会计核算系统经过重要性判断和两次或三次会计确认及计量,大量决策有用的业务数据和信息被排除在核算系统之外,尤其是一些能够描述和解释经济现象的非结构化信息,如图形、视频和音频等,并且在整个会计信息处理过程中掺杂了大量的主观因素。而智能会计核算系统是一个开放的、融合的数据采集和处理平台,它连接了企业供应链上下游、金融机构和工商税务等政府部门,可以从业务源头上自动采集客观真实完整的数据,即信息可以原汁原味地进入会计核算系统,通过区块链智能合约、AI会计引擎和会计控制规则,自动对业务与会计数据进行验证、处理、存储和报告,从根本上解决了会计信息内容不完整、不真实和粗颗粒度问题。

2.智能会计核算系统确保了信息的及时性与准确性兼具

通过智能会计系统提供的"频道"或"订阅"接口,不同信息使用者能实时获取所需要的真实而完整的会计信息,它所提供的信息兼具及时性和准确性,避免了会计信息可能发生的漏报、误报或错报。智能会计平台不仅可以帮助用户获取完整的会计信息,而且还可以延伸获取网络上开放、共享的信息,通过内置的决策支持模型,进行预测性分析,发现决策线索。过去为确保会计信息的可靠性,会计计量越来越失去其信息价值,尤其是对知识密集型企业的无形资产来说,由于它们的价值难以客观决定,致使许多有价值的无形资产未能在资产负债表中得以如实反映。现在通过自动化数据采集,可以获取经济现象更加丰富的属性集,减少通过判断、估算来间接推断经济现象属性的必要性,从根本上解决计量的不确定性。

3.智能会计核算系统增强了会计信息的可比性、可验证性、及时性和可理解性

(1)智能会计平台不仅可以实现同一报告主体在不同时点或时期的

会计信息可比,而且可以通过互联网获取开源、公开、基于可扩展商业报告语言(XBRL)形成的财务报告,实现不同会计主体会计信息的同行业、对标企业之间的当前或跨期对比,甚至是可公开获取财务报告的所有企业之间的比较。

(2)智能会计平台是一个建立在企业内部各子公司、各部门、各岗位以及供应链上下游企业和金融机构等之间的信息共享平台,是运用区块链、交叉验证技术来保证信息安全性的,它通过实时追踪且不可变更,运用智能合同技术,根据会计准则或者事先定义好的业务规则,对交易记录进行快速或实时验证,同时,利用人工智能和大数据分析技术,可以从非结构化的数据中获取更多有价值的信息,这些信息可以帮助从会计信息以外的其他侧面来验证会计信息。

(3)智能会计核算系统是一个实时会计系统,通过交易平台、业务系统、专业网站智能化地采集各种业务数据,通过人工智能实现多核算目的、多主体、多维度、多模态处理,通过互联网提供实时的、个性化的、互动式的财务报告,不仅定期披露通用财务报告,而且可以根据使用者需求及时披露专项或定制报告。

(4)智能会计核算系统可以提供包含结构化数据和非结构化数据的任意形态财务报告,通过图形、图像、动画等方式向用户动态呈现可视化报告,使会计信息更直观、易懂、易用。可视化具有将复杂分析的结果用一种管理者可以快速理解的语言进行沟通的功能,可视化可以解释更多有用的模式和更多有价值的信息,有助于提高信息的可理解性。

(5)智能会计核算系统解除了会计信息质量的成本约束。过去受成本效益原则约束,传统会计核算系统只能提供那些相对重要的会计信息,编制的是通用财务报告,满足的是会计信息使用者的通用信息需求。随着技术进步与应用,智能会计核算系统的信息生成与应用基础设施成本大幅度降低,基于互联网、大数据技术的信息生产边际成本趋近于零。新一代信息技术为支撑的智能会计系统在很大程度上突破了现有会计信息质量特征体系的成本效益约束条件,减少了对会计信息质量特征满足程度进行取舍的必要性。

五、智能会计核算与报告对象

智能会计核算和报告的对象是数据。2019 年党的十九届四中全会明确指出"健全劳动、资本、土地、知识、技术、管理、数据等生产要素由市场评价贡献、按贡献决定报酬的机制",充分肯定了数据对于生产和价值创造的贡献。2020 年,中共中央、国务院发布《关于构建更加完善的要素市场化配置体制机制的意见》,正式将数据纳入生产要素范畴。2023 年,财政部印发《企业数据资源相关会计处理暂行规定》,对规范企业数据资源相关会计处理,强化相关会计信息披露,提出了明确要求。

（一）数据的基本含义

数据是人们关于自然和社会活动的记录,是未经开发的,具体表现为变量及其取值。数据的形式是多样化的,可以是结构化的也可以是非结构化的,可以是数字,也可以是文字、语音、图像、视频等。数据的来源也是多样化的,可以来源于机构单位自身,也可以从单位外部取得。数据必须依赖一定的载体而存在。数据载体包括广义电子数据库和数据物理承载形式两种,前者主要是指可以通过计算机和网络访问的任何信息资源载体,后者主要是指纸质数据或其他特殊方式存储的数据。

数据不同于信息和知识。在知识管理领域,经常使用"数据—信息—知识"（DIK）层次结构来表达三者之间的关系。数据被认为用户和IT 专家从业务需求中提取的未经加工的事实和观察,数据经过分析在特定情境之下具有含义从而转化为信息,信息经过体系化后用于决策即形成指导人们行动的知识。

数据不同于数据库。数据库是数据的载体,是数据开发过程的产物,数据开发要经历一系列的加工和增值过程,包括清理、语义化、融合、分析、建模、知识提取、应用、分发等关键步骤,是一个复杂的价值链。[①] 通

---

① 吴超:《从原材料到资产——数据资产化的挑战和思考》,《中国科学院院刊》2018年第 8 期。

过数据分析,建立数据库,开发数据分析软件,逐步提取出有价值的信息和知识,最终形成专业的数据服务和其他产品。数据库和数据分析软件蕴含了"数据—信息—知识"框架下的信息和知识,属于知识产权产品范畴。

（二）数据资产的概念及特性

当数据被视为一种经济资源,且符合特定确认条件和标准时,数据资源就成为数据资产。换句话说,数据资产是由机构单位或个人为了特定用途专门记录、开发或交易,且达到一定规模、有经济投入、有预期经济或社会效益、能够长期重复使用、以电子或物理方式作为载体储存的信息资料。数据资产具有特殊属性,包括复制成本接近于零、非排他性、规模性和异质性等。

数据只有整合起来,建立数据库,进行必要的分析、开发或交易,它才会具有资产价值。也就是说,数据只有具备了一定的经济所有权和收益权,它才能被认定或确认为数据资产。与数据有关的所有权主体有三类,在欧盟《通用数据保护条例》(GDPR)中分别称为数据主体、数据控制者和数据处理者,在中国《个人信息安全规范》中则相应称为个人信息主体、个人信息控制者以及受委托处理数据者。数据主体是指数据所标识的自然人或组织;数据控制者是指有权决定数据处理目的、方式等的组织或个人;数据处理者是指按照数据控制者的指示,代表数据控制者处理数据的组织或个人。

数据是由数据主体生产的,任何数据主体都在从事数据生产,或者是专门的生产,或者是经济社会生活的客观伴生物,即非专门生产。因此,作为一种生产要素,数据资产既可以列为生产性资产,也可以列为非生产性资产。但是,如果承认数据的非专门生产属性,那么经济生产的边界将被无限放大,任何个人和机构的任何活动都可以纳入国民经济核算体系所界定的经济生产边界或范畴。

（三）数据资产的形成与使用

数据资产的形成与获取方式主要有三种:生产、购买、经济出现。生产被定义为由机构单位或个人组织的有经济资源投入和产出的活动。遵循"谁生产谁拥有"的原则,数据资产的所有权人是生产该数据资产的企业、金融机构、政府、个人等,具体生产方式包括自己加工生产或委托其他机构单位生产。购买的数据资产,也就是通过市场交易而获取的数据资产,可以看作所有权的经济转移。数据资产的经济出现是没有生产过程的,可以用几乎忽略不计的很少的投入来获得数据,主要是历史数据。

数据资产的使用一般包括自用和对外服务两种方式。自用的数据资产不能计提折旧,如果需要,可以按虚拟数据服务费计算到中间投入。对外提供的数据服务可采用许可证方式,按照提供数据服务处理。数据资产具有复用性,这种复制几乎无成本发生。拥有数据使用许可证的机构单位,可以将购置的数据二次或多次复制,甚至多次对外提供生成二次或多次许可证。

（四）数据资产的价值测度方法

数据资产能否可靠计量,是数据能否确认为资产的关键。理论上,数据资产价值计量与测度的方法有很多,主要包括:(1)成本价值法,是指将数据生产过程中投入的各项生产成本作为数据资产价值进行测度,主要包括数据生产活动过程中的劳动者报酬、中间投入、资本服务成本和其他生产税净额;(2)市场价值法,数据的市场价值主要包括直接出售或交易数据以及利用数据开发新产品或服务所产生的货币价值;(3)经济价值法,也可称为效用价值法,是基于传统收入法转化后应用于数据资产估值,在企业所做出的具体决策中,比较使用数据和未使用数据两种情况下数据资产对所获得的未来预期收益的贡献,以此来衡量数据的经济价值;(4)商业模型成熟度指数方法,依赖于数据的使用场景,根据数据对最终业务决策的相对贡献来评估数据价值;(5)基于决策的估值方法,基于只有将数据承载的信息用于决策,数据才会实现其价值的理念,数据可为决策提供信息的"适配度"以及将数据转换为有用信息的"难度系数"对决策收益进行调整,最终将数据的相对贡献和经调整的决策实际收益相乘得到数据资产的经济价值;(6)基于使用的估值方法,从数据的生产和使用两个维度出发,通过数据质量属性和数据使用类型对数据的生产总成本进行加权调整,最终得到基于数据使用的数据资产价值。

数据资产价值的发挥一般是依赖于特定的商业模式的,从商业模式角度,数据资产价值测度与计量要系统回答"如何实现数据价值""数据价值是什么""如何测度与计量数据价值"等基本问题,具体可概括如表2-2所示。

表2-2　企业数据资产价值的测度方法

商业模式	经济效益	价值表现	估值方法	适用性
使能型/交易型数据	出售或许可访问采集、聚合或经分析的数据; 出售依赖数据或数据分析开发的产品或服务	出售该数据本身、数据产品或服务的回报	市场价值法	适用于极少数数据资产原件的市场交易,但无法评估数据的使用对数据价值的影响
		出售该数据本身、数据产品或服务的回报	基于使用的估值法	结合数据的生产成本和使用情况,反映使用频率及模式对价值的影响
增强型/自用型数据	改善生产流程或业务效率; 提高现有产品和服务质量	若数据丢失、损坏或被盗,带来的损失或成本	成本价值法	假设价值与所带来的经济效益无关,适用于市场交易不活跃和自给型数据
		数据对业务收益的贡献	经济价值法 商业模型成熟度指数法 基于决策的估值法	价值取决于使用场景及收益,数据对收益的相对贡献是估值的关键性难题

资料来源:胡亚茹、许宪春:《企业数据资产价值的统计测度问题研究》,《统计研究》2022年第9期。

第三节　智能会计核算的流程形式

一、财务会计账务处理程序

财务会计账务处理程序,也称为财务会计核算形式,指的是会计凭证、会计账簿和会计报表的种类、格式与记账程序有机结合的方式。科学合理地设置账务处理程序,对提高会计核算效率、保障会计信息质量、充分发挥会计工作作用,具有十分重要的意义。根据企业生产经营规模、业务复杂程度和经营管理或治理的需要,财务会计账务处理程序一般包括以下四种基本形式。

(一) 记账凭证会计核算形式

记账凭证会计核算形式是根据经济业务发生后获得的原始凭证或原始凭证汇总表编制各种记账凭证,然后再根据记账凭证逐笔登记总分类账,并定期编制会计报表的一种会计核算形式。其最主要的特点是:直接根据记账凭证逐笔登记总分类账。具体步骤如图 2-8 所示。

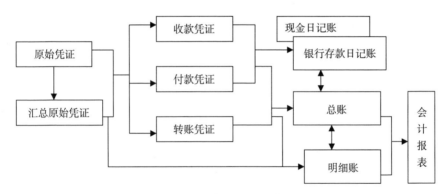

图 2-8 记账凭证会计核算形式

(二) 汇总记账凭证会计核算形式

汇总记账凭证会计核算形式是指定期根据各种记账凭证编制汇总记账凭证,然后再根据汇总记账凭证登记总分类账,并定期编制会计报表的一种会计核算形式。它是在记账凭证会计核算形式的基础上发展起来的,其主要特点是要定期将收款凭证、付款凭证和转账凭证加以汇总,然后根据汇总记账凭证来登记总分类账。具体步骤如图 2-9 所示。

(三) 科目汇总表会计核算形式

科目汇总表会计核算形式是根据各种记账凭证,定期编制科目汇总表,然后再根据科目汇总表登记总分类账,并定期编制会计报表的一种会

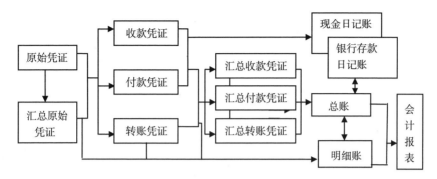

图 2-9 汇总记账凭证会计核算形式

计核算形式。科目汇总表会计核算形式也是在记账凭证会计核算形式的基础上发展和演变而来的,其特点是:先定期根据各种记账凭证按会计科目编制科目汇总表,然后根据科目汇总表登记总分类账。具体步骤如图 2-10 所示。

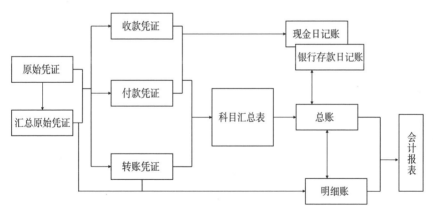

图 2-10 科目汇总表会计核算形式

(四)凭单日记账会计核算形式

凭单日记账会计核算形式,也可称为日记总账会计核算形式,是根据各种记账凭证及其所附的原始凭证或原始凭证汇总表,按照经济业务发生的先后顺序逐日逐笔登记银行存款、现金和各种财产物质的日记账,并定期汇总登记总分类账和编制会计报表的一种会计核算形式。其特点是根据经济业务发生的先后顺序登记企业所有财产物质的日记账或流水账。具体步骤如图 2-11 所示。

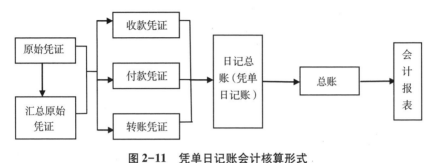

图 2-11　凭单日记账会计核算形式

二、智能会计账务处理程序

(一) 智能会计账务处理的一般程序

基于上述各种会计核算形式,借助新一代信息技术,减少或删除财务会计账务处理中的冗余程序或环节,是智能会计账务处理程序设计和优化的根本。在智能会计核算系统软件化、装置化或工程化之前,需要探讨原有会计核算形式中账、证、表逻辑顺序和技术路线的必要性,全面梳理特定企业会计核算流程涉及哪些环节和作业,分清楚哪些环节是多余或无效的、哪些活动或作业是增加或不增加价值的,在此基础上系统研究如何将会计核算流程代码化、系统化、工程化和产品化。

按照传统会计核算形式的逻辑思路,可以将智能会计账务处理程序归纳为以下几个步骤:

第一步,根据原始凭证,按照经济业务发生的先后顺序逐日逐笔自动形成流水记录,也就是凭单日记账或日记总账。

第二步,借助先进的数据和信息采集技术,运用规则嵌入式模型或算法,在经济业务发生时,也就是取得或形成原始凭证(包括电子和纸质两种载体形式),或者自动形成凭单日记账或日记总账也就是序时账时,将经济业务自动转化为借贷会计语言和计算机语言,也就是形成借贷会计分录和电子记账凭证。

第三步,按照企业管理要求,根据记账凭证,按照会计科目或要素账户,分门别类地登记和形成总分类账和明细分类账(在一些智能化程度比较高的会计软件中,可能省略了总分类和明细分类账,但是从企业内部经营管理角度讲,有关资产、权益、收入和费用的总分类信息和明细分类信息还是非常重要的)。

第四步,根据序时账和总分类账,自动编制和形成通用会计报表,或者根据序时账或流水账直接形成通用会计报表。

需要说明:(1)从技术角度讲,智能会计账务处理程序可以简化为:根据经济业务发生时所自动形成的业务流水账,即凭单日记账或日记总账,运用规则嵌入式模型或算法,直接自动转化为借贷会计语言和计算机语言,进而自动编制和形成会计报表。(2)从管理角度讲,智能会计核算所形成的会计信息还应该能够满足企业对资产或其他要素管理的需求,需要分门别类地提供结构化信息,尤其是规模、结构和明细等方面信息,需要设置和登记总分类账和明细分类账,也就是要根据会计科目或账户来定义主数据,建立主数据库。(3)从会计角度讲,智能会计账务处理程序应该增加科目汇总表这一环节,基于本期发生额试算平衡和余额试算平衡原理,运用自动化算力和算法,及时反复验证会计分录的正确性。

由此可见,智能会计账务处理程序,理论上可以根据经济业务一步或一键实现会计报表的编制与生成,实践中要考虑企业管理的数据和信息需求,以及借贷复式记账原理。其中,最为关键的方面,一是经济业务流程梳理、设计及其作业或活动清册的编制;二是企业会计准则,即规则如何嵌入自动化模型,形成基于业务和管理需要的合理算法;三是选择适配的技术,充分考虑投入产出和技术的迭代性,避免技术错配或技术过载。

（二）智能会计账务处理程序的实现步骤

基于数据科学原理,智能会计账务处理程序也就是智能会计核算系统中会计数据形成的程序或步骤,一般包括会计信息的数据采集、数据处理和数据应用。

1.智能会计核算系统中的数据采集

智能会计核算系统中的会计信息数据采集是指经济业务发生时原始

凭证中业务数据的信息收集过程,主要使用的人工智能技术包括 OCR 识别、RPA 技术、自动化填单、人机对话等。借助上述技术,智能会计核算系统完成了纸质或电子票据的会计识别和数据生成,从而形成符合会计准则或会计规则要求的原始数据,这些数据符合主数据特征和要求。

(1)OCR 识别主要用于对纸质发票的识别,可以检查纸上打印的字符,用字符识别方法将形状翻译成计算机文字,即对文本资料进行扫描,然后对图像文件进行分析处理,获取文字及版面信息的过程。随着电子票据的推广与普及,OCR 技术在智能会计核算数据采集系统中的应用会逐渐减少。

(2)RPA 技术可以自动将发票等原始凭证数据输入 ERP 系统,可以为客户生成电子发票,可以通过 OCR 技术识别多种格式的发票信息并进行二次转换形成统一格式,该技术的应用在提高会计工作效率的同时,也提高了会计数据准确性。

(3)自动化填单功能也是智能会计核算系统中数据信息采集的一种方式,可以使用 Python 来实现。相较于 RPA 技术,Python 代码的运行速度更快,且有较强容错机制,但需要会计人员具有一定的编程能力;RPA技术编写简单,但异常处理机制不如Python。

(4)人机对话技术的应用主要是在原始凭证的生成过程中,可以采用自然语言处理(NLP)自动生成相应凭证并提交相应单据,如商旅系统中的语音识别等。

2.智能会计核算系统中的数据处理

智能会计核算系统中的数据处理主要是借助大数据、AI 等技术,依据会计准则与借贷记账法,在经济业务发生时,将原始凭证转化为记账凭证、账簿和报表的过程。智能会计核算系统中的数据处理包含三个关键点:会计引擎的设置、会计数据库架构、会计数据清洗与转换。

(1)会计引擎的设置。是指通过会计规则设置将业务数据自动生成证、账、表,实现账务自动化处理的程序。它类似于一个翻译器,在进行会计引擎设置时,需要提前将会计准则预设其中,实现业务语言一经输入就随即输出会计语言的功能。

会计引擎需要具备的功能,一是对于直接能找到业务数据与凭证内容对应关系的,根据会计规则进行映射,直接转换;二是对于无法找到业务数据与凭证内容直接关系的,则要根据会计规则对业务数据进行加工计算。

会计引擎设置的实现,一是对于能够通过业务梳理找到对应会计科目关系的数据,通常采用强匹配的形式,将业务数据与数据库中的财务数据字段进行对应;二是对于不能顺利找到对应会计科目形成会计语言的业务数据,可以使用机器学习的方法与技术,结合历史数据,构建模型,进行匹配,当然这种方法需要进行模型检验。

(2)会计数据库架构。智能会计核算系统中的数据库设计,也是会计大数据平台的数据库设计,两者是相通的,目的在于解决智能会计核算中数据存储问题。从业务数据的产生到企业或会计大数据平台,是智能会计核算系统最为核心的内容之一。业务数据如何存储到平台中的数据库,一般有两种思路、方式或系统:一是会计报表导向、会计规则驱动的智能会计核算系统;二是数据标准导向、决策需求驱动的智能财务决策系统。当然,从广义上讲,整个企业的数据都应该存储于企业或会计大数据平台,以满足对外披露会计信息和对内提供支持决策信息的需要。在进行数据库架构设计时,这两种数据应用需求均要充分考虑。

会计数据库架构与设计,是整个企业能否高效进行数字化运作的关键环节。在进行数据库架构与设计时,首先应厘清企业的业务流程与组织架构,整理清楚从经济业务发生到会计数据形成,乃至后续会计数据应用的所有数据间的逻辑关系与数据流,并在此基础上建立相应数据表,设置表与表间、表与字段间、字段与字段间的关系。智能会计核算中的数据库设计与企业业务流程优化、会计核算对于数据间逻辑要求是紧密相关的。

会计数据库架构技术包含关系型数据库技术和非关系型数据库技术。关系型数据库是建立在关系模型基础上的数据库,借助于集合代数等数学概念和方法来处理数据库中的数据,是由多张能互相连接的二维行列表格组成的数据库,是一个结构化的数据库,一般面向于记录。SQL语句就是一种基于关系型数据库的语言,用于执行关系型数据库中的数据操作。非关系型数据库是随着 Web2.0 的兴起,为解决超大规模数据集合多重数据种类带来的问题与挑战而产生的,其种类繁多,泛指所有非关系型的数据库,主要包括键值(Key-Value)存储数据库、列存储数据库、文档型数据库和图形(Graph)数据库等。

关系型数据库与非关系型数据库的区别主要在于数据存储方式、扩展方式和对事务性支持上的不同。关系型数据库本身就是表格式的,数据表间可以彼此关联协作存储,易提取;非关系型数据库是大块组合在一起的,不适合存储在数据表的行和列中,通常存储在数据集中。关系型数据库是纵向扩展,虽有很大扩展空间,但最终肯定会达到纵向扩展上限;非关系型数据库是横向扩展,本身就是分布式存储,可扩展性更强。在对事物性的支持上,关系型数据库支持对事务原子性细粒度控制,非关系型数据库也可以使用事务操作,但稳定性方面相较于关系型数据库要差一些。

智能会计核算数据库系统中的数据是依据会计准则或规则、使用会计引擎对原始凭证进行数据处理后变为会计语言的数据,单纯从会计核算的视角来讲,关系型数据库可以满足会计信息存储与处理工作的需求,并且较非关系型数据库更为实用。而会计大数据平台除了经济业务发生所产生的内部数据外,还会存储大量的外采数据,部分业务数据也存在非结构化的特点,需要借助非关系型数据库的存储优点,与关系型数据库结合使用。

(3)会计数据清洗与转换。业务数据产生后会存在一定的数据质量有待优化问题,数据清洗是一个必不可少的环节,但相对于外采数据,智能会计核算系统内部产生的数据质量较高,清洗工作并不繁杂。智能会计核算系统的数据治理问题主要源于在会计信息化阶段不同信息系统间所存在的系统烟囱与信息孤岛问题,即由于各系统的数据架构不同、数据标准不统一和接口不兼容等问题所带来的同一业务数据的多口径和相同会计科目的会计描述不统一等问题。在智能会计核算中,统一企业内部会计数据、对所有业务数据进行统一化、标签化管理是会计智能化核算的前提。因此,智能会计核算系统中的数据处理首先要对所有业务数据贴标签,完成企业内部会计描述的统一定义。

智能会计核算中数据处理过程,是将业务数据化、数据模型化、模型表单化的过程。数据处理环节是承接信息采集与数据使用的关键一环,起到承上启下的作用。智能会计核算系统中数据处理质量的高低直接影响着数据使用的效率与效果。

3.智能会计核算系统中的数据应用

智能会计核算中的数据应用主要是用于生成以对外披露会计信息为目的的三大报表,即资产负债表、利润表和现金流量表,报表数据的生成是会计大数据平台应用的第一种形式。智能会计核算阶段,报表项目数据的自动生成可以有两种方式:一是规则内潜式生成,即依据会计核算数据逻辑,在进行数据库设计时将报表所需数据作为数据表字段的形式设计为数据库构成内容,可用可视化工具进行展示,满足通用会计报表的生成需要;二是场景计算式生成,即报表所需数据并不设计在智能会计核算系统的数据库中,而是根据企业需求,通过数据提取与计算的方式,进行报表数据的生成,以及表单可视化的设计,满足不同企业或不同管理目的的个性化报表生成需要。

4.智能会计核算的应用场景示例

以材料或商品采购场景为例,描述智能会计核算中采购场景下的预付和应付模型,通过规则中心的自动匹配和自动转换,实现"订单—预付—报账—结算—核算—应付—核销—核算—报表更新"的数据全链条逻辑,具体流程和内容如图 2-12 所示。

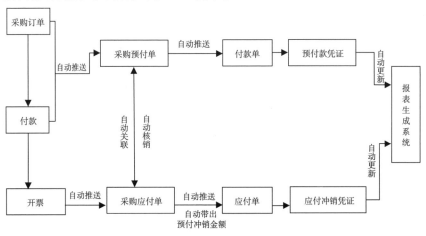

图 2-12　采购场景下的智能会计核算程序

三、智能会计核算系统数据标准设计流程

（一）狭义的智能会计核算系统数据标准设计

狭义智能会计核算系统是单纯的会计核算系统，即经济业务发生到证、账、表生成的系统。该系统的数据标准设计有两种方式：一是会计准则驱动的数据标准设计；二是财务报表为导向的数据标准设计。

会计准则驱动的数据标准设计是前文所述将会计准则写入会计引擎中，依据企业经济业务和会计报告需求，形成业务数据与会计科目强匹配关系和会计科目与财务报表间逻辑处理，将规则设置代码化，实现会计核算的自动化，这是一种按会计数据生成流程从前至后的设计方式。财务报表为导向的数据标准设计，是按财务报告中各种报表数据生成逻辑，梳理报告生成所需的各级各类业务指标，根据业务指标化、指标模型化、模型场景化、场景表单化的基本原则，形成智能会计核算系统前端数据采集标准，这是一种结果驱动的会计信息数据标准设计方式，如可以以资产负债表中存货项目数据的生成过程为依据，梳理这一指标形成过程中所牵扯的所有业务数据及所对应的会计科目，规范化、标准化地进行数据采集。

会计准则驱动的数据标准设计和财务报表导向的数据标准设计在原理与作用上是类似的，只是数据流的起点不同。会计准则驱动的数据标准设计以业务发生为起点，较易梳理，但容易造成数据遗漏；财务报表导向的数据标准设计是以财务报表中数据需求为起点，优先设计好数据采集标准，再进行业务数据的匹配，设计过程更为标准，但需要工作人员具有较强的全局设计能力，也需要对企业业务非常熟悉，具体流程内容和对比关系如图 2-13 所示。

（二）广义的智能会计核算系统数据标准设计流程

广义的智能会计核算系统是包含智能会计核算和智能财务决策两部分的系统，即除前述狭义智能会计核算系统外，还包括用于企业内部管理决策的智能财务决策系统，它是融入会计大数据平台之中的，也可称为企业数据中台或财务数据中台。广义智能会计核算系统在进行数据标准设计时要考虑三个层面的问题：一是狭义智能会计核算系统数据标准的制

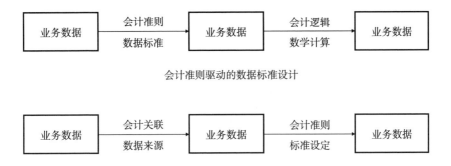

会计准则驱动的数据标准设计

财务报表导向的数据标准设计

图 2-13　狭义智能会计核算系统数据标准设计流程对比

定;二是智能财务决策系统数据标准的制定;三是在同一个数据平台中两种数据标准的融合设计,具体流程内容如图 2-14 所示。

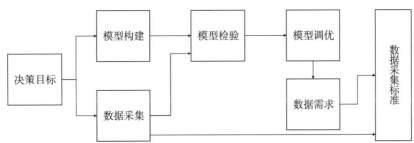

**图 2-14　广义智能会计核算系统中智能财决策
系统数据采集标准设计流程**

　　智能财务决策系统数据标准制定要按照企业内部管理需求,依据决策目的形成模型构建和数据采集。智能财务决策系统包含营收预测、成本预测、投融资预测与决策、财务风险预测等多种预测与决策模型,不同决策模型构建过程中所使用的数学模型不同,对数据的要求也不同。企业在进行决策系统数据信息采集时,首先要明确决策需求,根据决策需求结合现有可实现且匹配度较高的数学模型(如机器学习、神经网络中的相关模型),进行模型构建和采集数据分析,确定所需业务数据,制定业务数据采集标准。需要注意的是,在决策模型构建和调参优化过程中,会有一定程度的数据调整,因此,数据采集标准制定时应把这部分数据变化考虑进去。

从会计大数据平台的角度来看,智能会计核算系统与智能财务决策系统均是对于企业业务数据的应用,两者区别在于前者是基于会计准则形成的数据标准,后者是基于决策目的形成的数据标准,前者用于对外信息披露,后者用于企业内部管理决策。

鉴于智能会计核算系统与智能财务决策系统,即广义的智能会计核算系统的两个组成部分,均是对于业务数据标准化后的使用,因此,在进行业务数据标准化处理时,两种标准设计规则应统一且兼容,尽量不要出现数据冗余及口径不一的情况。这就需要会计大数据平台在对业务数据进行采集、清洗和转换时,有规范化、兼容性的标准设计,可以为后续任一目的数据使用提供准确、便捷的数据源。

总的来说,在会计智能化初级阶段,选择会计准则驱动的智能会计核算系统数据标准设计较为简单,对于会计人员来说更易上手与实现。但综观智能会计核算系统与智能财务决策系统的结合,尤其是基于企业数据平台构建视角来看,财务报告导向的智能会计核算系统数据标准设计更易于与决策目的导向的智能财务决策系统数据标准设计相融合。同时,用于企业管理决策的外采数据也应纳入数据标准设计的考虑范畴,如图 2-15 所示。

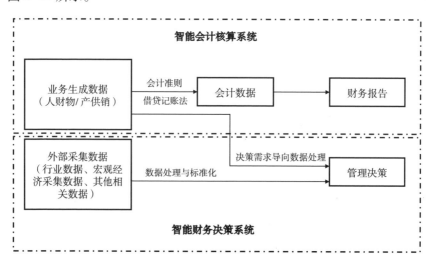

图 2-15 会计大数据平台(广义智能会计核算系统)数据流向

第四节　智能会计核算的技术应用

一、智能会计核算常用数字技术

（一）数字技术及相关应用

随着计算机技术和信息科技的发展,数字技术主要包含大数据技术、人工智能技术、移动互联网技术、云计算技术、物联网技术和区块链技术等,在此基础上又出现了数字孪生、元宇宙等技术与概念。数字技术的使用影响了或正在影响着人们的生活,并在此基础上形成了若干场景应用。数字技术及内容如表2-3所示。

表 2-3　数字技术及内容

数字技术类型	具体内容	数字技术类型	具体内容
人工智能	机器学习	数字化教育	在线学习平台技术
	深度学习		教育资源共享技术
	自然语言处理		智能教育评估技术
	计算机视觉		教育大数据技术
	语音识别		人工智能和自然语言处理技术
	人工智能芯片	数字化娱乐	游戏开发技术
数字营销	搜索引擎优化技术		视频和音频制作技术
	搜索引擎营销技术		社交娱乐应用技术
	内容营销技术		虚拟现实和增强现实应用技术
	数据分析和预测技术		云游戏技术
	移动应用营销技术	智能交通	智能交通管理技术
	社交媒体营销技术		智能交通系统集成技术
	数据分析和营销自动化技术		智能交通控制技术

续表

数字技术类型	具体内容	数字技术类型	具体内容
数字物流供应链	射频识别技术	生物技术	智能交通安全技术
	车联网技术		自动驾驶安全技术
	数据分析和物流智能化技术		基因编辑技术
数字化金融	移动支付和电子支付技术		细胞培养技术
	区块链技术在金融中的应用		蛋白质工程技术
	金融数据分析和挖掘技术		基因组学技术
	人工智能在金融中的应用		生物信息学技术
数字化政务	电子政务平台技术	航空航天	无人机技术
	政务数据共享和交换技术		通用航空技术
	智能城市管理技术		飞行器控制和导航技术
	电子证照技术		传感器和摄像技术
	区块链技术在政务中的应用		
数字化医疗	电子病历和医疗信息系统技术		
	医学影像诊断技术		
	远程医疗技术		
	生命体征监测技术		
	医疗健康大数据技术		

（二）智能会计核算中的数字技术

智能会计核算中的数字技术主要集中于对人工智能技术和大数据技术的使用，如机器学习、深度学习的使用、人工智能产品（如识别技术）的使用、大数据存储技术的使用、大数据处理技术的使用等。

结合智能会计核算流程和核算场景可知，在数据采集阶段主要使用人工智能识别技术和 RPA 财务机器人等人工智能产品和技术；在数据处理阶段主要使用计算机编程语言、数据库技术和机器学习等相关大数据和人工智能技术；在数据应用阶段，主要使用 UI 界面设计、可视化报表生成分析等大数据处理技术和可视化分析技术,如 PyQt5 等。

二、人工智能识别技术在智能会计核算中的应用

(一)人工智能识别技术概述

计算机人工智能识别技术是一种高端的信息科学技术,主要是通过计算机程序将人类的思维和意识形象地模拟出来并将其呈现。人工智能识别技术是在办公自动化和生产智能化的需求下产生的,是使用一定的识别装置,自动获取并识别物品信息,将信息传输到后台计算机处理系统中进行处理的技术,如日常生活中常见的条形码扫描器等。

由于当前会计核算工作中还存在大量纸质单据需要处理的问题,人工智能识别技术中的文字识别技术就有着较广泛的应用。文字识别是指电子设备(如扫描仪)检查纸上打印的字符,然后用字符识别方法将形状翻译成计算机文字的过程,也就是使用仪器对文本资料进行扫描,然后对图像文件进行分析处理,获取文字及版面信息的过程。如何除错或利用辅助信息提高识别正确率是 OCR 需解决的重要问题,拒识率、误识率、识别速度、用户界面的友好性,产品的稳定性,易用性及可行性等是衡量OCR 系统性能优劣的主要指标。

(二)文字识别技术与机器人在纸质单据处理中的综合应用

文字识别技术通过与物理机器人相结合,完成企业收单报销等各类深层场景,形成包含开放平台、智能初审、智能填报、物联网管理的单据自动化处理方案。使用文字识别技术与机器人相结合的设备,可以完成财务部门扫描岗、收单岗、审核岗、档案岗的主要工作。

会计核算工作中单据处理的人工流程,一般包括收单、审单、退单、分拣、打印、合单、排序和归档等。而在智能会计核算系统中,上述需人工处理的事务性工作均可借助于人工智能识别技术和机器人处理技术完成,一般包括系统登录、单据投递、确认和退单取出功能。

(三)生物识别技术和自然语言处理在业务数据生成中的应用

生物识别技术就是通过计算机与光学、声学、生物传感器和生物统计

学原理等高科技手段密切结合,利用人体固有的生理特性(如指纹、虹膜等)和行为特征(如笔迹、声音、步态等)来进行个人身份的鉴定。在智能会计核算过程中,生物识别技术的应用主要是声音识别技术与自然语言处理技术(Natural Language Processing,NLP)相结合,通过语音识别和机器翻译、自动摘要、文本语义对比等自然语言处理技术的结合使用,自动辨识工作人员或客户所提业务需求,形成会计核算系统中的业务数据,然后再自动匹配到智能会计核算数据处理系统中的过程,这是一个较高级别的智能化技术在会计核算工作中的应用。

三、机器人流程自动化技术在智能会计核算中的应用

(一)机器人流程自动化技术概述

机器人流程自动化技术允许通过配置自动化软件模拟和人类在软件系统中交互的动作来执行业务流程。RPA 软件机器人在应用程序界面上识别数据并像人类一样操纵应用程序,可以根据规则与其他系统交互,根据需要执行各种重复性任务。

RPA 软件的优势在于其可以让组织能够以少量的资金和较短的时间实现自动化。通常来讲,企业的 IT 系统非常庞大和复杂,若要更换或改造,会既困难又昂贵。RPA 软件可以利用现有的 IT 基础设施完成操作,而不会对系统造成干扰,使用 RPA 软件技术不仅能完成流程自动化,而且可以自动获得节省成本及运营合规等好处。

在智能会计核算系统中,所使用的机器人一般是财务机器人,即财务RPA。财务 RPA 主要是帮助财务自动化处理大量重复的工作,提高财务工作效率,如财务机器人可以操作 RPA 付款发票自动化。

(二)机器人流程自动化技术在大量单据处理中的应用

会计核算过程中,常常面临数据繁杂、耗时耗力、数据风险大、纠错成本高、业务流程多、时效要求高等问题。传统财务工作存在大量数据需要人工处理,从总账到应收应付,发票制单到付款,一旦出现简单的数据错误,就可能导致严重后果。何况传统的财务处理流程长,从发票数据的获取,银行数据的下载,再到系统凭证的制作,业务环节多,还存在日清、月

结、年报等情况,需要财务人员在规定时间内完成大量的数据处理工作。

财务机器人在目前智能会计核算系统中可以发挥很大作用。第一,财务 RPA 可以帮助财务人员完成大量的重复性工作,节约人力成本,让财务人员发挥更高价值;第二,财务 RPA 处理数据时完全按预设好的规则来进行处理,数据准确率会得到提高;第三,财务 RPA 可以更快速地完成高耗时工作,降低企业沟通成本,保障数据处理时效性。

财务 RPA 的主要应用场景包括各类报表的数据提取与报表制作(主要基于 Excel 表格存储)、财务系统自动化操作、发票自动化处理、网银自动化处理、纳税申报自动化等多个环节与场景。

四、Python 语言在智能会计核算中的应用

(一) Python 语言概述

Python 是一门跨平台、开源、免费的解释型高级动态通用编程语言,是最适合初学者使用的编程语言,也是目前 IT 行业唯一的入门简单、功能强大的商业级开发平台。Python 能够支持命令式编程、函数式编程,支持面向对象程序设计,语法清晰简洁,拥有支持许多领域应用开发的成熟扩展库。

Python 语言在智能会计核算系统中的应用主要集中于两个方面:一是账务处理系统中,各账表间关系的设计;二是可视化的界面设计。

(二) Python 语言在账务处理系统自动化中的应用

在智能会计核算系统中,以账务处理系统为例,可以使用 SQL 或 Python 完成全部记账凭证的增加、删除、修改、审核、记账、对账和结账,生成日记账、明细账、总账,为编制和生成各类会计报表和财务分析报表等活动准备数据,其主要的数据表组成包括码表、基本信息表、单据表和账表。

(三) Python 工具包在界面设计中的应用

图形用户界面或图形用户接口(Graphical User Interface,GUI),是指采用图形方式显示的计算机操作用户界面。图形用户界面是一种人与计算机通信的界面显示格式,准确地说就是屏幕产品的视觉体验和互动操

作部分,允许用户使用鼠标等输入设备对屏幕上的图标或菜单选项进行操作,以选择命令、调用文件、启动程序或执行其他一些日常任务。Windows 操作系统、微信软件、Office 软件等都属于 GUI 程序。

Python 程序语言本身不具备开发 GUI 的功能,但由于其强大的可扩展性,目前有很多的 GUI 扩展库可以在 Python 中使用,其中 PyQt5 是功能最强大、开发效率最高的一种形式。尤其是其所提供的 Qt Designer 设计器是一个强大的可视化 GUI 设计工具。

PyQt 是创建 GUI 应用程序的工具包,由 Phil Thompson 开发,是基于 Digia 公司图形程序框架 Qt 的 Python 程序接口,是一个 Python 模块集,它有超 300 类、近 6000 个函数和方法。PyQt 于 1998 年首次发布,最初名称为 PyKDE,后改名为 PyQt 并提供 GPL 版和商业版。自 Qt 与 Python 融合以来,已开发出 PyQt3、PyQt4、PyQt5 三个版本。

PyQt5 的主要特点包括:对 Qt 库进行完全封装;使用信号/槽 (Signal/Slot)机制进行通信;提供了一整套种类繁多的进行 GUI 程序开发的窗口控件;本身拥有超 620 类、近 6000 个函数及方法;可以跨平台运行在所有主要的操作系统上,如 Windows、UNIX、MacOS 等;支持使用 Qt 的可视化设计器(如 Qt Designer)进行图形界面设计,并能够自动生成 Python 代码,该功能对于智能会计核算系统的界面设计提供了较大的方便。在智能会计核算系统中,PyQt5 主要可以用于凭证和报表界面的设计,使界面设计更易上手,也更美观。

此外,Python 自带的 Matplotlib 和 Pyecharts 等工具库也可以轻松实现各种界面的可视化。Python 自带的 Numpy 和 Pandas 工具库,可以完成会计数据的统计分析功能。

五、SQL 语言在智能会计核算中的应用

(一) SQL 语言概述

结构化查询语言(Structured Query Language,SQL),是一种操作数据库的语言,包括创建数据库、删除数据库、查询记录、修改记录、添加字段等。SQL 是关系型数据库的标准语言,所有的关系型数据库管理系统

（RDBMS），比如 MySQL、Oracle、SQL Server、MS Access、Sybase、Informix、Postgres 等，都将 SQL 作为其标准处理语言。关系数据库中的关系就是一张表，表中的每行（数据库中的每条记录）就是一个元组，每列就是一个属性。

　　SQL 的主要功能包括数据定义（Data Definition）、数据操纵（Data Manipulation）、数据查询（Data Query）和数据控制（Data Control），如表 2-4 所示。

表 2-4　SQL 动词

SQL 功能	说明	动词
数据定义	创建、删除、修改数据库对象（表、视图、索引等）	CREATE、DROP、ALTER
数据操纵	实现对数据的插入、更新、删除等操作	INSERT、UPDATE、DELETE
数据查询	实现对数据进行查询、统计、排序、分组、检索等操作	SELECT
数据控制	更改数据库用户或角色权限，用于保证数据的安全性和完整性	GRANT、REVOKE

　　（二）SQL 语言在表单创建中的应用

　　在使用 SQL 语言创建数据库和数据表之前，要首先设计好智能会计核算系统中表的结构及表间关系。表的结构依据企业的业务数据结构而来，表间关系依据会计准则的逻辑而来。此小节简单介绍使用 SQL 语句如何创建表的结构。以创建会计科目编码表为例，代码如下：

```
CREATE TABLE kjkmbmb( zth char( 2) not null,
km_code char( 10) not null,
km_name char( 30),
kmlb_code char( 2),
kmxz_code char( 2),
yefx char( 2),
PRIMARY KEY( zth, km_code) );
```

　　上述代码表明，使用 SQL 语句创建了一个会计科目编码表，名称为

kjkmbmb,该表有 zth、km_code、km_name、kmlb_code、kmxz_code、yefx 六个字段,分别代表着账套号、科目编码、科目名称、科目类别编码、科目性质编码和余额方向编码,并指明了各字段的数据类型,同时指定主键为 zth 和 km_code。

(三) SQL 语言在数据更新中的应用

SQL 语言在智能会计核算系统中数据更新的使用,主要是用于计算各种账表字段。以计算期末借方余额、期末贷方余额为例,代码如下:

```
update zw_zb_kmyeb set qmjfye = qcjfye + jffse,qmdfye = qcdfye + dffse where zth = @ r_zth
and nkjqj = @ r_nkjqj and ykjqj = @ r_ykjqj and km_code = @ r_km_code
update zw_kmyeb set qmye = qmjfye - qmdfye from zw_kjkmbmb where zw_kmyeb.zth = zw_kjkmbmb.zth and    zw_kmyeb.km_code = zw_kjkmbmb.km_code and yefx = '借'
and zw_kmyeb.zth = @ r_zth and nkjqj = @ r_nkjqj    and ykjqj = @ r_ykjqj;
update zw_kmyeb set qmye = qmdfye - qmjfye    from zw_kjkmbmb where zw_kmyeb.zth = zw_kjkmbmb.zth and    zw_kmyeb.km_code = zw_kjkmbmb.km_code and yefx = '贷'
and zw_kmyeb.zth = @ r_zth and nkjqj = @ r_nkjqj    and ykjqj = @ r_ykjqj;
```

上述代码表明,设置科目余额表(zw_zb_kmyeb)中的期末借方余额=期初借方余额+借方本期发生额-贷方本期发生额,期末贷方余额=期初贷方余额+贷方本期发生额-借方本期发生额,条件为指定账套、指定会计期间和指定会计科目。

(四) SQL 语言在数据查询中的应用

在智能会计核算系统中使用 SQL 语言中的数据查询语句,可以根据自己的需求,设定查询条件,查出所有符合条件的记录,也是个性化生成报表的一种方式。同时,查询语句也可以作为系统稽核审计的一个工具。

以科目余额表中期初借贷不平为例,稽核审计代码如下:

```
SELECT zth,nkjqj,ykjqj,SUM(qcjfye),SUM(qcdfye) FROM zw_zb_kmyeb GROUP BY zth,nkjqj,ykjqj HAVING SUM(qcjfye)<>SUM(qcdfye)
```

六、ChatGPT 及其核心技术在智能会计核算中的应用

2022 年 11 月,ChatGPT(Chat Generative Pre-Trained Transformer)横

空出世,火爆全球,迅速成为一种现象级应用。ChatGPT 对传统行业尤其是会计行业的可能性冲击立刻引发了学界和业界的广泛关注与热烈讨论。ChatGPT 所代表的通用人工智能必将改变世界,作为经济社会健康有序发展的基础性工作,会计毫无疑问将会受到全方位的冲击与挑战,但是现代会计作为以公司制为代表的现代商业世界的底层逻辑和记录规则不会消亡,反而会在 ChatGPT 影响和驱动下进行变革与优化,创造出多模态报告、大数据分析、智能财务决策、交互式智库、数据库建设等一系列新的财会场景和角色,形成人机协同工作新模式和人机协同共生新局面。本小节将以 ChatGPT 这一典型代表的 AI 产品及其所使用核心技术在智能会计核算中的应用为例,介绍人工智能在智能会计核算中的应用场景。

（一）ChatGPT 及其底层技术逻辑

相较于其他人工智能产品,ChatGPT 所使用的 Transformer 系列模型结合了监督学习和强化学习,采用了基于人类反馈的强化学习（RLHF）训练方法,同时运用了自监督学习训练方法,即通过预训练方式加人工监督进行调优,使其能够在搜索更大量数据的基础上理解上下文语义,提高了问题反馈的精准度、反应力和智能化程度,从而使 AI 演化为生成式而非分析式人工智能技术（AIGC）,且更具通用性和更加友好化。

ChatGPT 是 OpenAI 团队研发创造,属于 AIGC 应用的一部分,本质上是一种依靠大数据、大算力、强算法共同驱动的自然语言处理大模型。自 1950 年图灵提出判断机器是否具有智能性的"图灵测试"（The Turing Test）方法以来,随着算法和技术的不断迭代,人工智能技术虽经历过低谷和波折但依旧发展强劲,直至 ChatGPT 的突然面世。ChatGPT 所实现的人类意图来自机器学习、神经网络和 Transformer 模型,即基于模板和规划的前深度学习、根据一定范围的数据进行参数分析的机器学习（Machine Learning）、开始模仿人类进行大量数据标记和训练的神经网络（Neural Network）,以及对人脑学习进行重点关注的多层变换器（Transformer）等多种技术的发展与积累。其中,Transformer 是 ChatGPT 的底层技术,它完全基于注意力机制摆脱了人工标注数据集的缺陷,模型在质量上更优、更易于并行化,所需训练时间也明显减少。作为一种新型主流模型架构基础,Transformer 的出现迅速取代了 RNN 系列变种,标志着基础/通用模型时代的到来。

ChatGPT 作为一种针对人类反馈学习的大规模预训练模型,大体经历了 GPT-1(2018 年 6 月)、GPT-2(2019 年 2 月)、GPT-3(2020 年 5 月)、GPT-4(2023 年 3 月)四次迭代。起初 GPT-1 在 Transformer 架构基础上进行了显著简化,训练了一个 12 层仅 Decoder 的解码器(原 Transformer 模型包含 Encoder 和 Decoder 两部分)。随后,经 GPT-2 到 GPT-3,最终发展成为一个高度智能化的自监督模型,且经微调后的 InstructGPT 可将有害、不真实和有偏差的输出最小化,更适合自然语言生成任务(NLG),其使用来自人类反馈的强化学习方案 RLHF(Reinforcement Learning from Human Feedback)。最近推出的 GPT-4 则完全成为一个多模态预训练大模型,具有更加强大的识图能力,文字输入阈达 2.5 万字,准确性显著提升,能够生成诗歌、创意文本,实现风格变化等。ChatGPT 实际上是一个增加了 Chat 属性、开放了公众测试的 InstructGPT 衍生品,其核心技术优势在于利用人类反馈数据系统进行模型训练,从而提升了人类思维的准确性。

当然,ChatGPT 毕竟是基于语料库训练出的一个多模态模型,其输出结果的准确性在很大程度上取决于训练数据的规模和质量,在缺乏相关领域常识和推广能力的前提下它仍然可能给出错误或似是而非的解答,而且它只能基于已有知识、通过海量参数和已有主题数据进行多任务学习,仍缺乏终身学习机制,倘若应用于会计领域,对会计这种制度性、规则性和目的性非常高的信息处理和管理工作来讲可能会存在一定的缺陷。

(二)ChatGPT 在会计数据生成和外部数据采集中的应用

正如前文所述,企业数据一般包括内部数据和外部数据,而企业内部数据的生成主要依赖于智能会计核算系统,其实现过程主要包含业务数据采集、会计数据生成和会计数据应用三个阶段。

在业务数据采集阶段,ChatGPT 技术本身可以帮助企业处理大量、重复的凭证识别与结构化数据生成工作,并借助其较强的自然语言处理能力提高识别精准度。当然,会计核算经历了手工化、电算化、信息化和智能化阶段,目前会计核算系统处于信息化转向智能化的过渡阶段,更多的是实现了部分或全部自动化。

在会计数据生成阶段,ChatGPT 所使用的 Transformer 基础架构和反馈学习机制为完全智能化会计核算系统的形成奠定了技术基础,我们可以设想使用其强大的自学习能力,在基于一定数量的语料库基础上,实现业务数据一产生即可依靠其强大算力和所预设规则自动按照借贷复式记账法形成证账表的相关数据,并通过试算平衡完成自校验功能。

在会计数据应用阶段,尤其是财务报表可视化方面,ChatGPT 的生成式属性使程序代码与人工智能技术更加易于使用,其平民化的特点可能会对部分成熟商业软件形成冲击,同时在具备更大量的财务报表模板及财务分析可视化语料库后,ChatGPT 所生成的产品可能会更加精美与直观。

总的来说,对于智能会计核算系统而言,无论是 ChatGPT 产品本身,还是它所使用的技术模型均会有助于智能会计核算效率与质量的提高,并提升会计核算智能化程度。

另外,智能会计核算系统应该是一个相对开放的系统,应该预留端口充分考虑与外部系统衔接。目前外部数据采集系统主要采集用于辅助企业决策的行业、社会中的宏观经济和政策数据,可从国家政府部门统计年鉴、行业网站、电商平台等多渠道获取,现常用手段诸如 Python 爬虫、文本和词频分析等。ChatGPT 强大的上下文理解能力与数据获取能力,可以帮助智能会计系统更准确地获取更多、更优质的企业所需外部信息。

第五节　智能会计核算案例

一、使用 SQL 处理进销存系统案例

智能会计核算的基础是理解业务数据与会计数据背后的逻辑关系,

即要熟悉数据存储关系与表间关系。本小节以进销存系统数据为例,介绍商品信息数据的变化所带来的进销存数量月报表的变化。

（一）案例简介

山东燕山家电有限责任公司主营电视机、洗衣机、电冰箱、打印机、微波炉、空调6种产品,分别采购自3家供应商。

2023年5月采购业务数据(共计8条采购信息,8条销售信息):

采购数据

1.2023年5月3日,从A公司采购电视机50台,单价3000元,共计金额150000元。

2.2023年5月5日,从B公司采购洗衣机50台,单价1000元,共计金额50000元。

3.2023年5月8日,从B公司采购电冰箱60台,单价2000元,共计金额120000元。

4.2023年5月10日,从C公司采购打印机40台,单价500元,共计金额20000元。

5.2023年5月11日,从C公司采购微波炉60台,单价300元,共计金额18000元。

6.2023年5月13日,从A公司采购空调40台,单价1000元,共计金额40000元。

7.2023年5月15日,从A公司采购电视机20台,单价3000元,共计金额60000元。

8.2023年5月16日,从C公司采购打印机30台,单价500元,共计金额15000元。

销售数据

1.2023年5月4日,销售A品牌电视机30台,单价5000元,共计金额150000元。

2.2023年5月6日,销售B品牌洗衣机40台,单价2000元,共计金额80000元。

3.2023年5月10日,销售B品牌电冰箱50台,单价3500元,共计金额 175000 元。

4.2023 年 5 月 14 日,销售 C 品牌打印机 30 台,单价 1000 元,共计金额 30000 元。

5.2023 年 5 月 16 日,销售 C 品牌微波炉 40 台,单价 600 元,共计金额 24000 元。

6.2023 年 5 月 18 日,销售 A 品牌空调 35 台,单价 2000 元,共计金额 70000 元。

7.2023 年 5 月 20 日,销售 A 品牌电视机 15 台,单价 5000 元,共计金额 75000 元。

8.2023 年 5 月 22 日,销售 C 品牌打印机 20 台,单价 1000 元,共计金额 20000 元。

（二）进销存系统数据库设计

对于进销存系统而言,以计算进销存数量月报表为例,数据库中应包含基本信息表、单据表和账表三大类,共计六张表。基本信息表包括用于反映操作员(采购或销售人员)信息的操作员表和用于反映商品详细信息的商品信息表,单据表包括用于反映采购信息的采购单和用于反映销售信息的销售单,账表包括用于反映库存信息的库存表和用于反映进销存数据量的进销存数量月报表。

1. 操作员表

表名:operator

关键字:oper_code

表 2-5 操作员表

列名	中文名称	类型与长度	是否为空	说明
oper_code	操作员编码	char(10)	否	系统操作员的编码
oper_name	操作员姓名	char(10)	是	系统操作员的姓名
password	密码	char(10)	是	设定操作员登录系统的密码,避免非法用户进入系统

2. 商品信息表

表名：goods

关键字：goods_code

表 2-6　商品信息表

列名	中文名称	类型与长度	是否为空	说明
goods_code	商品编码	char(13)	否	商品的编码
goods_name	商品名称	char(60)	是	商品的名称
sort	商品种类	char(20)	是	商品的种类
model	规格型号	char(50)	是	商品的规格型号
unit	计量单位	char(10)	是	商品的计量单位
price	价格	decimal(12,2)	是	商品的零售价
manufacturer	供应商	char(10)	是	商品的供应商

3. 采购单

表名：buy

关键字：sheetid

表 2-7　采购单

列名	中文名称	类型与长度	是否为空	说明
sheetid	单据号	char(13)	否	在新增采购单时,采购单单据号由系统自动生成
sheetdate	日期	date	是	采购单的制单日期
oper_code	制单人	char(10)	是	默认为登录系统的操作员,不可修改
goods_code	商品编码	char(13)	是	采购商品的编码
amount	数量	integer	是	采购商品的数量
price	单价	decimal(12,2)	是	采购商品的采购单价(含税)

续表

列名	中文名称	类型与长度	是否为空	说明
money	金额	decimal(12,2)	是	计算方法:金额＝单价×数量
note	备注	char(200)	是	对商品采购情况进行解释说明

4. 销售单

表名:sale

关键字:sheetid

表 2-8　销售单

列名	中文名称	类型与长度	是否为空	说明
sheetid	单据号	char(13)	否	在新增销售单时,销售单据号由系统自动生成
sheetdate	日期	date	是	销售单的制单日期
oper_code	制单人	char(10)	是	默认为登录系统的操作员,不可修改
goods_code	商品编码	char(13)	是	销售商品的编码
amount	数量	integer	是	销售商品的数量
price	单价	decimal(12,2)	是	销售商品的单价(含税),由系统根据商品信息中的价格自动生成
money	金额	decimal(12,2)	是	计算方法:金额＝单价×数量
note	备注	char(200)	是	对商品销售情况进行解释说明

5. 商品库存表

表名:goods_amount

关键字:zth+code

表 2-9　商品库存表

列名	中文名称	类型与长度	是否为空	说明
zth	账套号	char(2)	否	定义商品所属的账套号
goods_code	商品编码	char(13)	否	商品的编码
amount	库存	integer	是	商品当前的库存数量 当采购单保存时,自动增加商品库存,当销售单保存时,自动减少商品库存

6. 进销存数量月报表

表名:report_amount

关键字:date_min+code

表 2-10　进销存数量月报表

列名	中文名称	类型与长度	是否为空	说明
date_min	起始日期	date	否	进销存数量月报表的起始日期
date_max	结束日期	date	是	进销存数量月报表的结束日期
goods_code	商品编码	char(13)	否	商品的编码
amount_ini	期初数量	integer	是	本期期初数量＝上期期末数量
amount_buy	采购数量	integer	是	在本期起始至结束日期范围内,商品采购数量总和
amount_sale	销售数量	integer	是	在本期起始至结束日期范围内,商品销售数量总和
amount_end	期末数量	integer	是	期末数量＝期初数量+采购数量-销售数量

在进销存数据库中,操作员表中的 oper_code 连接了操作员表、采购表和销售表,以实现通过操作员编码可以更新采购单和销售单中的相应数据;使用 goods_code 连接除操作员表以外的其他五个表,以建立各表间的联系。

在具体的计算过程中,库存表中的 amount 值来源于同一商品(goods_code相同)在采购单中 amount 增加与销售单中 amount 增加之差,即 goods.amount＝buy.amount－sale.amount;进销存数量月报表中的 amount_buy 来自于采购单中同一商品本月采购量的加总,amount_sale 来自销售单中同一商品本月销售量的加总,而 amount_end＝amount_ini＋amount_buy－amount_sale,其中 amount_ini 为上个月的期末库存数量。

（三）进销存系统数据库操作实现

电子化数据存储方式有很多,可以用 Excel,也可以用数据库软件。对于大量数据,使用数据库进行存储比较方便,常用数据库操作语言即 SQL,常用软件有 SQL Server、MySQL 等。以 SQL Server 为例对上文中进销存系统中进销存数量月报表的生成进行说明。

1. 建表

依据上文中的各数据表设计,使用 Create 语句创建六张表。以商品信息表创建为例:

CREATE TABLE goods（goods_code char（13）not null,goods_name char（60）,sort char（20）,model char（50）,unit char（10）,price decimal（8,2）,manufacturer char（50）,PRIMARY KEY（code））;

2. 插入数据

依据上文中业务数据,使用 Insert 语句进行相应表的初始化。以采购单第一条数据为例:

INSERT INTO buy（sheetid,sheetdate,oper_code,code,amount,price,mone,note）VALUES（"'0001','2023－05－03','1','001','50','3000','150000',"）;

3. 更新数据

账表中的大部分数据都来源于相关表数据依据相应逻辑进行的计算结果,需使用 Update 语句。以进销存数量月报表中的采购数量、销售数量和期末数量为例:

采购数量:UPDATE report SET amount_buy＝（SELECT isnull（sum（amount）,0）FROM buy WHERE　report.code＝buy.code and sheetdate>＝

@ r_date_min and sheetdate<=@ r_date_max）WHERE date_min=@ r_date_min；

销售数量：UPDATE report SET amount_sale=（SELECT isnull（sum（amount），0）FROM sale WHERE report.code=sale.code and sheetdate>=@ r_date_min and sheetdate<=@ r_date_max）WHERE date_min=@ r_date_min；

期末数量：UPDATE report SET amount_end = amount_ini + Isnull（amount_buy，0）- Isnull（amount_sale，0）WHERE date_min=@ r_date_min。

二、会计核算的智能化升级案例

（一）案例简介

A 企业是集生产、零售于一体的大型日化产品生产企业，有着 100 多年的历史，拥有多个美妆日化品牌，在众多细分市场建立了领先地位，在全球多地设有制造工厂，销售网络也分布在亚洲、欧洲、非洲、北美洲和大洋洲。A 企业的销售渠道遍布百货、商超、专营店、线上平台等，基本实现全渠道、全覆盖。

A 企业的业务模式决定了其长链条的运营方式和会计核算的复杂性。为提高工作效率、减少人工依赖，2018 年 A 企业开始进行财务智能化升级，从会计核算流程优化、数据平台搭建等多方面开展了人工智能技术应用、系统优化与升级等工作。

（二）A 企业会计智能化升级

A 企业在信息化阶段已上线会计核算系统，在业务领域也有多个操作端系统，如商超系统、在线销售系统等。A 企业的会计智能化转型主要是基于原有会计系统的智能化升级，并在此基础上实现业财系统贯通、主数据提取与数据平台建设。A 企业的会计智能化升级主要包含五个方面。

1.人工智能单据处理系统上线

为提高原始凭证单据处理能力以及识别准确度，A 企业上线了人工智能单据处理系统。员工在进行纸质单据报销时,可以通过人工智能单据处理系统,快速完成单据递交工作。人工智能单据处理系统可以自动完成票据识别、自动生成影像、数据自动提取、依据审票规则完成智能初审并将退单放到交单时实现、通过取件码/封面码/人脸识别帮助用户完成自助退单、设置定时任务和归档规则进行按需自动归档,很大程度上提高单据处理效率并降低错误率。

A 企业人工智能单据处理系统直接对接企业原有会计系统,实现了系统间的贯通,无须再增加人工作业环节。

2. RPA 技术的使用

A 企业 RPA 技术主要用于会计处理和合并报表处理,尤其是合并报表上的使用大大提高工作效率和降低员工依赖性。用 RPA 构建了财务机器人,实现部分财务工作自动化,主要体现在网络顾客净贡献分析数据采集及处理、线上账户余额记录、应收账款清账尾差处理、管报口径合并报表自动化,以及会计系统交互节点的审批等多个方面。

3. 智能会计系统上线

A 企业于 2021 年上线智能会计系统,对接原有会计系统与数据平台,尤其是在智能会计核算、费控系统和智能合约上先行进行切入。智能会计系统上线,打通信息化阶段上线的多个系统平台,包括办公系统、会计核算软件、ERP 软件等。同时,也进行了作业流程的优化与升级,如移动终端员工报销填报、审批环节减少、间采流程优化等。

合同返利系统实现了合同模板搭建、销售合同签订、预算管理、结算核销与月末计提等多个环节的自动化处理,同时可以自动生成多种合同相关报表,可以规范签约模板,提升签约效率,降低签约差错率。

4. 商务智能可视化系统上线

商务智能(Business Intelligence,BI)可视化系统是进行报表分析与分析结果直观展示的有力工具,可以用于报表分析与展示,也可以用于决策结果的立体化展示,可使用的工具包括 BI 可视化商业软件,Python 等编程工具中自带的 matplotlib 可视化工具包等。

A 企业的可视化系统由第三方软件公司设计完成,可以提供一站式数据分析平台功能,从数据接入、处理、可视化到多终端的数据立体化展现,主要包括数据中心、数据驾驶舱、移动轻应用和数据大屏等功能。BI可视化系统的上线,可以解决企业多渠道、多品牌、数据分析需求量较大的问题,可以较快取数,较轻松地将报表分析结果与企业运营数据直观展示出来。同时,可以通过可视化工具进行数据下钻功能,可以对一级指标进行溯源。当某一项指标发生变化,尤其是较大波动时,更易查找指标变动的真正原因。

5. 数据平台搭建

数据平台的搭建主要是业务系统与会计核算系统的对接及对接成功后业务数据和财务数据的提取、清洗、转换与存储。数据平台是智能会计核算系统中数据输出部分,也是智能财务决策系统中的数据输入部分,在智能会计系统中起着承上启下、至关重要的作用。

A 企业数据平台的搭建从主数据梳理开始,针对主数据源头不统一、标准不统一、跨信息系统作业等问题,首先,对成本中心、会计科目、商品和门店等信息和数据进行了数据治理。其次,基于主数据梳理成果,进行数据平台建设。数据平台的建设分为三个阶段:一是进行数据底座建设,将业务数据与财务数据纳入数据平台,进行数据治理;二是按需将数据接入数据平台,补充和完善数据平台功能,持续进行数据治理的同时优化和增加业务模型与数据模型;三是基于数据平台实现业务系统的智能化运营与财务数据的自动化实现,形成真正的业财一体化平台(企业大数据平台),服务于企业决策。

第三章　智能财务共享

第一节　智能财务共享的基础理论

一、智能财务共享的基本内涵

（一）共享服务的概念与内容

20 世纪 80 年代，美国福特公司率先实施了共享服务。作为一个专用名词，共享服务（Shared Services）最早是由 Gunner Partners 公司创始人罗伯特·冈恩（Robert W. Gunn）等于 1993 年提出的，他们认为共享服务是公司试图通过分散管理和设置较少的层级结构而取得竞争优势的一个新管理理念，其核心思想在于提供服务时共享组织成员和技术等资源，它的一系列政策和做法，打破了财务领导和一线部门经理努力解决会计人员效率和有效性问题时的传统思想和习惯看法。[①]

对于共享服务目前主要有两种理解：一是侧重于共享服务的结构。例如，乌利齐（Ulrich）认为共享服务是公司中服务的组合或合并，在分布式公司，每一个运营实体有专有的支持服务，共享服务将这些独立的服务

[①] Gunn R. W., Carberry D. P., Frigo R., et al., "Shared Services: Major Companies are Reengineering Their Accounting Functions", *Management Accounting*, Vol. 75, No. 5, 1993, pp.22-28.

活动合并到一起①;沙阿(Shah)认为共享服务是原先由业务单元各自掌管的服务的内部合并②;安德森(Anderson)则指出共享服务是在具有多个运营单元的公司中组织管理功能的一种方式,它作为公司中单独的部门或分支机构而建立,这些部门担任运营部门的服务提供者。③ 二是侧重于共享服务的方式。例如,基思(Keith)等认为共享服务中心执行本来分散于组织中的日常的、基于事务的活动,把它们合并到一个地方,并且对所提供的服务向业务单元收取合适的费用④;弗斯特(Forst)指出内部共享服务的基础在于,公共的管理工作可以集中到一个完全专注于向内部客户以最低成本提供高价值服务的、面向业务的单位⑤;舒尔曼(Schulman)等认为财务共享服务就是将企业集团内部跨业务单元的各种资源整合集中,为其提供优质的财务职能服务,以降低运营成本。⑥ 登堡(Denburgh)等则认为共享服务模型的核心是一种增值战略,共同的内部事务被集中到一个新的业务单元,以服务于内部顾客。⑦

综上分析,共享服务是指企业等组织将原来分散在不同业务单元的财务、会计、人力资源和信息管理等事务性、专业性、技能性活动,从原来的业务单元中剥离出来,由专门成立的独立实体进行并提供统一服务的一种新型管理模式。它以客户需求为导向,按照市场价格和服务水平协议为企业内部业务单位提供跨专业共享服务。实质上,它是通过内部组

---

① Ulrich D.,"Shared Services:From Vogue to Value",*Humn Reseource Planning*,Vol.18,No.3,1995,pp. 12-23.

② Shah B.,"Shared Services:Is It for You",*Industrial Management*,Vol.40,No.5,1998,pp. 4-8.

③ Anderson J.E.,"Making Operational Sense of Mergers and Acquisitions",*The Electricity Journal*,Vol.12,No.7,1999,pp.49-59.

④ Keith D.,Hirschfield D.R.,"The Benefits of Sharing",*HR Focus*,Vol.73,No.9,1996,pp.15-16.

⑤ Forst L.I.,"Fulfilling the Strategic Promise of Shared Services",*Strategy*,Vol.25,No.1,1997,pp. 30-34.

⑥ Schulman D.S.,Harmer M.J.,Dunleavy J. R.,Lusk J. S.,*Shared Services:Adding Value to the Businessunits*,New York:Wiley,1999,pp.1-20.

⑦ Denburgh E.V.,Cagna D.,"Doing More with Less",*Electric Perspective*,Vol.25,No.1,2000,pp. 44-55.

织的半市场化克服组织失灵的一种方法,有利于促进业务和管理流程简化,强化企业管理现代化和科学化,要害在流程共享①,核心是必须向多个用户提供高效服务。②

（二）财务共享的内涵与特征

1. 财务共享的含义

财务共享,也就是财务共享服务（Financial Shared Service,FSS）,是指某一企业或集团等组织将所有的与财务管理（包括会计核算与会计管理）有关的业务或专业工作集中起来,建立一个服务中心,实现数据、信息、技术、人员和服务等资源和要素的共同拥有和共同分享的一种制度安排。它通过在一个或多个地点对人员、技术和流程的整合,将那些具有规模经济和范围经济属性的财务业务放到共享服务中心集中处理,从而体现出成本的节约、知识能力的积累和内外部顾客服务质量的提高以及新技术的运用③,也就是说,财务共享服务是指将分散式的财务基本业务从企业集团成员单位抽离出来,集中到一个新的财务组织统一处理,这个新的财务组织以业务伙伴的形式,通过网络为分布在不同国家和地区的集团成员单位提供标准化、流程化、高效率、低成本的共享服务,并为企业创造价值。④ 可见,财务共享必须有一个独立组织,为企业或集团内不止一个业务单位提供明确的财务活动支持,这个独立的组织就是财务共享服务中心（Financial Shared Service Center,FSSC）。⑤

2. 财务共享的特征

财务共享是共享服务最核心的内容之一。按照国际财务共享服务管

① Lusk J.S.,Harmer M. J.,*Shared Services:Adding Value to the Business Units*,New York:Wiley,1999,pp.61–76.

② Marijn J.A.,Joha J.V.,Grinsven,*Operational Risk Management as Shared Service Center of Excellence(COE)*,Wiesbaden:Springer Fachmedien Wiesbaden,1999,pp.363–378.

③ Andersen A.,"Insights on European Shared Services Operations",*American Economic Review*,Vol.10,No.2,1997,pp.253–256.

④ 张瑞君、陈虎、张永冀:《企业集团财务共享服务的流程再造关键因素研究——基于中兴通讯集团管理实践》,《会计研究》2010 年第 7 期。

⑤ Moller P.,"Implementing Shared Services in Europe",*Treasury Management Inter national*,Vol.6,No.7,1997,pp.121–123.

理协会(IFSS)的理解,财务共享服务是基于信息技术,基于流程化处理财务业务,从市场化视角为内外客户提供专业化财务服务的一种管理模式,它是网络经济与企业管理共享思想在财务领域的最新应用。作为一种先进的企业管理理念,财务共享适应大规模企业的会计核算和财务管理工作,通过财务共享服务中心这一共享服务组织载体,依托信息和数字技术,将大型企业、企业集团大量重复且易于标准化、流程化的财务业务和会计业务从分散的业务部门中抽取出来,集中到一个新的独立运营的业务单元进行流程再造、标准化和集中化处理,达到组织结构优化、业务效率提高、运营成本降低、决策支持强化的目的,最终保持竞争优势、创造企业价值。它具备以下几个方面的特征:

(1)规模性。财务共享的前提是业务集中。通过将重复性、同质性和共生性业务活动集中到财务共享服务中心,不仅减少了业务部门的循环重复工作,使之集中精力和资源,专注于高增值的核心业务,而且通过整合大批量的业务流程,促进了规模经济和规范管理的形成,在有效地降低业务处理成本同时,便于大规模数据的形成和利用。

(2)服务性。财务共享的落脚点在共享服务。通过为用户提供低成本、高质量的共享服务,来提高客户满意度,助力组织结构改进、业务流程优化和企业价值实现。财务共享服务中心作为共享服务的提供者,改变了以往仅向管理层负责的运作方式,客户有选择服务的权利,并在一定程度上参与共享服务质量的监督评价。

(3)共享性。财务共享的基本点在服务共享。信息或数据的非零和性,决定了财务共享服务中心形成、集中和提供的信息或数据量不会随使用者数量的增加而减少,它们具有鲜明的共享性,即可以共同拥有和共同分享,这是财务共享或者财务共享服务中心得以存在和发展的学理基础。

(4)统一性。财务共享的关键在数据标准。没有统一的数据定义、数据标准和数据代码或字段,财务共享服务中心是很难将不同业务单位的业务数据和财务数据集中起来的,即使集中起来,如果没有繁杂的数据清洗和处理,也很难得到有效使用,尤其是对那些异质异构的数据和信息而言。因此,只有建立统一的操作模式、运作流程和数据规范体系,才能最大化地发挥财务共享的专业、数据和技术优势。

（5）专业性。财务共享的生命力在专业技能。在分工社会，专业的人做专业的事，或者说，专业的事要交给专门的机构和专业人士。没有专业知识、专业技能，也就是没有专业保障，财务共享是不可能发展起来的。借助发达的网络、信息和数据技术，在一个相对独立的运营机构，凭借专业化的知识和精湛熟练的专业人员，为各类用户提供专业化共享服务，这无疑是财务共享大行其道的关键。

（6）技术性。财务共享的先进处在数字技术。没有数字技术的快速迭代和广泛应用，财务共享服务中心就很难建立，运行也很难得到有效保障。财务共享在很大程度上依赖于高效率、高度集成的软件系统和电子通信技术，其底层技术主要是信息技术和数字技术，需要各种业务信息系统和数据处理系统的全方位支持。

（三）财务共享的演进模式

历史地看，财务共享意识在我国早已有之。20世纪80年代国有企业改革时推行的以降本增效为目的的"厂内银行"，21世纪初作为财政体制改革重要内容之一的"会计集中核算"等制度，都在一定意义上体现了财务共享的"集中""共享""取费"特征。企业管理进入信息化时代后，财务共享最主要的表现形式是"业财税一体化""业财融合""财务共享服务中心"，也就是从这个时候开始，财务共享作为一种相对成熟的现代企业管理模式，才真正运用到了企业财务管理实践之中。今天，随着企业数字化转型，财务共享又被赋予了数字化、自动化和智能化等新的含义，智能财务共享时代已经到来。

1. "厂内银行"模式

20世纪80年代，我国经济体制改革的重点在于通过推行和完善承包经营责任制，来深化国有企业改革、加强企业管理、提高经济效益，为此在企业内部管理和运营中，引入了市场和价格机制，把企业内部业务活动或事项视为外部市场交易行为，由财务部门统一进行价格结算、成本核算和绩效奖惩，实行所谓的"厂内银行制"。它是企业以厂内银行为中心的一种新机制，是以价值规律为中心的一种全方位的综合管理制度。其中所谓的"厂内银行",也称"内部银行",实际上是企业的资金预算和内部结算中心,其基本模式是企业资金集中统一管理,即在统一对外筹资和纳税、统一采购重要材料和物资、统一固定资产投资及管理、统一办理对外结算的同时,要求企业内部单位有偿使用流动资金,并在内部银行存款和贷款。它以货币作为衡量企业生产经营活动的统一计量单位,以厂内银行作为企业的预算和内部结算中心,从而保证企业经营目标的实现或承包责任的完成。

厂内银行制不是一种单纯的会计核算和资金结算制度,而是在商品经济价值规律指导下,确保企业经济责任目标落实完成的一种有效的企业管理制度。它以提高企业经济效益为目的,以企业承包经营的总体目标和各部门、各岗位的具体目标为标准,引进外部银行的部分机制和功能,来核算、监督和控制企业的投入、产出和预算收支,至少涉及以下五个方面的内容:一是企业利润目标的确定以及层层分解;二是责任账户的建立以及投入和产出的监控;三是计划管理、质量管理和经济核算的全面推进;四是经济合同、经济仲裁、经济责任转移和内部结算等制度的建立健全;五是企业各部门及其活动的绩效评价及奖励或惩罚等。

2."会计集中核算"模式

进入 21 世纪,财税体制改革成为我国经济体制改革的重要内容,各地大胆创新改革方案、形成了符合地方实际的具体改革方式。其中,会计集中核算制度就是一种高度契合财政支出管理改革和财政监督强化的创新模式。它通过改变会计人员管理体制和会计业务处理程序,强化了会计核算和会计监督,从源头上遏制了政府腐败与铺张浪费,达到了提高财政资金使用效益的目的。会计集中核算制度最具体的表现形式是取消纳入集中核算范围的党政机关和行政事业单位的内部会计,只保留一两名单位报账员,成立会计核算中心,负责对各预算单位的会计核算和监督工作。会计集中核算模式一度被认为是我国国库集中收付制度的初级形态和会计委派制度的高级形态。

随着集团企业日益成为企业组织形式的主要发展方面,它在产生规模效应和协同效应等优势的同时,财务风险管控的难度越来越大。20 世纪末21世纪初,国内外一大批集团性公司因财务风险的"牛鞭效应"而破产倒闭,多数企业不同程度地存在财务权力过度分散、财务监控缺位乏力、财务关系模糊不清等问题。为了克服这些问题,越来越多的大型集团企业开始重视在确保事权下放、保持活力的同时,上收财权、集中核算和管理。按照财政部门开展会计集中核算的要求,主要做法:一是调整财权配置,缩小管理半径,借以集中财权、强化管理;二是健全内外机制,强化财务监督,做到监管到位、力度适中;三是实现目标管理,建立激励机制,突出目标的高度、宽度和强度;四是理顺财务关系、硬化财务约束,重视业绩考核、评价和奖惩。

3."业财税一体化"模式

随着企业规模扩大、层级增多,在做强做大、走出去的过程中,会计核算业务量激增,财务管理监控力不足等"大企业病"现象越来越突出。为了满足业务运行的需要,企业非常重视信息化建设,先后投入使用多个业务系统,初步完成企业信息化布局和信息化普及工作,但是包括会计信息系统在内的各信息系统之间并没有实现互联互通,形成信息孤岛,加之数据标准不一致,多口径录入信息,导致信息难以集成使用。基于此,部分企业开始探索构建业务、财务和税务,即"业财税"一体化信息管理平台,形成了新的信息化生态环境。

"业财税一体化"是一个在企业信息化平台上,由业务系统和财务系统构成的会计核算和财务管控平台体系。其中,构成这两大系统的子系统主要包括业财税集成系统、资产管理系统、成本管理系统、报表系统、银企直连系统、合同管理系统、税务管理系统、人力资源系统和影像管理系统等。它最突出的特点是实现了核算、结算和决算的三集中:一是所有业务进入财务部门实行集中化处理;二是所有资金收支业务集中到财务部门进行统一处理;三是所有决算报表(月报、季报和年报)在财务部门集中生成。

4."业财融合"模式

为了解决财务部门或会计部门与业务部门渐行渐远、相互分离,不利于企业价值创造和价值实现等问题,越来越多的企业开始关注业务与财务的融合问题,探索开展业财融合实践。业财融合进入政策领域,成为学界关注的热门话题,则肇始于 2016 年财政部发布的《管理会计基本指引》。所谓"业财融合"是指企业的业务和财务相融合,它既是一种管理模式或管理系统,也是一种管理文化或理念。① 一是指业务信息与财务信息的融合,也就是在业务的重要领域、层次和环节即整个业务流程过程中实现业务与财务相关信息的融合;二是指业务部门与财务部门或会计部门的行为目的和行为过程的融合,也就是业务经营牵引财务发展,财务发展支撑业务经营;三是指业务与价值的融合,也就是业务链与价值链的全面融合,业务必须创造价值,价值也必须通过业务来创造,两者存在天然关系,不可分离。② 目前来看,业财融合的关键是组织变革,不仅是指企业内部组织的调整与变革,而且也涉及由单一的企业或组织向跨企业或跨组织拓展和延伸,企业或组织内价值单元的重构、跨企业或跨组织价值共创共享共生平台的建立,以及企业价值基础岗位的设置将成为业财融合发展的方向和重点。

实施业财融合,一是财务人员能够全面及时地掌握企业产、供、销等业务情况,为企业开展各种经营预测和决策提供实时、可靠的数据和信息,及时分析和发现企业经营中存在的各种问题,指导企业开展更为有效的业务活动,彻底改变"业""财"两张皮现象;二是业务和财务有机融合,有助于业务部门全面掌握各种业务活动消耗的资源和创造的价值,及时采取有效措施改进或优化业务流程,最终提升业务活动的效率和效果;三是通过业财融合,有利于业务部门和财务部门建立共同目标,形成良好的沟通机制和合作关系,共同推动价值创造和价值实现;四是通过跨企业、跨组织业财融合,便于企业生态系统的形成和体系搭建,真正实现企业价值共创与价值共生。

---

① 汤谷良、夏怡斐:《企业"业财融合"的理论框架与实操要领》,《财务研究》2018 年第 2 期。
② 谢志华、杨超、许诺:《再论业财融合的本质及其实现形式》,《会计研究》2020 年第 7 期。

5. "共享服务中心"模式

共享服务中心是企业实施财务共享以及提供财务共享服务的具体组织载体,它建立的初衷是解决企业规模不断扩大所引发的财务管控难题。2013年财政部印发的《企业会计信息化工作规范》中要求:分公司、子公司数量多、分布广的大型企业、企业集团应当探索利用信息技术促进会计工作的集中,逐步建立财务共享服务中心。可见,企业规模是决定企业是否建立财务共享服务中心的重要因素。财务共享服务中心作为大型企业或企业集团的资金、会计和信息平台,主要负责资金集中管理、会计核算处理和信息集成利用,目前还处在起步阶段,还缺乏成熟的运作和商业模式,工作重点在如何提高服务标准化水平上,对外提供定制化服务的能力还相对不足。

自1981年美国福特公司成立全球第一个财务共享服务中心以来,作为一种新型财务管理模式,财务共享服务中心逐渐在全球范围内被广泛接受和推广。20世纪90年代初,强生、宝洁、花旗、戴尔、摩托罗拉等大型企业都成功建立了财务共享服务中心,IBM、惠普、联合信号等也紧随其后。进入21世纪,世界500强公司中有70%以上企业的会计和财务工作是通过共享服务模式实现的。2006年中兴通讯建成了国内第一家财务共享服务中心,随后中国平安、宝武集团、中国交通、万科、海尔、中国移动、山东高速等也陆续建立各自的财务共享服务中心。可见,财务共享服务中心已经成为企业进行财务转型和管理模式变革的必然选择。

(四) 财务共享的类型及优势

1. 财务共享的基本类型

财务共享的根本目的是促进企业价值创造,具体目的:一是节约或控制成本;二是权力和流程管控。根据企业发展战略定位和总体规划,从财务共享服务中心建设目的出发,财务共享可以分为成本节约、管理控制、成本节约与管理控制相结合三种类型。

(1)成本节约型财务共享。共享的目的在于,在不影响产品或服务质量、保障企业持续健康运行情况下,最大限度地节约和控制企业财务运作成本。该类财务共享纳入的业务多为劳动密集型、发生频率较高的企业会计核算业务,侧重实现会计集中核算,提升工作标准化和熟练化程度,发挥规模效应。从财务共享的发展历程看,初期的财务共享往往是这种类型的,适用于不断进行业务扩张、处于发展中的、在全国乃至全球范围内具有同质业务的企业集团。

(2)管理控制型财务共享。共享的目的在于,将其作为企业集团管理控制的一项重要制度和手段。管理的核心在控制,控制的关键在会计。通过财务共享的集中管控功能在会计核算和会计管理领域实现规范化、流程化和标准化,来倒逼企业各项业务流程的规范化和标准化,实现集团总部对分公司或子公司的资金、成本、权利和风险管控。成熟期的财务共享一般是这种类型,适用于业务类型多元化,重组、并购、变革频繁,并且已经实现全国乃至全球经营的企业集团。

(3)成本节约与管理控制结合型财务共享。它结合了前两种模式的优势,以企业战略发展为依托,在释放规模效益、节约成本的同时发挥整体管控作用,是一种从基础核算、预算管控,到数据分析和决策支持的全方位财务共享活动。它可以有效提升企业整体管理水平,为企业的发展和管理持续优化提供全面数据和信息支持。

2. 财务共享的突出优势

财务共享的突出特点:一是场所集中,二是人员集中,三是业务集中,四是连接在线。它不仅涉及财务组织结构调整、财务人员分流、业务流程再造等问题,更涉及如何根据客户个性化需求提供高附加值的服务等更深层次的问题。其突出优势主要表现在以下几点:

(1)成本优势。将财务业务及其配套资源集中整合实现财务共享,可以节约人力成本,也可以节约运行成本,更可以通过流程优化消除不增加价值作业或者冗余环节而节约运营成本。同时,通过人岗适配和人员分流以及规范化、标准化和规模化运作来提高全员劳动生产率。

(2)服务优势。通过数据标准化和规范化处理,将与企业发展密切相关的财务数据、业务数据和宏观经济数据集成存储,在为企业内部客户提供专业支持服务的同时,更进一步地为企业或外部客户提供咨询、决策、智库及其他高质量、高品质和高效率的管理服务。

（3）运维优势。财务共享归根结底是一个业务与技术高度一体化的信息装置系统，随技术进步而进步、技术迭代而迭代。在技术爆炸式增长的环境下，通过财务共享有助于企业实时或快速实现运维管理，形成新的核心业务和竞争优势，在自然涌动的产业生态系统中占据有利的生态位置。

（五）智能财务共享的现实必然性

人类经济社会已经进入了数字经济时代，越来越多的企业正在进行或已经完成数字化转型。不可否认的是，对于绝大部分企业而言，数字化转型的第一步是从财务共享，也就是从建立财务共享系统即财务共享服务中心开始的。1981年美国福特汽车公司建立了世界上第一个财务共享服务中心，随后各国政府部门、国际组织、非政府组织和企业公司等也陆续引入共享服务模式，加入共享服务发展大军。中兴新云与《中国会计报》、西安交通大学联合发布的《2019年中国共享服务领域调研报告——基于中央企业财务共享服务建设情况》显示，目前已有50%的中央企业建立或正在建立共享服务中心。除了技术的原因以外，财务共享的发展有其现实必然性，概括起来主要有以下几点：

1. 企业集团财务转型是财务共享的内在驱动力

在新技术驱动下，财务转型的目标之一，是从核算型走向业务型和战略型。实现财务转型，首先要解决传统财务组织功能的重新划分问题，只有将财务自身从一般的交易处理工作中解放出来，才有可能承担更多的管理和决策支持职能。财务共享通过将各分公司、子公司等分支机构中分散、重复的会计核算和账务处理业务予以标准化、流程化，释放财务的核算资源，从而让财会人员可以向更高的、更有价值的业务转型；同时，利用信息和数字技术促进报销、核算、资金管理、决策的协同运行，消除空间、时间限制，降低信息沟通成本，推动财务管理的重心向预算管理、数据分析、风险监控等高阶岗位转移。从这个意义上可以说：共享服务要求财务转型，财务转型助力共享服务。

2. 新一代信息技术大发展为财务共享带来了新机遇

随着移动互联网、电子发票、光学字符识别、电子档案、云存储等新一代信息技术在财会领域的广泛应用,财务工作开始迈向共享化、数字化和智能化。企业大数据平台,借助云、物联网技术实现万物互联,实现数据自动化采集。借助人工智能等技术将财会人员从单调而繁重的重复性核算工作中解放出来,能够更多地投入到成本控制、风险管理等高价值工作,实现从"守护价值"向"创造价值"转型。通过财务共享,企业逐渐形成了业务、财务、会计"三位一体"的共享管理模式,在完成对外报送报表的同时,也从各个维度形成了服务企业决策的经营管理报告。2022 年 6 月,上海国家会计学院公布的"2022 年影响中国会计从业人员的十大信息技术"评选结果,分别是财务云、会计大数据分析与处理技术、流程自动化(RPA 和 IPA)、中台技术(数据、业务、财务中台等)、电子会计档案、电子发票、在线审计与远程审计、新一代 ERP、在线与远程办公、商业智能(BI),其得票比例如图 3-1 所示。同时宣布的还有"2022 年五大潜在影响技术排名",分别是金税四期与大数据税收征管、业财税融合与数据编织、大数据多维引擎与增强分析、机器人任务挖掘与智能超级自动化、分布式记账与区块链审计。

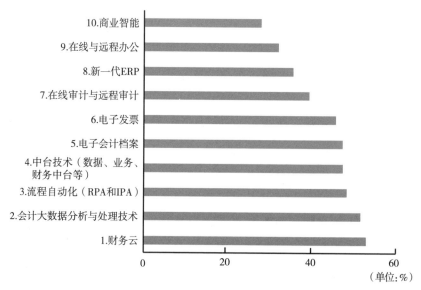

图 3-1　2022 年影响中国会计从业人员的十大信息技术及其占比

资料来源:上海国家会计学院:《2022 年影响中国会计从业人员的十大信息技术》。

3.国家为企业财务共享提供了大力政策支持

2013 年财政部颁布《企业会计信息化工作规范》，2016 年财政部印发《会计改革与发展"十三五"规划纲要》，要求密切关注大数据、"互联网+"发展对会计工作的影响，及时完善相关规范，研究探索会计信息资源共享机制、会计资料无纸化管理制度。这些政策的相继出台，不仅为企业会计改革指明了方向，也为新形势下财务人员转型提供了指引。

4.财务共享服务中心建设有良好的收益预期

根据 IBM 商业价值研究院对 50 家世界 500 强企业的财务共享服务中心运营绩效的调查发现，共享服务的投资回报率平均高达 27%，员工人数可减少 26%，成本平均下降了 83%，而这还不包括对企业管理合规、流程效率等方面的指标。我们可以大致将财务共享服务收益归为以下五大方面：

（1）集团管控模式收益。将整个集团财务管理制度标准化是财务共享服务模式构建的基础，同时也是财务集约化的主要内容。借助共享流程的标准化和规范化以及财务平台的有效统一，将有效促进集团管控的效率和效力。

（2）流程变革收益。财务共享服务的基础理念就是流程再造，财务流程的再造促使财务数据业务化、数据全程共享、财务流程标准化、财务流程模块化、集成的财务信息系统，推进财务的专业化。

（3）技术融合与创新收益。财务共享服务最重要的收益在于建立一个统一的财务业务平台，即基于面向服务的架构（SOA）理论的集成平台，将涉及财务共享服务的关键财务制度都固化在统一的 IT 应用系统与数据库中，包括财务作业流程等都在信息系统中进行统一设定，强化 IT 对财务管理的支持作用，保证总部的战略得到有效贯彻和落实。

（4）成本集约收益。成本集约是财务共享显而易见的收益，许多企业在建设财务共享服务中心后都能在较短的时间内收回投资，并实现长期、持续的管理收益。比如，财务共享服务中心的建设将有效提高资金使用效率，减少资金风险。财务共享服务实现了跨地域审批、跨地域支付，可以有效解决各分支机构开设银行账户所造成的资金占用问题。

(5)变革转型收益。共享服务中心建设将促使业务单元财务更多地向业务支持方面转型,推进财务向管理前端的转型。同时,财务共享服务中心将有效加强财务集约化管控效果,强化政策执行效率。

伴随"大智移云物区"等智能技术的风起云涌,财务共享服务的智能化转型已是大势所趋,作为实现财务共享服务职能的财务共享服务中心无疑也要紧跟时代步伐,基于业务创造价值、技术赋能变革、指标精细化和全流程生态圈等,进一步进行总体布局和顶层设计,尽快实现智能化、数字化和可视化转型。也就是说,通过打通企业内外上下游价值链,实现对企业更广泛业务的数字化管理,支持企业实现财务体系、业务流程、商业模式的整合与升级。同时,让财会人员回归以会计管理为核心的企业运营体系,深入企业业务的价值链,基于大数据作出前瞻性的分析和预测,帮助企业管理层把握未来发展的方向,防范风险。具体就是,通过应用智能技术,打造智能预测、自动化报告和交易、前瞻性生态伙伴管理,助力企业降低成本和管控风险并发掘新价值来源,将财务共享服务中心打造成企业新的价值创造中心和赋能平台。

二、智能财务共享的技术应用

(一)新技术在智能财务共享中的应用

智能会计的要害在于会计智能化应用场景和新技术的匹配应用。这里讲的新技术主要是指以人工智能为代表的"大数据、人工智能、移动互联网、云计算、物联网和区块链"即所谓的"大智移云物区"等信息和数字技术。应该说,智能会计应用场景与新技术融合匹配的趋势是非常明显的。

1.移动互联:智能财务共享应用的必然趋势

移动终端所具备的移动性、联网性、互通性及便携性,彻底模糊了工作与非工作情景下个人设备的使用边界。作为一种工作延展技术,移动互联技术有助于实现角色和边界整合,助力工作突破时间、空间、方式和内容等条件约束,具有随时、随地、随身和互联网分享、开放、互动的优势。

财务共享离不开移动互联技术的支持,随着网络条件的不断改善,基于 App 方式的在线审批和通过移动终端进行数据报表的展示,将是财务共享服务应用的主要形式。随着 App 的不断普及,在一个移动应用中集成较多的财务共享服务功能成为趋势,通过移动报账、审批,随时随地办公,财务共享服务最大限度地提升了用户体验,实时性、形象化在移动智能终端得到完美体现。目前来看,在移动互联网上,财务共享服务的应用场景主要包括移动审批、移动决策支持、移动商旅以及移动运营管理等。

2. 海量数据:智能财务共享实现的重要基础

财务共享服务中心不仅集聚了企业财务方面的信息和数据,并且业财税一体化和业财融合的财务共享服务中心还纳入了企业的业务数据,它实质上拥有了企业几乎全部的内部经营数据,最后在此基础上辅以互联数据和企业内部的物联网数据。作为数据中台,财务共享服务中心拥有或控制了较为完整的企业大数据,进而依托这些大数据,财务共享服务中心最终为企业运营和管理提供决策支持。

财务共享服务中心通过大数据挖掘增值价值。财务共享服务中心一方面可以帮助财务构建大数据分析的数据基础,另一方面自身也可以利用这些数据来挖掘价值。数据治理或数据资产管理处在智能会计应用框架的基础层,即数据基础层,以海量数据为基础,在对海量数据进行对接、采集、交换、存储和管理之后,在智能技术引擎层将结合"大智移云物区"相关技术基于一定的算法和模型进行运行,从而为智能财务决策提供支撑,以优化企业的资产管理和价值管理。

3. 数字技术:智能财务共享构成的核心要素

数字技术,也称数字化技术,是 2019 年公布的图书馆·情报与文献学名词,是运用"0""1"两个数字编码,通过计算机、光缆、通信卫星等设备来表达、传输和处理信息的技术。一般包括数字编码、数字压缩、数字传输、数字调制解调等技术。具体到应用层面,数字技术是指改进了的信息通信技术或系统,既包括数字硬件等物理部分,也包括网络连接、访问和操作等逻辑部分,还包括数据、产品、平台和基础设施等结果部分。①

---

① 　郭海、杨主恩:《从数字技术到数字创业:内涵、特征与内在联系》,《外国经济与管理》2021 年第 9 期。

从不同视角它有不同的内涵:从类型来看,数字技术被视为信息、计算、通信和连接性技术的组合①,包括社交技术、移动技术、分析技术、云计算技术和物联网技术,即 SMACIT 模型②;从构成元素来看,数字技术是指数字组件、数字基础设施和数字平台③,主要表现为数字产品、数字平台、数字基础设施工具或系统,以及数字应用、组件或媒体内容④;从本体来看,数字技术是指由信息和通信技术所体现或使之成为可能的产品和服务⑤,指的是互联网、智能手机和其他收集、存储、分析和共享信息的应用与技术⑥,包括设备、网络、服务和内容四个层次⑦。在信息系统领域,非常强调数字技术独立于实体组织的本体性特征,它具有可编辑性、可扩展性、可寻址性、可追溯性、可记忆性、可沟通性、可联想性、可感知性、可生成性和可供应性十个特征。

数字技术是财务共享的核心要素,是推进财务共享智能化的有效手段,通过以数字驱动为特征、以数据资源为要素的数字化技术与财务管理的深度融合,财务共享可以尽快实现智能化转型。数字化技术为数据生成、存储等诸多环节提供保障。计算机根据数据应用相应的算法模型,就能产生智能,但是计算机能理解的数据只有 0 和 1,如何将现实生活中的

---

① Bharadwaj A., Sawy O. A. E., Pavlou P. A., Venkatraman N. V., "Digital Business Strategy:Toward A Next Generation of Insights", *MIS Quarterly*, Vol. 37, No. 2, 2013 , pp. 471-482.

② Sebastian I., Ross J., Beath C., Mocker M., Moloney K., Fonstad N., "How Big Old Companies Navigate Digital Transformation", *MIS Quarterly*, Vol.16, No.3, 2017, pp. 197-213.

③ Nambisan S., "Digital Entrepreneurship:Toward a Digital Technology Perspective of Entrepreneurship", *Entrepreneurship Theory and Practice*, Vol.41, No.6, 2017, pp.1029-1055.

④ Berger E. S. C., Von Briel F. V., Davidsson P., Kuckertz A., "Digital or Not—The Future of Entrepreneurship and Innovation", *Journal of Business Research*, Vol.125, No.3, 2021, pp. 436-442.

⑤ Lyytinen K., Yoo J., Richard J., et al., "Digital Product Innovation Within Four Classes of Innovation Networks", *Information Systems Journal*, Vol.26, No.1, 2016, pp.15-16.

⑥ Ben Youssef A., Boubaker S., Dedaj B., Carabregu-Vokshi M., "Digitalization of the Economy and Entrepreneurship Intention", *Technological Forecasting and Social Change*, No.3, 2021, p.120043.

⑦ Yoo Y., "Computing in Everyday Life: A Call for Research on Experiential Computing", *MIS Quarterly*, Vol.34, No.2, 2010, pp. 213-231.

事物转换成 0 和 1,这就涉及数字化技术。除了计算机领域的编码技术
以外,在财务共享领域也需要利用数字编码技术,对会计要素和会计科目
等进行会计数据编码或会计数据代码设计,以简化数据和信息输入工作
量,节省存储空间,便于智能设备识别和处理,提高计算机的处理效率和
精度。

4. 云计算平台:智能财务共享运行的重要载体

云计算平台,可简称为云平台,指的是一种物理的、可伸缩的、可重配
置的、可绑定的计算资源池。它是云计算中心的内部支撑,处于云计算技
术体系的核心,用以将一个或多个数据中心的软硬件组合起来,提供可动
态调配和平滑扩展的计算、存储和通信能力来支持应用服务的实现。云
计算(Cloud Computing)指的是通过网络云将大数据计算处理程序分解成
无数个小程序,然后通过多台服务器组成的系统进行处理和分析,得到结
果并反馈给用户,是一种分布式计算。它包括后台硬件的云集群、软件的
云服务、人员的云共享等不同形态,形成了依托云计算的基础设施服务
(IaaS)、平台服务(PaaS)和软件服务(SaaS)等服务模式。但是,云计算
中的平台跟云计算平台不是一回事,前者指的是云平台服务,后者则强调
通过先进的技术手段构建全新的基础或改造旧有的底层架构,它可以为
所有的应用或计算服务提供底层支撑而不局限于云计算服务。①

云计算平台应用领域广泛,目前主要集中在政务和商务领域,其中在
商务领域,云计算服务是以商业模式为推动力的。在硬件方面,云计算通
过充分共享网络硬件资源,利用云基础设施为财务共享服务系统提供平
台与技术服务,既可以降低 IT 或 DT 投入成本,又可以降低信息和数据存
储成本;在软件方面,云计算能够免除企业的软件开发和硬件投入,财务
共享服务中心自身可以理解为服务端,为大量的客户端提供云端服务;同
时基于云架构的财务共享服务平台可以快速、简便、低成本地对接商旅
云、发票云、采购云、营销云等公有云或伙伴云,实现企业间的全互联互
通,搭建或形成新的商业生态。

---

① 李德毅、林润华、李兵:《云计算技术发展报告》,科学出版社 2012 年版,第 48 页。

5.区块链技术:智能财务共享发展的信任保障

传统财务共享模式存在中心化程度高、安全性不足、效率低下和结构臃肿等问题,加之企业内外部财务和业务信息高度封闭、透明度较低,不同部门之间的信息难以实现实时共享,导致企业内部信息形成渠道分割,存在严重的"信息孤岛"现象。而在智能财务共享模式下,可以借助区块链技术打造具备"去中心化、开放性、独立性、安全性和匿名性"等特征的区块链共享财务服务,进而有效克服传统财务共享模式的弊端,实现财务共享的信息透明化,增强信息资源共享的安全性和独立性等。

《"十四五"规划和2035年远景目标纲要》明确提出:要推动智能合约、共识算法、加密算法、分布式系统等区块链的技术创新,以联盟链为重点发展区块链服务平台和金融科技、供应链管理、政务服务等领域应用方案。区块链技术应用于财务共享领域,不仅可以建立分布式账簿、实现分布式记账,促进借贷复式会计的记账方法、核算方式、账务流程和信息披露的变化,而且可以借助其非对称加密授权、共识机制和智能合约等功能,扩展数据来源,优化数据结构,强化靶向监督,完善价值链管理,最终促进会计准则、会计标准甚至是商务规则的改进或重构,倒逼以大数据为基础的新的商业模式和商业世界的形成。

(二) 电子影像与电子档案技术在智能财务共享中的应用

电子影像和电子档案系统实际上是一个信息采集、影像传输、集中存储和调阅管理的技术与服务平台,是一种将文件扫描、影像存取等功能高度集成的信息处理系统,它能够及时安全地传递文件实现电子文件与实物档案的有效衔接,实现企业实物流、影像流、数据流的统一整合,既可以实时审核、调阅影像文件和纸质票据,又能实时跟踪和查阅档案位置和状态。其中电子影像技术是在现代信息技术基础上,将各类数据和信息按照一定标准采集、加工、存储、管理,并通过网络传输技术实现资源和信息共享的一整套技术,包括电子成像技术、扫描技术、文字识别技术、网络传输技术、打印技术和通信技术等,其实施重点在数据与信息标准化、法律法规健全性和技术选用适配性等方面。电子档案技术是将传统载体档案数字化、原生数字档案归档以及与云存储技术相融合的一整套技术,包括传统载体档案数字化技术、原生数字档案技术和电子档案云技术系统等。传统载体档案数字化技术主要包括自动页面分析技术、曼彻斯特计算技术和 A/D 转换技术等;原生数字档案技术主要有奥地利在线归档(AOLA)数据收割技术、网络数字资源映射、"白色档案"转换和 Fedora 档案存储系统等;电子档案云技术系统主要包括云存档分层模型、云数据存档系统和云加密技术等。

1. 智能财务共享使用的几种电子影像技术

(1)条形码技术。条形码(Barcode)是由 IBM 高级技术专家伍德兰德(N.T.Woodland)在 1949 年首先提出的。条形码的编码方式分为一维条码和二维条码。日常商品外包装上的条码就是一维条码,它的信息存储量小,仅能存储一个代号,使用时通过这个代号调取计算机网络中的数据。二维条码是用某种特定的几何图形按一定的规律在平面(二维方向)分布的黑白相间的图形记录数据符号信息,它能在有限的空间内存储更多的信息,包括文字、图像、指纹、签名等,并可脱离计算机使用。

(2)影像系统与影像采集技术。影像系统已经是财务共享服务中心不可缺少的系统之一,影像系统的建设涉及前端进行影像采集的工具,包括手机、高拍仪、高速扫描仪等。由于面对的扫描文件数量巨大,因此在实际工作中多采用高速扫描仪,按照预先设定的规则对扫描文件进行分割并与相关报账单匹配对应,同时系统将自动建立该影像文件与原始报账单单据编码之间的对应关系。

(3)光学字符识别技术。光学字符识别是扫描原始凭证或表单文件后,图像经过预处理、图像切分、特征提取、匹配及模型训练等步骤将图片中的文字转化为可编辑文本的图像信息处理技术。扫描系统通常以客户端的方式安装在本地计算机(通过控件在 B/S 端扫描),通过客户端控制高速扫描仪进行影像扫描、图像处理、封面条码识别、发票 OCR 识别、影像自动分组和影像实时或批量高效地上传到影像服务端。

2. 智能财务共享使用的主要电子档案技术

(1)自动页面分析技术。它通过对文本或文章内容进行逻辑理解,定义一个阈值来提取图像信息并进行图片增强,按照线、图形、背景线、特殊符号、文本和标题的顺序自动提取图像组件,最后进行文字的识别和重建,通过对数字文件单个组件的字符分割识别和对文本内容的逻辑识别以实现文本信息的数字化重建。[1]

(2)曼彻斯特计算技术。它通过 ASCII 文本协助创建搜索资源,采用逐页和文章逐条两种数据加载方法,使用自动创建页面级数据、手动创建文章级数据、持续改进存档三项操作来创建元数据,定义了归档的最小元数据集合标准,并用标记通用语言/文件形态定义(SGML DTD)来反映,包括初始转换、数据的管理和访问等功能。[2]

(3)A/D 转换技术。它用于多媒体档案的生成,是目前欧盟各国音像资料数字化普遍采用的一种技术。具体就是用半自动的方式,从音频和视频载波中有针对性地获取元数据,通过校准曲线和相似性的可视化表示得出差异性图表,以减少转换设备导致的无意识的信息损失和转变。[3]

(4)AOLA 数据收割技术。它是一种网络原生数据收割技术,旨在实现网络空间的周期性归档。该技术基于 Linux 系统,遵循开源的方法,采用自动收割索引技术整体下载网络空间的内容。[4]

(5)网络数字资源映射技术。它是一种映射网络数字资源的虚拟存档技术,内容包括对网页和多媒体文件内容的采集、存储、编目和最终向用户提供访问。它采用基于事件和主题的方式进行内容选择,获取网页资源,并创建获得文件的档案元数据,包括作为编码和类型定义标准的结

① Gatos B., Mantzaris S., Perantonis S., "Automatic Page Analysis for the Creation of A Digital Library from Newspaper Archives", *International Journal on Digital Libraries*, Vol. 3, No. 1, 2000, pp. 77-84.

② Ross MacIntyre, Simon Tanner., "Nature A Prototype Digital Archive", *International Journal on Digital Libraries*, Vol.3, No. 1, 2000, pp.67-76.

③ Nicola Orio, Lauro Snidaro, Sergio Canazza, Gian Luca Foresti, "Methodologies and Tools for Audio Digital Archives", *International Journal on Digital Libraries*, Vol.10, No.4, 2009, pp.201-220.

④ Andreas Rauber, Andreas Aschenbrenner., "Part of Our Culture is Born Digital-On Efforts to Preserve it for Future Generations", *On-line Journal for Cultural Studies Internet-Zeitschrift*, Vol.10, 2001.

构或系统管理元数据,以及有助于索引的内容元数据。[1]

(6)"白色档案"转换技术。它是一种将原生电子数据,通过每一步骤的加工和复制,最终成为可供用户查看的仿真环境下的文件副本的全程技术。原始数据经过硬件的分类典藏转化为"黑色档案"(档案原件),经过初步加工和灾难恢复进一步转化为"灰色档案"(内部工作副本),最后经过文档的限定和迁移转化为"白色档案"(数据的可访问副本)。[2]

(7)Fedora 档案存储系统。Fedora 是基于 Linux 的允许数据发布、修改和存储的操作系统,将原生数字档案导入 Fedora 系统的项目、工具或设施,主要包括原生数字信息管理系统(AIMS)和 Fedora 数字对象存储库等。

(8)云存档分层模型。它是将指定的云服务用分层的方法进行抽象和描述,即将 OAIS 模型的功能实体映射到云服务的分层系统中,形成新的云归档分层模型,包括平台服务层(PaaS)、软件服务层(SaaS)、保存层和交互层四部分。其中,PaaS 层提供通用的存档和业务系统,其所有的对象都是比特字符串,并提供给每个数据一个唯一的 URI;SaaS 层将字符串转化为可供理解的数字对象,且可以提供给用户操作利用;保存层将数字对象转换为包含描述元数据、表示信息(RI)、保存描述信息(PDI)和封装信息的信息包;交互层包含直接面向用户的系统,用户可以直接访问和读取信息包,或者获取由 SaaS 层传递来的数字对象。[3] 后来,该模型又进行了改进,将最顶层的与用户的交互改为 ARM 层,包含随着时间推移来管理档案的不同的系统,将保存层变为 AIP 的档案存储和数据管理的

①　Robin Taylor, "MINERVA:Archiving Born‐Digital Material at the Library of Congress", *Slavic & East European Information Resources*, Vol.5, No.2, 2004, pp.157-162.

②　Carroll L., Farr E., Hornsby P., et al., "A Comprehensive Approach to Born‐Digital Archives", *Archivaria*, 2011, pp.61-92.

③　Jan Askhoj, Shigeo Sugimoto, "Mitsuharu Nagamori Preserving Records in the Cloud", *Records Management Journal*, Vol.21, No.3, 2011, pp. 175-187.

实体。①

（9）云数据存档（CloudDA）系统。它是一种在云环境中可以提供海量档案信息存储的系统。首先做出所获取信息的数字摘要，将其与电子档案实体、元数据一起使用 DA/T48—2009 标准装入提交信息包（SIP），并将其传递给管理者。其次进入清华云文件系统（THCFS），判断并记录电子档案的存储路径，创建档案信息包（AIP），并在系统中进行长期保存。最后 AIP 包被发布为分布式信息包（DIP）以供终端用户利用档案信息。②

（10）云加密技术。在虚拟技术中并不能确保加密数据的安全，因此要采用产生随机加密密钥对数字档案对象的哈希值进行标记，在文件加密时采用 PKI 安全技术和框架，或者在系统中增加一个加密层，使敏感信息数据在存储到云中之前进行加密并在检索后解密。③

3. 智能财务共享使用技术的应用场景

（1）智能化电子会计档案。电子会计档案智能化应用场景包括电子会计凭证归集、电子会计凭证签章、电子会计档案组册。具体表现为：一是自动归集记账凭证关联的全部电子会计凭证及其附件，提供电子会计档案库提取归档；二是对自动归集的电子会计档案 PDF 版式文件进行企业电子签章，以防数据被篡改；三是根据会计档案盒实际情况，自动完成电子会计档案组册，并据此完成实体会计档案库房的上架工作。

（2）智能化电子会计凭证。电子会计凭证智能化应用场景包括电子会计凭证制作、电子发票导入与入账、电子回单下载与入账、电子合同对接与入账归档。具体表现为：一是将业财数字表单、会计凭证、资产卡片、会计账簿、会计报表等自动生成 PDF 版式文件；二是从企业电子邮箱或

---

① Jan Askhoj, Shigeo Sugimoto, Mitsuharu Nagamori, "A Metadata Framework for Cloud Based", *Lecture Notes in Computer Science*, No.10, 2011, pp. 118-127.

② Zhang Guigang, Xue Sixin, Feng Huiling, Li Chao, Liu Yuenan, Yong Zhang, Chun Xiaoxing, "Massive Electronic Records Processing for Digital Archives in Cloud", *Lecture Notes in Computer Science*, No.11, 2013, pp. 814-829.

③ Katharine Stuart, DavidBromage, "Current State of Play Records Management and the Cloud", *Records Management Journal*, Vol.20, No.2, 2010, pp.217-225.

员工微信卡包导入电子发票,并自动归集至标准业务事项申请报销单,以满足入账及归档需要,包括电子发票、财政电子票据、电子客票、电子行程单、电子海关专用缴款书等;三是将从各金融机构下载的银行电子回单自动匹配到对应的资金收付款单,并自动传递至会计凭证入账归档;四是将从经营平台下载的 PDF 版式电子合同自动匹配采购合同,并自动传递至会计凭证入账归档。

(3)可视化技术应用。可视化技术智能化应用场景包括共享运营监控数字大屏、RPA 运行监控、差旅出行轨迹模拟展示。具体表现为:一是通过运营监控数字大屏实时掌握财务共享服务中心运营状态;二是通过 RPA 运行监控及时掌握系统、流程、规则及 RPA 机器人运行状态;三是通过财务共享服务中心移动 App,员工可实时掌握个人差旅出行轨迹。

(三) RPA 技术在智能财务共享中的应用

1. RPA 技术及其发展

机器人流程自动化(Robotic Process Automation,RPA)习称"软件机器人"。它是一款通过预先设定程序,模拟人类操作,自动化执行重复性工作流程的软件。RPA 能够将人类从低附加值、规则固定、重复率高、业务流程相对简单的工作中解放出来,并且能够降低出错率和节省时间成本。RPA 自身具备非侵入性、非间断性和非单一性特征与技术优势,在财务领域或环节,其应用场景已经涵盖数据检索与录入、图像识别与转换、跨平台上传与下载、数据重构与分析、信息监控与流程触发等方面。RPA 的进化发展大体经历了以下四个阶段,如图 3-2 所示。

(1)RPA1.0 阶段,也就是辅助性 RPA(Assisted RPA)阶段。作为"虚拟助手"出现的 RPA,几乎涵盖了机器人自动化的主要功能,以及现有桌面自动化软件的全部操作。部署在员工 PC 机上,优点是提高了工作效率,缺点是难以实现端到端的自动化,做不到成规模应用。不过辅助 RPA 已能够有效减少业务平均处理时间,可有效改善客户体验并节省数据加工处理成本。

(2)RPA2.0 阶段,也就是非辅助性 RPA(Unassisted RPA)阶段。被

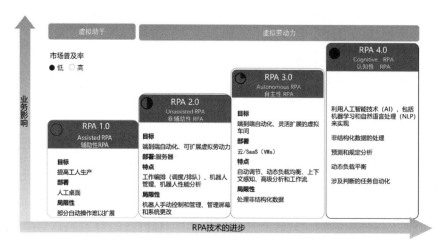

图 3-2　RPA 发展的四个阶段

称为"虚拟劳动力"的 RPA,主要目标即实现端到端的自动化,以及虚拟员工分级。主要部署在 VMS 虚拟机上,优点是能够编排工作内容,完成集中化管理机器人、分析机器人的表现等任务,缺点是对于 RPA 软件机器人的工作仍然需要人工的强干预。非辅助性 RPA 机器人可以全时工作,并用业务流程代替人机交互处理,为企业降本增效开拓了更大的发展空间。

(3)RPA3.0 阶段,也就是自主性 RPA(Autonomous RPA)阶段。自主性 RPA 的主要目标是实现端到端的自动化和创造成规模多功能虚拟劳动力。通常部署在云服务器和 SaaS 上,优点是能够实现自动分级、动态负载平衡、情景感知、高级分析和工作流,缺点是处理非结构化数据仍较为困难。但更多技术的融合,使得自主性 RPA 可从根本上提升业务价值并为用户带来更多优势。

(4)RPA4.0 阶段,也就是认知性 RPA(Cognitive RPA)阶段。认知性 PRA 是未来 RPA 发展的方向。开始全面运用人工智能、机器学习以及自然语言处理等技术,以实现非结构化数据的处理、预测规范分析、自动任务接受处理等功能。借助认知性 RPA,决策过程全由机器人执行,从而可以将所有漫长而复杂的任务完全实现自动化。虽然目前大部分 RPA 软件产品主要是集中在 RPA2.0 和 RPA3.0 之间,但其发展程度已相当成熟。

　　未来,RPA 技术将进入 IPA 阶段,也就是智能流程自动化阶段。IPA 是 RPA 和 AI 组合而成的迭代版技术,它在账务处理、智能报税、金融风控、审计判断等领域拥有广阔的应用前景。相比于 RPA 机器人,基于 IPA 技术的财务机器人能够在执行流程的同时进行智能判断、纠错,从而进一步提升工作效率。部署基于 IPA 技术的新一代财务机器人对于企业的数字化转型提出了更高的要求,给财会人员也带来了新的机遇和挑战。

2. RPA 的财务应用场景

　　RPA 在财务领域的应用市场已经初具规模,在财务报税、发票审核等诸多工作领域已经出现了机器人代替人工提速增效的成功实践。从行业来看,越来越多的业内人士开始关注 RPA 技术,越来越多企业渴望能够通过 RPA 来完成企业的重复性工作,或者减少人机交互处理以提高整体工作效率。目前 RPA 的主要财务应用场景如表 3-1 所示。

表 3-1　RPA 的主要财务应用场景

业务场景	RPA 应用领域
销售到收款	(1)自动开票:机器人自动抓取销售开票数据并自动进行开票动作; (2)应收账款对账与收款核销:机器人取得应收和实收数据,按照账号、打款备注等信息进行自动对账,并将对账差异进行单独列示,对于对账无误的业务进行自动账务核销; (3)客户信用管理:自动进行客户信用信息的查询并将相关数据提供给授信模块用于客户信用评估、控制
采购到付款	(1)供应商主数据管理:自动将供应商的资料信息进行上传并进行系统处理,例如,获取营业执照影像并识别指定位置上的字段信息,填写信息到供应商主数据管理系统,上传相关附件; (2)发票校验:基于明确的规则执行三单(发票、订单、收货单)匹配; (3)发票处理:发票的扫描结果的自动处理,包括与机器人结合的 OCR、发票的自动认证等; (4)付款执行:在缺少直接付款系统对接的场景下,可考虑利用机器人提取付款申请系统的付款信息,包括付款账号、户名等,并提交网银等资金付款系统进行实际付款操作; (5)账期处理及报告:例如,自动财务账务处理,包括应付、预付重分类等; (6)供应商询证:自动处理供应商询证信息并将结果信息进行自动反馈

业务场景	RPA 应用领域
差旅与报销	(1)报销单据核对:自动发票信息核对,包括申报数与发票数等,报销标准核查等; (2)费用自动审计:设定审计逻辑,机器人自动按照设定的逻辑执行审计操作,包括数据查询、校验并判断是否符合风险定义; (3)自动付款:复核后报销单通过银企直联系统发送付款指令,并更新支付状态
存货与成本	(1)成本统计指标录入:机器人自动获取成本数据信息,并录入系统; (2)成本与费用分摊:期末机器人按脚本分步或并行执行相关成本、费用分摊循环
总账到报表	(1)主数据管理:主数据变更的自动系统更新、变更的通知、主数据的发布等; (2)凭证处理:周期性凭证的自动处理、自动账务结转、自动凭证打印; (3)关联交易处理:关联交易对账等; (4)薪酬核算:在缺少系统对接场景下的自动薪酬账务处理; (5)自动化报告:格式化报告的自动处理
资产管理	(1)资产卡片管理:批量资产卡片更新、打印、分发等; (2)期末事项管理:资产折旧、资产转移、报废等的批量处理
资金管理	(1)资金管理:根据设定的资金划线执行自动资金归集、自动资金计划信息的采集与处理等; (2)对外收付款:收款与付款的自动化处理; (3)银行对账等:机器人取得银行流水文件、银行财务账簿数据,并进行银行账和财务账的核对,自动出具银行余额调节表
税务管理	税务申报:税务数据的采集与处理、税务相关财务数据、业务数据的采集与处理,自动纳税申报

（四）自然语言处理与知识图谱在智能财务共享中的应用

1. 自然语言处理

自然语言处理(NLP)是计算机科学领域及人工智能领域中的一个重要应用方向,由自然语言理解和自然语言生成两部分构成。自然语言处理可以方便分析大量的文本并提取关键信息,实现系统化检索风险点和高效智慧决策。自然语言处理的应用场景很多,除了翻译、智能问答系统外,比较常见的还有情绪分析、文档检索与归类、自动摘要、关键字检索等,具体应用场景如图 3-3 所示。

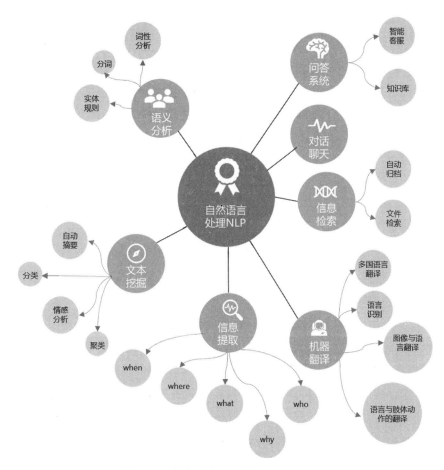

图 3-3　自然语言处理的主要应用场景

2022 年 11 月 30 日发布的 ChatGPT 就是一个 AI 驱动的生成式自然语言处理系统。它能够通过理解和学习人类的语言来进行对话,还能根据聊天的上下文进行互动,真正像人类一样聊天交流,甚至能完成撰写邮件、视频脚本、文案、翻译、代码和论文等任务。

2. 知识图谱

知识图谱是一种基于图的数据结构,由节点(Point)和边(Edge)两个要素组成,每个节点表示一个"实体",每条边为实体与实体之间的"关系",知识图谱本质上是语义网络。通过知识图谱,可以将企业海量且繁杂的数据内容整合为一个知识网络,从而突破关系型数据库的限制,更精准、迅速地攫取数据价值,为企业打造更加高效、专业的风险管理方案。

3. 新一代会计信息系统

传统会计信息系统是基于图形用户界面(GUI)进行信息交互的。随着互联网技术和人机交互技术的快速发展,诞生了新一代的语音交互技术(Voice User Interface,VUI),并被定义为人工智能时代人机交互的典型代表,如苹果的智能语音助手 Siri、微软的小冰、小米的小爱同学和用友的小友等。借助新一代人机交互技术构建虚拟个人助理(Virtual Personal Assistant,VPA),综合运用多种人工智能技术为企业应用提供理解用户业务意图和自动化处理部分规则性业务的能力,帮助用户提高工作效率,并逐步改变业务处理模式。

4. 自然语言处理的财务应用场景

(1)语音智能填单。通过搭载智能语音技术、规则引擎等人工智能技术,语音智能填单功能使业务人员更加便捷和智能化地体验业务和财务办理流程。业务人员通过与共享系统全流程语音交互,可以完成报账单填写、差旅申请等事项。例如,财务共享服务中心的报账系统,嵌入语音智能填单功能以后,当系统接到语音信息时,通过智能语音技术转化为文字信息,并推送至语义识别模块,然后再通过利用 NLP 技术对关键信息进行提取并识别关键词信息,最后通过匹配的规则引擎,将关键词信息推送至相关模块,生成相应的财务单据。

(2)智能问答财务助手。由于业务人员不太熟悉业务办理事项、财务相关信息和系统操作流程等,会产生大量咨询需求,财务共享服务中心面临重复解答、沟通不畅、不能及时解答等现实问题,影响工作效率和服务质量。智能问答财务助手则以 NLP、语音识别、机器学习等为技术引擎,具有高性能自然语言应答能力,真正实现不间歇提供在线问答及操作引导。

（五）移动支付与结算在智能财务共享中的应用

1. 数字经济下的移动支付

移动支付不仅是一个工具,实际上也贯穿于整个财务流程之中。移动支付在财务中的典型应用场景包括:(1)通过多样化的收款功能提供实时在线的企业资金流管理;(2)能够提供基于交易数据的授信服务;(3)对接货币基金为企业提供余额理财服务;(4)提供全流量对账服务及分账功能,赋能财务管理。随着数字经济及电子商务的快速发展,基于平台分享的结算和支付工作急剧增加,企业通过移动支付可以从根本上解决传统支付工作量大、成本高、速度慢、不及时和用户满意度低等问题。目前,企业可以选择多种方案来实现全线上的结算支付流程,常见模式有银行分账、第三方支付平台、支付宝、微信分账、银企直联和银企联云等。

2. 移动支付与结算的财务应用场景

(1)税务云。在我国,移动支付与结算是基于税务部门的正规发票的,而税务部门对发票的管理是采用公有云即税务云来部署的。据此,在发票出具与管理方面,移动支付与结算主要有以下四种应用场景:一是发票自动核验,即通过税务云将不同类型发票数据发送到相应验证机构进行查验,验证成功后自动获取全票面结构化数据,保证发票数据准确性;二是发票自动认证,即月末从税务云自动获取待抵扣进项税发票清单,与企业当月已报销发票进行自动匹配,自动抵扣认证;三是发票自动开具,即根据业务系统和财务系统销售业务数据、客户开票需求和开票信息,连接税务云自动开具相应纸质增值税发票;四是纳税自动申报,即在税款征收期内,依据填制好的各税种纳税申报表直连税务系统进行自动报税。

(2)银企直联云。移动支付与结算离不开金融部门采用公有云方式部署的银企直联云,它主要涵盖资金收支、校验、查询和下载等功能。据此,在资金结算方面,移动支付与结算的应用场景主要是:单笔资金支付,批量代发工资支付和账户状态校验,银行活期账户存款余额、活期账户交易明细、贷款明细数据、收款明细数据、单笔资金支付状态、批量代发工资支付状态等的查询,以及银行电子回单查询下载,贷款明细模板文件下载,收付款明细模板文件下载等。

（六）电子发票与区块链技术在智能财务共享中的应用

1. 电子发票的概念及特点

根据国家税务总局 2019 年 6 月 30 日发布的《企业自建和第三方电子发票服务平台建设标准规范》，电子发票是指单位和个人在购销商品、提供或者接受服务，以及从事其他经营活动中，按照税务机关要求的格式，使用税务机关确定的开票软件开具的电子收付款凭证。它具有无纸化、网络化、电子化的特点。与纸质发票相比，电子发票提升了企业开具、交付、接受、存储、认证等以及税务机关监管和稽查等方面的工作效率，节省了社会交易成本，比如，发票无纸化省去了印刷成本，网络化提升了信息管税水平，电子化节约了发票申请、领用、开具、传递和审核等环节所形成的纳税成本。

2. 分布式总账及区块链技术

分布式总账是一种复杂数据库，基于去中心化的共识原理进行数据存储，能确保数据记录不被任何中心机构独立存储或单方验证。而区块链则是一种典型的分布式总账，是一种多边自治模式，即节点是自治的，不需要一个中心化的节点进行统筹或调度。区块链依靠密码学原理和集群优势，保证不可更改地记录价值的产生和转移行为，并以可编程的方式让智能合约实现和价值有关的业务逻辑。面向智能会计的区块链，采用的是联合共识的共识算法，共识节点主要为各阶段链内部的授权节点，对区块链数据拥有完整的数据同步和读写权限，且内容访问权限按数据内容授权。整个架构采用模块化设计，区块链的区块产生机制可以参照工作量证明（POW）、股权证明（POS）、股权授权证明（DPOS）等常用共识和激励机制，也可以采用许可区块链的参与方式，抑或采用嵌入实时计算、大数据处理和认知智能等技术模块。

3. 电子发票与区块链技术的财务应用场景

区块链电子发票是利用区块链分布式账本、智能合约、共识机制、加密算法等技术，保障电子发票开具、存储、传输、防伪及信息安全，具有全流程完整追溯、信息不可篡改等特性。区块链电子发票实际上是增值税专用发票电子化即专票电子化的升级版，通过区块链所具有的防伪、防篡改和数据加密等功能,在大幅度降低电子发票管理成本的同时,极大地提高了电子发票的安全性和效率性。区块链电子发票一般通过私有链或者联盟链的方式来构建,最终形成税务部门、开票方和受票方"三位一体"的电子发票新生态,其中,开票方可以链上完成发票申领、开具、查验和入账等业务;受票方可以链上完成储存、流转和报销等业务;税务部门则可以实现链上全流程税收征管。

第二节 智能财务共享的形成模式

一、智能财务共享的战略目标与结构

(一)智能财务共享的战略定位及目标

1.智能财务共享的战略定位

先定位,再建设,是智能财务共享及其服务中心搭建应遵循的基本原则。众所周知,管理学是调动人的积极性以便正确地做正确的事的一门学问,效率、效果及人是其三大永恒主题。效率强调把事情做正确,效果强调做正确的事,而效率提高和效果改善又必须借助人来实现。"定位"(Postioning)一词应用于管理学领域,最早见于 1969 年杰克·特劳特(Jack Trout)在美国《工业营销》杂志上发表的《定位——同质化时代的竞争之道》一文[1],1972 年他又与里斯(Ries A.)在美国《广告时代》杂志连续刊登了《定位时代的来临》系列文章,正式开创了"定位理论"。[2] 而从战略角度研究定位问题的代表人物,是美国哈佛大学商学院的迈克尔·E.波特(Michel E.Porter),他认为:战略定位是企业竞争战略的核心内容,形成竞争战略的实质就是要在企业与其环境之间建立联系。尽管

---

[1] Trout,J.,"'Positioning' is A Game People Play in Today's Me-Too Market Place",*Industrial Marketing*,Vol.54,No.6,1969,pp.51-55.

[2] Ries A.,Trout J.,"The Positioning Era Cometh",*Advertising Age*,Vol.24,No.4,1972,pp.35-38.

企业环境的范围很广,包括政治、经济、历史和文化等因素,但是最关键的部分则是企业投入竞争的一个或几个产业。产业结构强烈地影响着市场规则的建立,以及企业竞争战略的选择。① 换个角度讲,战略定位实际上是一个企业"能够做的"和"可能做的"有机匹配,包括内外匹配、由外而内和由内而外等三种匹配方式,其核心思维基点是在"内外匹配——外部环境——内部条件"框架内的转换,这三种匹配方式都很重要,都对企业战略定位理论发展产生重大影响,只是在不同阶段影响程度有所不同而已。

就企业而言,战略定位一般包括所处产业层面的总体战略定位、所从事业务层面的经营战略定位和所生产产品层面的营销战略定位。智能财务共享战略定位要与这三个层面上的企业战略定位相匹配,要符合企业发展的整体战略和总体规划目标,要有利于整体战略和总体规划的实施及目标任务的完成。具体来说,智能财务共享服务中心的构建要上升到企业战略层面,纳入企业战略部署和发展规划,要在企业整体经营战略指导下来确定其搭建目标,要集全员之力采取一切可以实现目标的行动。从战略管理角度看,财务共享及其服务中心的战略定位决定着智能财务共享的形成目标、发展方向和结构模式,其中主要包括战略目标和战略结构两大核心内容。

2. 智能财务共享的战略目标

战略目标顾名思义是战略要达到的目标,它是制定战略的原动力。智能财务共享及其服务中心形成和搭建的战略目标主要是指运营后预期应取得主要效果,也就是期望值,其确定要结合企业内外部环境因素,即进行战略环境分析。根据企业发展的愿景、使命和价值观,即企业发展的整体战略、目标任务和文化传承,智能财务共享及其服务中心的形成、搭建及其智能化改造的战略目标,在不同企业或同一企业的不同发展阶段会有所侧重和差异,目前来看,其战略目标主要是为了实现有效的财务管控,且侧重于资金管理、成本管控和决策支持三个方面,具体就是:(1)通过资金的统一管理与调度,达到增强风险管控能力的效果;(2)通过建立

---

① Michael E. Porter, *Competitive Strategy*, New York: Free Press, 1980, pp.12-27.

统一的作业流程,达到增强组织应变能力与可持续发展的效果;(3)通过财务与业务一体化,达到将企业战略与财务需求直接传递至不同业务单位核心决策的效果;(4)通过数据即时集成,达到提高企业数据治理与信息披露水平、促进利益相关者关系管理和塑造企业良好形象的效果。

（二）智能财务共享的战略结构及模式

1.智能财务共享的战略结构

战略结构与企业的组织结构密切相关。目前企业多是一种科层制的"金字塔"形的组织结构形式,据此企业战略结构多被划分为公司战略、业务战略和职能战略三个层次,这种划分导致了无论是学界还是业界都不严格区分战略结构和战略层次,但是,企业数字化转型的推进使我们认识到,这种理论范式已经不能适应和指导数字企业战略管理尤其是智能财务共享的实践。

数字企业是实体企业的"数字孪生体",具有虚拟性、动态性和多变性,可以在更广领域、更大范围内实时协调整合形成企业竞争优势的资源和能力,优化整个价值链甚至由此构成的价值网,实现企业价值共创与价值共生,追求整体竞争优势,形成生态、多赢的动态联合局面。基于此,智能财务共享的战略结构,实际上指的是它的结构性定位规划,是首要解决的问题。它应该是扁平的,没有金字塔式的层级结构和自上而下的指挥链,业务单元之间呈网络连接。

根据为客户提供服务所覆盖地域和业务领域的不同,智能财务共享战略结构主要包括全球型共享服务、区域型共享服务和专长型共享服务三种模式。其中,前两种以地域作为划分标准,而第三种则以单个业务流程或某一类业务流程作为划分标准。它们分别具有以下特点:(1)全球型智能财务共享的规模经济优势明显,带来的潜在收益巨大,但对信息系统和人员技能要求较高,并且在应对全球税务法规方面面临较大压力,管理难度增加;(2)区域型智能财务共享淡化了全球集中的适应性要求,通过划分区域的方式使各方面要求在相对适中的范围内统一,虽然标准化、集中化程度低一些,但对信息系统和人员素质技能的要求相对较低,管理难度也较小;(3)专长型智能财务共享主要指单个业务流程或某一类业务流程在全球范围内的集中和统一,虽然涉及地域广泛、面临全球税务和法规挑战,但业务单一、管理难度最小。

2.智能财务共享的实践模式

智能财务共享在我国虽然起步较晚,但发展迅速。基于我国幅员辽阔的特点,多数企业一般按照行政区划,逐步建立区域型智能财务共享服务中心,即先区域、后全国、再辐射全球。对于非跨国公司而言,一般根据集团业态分布、管控力度、区域分布以及共享服务内容等来建设不同模式的区域型智能财务共享服务中心,常见类型包括集中模式、多中心模式和联邦模式,它们各有特点,对比分析如表 3-2 所示。

表 3-2 三种不同类型区域型智能财务共享服务中心对比

类型	特征说明	考虑因素	适用企业
集中模式	一套管理信息系统,一个财务共享服务中心,内部组织按照业务、业态设置	管控力度强 地域分布广 业务独立性较弱 有主营业态,其他业态比较少	企业集团管控力度强,多为业务管控或财务管控,单一集团较为常见
多中心模式	多套管理信息系统,多个FSSC,相互间没有关联及协作关系	管控力度较弱 地域分布广 业务独立性强 集中难度大 各中心业务差异性大	多为超大型企业集团,下设多个子集团,企业集团对于子集团是战略管控或财务管控。常见形式有两种:①各子集团业务相同,但按照行政区域进行管理;②各子集团业务差异大,按照业务线进行管理
联邦模式	一套IT系统,按照业态或区域设置多个财务共享服务中心	各中心业务差异性较大 人员集中难度大 业务统一难度大	多为考虑实际情况后建设共享中心的过渡性方案,将来多为集中合并

《中国共享服务领域调研报告(2018)》显示,中国企业的智能财务共享服务中心主要以集中模式即单一中心模式为主。其中,70.8%的样本企业采用单一中心模式,29.2%的样本企业建立了多个共享服务中心。对于超大型集团而言,由于存在组织结构形态复杂、下属分支机构众多、

隶属关系复杂、经营地域分布广、涵盖多个业态、经营管理模式多样性、信息基础弱等问题,在建设智能财务共享服务中心时多会选择联邦模式作为过渡性战略规划方案。

（三）智能财务共享的功能定位及运营方式

1.智能财务共享的功能定位

随着企业财务工作由分散化、到集中化、再到共享化以及由市场化到平台化的不断演变,智能财务共享的战略功能定位也在不断变化,总的来看,大体经历了以下三个主要发展阶段:

（1）作为内部职能部门。定位于为企业内部各业务单元提供跨组织、跨地区的专业支持服务,包括但不限于财务会计核算、财务报表编制和财务数据信息加工等服务。

（2）作为虚拟经营单位。按照市场机制模拟独立运营,为企业内部各业务单元提供跨组织、跨地区的有偿专业支持服务,具有外向型特征。

（3）作为独立经营法人单位。定位于服务提供商,在向企业内部单位客户提供专业服务的同时,承接外部企业的服务业务,自主经营,独立核算,创造价值。

以上三种战略功能定位是依次演进和逐步深化的,目前一些著名的智能财务共享组织基本上是因循这样的思路和方式渐进发展起来的。例如,专门从事业务流程外包（BPO）的简柏特公司,就是从美国通用电器（GE）的职能部门逐步发展成为一家独立的全球知名财务外包公司的。

2.智能财务共享的运营模式

在智能财务共享战略功能定位基础上,按照组织发展的阶段,智能财务共享的运营模式大体可以分为以下五种,具体内容如图3-4所示。

（1）基本模式。基本模式通常适应于智能财务共享发展的初期阶段,其组织机构定位为企业内部的一个职能部门,其运营、管理与决策权都集中在集团公司总部。出于集中管控、降低成本以及提高效率等方面的考虑,会强制性地要求各分支机构将总账、应付账款、应收账款、固定资产等典型的财务核算工作,全部集中到智能财务共享服务中心进行核算处理,为企业内部业务单元提供跨组织、跨地区的专业服务,并通过合并、

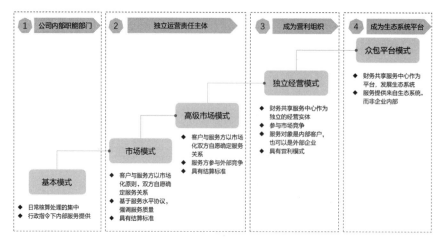

图 3-4　智能财务共享功能定位与运营模式

整合日常事务性核算工作和资金交易活动,实现规模化运作,最终实现规范流程、降低成本和提高效率的管理目标。

(2)市场模式。市场模式更确切地说是一种企业内部市场模式,其组织机构定位为一个相对独立的虚拟经营主体,具有一定的自主经营权。作为虚拟的经营单位,智能财务共享服务中心有了基本运作权而使得机构运转更加灵活,只需执行总部规定的相关政策,并受总部的监管,集团内部成员单位的客户不再被动地接受托管性服务,可以根据自己的意愿做出是否接受这些服务的决定。根据确定的服务流程与标准,不仅要提供基础的业务服务,还要提供更专业的咨询服务,并且通过成本分摊的方式收取一定的服务费用。

(3)高级市场模式。高级市场模式是市场模式的进一步发展,它引入外部竞争,使智能财务共享服务中心面临更多的外部环境压力,其核心目标是为客户提供比竞争对手更优质的专业服务,而集团内部成员单位客户会具有更多的服务选择对象。高级市场模式是一种完全市场化的运作模式,按照市场价格或成本加成收取服务费用,一些实力相对雄厚的大型企业集团会采用这种运营模式,目前在我国应用的不是很多。

(4)独立经营模式。独立经营模式是智能财务共享运营发展的高级阶段,其特征主要体现在"独立"二字上。在这种模式下,智能财务共享服务中心是一个完全独立的经营实体,定位为外部服务提供商。它不仅面向企业内部客户提供服务,而且要积极发展外部客户,凭借其专业技能、先进技术、高端知识和优质服务即优势资源和核心竞争力参与同业竞争,提供竞争性服务,以质论价,收取费用。

(5)众包平台模式。智能财务共享完全可以基于"互联网+"思维,利用技术实现去中心化,在逻辑上集中,在物理上分散,形成"财务众包"的服务局面。也就是说,智能财务共享服务中心本身的工作和管理可以分散进行,员工即使分散在不同的地区也可以完成同一项工作,不需要物理时空上的集中。

二、智能财务共享的核心内容与组织结构

(一)智能财务共享的核心内容

1.流程及流程再造

流程及流程再造是智能财务共享的核心内容,在一定意义上也是智能财务共享的实施前提。通过对业务流程不断进行分析、甄别、改进和优选,减少冗余环节,去除不增加价值作业,使流程效率和质量得以实现最优化。

(1)流程的含义。流程是指一组为企业最终是为顾客创造价值而相互关联的活动,从某种意义上讲,流程是指不同部门合作所共同完成的工作。流程的基本单位是活动,高层次的流程可以认为是由低层次的流程所构成。这里将活动定义为不再包含其他活动的一个执行单位,规范后的活动一般具有明确的输出、清楚的边界并且独立于其他活动。[1] 也就是说,活动是流程所描述的基本单位,通过对活动的规范、识别来实现流程描述和展示,为流程再造做好准备。在信息技术如此发达的今天,决定流程结构的因素主要是流程中的活动即作业和流程中的职位即人,规范活动就是要找出流程中的活动数和雇员类型数,而识别活动就是通过对

---

[1] 茵明杰、钱平凡:《再造流程》,浙江人民出版社1997年版,第142—148页。

业务流程的分解识别出构成的各个活动及它们之间的关系,可以直接描述构成流程的活动来构造活动描述数据库,也可以借助数据流程图(DFD)等工具采用直观的流程图来描述构成流程的活动,再根据作业或信息流程图映射出活动描述数据库。

(2)流程再造。流程再造(BPR)是以提高顾客满意度为出发点,运用信息技术对业务流程重新分析、设计和重组,消除不能为顾客创造价值的活动,从而提高流程效率,实现管理方法的创新。它被誉为是继全面质量管理(TQM)之后的第二次管理变革,实质上是为了从总体上满足顾客需要,满足企业在质量、服务、柔性和低成本等方面的现代化要求,而追求和保持流程的简化。流程再造后一般具备整合工作流程、由员工做决策、自然成形、流程多样化、在最明智的状态下执行工作、减少检查和控制、减少折中和协调、提供单点接触、集权和分权并存等特点。① 流程再造无外乎以下三步:第一,了解、分析现有的流程,利用各种工具绘制流程图或进行建模分析,发现再造的机会;第二,列出作业清册,删除冗余环节和不增加价值的作业,优化增值作业,重新设计流程,使之简化便捷,绘制出再造后的流程图;第三,制定流程再造实施方案。其中关键是前两步。

2. 流程再造的出发点及注意事项

共享服务的本质是流程共享,而流程再造及其优化是实现流程共享的基础和前提。为了满足智能财务共享的需要,企业必须进行流程再造及其优化,其出发点有流程综合和流程分解两种。② 前者是指以现有流程为出发点,对原有的流程合并、删除或增加等进行重新设计,它或多或少要受原有设计的影响,一般用于复杂流程再造;后者是指首先分析现有流程,识别出需要重新设计的流程,运用适配的信息技术,对流程进程逐级分解得到新流程设计方案,它完全不考虑现有流程的约束,具有更大的挑战性,一般用于原有流程很不合理以及所运用的信息技术比较落后的

---

① M.Hammer, "Reening Work: Don't Automate, Obliterate", *Harvard Business Review*, 1990, pp.104-112.

② T. A. Aldowaisan, L. K. Gaafar, "A Framework for Developing Technical Process Reengineering Designs", *Computers Industry Engineering*, Vol.32, No.3, 1997, pp. 657-670.

简单流程再设计。

针对智能财务共享集成性特点,流程再造及优化要注意以下事项:一是业务覆盖全面。要覆盖企业运营的不同层次如总部、分公司、子公司等和业务运营的不同领域如业务价值链、管理管控职能等。二是体系结构严谨。流程模块之间要有一定的层级与逻辑关系,流程模块之间要全覆盖,且没有交集。三是反映业务逻辑。要反映价值链的业务总顺序与关系、运营领域内的生命周期、业务开展的逻辑方法。四是体现业务差异。要求业务价值链流程中的各种业务场景模式要有不同的业务能力。

3. 业务流程设计思路及方法

智能财务共享的重点和难点在业务流程设计,其基本思路是,通过对企业现有业务流程的重新爬梳,编制出具体业务活动的作业清册,并绘制出针对该具体业务的闭环流程图,进而对企业的所有业务流程进行根本性的重新思考和彻底的重新设计,以实现企业的各项关键性能。具体设计思路如图 3-5 所示。

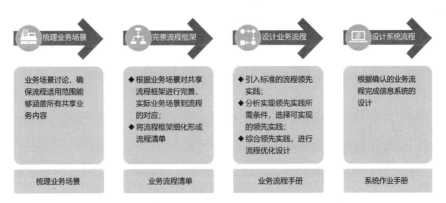

图 3-5　智能财务共享服务中心流程设计工作思路

需要说明的是:(1)梳理业务场景就是通过对企业业务及场景的全过程"端到端"梳理,明确并记录从业务端到财务端全过程中各环节责任部门或岗位、各环节执行动作、输入、输出、工具系统以及必要的详细操作描述,实现业务、场景及相关流程的全覆盖,确保流程涵盖所有共享业务及其所涉及的作业和职位。(2)完善流程框架就是在作出现有业务流程的流程图,描绘流程中的作业和职位的基础上,删除不能给企业带来价值的作业,确定要保留的职位和控制点或操作点,整合增加价值的活动,使之简化和便捷,绘制新的流程图,得到新的流程规划,通常按照时间顺序或者业务形态进行业务场景及相应活动分解。

业务流程设计与优化的方法有很多,一般采用"目的—问题—原因—行动+7R"方法来推进流程梳理和再造,尽量将可标准化、流程化、信息化程度高的业务全面纳入智能财务共享范畴,具体内容和步骤如图3-6所示。

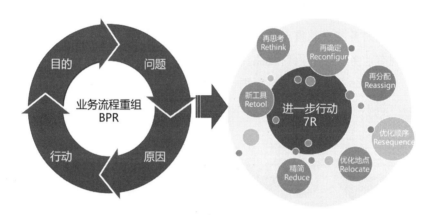

图3-6 "目的—问题—原因—行动+7R"流程改进优化方法

（二）智能财务共享的组织结构

1.智能财务共享的地址选择

选址工作是智能财务共享规划建设的关键环节之一,关乎智能财务共享的成败,主要应考虑成本、环境、新型基础设施建设和中西部后发优势等因素。其中,运营模式是决定选址的一个基本因素,不同的定位对环境要求不同,也决定着对选址需求的不同。同时还需要考虑人员素质、运营成本、人力成本、通信与交通、人才资源、与总部的关系、当地的法律法规及税收政策、城市的配套设施等关键因素。

2.智能财务共享的组织设计及其原则

（1）智能财务共享的组织设计。智能财务共享作为一个有效组织,在设计时应考虑组织的综合效率,也就是由组织规模、组织结构、组织行为和组织控制等共同作用而体现出来的综合效率特征,包括聚集效率、配置效率、激励效率和安全效率等。聚集效率体现的是组织结构规模化,通过交易成本的有效降低来达到;配置效率体现的是市场交易内部化,通过模拟市场机制的手段来达到;激励效率体现的是组织追求利润最大化,通过内部转移价格和利润分配两种利益协调机制来实现;安全效率,也就是保险效率体现的经营运作多元化,一般通过提供多种优质服务来实现。

智能财务共享组织设计的根本目的是围绕其核心业务建立强有力的组织管理体系,降低组织管理成本,增强组织应对环境变化的灵活性,从而达到提高组织运作效率的目的,通常受两个因素的影响:一是集团管控模式,是指集团公司对下属企业基于集分权程度不同而形成的管控策略。集团管控模式是一个互相影响、互相支持的有机体系,它的精髓在"集权有道,分权有序,授权有章,用权有度"。二是集团职能集中管理方式,属于财务控制型分权管理模式,集团公司总部主要通过委派董事、监事、股权代表或财务负责人等方式,对分支机构的重大财务活动、投资运营等工作施加一定影响,使其符合企业集团的战略目标。当然,由于企业集团个体特征和管控模式的不同,集团公司总部的具体相关职能和集中管理方式也不尽相同。

(2)智能财务共享组织设计原则。作为一个专业的集中化服务提供部门,智能财务共享更加强调流程的标准与规范、服务的专业与高效。其内部组织的设计应遵循以下五项基本原则:①流程化运作,即以流程化运作为主要管理模式,追求工作效率提升和风险控制;②同类业务归并,即对于同一性质的业务如费用、收入成本、票据档案等按专业工作单元归集,以保障统一的业务界面;③协作高效充分,即内部组织间相互提供协作和支持,并且保持顺畅高效的效率;④人员均衡,即保持各工作单元人员数量相对均衡,确保组织的平衡;⑤管理跨度合理,即保持合理的管理跨度,使每个工作单元以及相关负责人能够有效地和工作单元内成员保持管理沟通。

3.智能财务共享的职能框架及设计模式

（1）智能财务共享的职能框架。实施智能财务共享服务，不仅会引起财务组织结构的变革，而且会引起财务职能在各级财务组织之间的重新分配。基于企业集团这一组织结构和目前财务共享服务中心建立的实际，智能财务共享的职能框架至少涉及集团公司总部财务、财务共享服务中心和成员单位财务这三个职能界面，它们并非孤立地履行各自的财务职能，而是在履行各类财务职能的过程中互相协作，但又各有侧重。集团公司总部财务站在战略管理层面上，明确管理目标，制定相关的财务政策，监督下属单位的业绩执行；财务共享服务中心执行集团的会计政策，记录经济活动，如实反映会计信息，并反馈给集团总部及成员单位；成员单位财务配合集团财务的管理政策，推进管理目标的实现，协助业务部门进行业绩促进，并配合财务共享服务中心的核算要求。具体到智能财务共享，其职责主要是负责在经济业务发生过程中提供规范、统一的会计服务，对经济业务和其他会计工作进行实时性和规范性管控，做到流程规范、标准统一、管控及时和服务到位，并为服务范围内的各成员单位经济业务活动的合理性、真实性负责。

（2）智能财务共享的设计模式。智能财务共享内部组织结构设计模式的选择，与其战略结构及职能定位和运营模式等因素紧密相关，核心是在成本与客户满意度之间寻求平衡。一般来说，越是打破客户边界，以业务职能为主进行分组的模式，越能体现共享服务的规模、成本和效率优势，但这有可能牺牲个别客户的个性化需求，影响客户满意度；越是以客户为主进行分组的模式，客户满意度越高，但在成本和效率方面的效果就会相对较差。目前来看，智能财务共享的设计模式主要有以下三种：

第一，职能设计模式。即按照智能财务共享不同岗位的具体工作职责进行组织结构设计。这种方式遵循专业化原则，标准化程度高，有利于提高财会人员的工作熟练度和效率，同时也简化了培训工作。但容易使人过度局限于自己所在的职能部门而忽略组织整体目标，组织间的协调比较困难，只有最高主管才能对最终结果负责。

第二，区域设计模式。即按照智能财务共享服务对象的业务区域划分来设计组织结构。在这种方式下,财会人员面对不同国家、不同地域的客户分别提供相应的服务,适用于不同地域业务有特殊需求的情况,便于迎合特定客户的需求,有利于增加客户的满意度。但是该模式对工作人员要求较高并且流程标准化程度较低和工作效率较低。

第三,混合模式。即按照智能财务共享不同区域客户的业务特殊性和财会岗位职能的专业程度综合考虑来设计组织结构。这种方式既有按照区域划分组织的优点,同时在业务单元内部进行专业分工,提高了工作效率。

三、智能财务共享的岗位设置及人员规划

(一) 智能财务共享的岗位设置

智能财务共享的各个业务单元,承担不同的业务职能,相互协作和支持。无论采用何种组织架构,根据业务性质不同,智能财务共享一般有业务处理和运营管理两大类岗位。前者主要包括核算、结算、档案管理等业务操作岗位;后者主要包括流程制度优化、系统运维、绩效管理、培训和服务等业务支持岗位。

两大类岗位虽然职责不同,但为客户提供高质量专业服务的目标是一致的,需要协同工作,积极配合。运营管理团队负责对集团的财务政策进行分解,并制定具体的业务细则,而业务处理团队则需要严格落实执行业务细则,并将具体工作中出现的业务细则未包含或不合理的内容及时反馈给运营管理团队。同时,运营管理团队成员在运营过程中,需要将流程、系统、质量、绩效、培训、服务、标准化等各方面的运营管理制度落实到各个业务单元,确保各单元的规范运作,不断提升组织的管理成熟度,形成发现问题和改进问题的循环优化机制,建立健康、协作的成长型、学习型组织。智能财务共享内容协作关系如图3-7所示。

(二) 智能财务共享的定岗定编

1.智能财务共享定岗定编含义及流程

智能财务共享组织结构确定后,需要据此进行岗位设置和人员配置,即定岗定编。定岗定编强调"以事为中心,因事设岗,因岗配人",避免

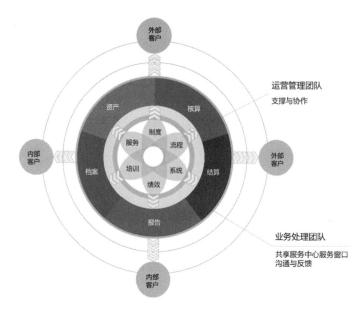

图 3-7　智能财务共享内部协作关系

"以人为中心,因岗设事,因人设岗"。定岗就是根据智能财务共享的战略定位、运营模式以及服务范围等内容,通过系统、科学的方法进行分析确定,定岗就是岗位设计的过程。定编是指明确从事智能财务共享某一岗位工作的人数,以及满足智能财务共享整体发展的总人数。定岗定编的目的是使智能财务共享的人、事、岗三者相匹配,做到人尽其才,才尽其用,减少人员冗余,使组织运行精简高效。同时为智能财务共享后续的人力资源工作优化、调整和缺员聘任提供依据。智能财务共享定岗定编的流程主要分为以下五个阶段:

第一,准备阶段。了解并收集智能财务共享的战略定位、运营模式、内部组织结构,以及集团公司、各成员单位、外部客户现有组织架构、财务部门及岗位人员情况等基本信息。

第二,调查阶段。确定调查工具,采用定量和定性相结合的方法收集第一手数据,例如,采取访谈法倾听公司高层领导关于组织定岗定编项目的出发点、中层领导对于组织管理的建议以及员工层面在实际工作中的难点,同时采用工作日志法进行工作量测算。

第三,分析阶段。对调研数据的整理分析,对公司组织现状存在问题进行梳理并从专业角度提出优化改进方案,形成人力资源诊断报告。

第四,设计阶段。针对以上的优化方案开展岗位职责体系梳理,设置具体岗位,并输出对应岗位说明书,明确岗位职责和岗位任职资格体系。

第五,定编阶段。以公司优化后的组织流程和岗位设置为依据,根据调查阶段的工作量测算数据,输出岗位编制情况。

2. 智能财务共享的定岗方法

智能财务共享定岗的主要方法是流程优化,即根据智能财务共享实施后新的信息系统或新的流程对岗位进行优化,根据流程中的各个环节所需要的工作职责和业务量,确定新的岗位。一般可以结合组织分析法和效率定员法来设计和确定智能财务共享业务处理和运营管理的具体岗位。组织分析就是从组织整体出发确定组织对岗位需求所进行的分析方法,要充分考虑组织目标、战略、文化、氛围和结构等因素,兼顾组织资源和能力;效率定员就是根据工作任务、效率、时间等因素来计算人员数量的一种方法,其实质是根据工作量和劳动定额来计算定员数。具体在定岗时,需要充分考虑以下几个方面。

第一,岗位与技能相匹配。岗位不同,对员工的技能、经验要求不同。智能财务共享采用的是标准化的流程和操作,在每个流程环节都设有独立的岗位,每个岗位的操作工序是不同的,都有其特殊的专业技能要求。

第二,岗位与能力相匹配。员工能力包括员工的专业能力、创新能力、沟通能力、学习能力等。业务处理岗位和运营管理岗位对员工的素质要求是不同的,前者属于操作性岗位,要求员工有熟练的专业技能,后者属于管理性岗位,要求员工有主动性和创新性。

第三,岗位与空间相匹配。岗位设置应充分考虑员工的工作和发展空间,包括岗位与岗位之间的空间距离,员工个人的发展要求。员工对发展空间的要求是多方面的,例如,对职务晋升、薪酬涨幅或者职称级别的提高,应根据不同情况设置岗位空间、考虑人才的选育用留。

3.智能财务共享的定编方法

定编就是遵循智能财务共享岗位配置原则,进行智能财务共享人员的编制测算,一般是基于岗位业务性质的不同来开展人员需求分析的,通常采用的测算方法主要有三大类。

(1)业务分析法。它是基于业务性质的特点,并结合现有管理人员及业务人员经验,经过分析评估后,最终确定人员编制数量的测算方法。此方法适用于无法进行精确数据测算,且难以取得同口径对标数据的项目,如总账报表会计等。

(2)数据测算法。它是通过实测的方法确定一类标杆业务的业务处理时间、其他业务与标杆业务之间的关系,并通过多人评估取平均值的方法进行确定。在业务量和工作时效的基础上,确定人员编制数量。此方法适用于能够取得可靠业务量,并能实现对单笔业务量所用时间进行测量的项目,如费用资产核算、资金结算、档案归档等的岗位人员。数据测算模型如图 3-8 所示。

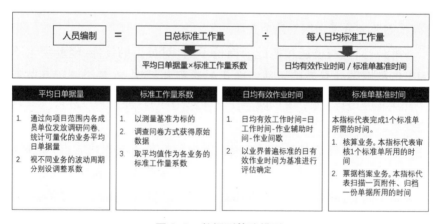

图 3-8 数据测算法模型

(3)对标评测法。它是指对于无法数据测量的业务,优先考虑选取相同或邻近口径其他单位的业务进行对标,在此基础上进行人员编制测算。此方法与数据测算法相比虽不够精确,但仍具有较高的参考价值,适用的岗位如运营管理岗等。

四、智能财务共享的运营及运维管理

（一）智能财务共享的运营管理

1.运营管理的含义

运营管理是现代管理学中最活跃的分支之一,指的是对运营过程的计划、组织、实施和控制,是与企业生产产品或提供劳务密切相关的各项管理工作的总称。智能财务共享运营管理,顾名思义是指对其所提供产品或服务进行规划、设计、运行、评价和改进的一切管理活动。在智能互联时代,随着新一代信息技术在企业领域的全面渗透,运营管理模式及运行方式发生了根本性变化,其中的财务管理模式及运行方式也应随之作出根本性优化和调整,以适应产品生产或劳务提供日趋数字化、网络化和智能化的现实要求和未来需要。在当今智能制造或智能工厂环境下,智能财务共享运营管理面临诸多新的需求和挑战。

第一,生产方式更加智能,组织管理更为复杂多变,亟须构建智能财务共享运营管理体系。企业生产越来越成为一个物理资源与虚拟资源相互渗透、相互融合的信息物理融合系统,它们各自的边界趋于消失,逐步演化为多层次多维度的开放复杂巨系统,跨领域、跨行业、跨区域的业务、资源及其组织与管理配置和重构问题大量涌现,需要以系统化和集成化思维来构建和优化智能财务共享运营管理体系。

第二,制造过程更加不确定,个性化产品需求日益增长,亟须智能财务共享运营管理体系自适应创新。制造系统越来越成为一个受多种生产扰动和持续变化的内外需求所影响的动态系统,伴随个性化定制需求日趋增长,产品多样性和生产复杂度不断提高,为此需要建立覆盖全生产流程和多元扰动因素的适应性调动系统,进而要求智能财务共享运营管理不断创新知识,提高动态应变能力。

第三,制造与服务相互渗透,运营管理更加注重服务价值,亟须智能财务共享服务模式自组织创新。制造与服务依存,产品与服务融合,服务价值日益凸显,服务型制造模式逐步成熟,形成了生产性服务和服务性生产的共生局面。在新技术支持和大数据驱动下,整合、协同、链接成为智

能财务共享服务模式转型升级的主基调,自组织、自学习和自适应成为智能财务共享服务模式创新发展的主旋律。

2. 从技术赋能到技术使能

在爆炸式创新的今天,新技术"赋能"智能财务共享不断提升运营管理效率。随着各种跨学科的新技术共同推动数据、连接和智能等要素的汇集,正在重构智能财务共享系统的环境和结构,智能财务共享运营管理在继续技术赋能提升效率的同时,更加借助数字化、智能化程度更高的新一代信息技术,创新运管模式,为企业或用户提供新的价值服务,进入所谓的"使能"阶段。

智能财务共享运营管理的核心目标在于为企业或用户提供更有价值的多元服务,不仅包括会计核算服务,而且要包括数据、服务和产品在内的综合服务。为此必须借助数字化技术增强对运营管理环节的洞察力,更好地制定运营管理策略。在当前实体与虚拟并存,时间、空间和连接等要素交互的数字化环境中,智能财务共享运营管理决策不再是单个企业自身的事情,而是必须从供应链和生态圈视角来作出更为系统性的考虑。

3. 运营管理的主要内涵

(1)目标管理。管理学大师彼得·德鲁克(Peter Drucker)在其著作《管理的实践》中提出了"目标管理"的概念,认为不是有了工作才有目标,而是有了目标才能确定每个人的工作,所以"企业的使命和任务,必须转化为目标",如果一个领域没有目标,这个领域的工作必然被忽视。因此,管理者应该通过目标对下级进行管理,当组织最高层管理者在确定管理目标后,必须对其进行有效分解,使之成为每个部门以及每个人的分目标,管理者依据分目标的完成情况对下级进行分工、指导、考核、评价和奖惩。据此而论,智能财务共享必须有一个明确的、贯穿于各项活动的统一目标,并分解成诸多子目标,不同子目标相互联系、相互促进、相互制约。作为独立运营单元,智能财务共享建立的主要目标包括提高业务处理效率、降低运营成本、提升会计信息质量和满足客户需求,具体内容如图3-9所示。

(2)绩效管理。绩效管理是智能财务共享运营管理至关重要的一

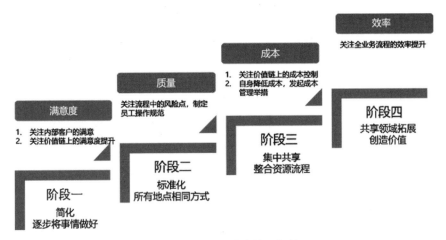

图 3-9　智能财务共享的目标管理

环,也是能否实现其预期目标的决定性因素之一。绩效管理是用于监控和管理组织绩效的准则、方法、过程和系统的整体组合,它涉及组织管理和运营的方方面面,并以整体一致的形式表现出来。绩效管理强调组织目标和个体目标的一致性,强调组织和个人同步成长,形成"多赢"局面。在智能财务共享运营管理绩效评价方法上,应用最多的是关键绩效指标(Key Performance Indicator,KPI)、平衡计分卡(Balanced Score Card,BSC)和标杆管理(Benchmarking)三种方法,当然也可以采用六西格玛(Six Sigma)为代表的过程改进等其他方法。

（3）知识管理。知识管理(Knowledge Management,KM)是网络经济时代的新兴管理思潮与方法,是在组织中建构一个量化与质化的知识系统,让组织中的资讯与知识,通过获得、创造、分享、整合、记录、存取、更新、创新等过程,不断地回馈到知识系统内,形成永不间断的知识累积,并成为组织智慧的循环,在企业组织中成为管理与应用的智慧资本,以助于企业作出正确的决策,以适应市场的变迁。

（4）质量管理。智能财务共享作为运营实体,通过对外部输入的处理形成服务产品。在这种运营模式下,必须通过加强质量管理来保障产品输出过程的完整可靠。其质量管理体系可以基于 PDCA 建立全面质量管理体系。全面质量管理（Total Quality Management）是 20 世纪 60 年代初出现的一种质量管理方式，和传统的质量管理方法相比，它不仅是单纯业务方法、具体工作内容、管理职能范围的变化，而且是质量管理思想、目的乃至整个管理组织方法的变化，是质量管理向科学化、合理化、全员化的深入发展。

（5）服务管理。智能财务共享和传统的财务部门相比，除了财务部门在企业运营过程中扮演的监控和管理的角色之外，还承担了一个重要的职责，即提供高效、专业、高质量的财务服务。如何做好服务，让客户满意，是智能财务共享运营管理过程中需要重点关注的问题。无论智能财务共享采用何种组织架构，作为向企业内部单位或外部企业客户提供财务服务的机构，提供高质量的服务永远是智能财务共享的基本职责。尤其对于已经进入独立运营阶段的智能财务共享，通过做好服务管理，可以及时发现客户的各种需求，调整服务内容，提高客户的忠诚度和满意度，并为共享中心吸引更多的客户。

（二）智能财务共享的运维管理

1. 运维管理的含义

运维，就是互联网运维，是对 IT 系统及其基础设施环境的运营维护。它的本质是对网络、服务器、服务的生命周期各个阶段的运营与维护，使其在成本、稳定性、效率上达成一致可接受的状态。运维管理是帮助企业建立快速响应并适应企业业务环境及业务发展的 IT 运维模式，实现基于 IT 基础设施库（ITIL）的流程框架和运维自动化，是 IT 系统业务服务管理的主要着眼点。它以业务价值和业务驱动为核心，使业务部门与 IT 运维的目标相一致，把业务的支撑能力和管理实效，作为评价 IT 系统效用和 IT 部门工作的首要指标。

运维的目的是确保对业务需求和运行环境变化的及时有效支持，取决于应用系统对变化响应的能力、效率和可管理性。智能财务共享系统是利用各类通用构件、组件和工具等搭建构造形成的，是具有独立性、松耦合、可拆卸、易维护的产品组合，能够持续地支持应用的拓展与完善，实现自身能力和效率的可持续提升。智能财务共享系统利用数据空间记录下对业务和环境运维"变化""不同""状态""标准""历史"等要素的变更记录和发展轨迹,从而实现全生命周期、全功能覆盖和全质量管理的运维管理能力。

2.运维管理的发展趋势

经过 20 多年的信息化建设,即从 20 世纪 80 年代的起步,到 20 世纪 90 年代的重点推进,再到进入 21 世纪后的快速发展,电子信息化工作的重点已从大规模网络、平台和业务系统建设转向深化应用的运行与维护,也就是由建设向运维转型。长期以来,人们都非常重视 IT 基础设施和系统的构建,忽视了系统建设完成以后的运维管理,认识不到高效、规范的运维管理与系统应用效果和产出效益之间的关联性,把握不好如何在复杂的异构 IT 环境中利用有限的资源来提升服务等级、在保持高可靠性和高可用性的前提下降本增效。一句话,就是缺乏运维意识和高效规范的运维管理体系。

近年来,在新兴技术和 IT、DT 服务管理思想驱动下,运营管理呈现出如下发展趋势:(1)由面向 IT 基础设施转向面向 DT 基础设施建设及服务,主要是面向业务、面向用户;(2)由分散式作业走向相对集中式或高度集中式,每一次技术手段的进步都会影响运维管理的组织方式;(3)由粗放式职能管理转向集约化、精细化流程管理,运维管理日趋科学化、规范化、自动化、信息化和智能化;(4)运维管理组织机构设置日趋扁平化,运行维护工作日趋适配、灵活和低成本;(5)由单纯追求网络服务质量转向注重用户体验。

3.运维管理的基础性框架

目前,运维管理的全球最佳实践 IT 基础设施库(IT Infrastructure Library,ITIL)是由英国政府于 20 世纪 80 年代为提升 IT 运维管理水平和解决 IT 服务质量不佳而提出的,已成为世界范围内最广泛使用的提供和支持 IT 运维服务以及基础架构的管理方案。它为政府和企业提供了一个客观、严谨、可量化的标准和规范,各级组织和单位可以根据自己的资源和能力、需求定义以及所要求的不同服务水准,参照 ITIL 来规划和制定其 IT 基础架构及服务管理。

ITIL 为组织基于 IT 基础设施的所有活动提供了一个通用框架。在框架中,这些活动被划分为不同的流程并协同运作,使组织的 IT 服务管理更加成熟。其实施不需要设置新的职能和组建新的管理部门,可以保留组织现有的 IT 管理方法和技术中的合理部分,同时增加必要的方法和技术,以便加强各种 IT 职能间的沟通和协调。也就是说,它是以流程为导向,以客户为中心,通过整合 IT 服务与企业业务来提高企业的 IT 服务提供和运营管理能力与水平,服务支持和服务提供是其核心服务管理流程,如图 3-10 所示。

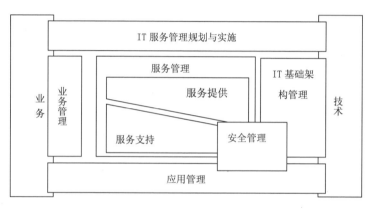

图 3-10　ITIL 框架内容

(1)业务管理。ITIL 强调从客户(业务)角度理解 IT 服务需求,该模块指导业务管理者以自己习惯的思维模式分析 IT 问题,深入了解 IT 基础架构支持业务流程的能力,以及 IT 服务管理在提供端到端 IT 服务过程中的作用,以协助他们更好地处理与服务提供方之间的关系。

(2)服务管理。这是 ITIL 的核心模块,是以流程为导向、以客户满意和服务品质为核心的 IT 服务指导框架,是一种全新的、基于流程的 IT 管理模式,是基于 ITIL 指导帮助企业对 IT 系统的规划、研发、实施和运营进行有效管理的高质量方法,包括 IT 服务支持管理(IT Service Support)和 IT 服务提供管理(IT Service Delivery)两个部分。

(3)IT 基础架构管理。IT 服务管理作为一种 IT 管理方法,其管理的对象是各种 IT 基础设施。这些 IT 基础设施的有机整合就形成了 IT 基础架构。IT 基础架构管理侧重于从技术角度对基础设施进行管理,覆盖了 IT 基础设施管理的所有方面,包括识别业务需求、实施和部署、对基础设施进行支持和维护等活动。

(4)应用管理。IT 服务管理包括对应用系统的支持、维护和运作。应用管理模块指导 IT 服务提供方协调应用系统的开发和维护,使它们一致地为客户的业务运作提供支持和服务。

(5)安全管理。该模块为如何确定安全需求、制定安全政策和策略及处理安全事故提供了全面指导。其目标是保护 IT 基础架构,使其避免未经授权的使用。ITIL 的安全管理模块侧重的是从政策、策略和方法的角度指导如何进行安全管理,没有具体说明安全管理的步骤和任务。

(6)IT 服务管理规划与实施。该模块的作用是指导如何实施上述模块中的各个流程,包括对这些流程的整合。它指导客户确立远景目标,分析和评价现状,确定合理的目标并进行差距分析,确定任务的优先级以及对流程的实施情况进行评审。

第三节　智能财务数据中台建设

一、数据中台及数据中台架构

(一)中台的含义及其性质

中台是一个互联网术语,一般应用于大型企业,指的是搭建一个灵活快速应对内外环境变化的架构,快速或即时实现业务前端提出的要求,避免重复建设和反复响应,达到提高工作效率和增加企业价值的目的。中台是相对于前台和后台而言的,在本质上企业在前台业务单元和后台资源部门之间搭建的组织模块,属于"中间件"。前台为了更快地响应用户的服务需求,需要快速地创新迭代;后台因为管理企业核心资源,受经营稳定性、系统及法律法规等相关束缚,需要保持稳定可靠;而中台则可以顺滑连接前台需求与后台资源,向前通过抽象沉淀前台可复用的能力,实现对前台的"瘦身",以快速响应市场变化;向后对后台资源进行抽象包装整合,实现统一的衔接和规则化,从而保障后台业务的稳定与合规。基于中台,可以快速构建面向最终消费者和客户的前台应用,从而满足各种个性化特征的前台需求。

中台的核心是企业基础服务能力,运用后台技术手段,提供可以供前台复用的公用能力,目标是支持前台低成本地快速创新迭代。中台具有服务重用、服务进化、数据累积、快速响应、降低成本和提升效能等优点。从技术系统层面看,中台是企业级共享服务平台,是能力的枢纽和对能力的共享。广义上讲,一切将企业各式各样的资源转化为易于前台使用的能力,为企业进行以用户为中心的数字化转型服务的平台都是中台,它是比函数和类库更高一层次的、更能服务于业务的复用封装,一般包括业务中台、数据中台和技术中台三部分内容,如图 3-11 所示。

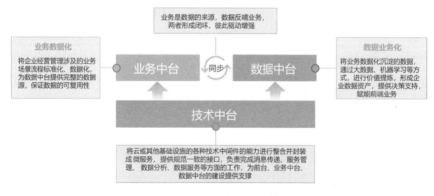

图 3-11 企业中台架构体系

(二) 数据中台的含义及特征

数据中台是为解决 IT 时代,企业信息化建设所出现的"信息烟囱""信息孤岛",以及由此而导致的数据割裂,难以实现数据集成与贯通,影响数据形成和使用等突出问题的。智能财务共享的着眼点在于基于大数据形成可以共享的数据服务能力,而关键点在于数据中台建设,这也是企业数字化转型的核心问题。

关于数据中台,目前并没有统一的定义,主要有以下几种观点:

（1）业务内容观。数据中台是企业数据系统解决方案中的那些可共享、可通用的数据业务，与数据参考模型联系密切。（2）共享平台观。数据中台是企业数字能力共享平台，是一个用技术连接大数据计算存储能力，用业务连接数据应用场景能力的平台。（3）机制观。数据中台是一套企业可以持续使用数据，把数据变为资产并服务业务的机制，是一种战略选择和组织形式。（4）解决方案观。数据中台是企业实现全面数字化的一个解决方案，是一套支撑企业全面数字化的架构体系。（5）中心观。数据中台是全域的可复用的数据资产中心，是一个可以提供业务化、服务化和端到端数据服务能力的中心。综合可见，数据中台是通过对企业核心数据资产的整合，建立从数据规划与获取，到数据治理，再到服务输出的数据全生命周期管理平台，它更加贴近业务并为业务提供服务，不同于大数据本身和数据仓库。大数据作为一种支撑性数据处理技术，更多的是加速了数据中台战略的形成和推进。数据仓库更多解决的是事后分析，侧重于元数据管理。而数据中台一方面解决的是 IT 时代数据的割裂问题，另一方面解决的是 DT 时代数据的价值问题，也就是基于业务需求，持续提供安全、可靠、规范、敏捷、可复用的数据服务能力，以提升企业效率、支持企业决策、共创企业价值。

数据中台是新一代信息化应用框架体系中的核心内容，是企业数字化转型过程中对既有或新建信息化或数字化系统业务与数据的沉淀，是实现数字赋能和使能新业务、新应用的支持性中间平台，涉及数字技术、数据治理和数据运营等数据建设、管理和使用体系。它通过数据技术，提供数据集市、数据服务、数据采集、数据处理等功能，同时统一标准和口径，并建立数据分析模型，通过数据标准及算法，产生进一步的分析型数据服务，进而为企业与客户提供高效服务，为用户提供数据采集和数据共享服务，为应用开发提供存储以及数据仓库服务。

（三）数据中台构建理念及功能

数据中台是伴随大数据的形成而出现的，其构建理念是将大数据"用起来"，即通过大数据向管理赋能，通过数据中台将大数据变成可用的、高密度价值的数据，从这个意义上说，数据中台是大数据运用的平台化、具体化和实践化。数据中台的功能理念是将大数据"统起来",即通过数据中台打通"系统孤岛"和"数据烟囱"分立的信息技术架构,构建数据共享的统一的数字技术架构。数据中台的定位理念是将大数据"连起来",即通过数据中台将前台与后台有机地连接起来,有效解决数据与管理业务的脱节问题。

数据中台构建的主要功能包括:(1)数据共享集成。多跨场景应用创新是数字赋能的结果,通过多跨场景打破数据孤岛,实现多源数据共享集成,充分释放海量数据价值,实现数据目录、数据标准统一以及基础数据管理的结构性统一,达到业务数据统一采集、集中管理、科学治理目标。将数据归集到统一的数据平台,让使用者更好地使用数据资产。(2)数据挖掘分析。以推动多部门业务高效协同,推动子场景间业务有机联动为基础,一方面可以实现数据的横向联动和纵向贯通,厘清各项子场景的领域、事项、指标等内容;另一方面可以发现数据中隐藏的模式与趋势,根据业务场景,以选择合适的建模方式,挖掘必要的数据信息。(3)数据决策赋能。数据赋能是一项重要的系统化工程,依靠数据进行决策,基于数据中台,建立基于实时的数据、实时的算法、实时的科学决策模型,实现对业务实时监控、实时驱动的新一代运营模式。在大数据算法加持下,促进企业决策由"人治"向"智治"转变。财务中台属于业务中台的一部分,是业务活动和财务管理之间的桥梁。作为承接企业前后台衔接的"桥梁",财务中台能够消化前端业务活动快速变化创新对财务工作带来的影响,通过剥离前台的"核心财务能力"实现轻量化前台,并保障企业财务后台管理更稳定地运行。

(四)业财融合状态下的数据中台

企业数据中台的搭建可以发起于业务端、IT 端、财务端,也可以发起于"业财融合"端。在信息技术和数字技术日趋发达的今天,企业借助新兴技术完全可以实现"业务、财务、技术"的一体化,完全可以实现"物质流、价值流、信息流"的适时统一,而基于会计或财务是一个以货币为计量单位全面系统反映企业价值运动或资金运动信息系统的本质,无论是其核算能力,还是其决策支持能力,都具有很强的复用性和共享性,企业数据中台应该从"业财融合"端至少是从财务端发起,通过建立财务数据中台,沿着业务发展的路线,逐步延伸或覆盖到整个企业或企业生态。

　　企业数据中台实际上是一种数据反哺业务的数据驱动运营模式,它将企业的数据管理能力沉淀下来,助力企业打造以财务体系为基础的数据服务能力。数据中台将通过多数据源采集企业内外信息,按照统一的数据规范和标准进行数据存储,各系统可以通过应用程序接口(Application Programming Interface,API)进行数据调用,可以对数据进行基于算法的模型输出,通过数据分析和可视化技术提供决策支持服务。数据中台不仅实现了对数据从加工到服务输出的全链条管理,同时通过数据治理完成企业数据资产目录建立,实现真正的"数据资产化"管理,帮助企业摸清自家的数据"家底",助力企业融入数字创新时代。数据中台架构模型如图 3-12 所示。

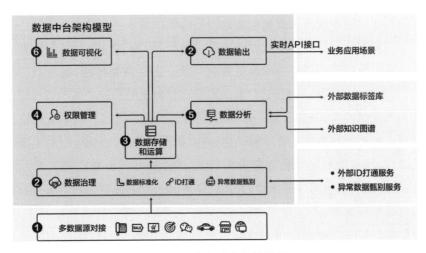

图 3-12　数据中台架构模型

二、财务数据中台建设与数据运营

(一) 财务数据中台建设的基本思路

　　财务数据中心建设面临的技术环境是林立的"系统烟囱",即一个个基于业务的自建信息系统。这些系统涵盖了企业研发、采购、生产、仓储物流、订单运营和客户体验等各个生产经营环节,它们在自建过程中几乎都没有考虑会计核算和财务管理的需要,被逐渐地边缘化了。基于这样的现实,财务数据中台建设的基本思路和现实途径如下:

一要按照谁重要谁优先的原则,沿着流程去建设。以 ERP 为核心,一边梳理流程,一边链接系统,实现从交易到报告的一键或无键链接,实现从业务数据到业财数据再到财务数据的一键或无键生成。具体涉及从销售到收款、从采购到付款、从费用到报销、从薪酬到发放、从税务到申报、从生产到产品、从资产到处置、从投资到收回等业务及其财务流程。

二要确保系统越用越好,在使用中优化,在优化中迭代。所建系统要服务好业财信息的输入、处理和使用,即分别要服务好全体员工、各类财会人员、数据分析及管理人员。要通过机器采集、减少手工输入来提高信息可靠性,要通过数据标准化、规范化来提高信息的一致性,要通过强化数据间、系统间的交互关联来提高信息的关联性,最终有利于管理层和业务层直接通过系统获取数据信息并作出科学决策。

三要强化元数据和主数据库建设,建立“治、源、湖、联、用”的数据运营体系。数据治理的核心内容是要建立统一的主数据地图,通过数据分类,实现精准布局和精准作战,重点就是一方面完善和建立基于系统建设的主数据标准及其定义,另一方面突破独立于主数据以外的系统自定义数据。数据源是数据运营的第一步,通过数据源管理,确保业财数据源的准确性、及时性和完整性。数据湖(池或海)是有价值数据沉淀的承载地,它汇集了企业内外部海量的清洁、完整和一致的数据。数据连接就是通过数据与数据、系统与主数据①之间的关系网,将主数据连接起来,实现数据的集成交互和价值最大化。数据使用是数据中台建设的终极目的,也就是依托经营仓项目实现自助式数据消费满足不同数据使用者的需求。

(二) 基于财务数据中台的数据运营

传统上企业财会部门扮演的是数据提供者角色。随着智能财务共享

---

① 主数据(Master Data)是指在整个企业范围内各个系统间共享的、高价值的数据。它可以在企业内跨越各个业务部门被重复使用,并且存在于多个异构的应用系统中。

的形成及财务数据中台的逐步建立,企业财会部门要尽快实现从数据提供者到数据运营者的角色转变。作为数据提供者,财会部门是按照会计规则来被动地提供标准化的会计信息,是以成本为工作中心的,仅是为了满足需求;而作为数据运营者,财会部门则是因应环境变化来主动地提供有助于创造价值的业财数据,是以价值创造为中心的,能够引导和创建需求。

企业通过财务数据中台的建立,实现了从交易到报告的自动化和智能化,在这个过程中突出的是标准化、自动化和产品化。同时,企业通过财务数据中台的数据运营,实现了业务数据化、数据资产化和数据资产效益化。也就是说,企业通过建设大型数据池,以数据治理为基础,整合业财数据及内外部结构化和非结构化数据,形成大数据,进而基于人工智能及模型算法,挖掘数据的内在价值,推进数字化和智能化运营。

三、智能财务共享服务的未来

智能财务共享服务中心的建立是企业财务转型升级的第一步。随着经济全球化和信息技术日新月异地发展,未来的财务共享将向智能化、全球化、虚拟化方向发展,给企业带来更大的价值创造空间。

(一)由劳动密集型向技术密集型转变

财务共享服务具备高度标准化和业务量大的特征,其作业大多是流程化的重复性强、工作强度大的简单业务操作,很多大型企业的财务共享均以集中核算的形式实现,目前阶段仍然属于劳动密集型服务行业。工业4.0时代,智能化是企业发展变革的终极目标,而数字化是智能化的基础和前提,财务共享服务是企业数字化转型的重要环节,也是财务智能化实现的关键平台形式。集中核算为财务共享的发展奠定了良好的数字化基础,而新一代ERP系统与人工智能则推动财务共享服务中心向着数字化、智能化迈进。

(二)由成本中心向利润中心转变

随着财务共享服务的逐渐成熟,外包、咨询和以独立的第三方为其他公司提供专业化的财务分析增值服务,必然会成为智能财务共享服务的工作重点。它通过对客户公司进行详细的调研后,结合客户的工作现状、存在的问题、管理目标等信息,设计最适合、最有效的财务管理方案。智能财务共享服务从成本中心向利润中心的转变,不仅需要搭建普适性的财务核算体系,更需要逐步完善规则标准化、业务多样化、系统集成化、内部绩效常态化、理念服务化等。

（三）由财务数据中心向企业数据中心转变

财务数据是企业最重要、最庞大的数据信息来源,在企业财务活动日益复杂、企业规模日益庞大的今天,财务数据处理的效率、安全等问题都制约着企业的发展。业务数据同样隐藏着大量生产经营的原始信息,但是在传统的信息系统规划下通常存在采集不充分、数据孤岛严重等问题。财务共享服务中心能够再造财务管理流程、提高财务处理效率,实现企业会计核算的集中化运作。当企业全部财务业务集中后,它自然会成为财务数据和业务数据的生产与交汇之处,逐步发展成为企业的信息数据中心。

（四）由实体化向虚拟化发展

真正的财务共享服务是标准化的业务处理流程,而非简单的空间意义上的财务集中核算。互联网技术的发展与新一代 ERP 技术的完善,为业务的数据化提供了保障,也为办公模式的虚拟化提供了便利。当前阶段,智能财务共享服务中心选址需要考虑的因素主要包括人力成本、政策环境、地理区位、电信等基础设施建设情况。

（五）由大企业向中小企业辐射

"互联网+"、大数据、云计算等技术不断发展,为中小企业享受财务共享服务提供了必要的技术基础。中小企业可以通过业务外包获得更专业的财务管理服务。中小企业和创业型企业还可以以"企业上云"的方式,依托公有云平台,按需租用获取财务共享服务,取得决策支持。

（六）由区域化扩展至全球化

建设一个区域的共享中心还是全球的共享中心,取决于企业的业务布局及发展战略。大型跨国企业集团一般会建立一个全球统一的智能财务共享服务中心,以解决其全球的会计核算操作问题,或者在必要的大洲分别建立洲际智能财务共享服务中心,让更多员工享受财务共享服务甚至综合共享服务中心的便捷。目前大多数公司的智能财务共享服务中心还是分地域的,随着经济全球化的进展,智能财务共享服务将跨更大的地域提供统一服务,形成全球化的共享中心。

第四节 智能财务共享的应用实践

一、智能商旅报账业务

(一)费用管理业务

1.费用管理的目标与需求

费用管理是企业管控的重点,费用高低直接关乎企业利润的多寡,而费用报销是费用管理的关键环节。目前,在费用报销环节,一方面存在费用管理制度不统一、费用报销标准不一致、审批授权差异处理等问题,另一方面存在报销凭证种类繁多、报销手续复杂、报销流程烦琐和报销效率低下等问题,严重影响了企业业务拓展和价值实现。借助新兴信息技术和商业服务为员工提供自助、在线、实时的差旅报销,成为企业优化费用报销、成本管控和商旅服务等费用管理工作的重要工具和手段。它将企业财务管理和内控管理制度嵌入 IT 业务流程中,降低人为干预风险,提高业务处理效率和效果,涵盖了从业务申请、单据扫描、影像上传、费用预算控制、资金预算控制、合同付款金额控制、内控审批、挂账、付款、清账、生成统计报表等全部业务处理流程。

2.差旅费用报销端到端流程

企业智能商旅报账系统涉及的领域包括对私业务和对公业务。对私业务主要服务员工的费用报销,涉及差旅费的借款和报销,交通费、通信费、招待费的报销等业务;对公报账业务涉及广告、宣传、印刷、咨询、会议、培训等专项经费的开支。基于费用至报账端对端流程(EER)的管理优化,来确定智能财务共享服务中心与其他部门之间的职责分工,如表3-3所示。

表3-3　费用至报账端到端流程（EER）职责分工

序号	业务动作	业务部门	业务财务部门	财务共享服务中心	战略财务部门
1	制定费用政策与制度				√
2	填制报销单上传扫描件	√			
3	业务审批	√			
4	本地初审报销凭证		√		
5	审核报销凭证			√	
6	报销支付			√	
7	审核记账凭证			√	
8	报表			√	
9	分析		√		

（二）智能商旅报账平台建设

1. 智能商旅报账云平台的整体架构

智能商旅报账云平台是面向企业全员的智能商旅和报账服务应用平台,它与智能财务共享服务平台、银企直联、电子发票等系统无缝连接集成。通过端到端的流程化服务,打通了企业从实时交易到数据采集、报账、审批、从核算到报告的所有环节,实现数据不落地,全线上应用,全流程管控。智能商旅报账云平台产品架构如图3-13所示。

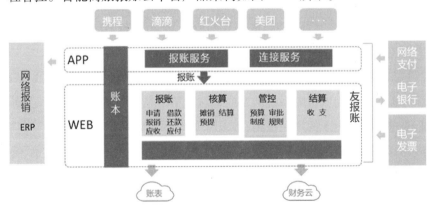

图3-13　智能商旅报账云平台产品架构

2.智能商旅服务平台

智能商旅服务平台主要包含:(1)企业商旅服务平台,商旅服务平台的搭建方式主要有自建商旅平台和第三方商旅平台两种模式;(2)第三方商旅服务协议,企业与商旅服务提供商签署第三方商旅服务协议;(3)智能商旅报账云平台的应用架构,智能商旅报账云平台可以与传统ERP厂商与第三方商旅服务商连接融合,为企业员工提供方便快捷的商旅、出行、商宴、集采、快递物流等一站式互联网服务。通过该平台员工可以随时进行商旅及商宴申请、出行预订、发票自动识别、消费自动报账等方便快捷的移动智能应用,领导能实时审核业务单据、查看预算状态,财务人员月底与服务商核对发票进行结算,让商旅、报账、审核、结算都变得简单便捷。

二、采购至付款业务

(一) 采购业务目标与需求

采购业务是企业的主要经济业务之一,采购金额大,采购方式多种多样,采购成本难以控制,采购风险不好把控。目前企业采购业务主要面临两大挑战:一是为提升战略采购能力,需要投入更多人力资源;二是企业大量采购人员的精力主要投入到了采购订单处理、采购交付、往来对账等低端的重复性工作中。为应对企业采购业务面临的困难和挑战,需要通过智能财务共享服务中心的建立来实现企业采购业务的流程优化和重构。具体是,企业根据实际采购业务和管理要求,通过数字化供应协同与采购商业网络资源整合,建设智慧化的采购供应链和财务共享服务的数字化平台,打通采购与付款业务链,实现采购供应业务流到数据流的数字化管控,真正实现从需求计划、采购计划、分配、寻源、定标、合同、发运、入库、发票、出库、结算、财务全流程的闭环管理,达到以下优化目标。

(1)建立集成电子采购平台,电子采购与财务供应链、财务共享服务中心等统一平台,避免信息孤岛,实现采购的外部协同与内部采购管理的无缝集成。

(2)实行完善的采购寻源过程管理,包括招投标、谈判、比价、竞价等多种寻源。

（3）供应商全生命周期管理，即准入、合格、等级、评估和退出。对供应商进行统一的准入认证，评估管理，通过对招标、询价、谈判、竞价、采购订单执行过程的规范化管理，实现阳光采购和快速采购协同。

（4）集团内部多组织采购协同和管理架构支撑。根据业务需要，灵活配置系统采购业务流程，与企业财务共享服务中心、ERP供应链系统整合，实现企业内外部业务的快速协同处理。

（5）减少企业采购库存积压、提升库存周转、实现全视野的库存管理体系。有效控制牛鞭效应，及时快速准确地满足市场需求。

（6）采购到付款的端到端流程优化。对业务流程进行分析、评估、优化，以实现大幅度降低运作成本、提升采购协同效率，提高财务管理水平与执行力，加强采购业务管控与风险防范。

（7）明确智能财务共享服务中心与集团、分公司、子公司的职责范围，将企业与供应商、部门和业务员所形成的应付款、付款业务的进行共享服务管理，基于端到端的业务流程范围，制定服务策略、标准、政策与工作流程，满足各分公司与子公司服务需求。

企业采购业务流程优化的重点是：第一，推行一站式、集中式采购模式，提高采购效率。打破集团与子公司、分公司各自采购的传统方式，打造一站式、集中式采购模式，多终端并行，全程云操作。第二，实行供应商数据信息集中管理，采购成本透明可控。供应商横向比价，择优采购，节约物资采购成本，采购资金集团统一支付，所有流程透明可控。第三，打造端到端全流程共享服务，业务财务深度融合。推动采购到付款业务的线下到线上、分散到集约的管理转型，实现业务财务一体化科学管控。第四，全面、准确、细致地采集业务前端信息，达到"一点录入，全程使用"的效果，并保证采购业务信息在整个审批流转过程中的完整性和追溯性，减少信息的重复录入。第五，构建财务影像管理系统，实现网络审批和移动审批相结合的深入应用，提高审批效率，并为其他领域影像应用提供基础。第六，规范业务流程，加强业务流程监控，提高工作效率，防控业务风险。

（二）供应链管理模型与采购策略

1.供应链管理模型

供应链环境下企业采购管理体系由采购机制、采购策略、库存管理、供应商管理以及其支持系统组成。供应链管理从供应链系统整体优化入手，寻求企业间竞争性、优势互补性的组合，将商品供应链上的制造商、供应商、销售商的活动形成有序整体，直接与市场需求衔接，最大限度地减少和消除过剩库存和缺货损失，发挥整合优势，加快产品开发和供应速度，实现敏捷、柔性的生产和供应过程。

1952年，芝加哥大学的哈里・马科维茨（Harry M.Markowitz）提出现代资产组合理论（Modern Portfolio Theory，MPT）[①]，为现代西方证券投资理论奠定了基础。1983年，彼得・卡拉杰克（Peter Kraljic）率先将此组合概念引入采购领域，从收益影响和供应风险两个维度构建矩阵，用作公司采购组合的分析工具，对采购物资进行重新定位[②]，如图3-14所示。

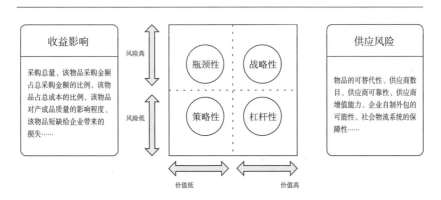

图3-14　卡拉杰克矩阵（The Kraljic Portfolio Purchasing Model）

收益影响（Financial Impact）表示该采购物料对于产成品利润的影响，

---

①　Markowitz,H.M.,"Portfolio Selection",*Journal of Finance*,Vol.7,No.1,1952,pp. 77-91.

②　Kraljic Peter,"Purchasing Must Become Supply Management",*Harvard Business Review*,Vol.65,No.5,1983,pp.109-117.

主要衡量指标包括该采购品类的采购数量、采购金额占总产品成本金额的比例、该物品对产品质量的影响程度、该原材料对产成品质量的影响程度、增值百分比等。当该采购项目占企业产成品的成本比例较高时，则对产成品利润率的影响比较大，这是产品成本和产品质量的关键影响因素。例如，果汁生产商中对于生鲜水果的采购以及高档服装制造商对于布料的采购等。

供应风险（Supply Risk）反映了采购物品获得的难易程度，或采购的物品因供应问题对企业造成的损失程度，主要衡量指标包括供应市场的竞争格局、技术创新及原材料更替的步伐、市场进入的门槛、物流成本及复杂性、潜在的供应商数量、自制或外购的机会、替代的可能性等。当采购项目存在原材料十分稀缺、易受政策或自然灾害的影响、物流难度大易损坏、供应商数量少等情况，则该项目的采购风险非常高。

据此，卡拉杰克矩阵通过收益影响和供应风险两个维度将采购项目分为四个象限：杠杆项目（Leverage Items）、战略项目（Strategic Items）、非关键性或策略项目（Non-Critical Items）、瓶颈项目（Bottleneck Items）。

在卡拉杰克矩阵采购项目分类基础上，在供应链管理环境下利用PDM（Power Dependence Matrix）模型通过买方权利和卖方权利两个维度分析不同采购项目的供应关系，并将其划分为四个象限：卖方主导、买方主导、相互依存和独立关系，如图 3-15 所示。

供应风险分析-PDM模型

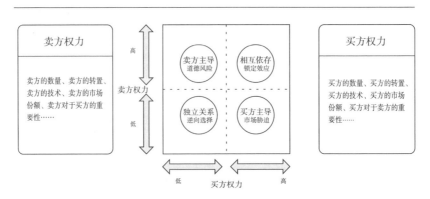

图 3-15　PDM 模型供应关系分析

供应链管理环境下的采购战略要适应供应链管理环境的要求,在卡拉杰克模型采购项目分类以及供应关系分析基础上,针对每一类采购项目创新采购目标和策略,并结合先进企业最佳实践制定具体的采购管理模式,如表3-4所示。

表3-4 不同物资采购项目分类供应关系分析

物资采购项目	瓶颈项目	战略项目	非关键性项目	杠杆项目
供需关系	卖方主动,相互依赖性一般	力量均衡,相互依赖性较高	力量均衡,相互依赖性较低	买方主动,相互依赖性一般
目标	保证供应维护生产连续	建立战略联盟	减少供应商,提高工作效率和标准化程度	获得最低采购成本
降本策略	保证供应	战略伙伴	系统化采购	采购招标集中竞价
实践	准确预测未来供应;进行供应商风险分析,进行供应商配额;寻找备选产品或供应商;与首选供应商达成一揽子协议,最后按正常供应程序执行、处理分订单(Call-Off Order)	准确预测需求,谨慎选择供应商,共同创造;与首选供应商达成一揽子协议,最后按正常供应程序执行、处理分订单(Call-Off Order);对供应商进行考评,关注长期价值	开展联合集中采购,按产品大类采购;产品标准化,制订有效的作业程序;采用云采购、网上采购方式;寻找备选产品或供应商;建立适当库存,实施供应商管理库存(Vendor Managed Inventory, VMI)	开展联合集中采购,设定目标价格;确定供应商配额,寻找备选供应商;按产品大类采购;产品标准化,制订有效的作业程序;采用云采购、网上采购方式;供应商选择,目标定价

2. 采购策略

(1)杠杆项目采购策略。杠杆项目由于可选供应商较多,一般都是买方市场主导,双方相互依赖性一般。推荐的采购战略:双方达成良好的框架协议并制定有针对性的定价,保持和谐的发展供应关系。对于杠杆项目可以采用下列采购方法以达到降本增效目的,比如招投标法、集权采购、开发新供应商、谈判法与折扣法、改善供应商绩效等。准时生产方式（Just In Time，JIT）又称作无库存生产方式，源于日本丰田汽车公司在20世纪60年代实行的一种生产方式。JIT采购由于大大地精简了采购作业流程，因此它可以极大地消除库存，最大限度地消除浪费，极大地提高工作效率。供应商管理库存模式（Vendor Managed Inventory，VMI）是供应商通过共享用户企业的当前库存和实际耗用数据，按照实际的消耗模型、消耗趋势和补货策略进行有实际根据的补货的策略。这种模式中，供需双方都变革了传统的独立预测模式，尽最大可能地减少由于独立预测的不确定性导致的商流、物流和信息流的浪费，降低了供应链的总成本。

（2）战略项目采购策略。战略项目往往由于供给稀缺或运输困难而具有较高的供应风险。买卖双方力量均衡，相互依赖性较高。推荐的采购战略：首先建立起战略联盟的关系，保持最高层的沟通关系，有能力的也可以进行垂直整合，关注长期价值。对于此类项目，可以采用下列方法来达到降本目的：①建立长期的战略合作伙伴关系。②供应商先期参与（Early Supplier Involvement，ESI）。在产品设计初期，可以选择伙伴关系的供应商参与新产品开发小组，通过ESI的方式，使新产品开发小组依据供应商提出的性能规格要求，及早调整战略，借助供应商的专业知识来达到降低成本的目的。③为便利采购而设计（Design for Purchase，DFP）。为便利采购而设计是指在实施ESI策略时，在产品的设计阶段可以利用协力厂的标准制程与技术，使用工业标准零件，以方便取得原物料。采用这种方式不仅能够减少自制所需的技术支援，同时会降低生产所需的成本。④善用合约。在采购过程中可以利用长期合约来降低采购成本和保障供应。对于大宗产品我们还可以利用"期货合约"降低采购成本。

（3）非关键性项目（Non-Critical Items）。非关键性项目具有标准化的产品质量标准，买卖双方地位力量均衡，相互依赖性较低。推荐的采购战略：通过第三方采购或非核心采购外包：即通过把低效资产或流程转交给能够提供更大的规模经济、流程效率和专业知识的第三方来提高采购的价值。通过内外部的资源整合实现资源共享，帮助企业提高供应链管理效率，打造企业核心竞争力。

（4）瓶颈项目（Bottleneck Items）。瓶颈项目一般多是卖方主导,相互依赖性一般。推荐的采购战略:注重使用标准化产品、随时监测订单,以及优化提高库存水平,尽量寻找替代品和潜在供应商。

对于瓶颈项目,可以采用以下降本方案:①开发新技术、新工艺、新材料替代。这种方法适用于以下情形:在产品开发阶段寻求机会设计尽可能低的材料成本、在产品成熟期或市场竞争激烈时需要提升成本竞争力、顺应绿色采购趋势寻求环保材料以及积极应用新技术。②价值工程或价值分析。这种方法适用于新产品,针对产品或服务的功能加以研究,以最低的生命周期成本,通过剔除、简化、变更、替代等方法,来达到降低成本的目的。③采购窗口期。根据实际情况,利用采购窗口期进行即期购买、超前购买、波动购买或期货保值,对于此类物料可以在价格较低时候,提前购买并做好库存管理,可以有效降低采购成本。

3. 供应链采购策略对成本的影响

美国密执安州立大学一项研究结果发现,只有对工艺更深入地了解并且让供应商参与得越深入,降本的空间才会更大;只有多部门协力合作、统筹全局,成本优化的空间才越大。不同采购策略对成本的影响如表3-5所示。总而言之,降本增效是一个系统工程,也是一场持久战。

表3-5　不同采购策略降本对比分析

序号	采购策略	降本比例(%)
1	改进采购过程及价格谈判	11
2	供应商改进质量	14
3	利用供应商开展及时生产(JIT)	20
4	利用供应商的技术和工艺	40
5	供应商参与产品和开发	42

（三）采购管理系统

1. 采购管理系统的整体架构

采购管理系统与生产制造系统、资产系统、预算系统、财务系统、采购云、RPA等系统实现信息集成,实现从需求到采购执行付款的全流程管理。

采购管理系统是通过采购计划、采购需求申请、采购订货、进料检验、仓库收料、采购退货、采购发票处理、供应商管理、价格及供货信息管理、订单管理,以及质量检验管理等功能综合运用的管理系统,对采购物流和资金流的全部过程进行有效的双向控制和跟踪,实现完善的企业物资供应信息管理。

2. 采购至付款业务模式

企业集团不同采购模式下的共享建设难点在于梳理清楚关键管控要素和管控环节,并将其内置在相关系统中,但具体情况应结合行业特征、企业的管理现状和管理目标以及信息化建设等多方面的情况进行具体分析。

智能财务共享中心通常以核算处理为主的标准化、交易型业务,基于核算业务关注的三大要点"票、账、款"为关键线索,以财务管控点为基准,结合不同的采购策略和流程对经营性采购的常见模式归纳如表3-6所示。

表3-6　采购模式分析对比

采购模式	寻源策略	采购流程	适用范围
普通采购	逐单询价:在每次发生采购行为时进行询价	请购—采购—到货—入库:各部门提交请购,采购部依据请购单生成订单采购订单,供应商送货,采购部到货送检	杠杆项目,例如汽油、柴油、电器材料、轴承螺栓、篷布、橡胶制品、油脂化工、建筑五金等
大宗原辅材料采购	动态询价:如果存在有效的价格,则依照有效价格进行采购,如果没有,则发起询价	合同—采购:依据与供应商签订的采购合同进行采购,合同中主要约定价格、数量,金额等。供应商根据企业发出的采购订单安排发货	战略性项目,例如原煤、熟料(只针对粉磨站)、石膏、粉煤灰、其他混合材、水泥助磨剂、水泥包装等
备品备件(MRO)类物料采购	定期询价:不论是否发生采购行为,都要按固定的间隔期间进行询价,获取最新市价资料,适合于价格相对较稳定的物料	采购—入库:相较标准采购模式,简化了供应商到货环节。直接由采购订单驱动后续的采购入库,后续发票与入库单结算	非关键性项目,例如低值易耗品、备品备件、劳动保护用品、办公用品等

采购模式	寻源策略	采购流程	适用范围
生产计划采购	逐单询价:在每次发生采购行为时进行询价	采购计划—(请购)—采购:生产或采购部门先编制采购计划,然后根据采购计划控制请购量或采购量	战略性项目、杠杆性项目,例如直接物料

(四)数字化采购平台

近年来,越来越多的企业开始建设采购共享服务平台,利用共享服务的管理理念,借助数字化、智能化等技术,逐步帮助采购人员从繁杂的操作性工作中解放出来,更多从事战略采购管理工作,实现采购部门整体价值提升和企业采购的平稳转型。

企业采购由传统的采购模式,快速地向互联网化采购模式转型,采购云服务平台应运而生,基于互联网 SaaS+生态服务构建社会化商业的采购网络,连接全球供应商、电商。

采购云平台提供供应商管理、采购寻源、寻源招投标、采购协同、电子超市五项核心服务,涵盖从寻源到合同至付款全过程采购流程交易的闭环服务。采购云平台打通了交易系统与 ERP 内部采购流程,连接了十几家 2B 电商交易平台,通过互联网微服务架构,及大数据(供应商推荐引擎)、机器学习(物料与商品智能匹配)技术的使用,让采购决策与执行更简单,从交易过程到采购执行管理全流程数字化、在线化,帮助企业采购更高效、更透明,获得更低的采购成本和更高的采购质量。

二、销售至收款业务

(一)销售至收款业务目标与需求

销售业务是企业经营管理的重中之重,在智能财务共享视角下,其优化的基本需求如下:

(1)建立统一、规范的应收科目、入账规则和业务审批流程,业务审核实现标准化、流程化、专业化、自动化,提高财务业务处理效率和处理质量,降低财务人工成本。

（2）打造端到端流程,业务财务深度融合。推动销售到收款业务的线下到线上、分散到集约的管理转型,加强销售到收款的业务环节控制,通过客户评估(事前)、价格管理(过程)、成本分析(事后)达到销售利润最大化的目的。

（3）全面、准确、细致地采集业务前端信息,达到"一点录入,全程使用"的效果,并保证销售业务信息在整个审批流转过程中的完整性和可追溯性,更好地支撑数据统计分析,为管理决策提供支持服务。

（4）建设财务影像管理系统,实现网络审批和移动审批的深入应用,提高审批效率,并为其他领域影像应用提供基础。实现电子凭证的整理归档及后期应用,满足企业内外部监管要求。

（5）规范业务流程,加强业务流程监控,提高工作效率,降低业务风险。

企业要建设销售物流一体化管控平台和财务共享服务的数字化平台,打通销售到收款业务链,实现销售业务流到数据流的数字化管控,真正实现管理客户信息、信用控制、客户合同、订单处理、物流运输、发货开票与收入确认、处理收款、管理收款、财务对账等的全流程闭环管理。构建规范的销售管理体系、实现业务财务的一体化流程管控与合规高效的目标,创造企业财务新价值,具体销售业务目标如下:

（1）将物流平台、财务供应链与计量系统、财务共享服务中心等平台进行有效集成,避免出现信息孤岛,实现销售的外部商务协同与内部销售管理的无缝集成。

（2）完善的客户信用、销售价格、销售返利管理;建立信用管控模型、信用额度、信用账期、价格管理体系、返利政策模型等,对业务全流程进行销售价格、销售信用、销售返利等管控点进行实时控制,实现有效的销售风险规避。

（3）销售到收款的端到端流程优化。对业务流程进行分析、评估、优化,通过对应收款项全方位的管理,实现应收业务与销售业务的紧密连接,以实现大幅度降低运作成本、提升销售业务效率,提高财务对资金流入流出的核算与管理,加强销售业务管控与风险防范。

(4)明确财务共享服务中心与集团、各分公司、子公司的职责范围,将企业与客户、部门和业务员所形成的应收款、收款业务,以及各种往来款项业务(转移并账、坏账、核销等)进行共享服务管理。基于端到端的业务流程范围,制定服务策略、标准、政策与工作流程,满足各分公司、子公司服务需求。

(二)销售管理系统

销售管理是管理直接实现销售收入的过程,是指通过客户资金信用控制管理、客户管理、销售计划管理、价格管理、需求计划管理、发运管理、结算管理、质量异议管理、销售预测和预算管理、业务员绩效考核管理、产品库存管理、副产品销售管理、关联交易业务管理等系统功能,对销售全过程进行有效控制和跟踪的综合管理。销售管理是企业整体供应链管理中的重要组成部分,供应链整体功能架构如图3-16所示。

图3-16 供应链整体功能架构

销售管理可以帮助企业销售人员完成销售管理事务;可以通过内部信息共享,使企业领导和相关部门及时掌握销售订单情况,准确地作出生产计划及其他计划安排,可以及时了解销售过程中每个环节的准确情况和数据信息。同时,通过减少订单准备时间,降低出错率等方式来提高企业的服务水平。该系统与库存管理系统、应收管理、生产、成本等子系统结合应用,能提供企业全面的销售业务信息管理。

（三）销售至收款业务场景

1. 销售至收款业务流程及职责分工

根据端到端的流程设计要求,智能财务共享服务模式下,产品销售至收款业务流程及各职能部门职责分工如表 3-7 所示。

表 3-7　产品销售至收款流程（OTC）各部门职责分工

序号	业务流程	业务部门	业务财务	智能财务共享服务中心
1	制定销售政策与制度	√		
2	签订销售合同 录入销售订单	√		
3	业务审批	√		
4	本地初审合同 录入发票、提交应收单生成凭证		√	
5	审核凭证			√
6	录入收款单生成凭证			√
7	确认收款结算			√
8	审核凭证			√
9	报表			√
10	分析		√	

基于以上职责分工,企业各业务部门具体职责汇总如表 3-8 所示。

表 3-8　产品销售至收款流程各部门职责

业务部门	业务财务	智能财务共享服务中心
制定销售政策与制度,跟进应收账龄	推送挂账申请表（附相应附件）	应收、预收款挂账
业务认领	定期的客户对账单	应收清账
催款单	坏账计提申请	月底应收关账
开票申请	属地开票业务	每月生成管理报表,如应收账款账龄分析表等

业务部门	业务财务	智能财务共享服务中心
建立信用管理流程和信用政策	发票管理	提供咨询服务
定期审查客户供应商信用	开票及发票传递	—

2. 销售至收款数据采集及分析报告

企业产品销售及收款数据采集与相关分析报告主要有以下内容：

（1）单据执行查询。支持销售报价单、销售订单、发货单、销售出库单、销售发票、应收单、退换货订单的执行情况查询。

（2）综合日报。按照业务发生日期，统计一定期间内的销售业务数据，包括销售订单、发货单、销售出库单、销售发票、应收单的数量和金额。

（3）销售订单毛利分析。根据销售订单的收入成本结算情况进行毛利分析，支持按照销售组织、部门、业务员、客户、物料等维度进行汇总分析。

（4）销售出库毛利分析。根据销售出库情况进行收入成本的毛利分析，对于未作收入、成本结算的出库单，按照预估的销售收入和成本进行毛利分析。

（5）综合毛利分析。统计一定期间内实际发生的销售收入和销售成本，计算毛利。分析最有价值客户、部门、业务员、物料等，以便制定相应的销售政策。综合毛利分析可以统计外部销售，也可以统计内部销售（内部交易）。

（6）销售订单执行汇总表。对一定期间范围内，销售业务的执行情况进行统计，包括订单数量、出库数量、途损、开票、收入结算、成本结算数量的统计。

（7）销售出库执行汇总表。对一定期间范围内，销售出库的执行情况进行统计，包括出库数量、出库金额、途损退回数量、开票数量、收入结算、成本结算数量等内容。

（8）销售发票执行汇总表。对一定期间范围内的销售开票执行情况进行统计,包括开票数量、开票金额,以及销售收入结算、销售成本结算等内容。

三、财资管理业务

(一) 资金管理业务目标与需求

资金是企业的血液,"现金为王"是资金管理永恒的主题。企业资金管理的总体目标是既要及时满足企业业务或项目对资金的需求,又要合理统筹调配资金确保资金保值增值。这就需要实施资金集中管理,合理配置资金资源,提高资金使用效益,调剂资金余缺,发挥协同增效作用。资金管理包括为企业提供流动性与现金管理、营运资金管理、投融资管理、风险管理、金融机构关系管理以及决策支持等全方位管理,在实际工作中的具体管理模式有以下几种情况:

(1)部分实现资金集中管理。集团总部对内部分公司、子公司集中进行资金收入的归集与支出的审批,建立企业资金集中管理平台。

(2)成立集团资金结算中心。该中心对辖属子公司和分支机构无须直接管理,但是账户情况和资金占用状况要求可监控。

(3)建立资金集中监控系统。采用先进技术手段,通过对集团内部的资金集中管理,做到上级机构对下级机构的资金运行数据的即时查询、及时审计,使资金的运转得到有效监管与控制。为企业搭建起一个跨银行的资金集中监控平台,集中反映整个集团的资金动态情况,掌控资金管理的主动权。

(4)集团综合授信管理。银行授信额度统一管理以及使用情况的汇总监督。

(5)内部交易系统实行内部转账。实现跨集团的内部清算,减少了头寸资金占用,提高了资金使用效率,加快了资金的周转速度,降低了支付成本。

(6)资金情况分析。分析资金流量和存量,分析内外部结算结构,为集中调度资金提供可靠依据。

(7)资金的日常管理。包括信贷管理、票据管理、银行对账、外部筹资等。

（二）司库的概念和运行模式

1. 司库的含义

司库管理模式是当前最盛行的资金管理模式。司库（Treasury）是企业集团发展到一定阶段的产物，在实践中它是一个与会计部门并行的资金管理部门，用以满足现代企业集团统一配置金融资源、集中进行风险管理、提高资金利用效率、为战略管理提供决策信息等一系列需求。司库的本质是通过建立资金池，进行垂直化统一管理，并借助银行高效的直连系统来运行，其内容涉及运营资金、结算、理财、风险管理和决策支持5个方面。通过司库体系建设实现建系统、管资金与控风险，业务与财务，制度体系、管理机制与信息系统的统一。

2. 司库的运行模式

司库的运行模式可以从现金、资金、财务、金融等不同视角进行归纳和梳理，形成了现金池、结算中心、支付/归集工厂、内部银行、财务公司等各有侧重的运管模式。其中，最常见的运行模式是现金池管理模式。

现金池（Cash Pool）也称现金总库，现金池管理是一个针对企业集团及其成员企业的全部现金进行集中统一管理的系统，是一个借助现有银行系统搭建的一个集团内部集中管理、调度资金的平台，旨在防范现金使用风险、提高现金使用效率。它要求现金账户零余额集合，即将若干分、子公司的现金以现金集中或现金清零的形式管理，分公司、子公司通过零余额子账户来完成业务分离。换句话说，它通过现金在企业集团内部各单位间的自动调拨，将多个现金账户余额进行抵消并计算净余额的利息，以实现现金的集中管理和控制。其突出特征：一是将企业集团及其成员企业的全部现金作为管理对象；二是接受企业集团委托，对集团自身及其成员企业的现金进行集中、调配和监管；三是形成企业集团内部现金使用的协同效应。

当前在互联网、移动技术等科技的推动下，企业供应链、产业生态圈经营格局纷纷转型，传统的金字塔形司库职能模式也逐渐向价值流程型及产业生态赋能型的司库升级。在司库升级建设的过程中，一要坚持分权不分散，集中不集权；二要坚持内部资源共享，外部行为协同；三要坚持形成平等地位,模拟市场交易。

(三)财资管理系统

财资管理突破了传统的资金收付结算、资金计划管理和内部资源融通,将静态的资金管理与控制转变为动态的资本运营和金融资源嵌入,聚集内部成员企业的资金资源和上下游产业链资源,整合外部金融资源,将财资管理延伸到投融资运作、资金运营分析与预测、全球现金管理和风险管理等领域。财资管理整体应用架构如图 3-17 所示。

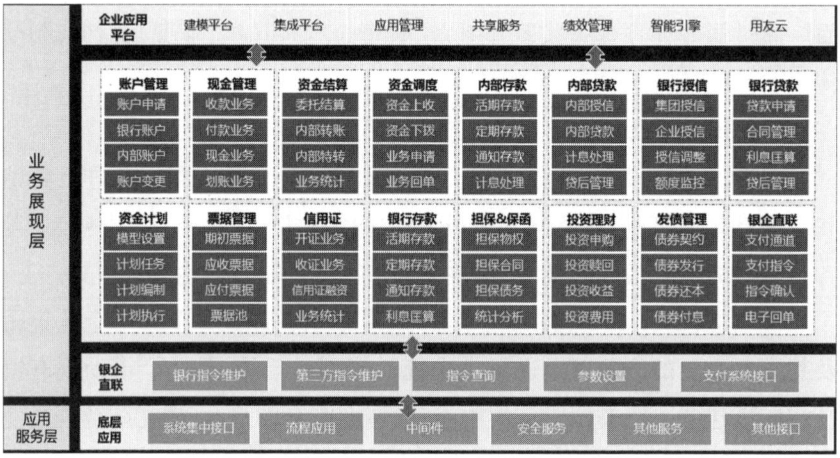

图 3-17 财资管理整体应用架构

财资管理遵循"业财税资票档一体化"的产品理念,融合报账、税务,以发票、报账、记账、税务和档案服务为核心,构建"业财税资票档一体化"系统平台,面向报销业务、往来结算业务、开票收票业务,提供费控、查验、票单匹配、付款、入账和归档等服务。通过业财、财资、财税、税票、会档的一体化应用,实现业财税资票档深度融合,提供企业端到端应用服务,助力企业走向智能财务新阶段。

四、总账与报表业务

(一)总账与报表业务的目标与需求

传统分散管理模式下,企业集团内部各公司独立核算,会计信息无法集中,导致集团信息获取速度慢,信息的及时性、准确性都较低。由于成员企业多、行业广,导致企业财务制度、会计科目设置、财务核算体系不统一,加大了企业集团财务管理的难度,仅依托财务报表难以正确地反映企业集团的真实财务状况,使企业集团的事前、事中、事后监督缺乏影响力,直接降低了企业集团对子公司的控制力。而通过总账与报表系统可以有效实现以下管理目标:

第一,构建与组织管理和考核要求相适应的财务核算体系。建立集团层面统一的财务集中核算管理平台,实现全球范围内的企业集团财务核算一套账,将以前的分散式管理变为集中管理,为建立统一的财务核算体系提供了技术支持。支持集团级和公司级业务参数、基础数据、业务流程、业务规则。

第二,内部交易的自动协同,解决内部交易对账难问题。协同凭证(Collaboration Voucher)是指企业集团发生内部交易、内部往来业务时,同一笔业务在不同核算主体记录的两张或多张凭证。可以通过动态会计平台自动生成内部交易、内部往来的协同凭证或由一方单位的会计凭证自动生成另一单位的协同凭证。通过协同凭证满足集团内部交易、往来的会计业务协同需求,为合并报表系统确定内部交易业务提供数据基础,保障内部交易核算的准确性。通过集团对账功能快速准确地完成集团内部对账工作,从根本上解决了内部交易对账难的问题。

第三,构建面向不同报告要求的会计核算账簿。支持企业集团的多组织模型,支持多语言、多账簿、多会计准则和集团并账,提供单主币和主辅币核算功能、汇率调整和多种汇兑损益计算功能。可以根据企业集团面向不同主体的财务报告要求设置多个账簿,每个账簿可以采用不同的语言、币种、会计期间、会计科目以及核算规则。可以通过动态会计平台实现满足不同账簿需要的会计凭证,也可以在主账簿中编制会计凭证,根据折算规则自动生成其他账簿所需的会计凭证,从而高效地帮助跨国公司和企业集团完成多准则要求下的核算及报告,实现内外部报告分离等管理要求。支持单个法人公司内部实施事业部制二级核算,单独出具报表,支持账簿合并查询,报表合并汇总等财务管理要求。

第四,实时反映和监督业务。通过业务流程配置,完成从业务部门到财务部门各工作环节的工作协同,实现跨公司、跨部门之间的业务协作。与业务系统协同实现财务业务一体化,通过动态会计平台生成不同账簿的会计凭证,减少人工干预,确保会计信息质量,提高会计工作效率,降低财务人员处理核算业务的成本。财务共享中心审核业务单据时即可预览对应的凭证分录,实现实时反映和监督业务,并支持实现从报告→账簿→凭证→业务单据→各原始凭证影像及文件的逆向追溯查询。

第五,建立企业集团完善的报表体系,满足不同组织以及使用者需要的各类报表。建立完善的报表流程管理,实现从报表制定、下发、审核、收集、上报等全过程的管理,能够实现各级报表的任务管理。支持多数据来源的报表数据提取,可支持 Excel 录入;支持 Word 报告的格式输出,能方便简单地实现报告设计;支持报表的多版本管理,可实现版本之间对比分析。

（二）总账系统

1. 总账系统的整体架构

总账作为财务会计的核心,除了满足企业日常基本财务核算工作中常用的凭证管理、往来核销、汇兑损益处理、自定义转账、期末处理、常用账簿查询等业务要求外,同时提供了现金流量分析及查询、账簿间财务折算等业务功能。总账系统使用时以财务核算账簿为主组织,因此可以按照不同账簿分别灵活设置业务流程,财务共享服务中心通过构建端对端流程,各业务系统单据通过会计平台生成会计凭证,财务共享服务中心进行凭证集中审核、记账、关账、结账及各种账表查询。

2. 会计平台配置

（1）会计平台的概念。会计平台是为应收应付、费用管理、供应链、资产管理等各业务系统提供一个与财务系统接口,其核心功能是将各业务系统中的单据转换生成相应组织相应财务账簿中的总账凭证和责任凭证;通过总账凭证拉式生成责任凭证、成本管理单据等;通过责任凭证拉式生成成本管理单据;通过成本管理单据推式生成总账凭证或责任凭证。

财务共享服务通过核算业务标准化,根据核算要求配置会计平台实现财务业务一体化。财务共享中心审核业务单据时可预览会计平台自动生成的凭证分录,从而实现财务与业务系统数据的无缝连接,极大地降低了财务人员处理核算业务的成本工作量,避免业务数据与财务数据的人为误差,保证业务数据与财务数据的一致性。

（2）会计平台的整体架构。会计平台架构分为平台配置和通用平台,其架构图如图3-18所示。其中,第一层是平台配置层,主要为系统管理员提供配置平台通用规则或基础数据信息的功能,如设置影响因素定义、模板单据属性以及在通用平台设置中需要用到的单据项目信息等;第二层是通用平台层,主要是给各业务系统提供功能配置,就能获得业务员需要的由业务单据转换生成的各种凭证或单据信息。

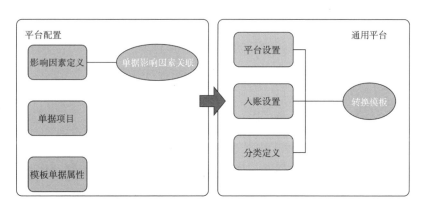

图3-18 会计平台架构

（三）日常业务和月末处理

1. 日常处理

企业日常经济业务发生后,由业务系统单据经由会计平台直接生成总账凭证进行财务核算。会计凭证支持手工方式录入,支持外部系统通过专用接口生成会计凭证。总账系统凭证管理主要涉及制单、审核、记账、签字等操作。同时支持调整期凭证录入与管理、协同凭证自动生成、凭证即时折算、现金流量分析、联查预算、制单联查序时账的功能。凭证日常处理流程如图3-19所示。

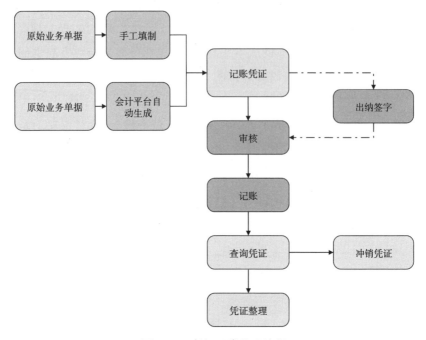

图 3-19　凭证日常处理流程

2. 月末处理

根据我国现行会计制度的规定,企业进行外币业务交易时,由于不同外币兑换、汇率变动折合为记账本位币而形成的收益或损失,在会计期间(月份、季度或年度)终了时必须准确反映。汇兑损益定义支持两种方式:一种为汇兑损益自动下月冲回,另一种为不冲回。系统支持用户自定义需进行汇兑损益计算的科目及币种和汇兑损益计入的科目。

月末系统根据汇兑损益定义规则,计算汇兑损益生成汇兑损益凭证。支持集团内多主币的汇兑损益结转,结转时在调整汇率录入框中维护组织本币、集团本币、全局本币的相应汇率,三者根据调整汇率计算生成差值,并生成汇兑损益凭证;支持一个财务核算账簿内选择多个汇兑损益定义进行批量结转。也可支持同时选择多个财务核算账簿的多个汇兑损益定义进行批量结转。

（四）多账簿管理

系统支持企业因不同报告要求，建立多个核算账簿，以满足企业跨国经营的业务需要。多账簿起源于集团企业中的财务组织需要对财务账簿按多规则进行反映和统计，核心在于账簿分离，如图 3-20 所示。根据组织机构和财务考核要求的不同，多账簿应用通常可分为跨国集团（境外分支机构、境外上市）应用、跨行业集团、管理报告和对外报告分离、多责任中心、外币分账制等模式。

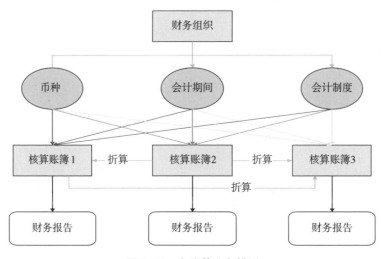

图 3-20 多账簿业务模型

（五）集团报表系统

集团报表系统是一个基于多维数据模型、轻量化应用的报表系统，主要为企业集团的各级组织提供各类管理报表的制定、下发、收集、审核、上报等相关业务工作，可提供报表编制、数据采集和报表过程管理的全方位管理服务。例如，财务报表、财务内部管理报表、业务管理信息表、人力资源统计表等。集团报表通过 UFO 业务函数、Ufind 公式、Prefind、getdata 从 NC Cloud 的总账系统和业务系统进行数据采集，也可以通过手工录入或集成第三方系统进行数据采集。集团报表应用流程如图 3-21所示。

智能会计——理论、方法与应用

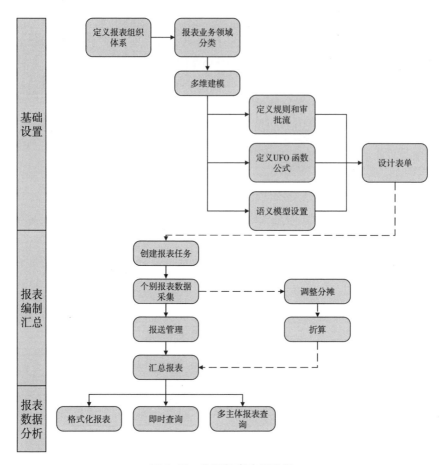

图 3-21　集团报表应用流程

184

第四章　智能财务决策

第一节　智能财务预测与决策概述

一、智能财务预测与决策的内涵

（一）智能财务预测

在企业管理中预测和决策是紧密相关的。传统上，财务预测是指根据财务活动的历史资料，考虑现实的要求和条件，对未来的财务活动及其财务成果作出科学的预计和测算。也就是说，企业根据预测期生产经营规划、各项业务收支计划及其他有关资料，在适当考虑预测期可能出现的影响企业增利或减利因素和利率、税率、汇率及有关法律法规连续稳定等条件下，对企业未来可实现利润的预期估计。财务预测的目的是测算企业投资、筹资等各项方案的经济效益，为财务决策提供依据，预计财务收支或者现金流量的发展变化情况，为编制财务计划和进行管理决策服务。财务预测按预测对象可分为投资预测和筹资预测，按预测时期可分为长期预测和短期预测，按预测值多寡可分为单项预测和多项预测。[①] 财务预测的方法主要有定性预测和定量预测，前者是由预测者利用以往的经验，凭借直觉作出的预感和猜测，其结果的准确与否取决于预测者的知识

---

① 　中国注册会计师协会：《财务成本管理》，中国财政经济出版社 2017 年版，第 2— 49 页。

和经验,因而带有较大的主观性,如德尔菲法、主观概率法、领先指标法、互相影响分析法等,后者是指运用数学或统计方法建立模型,利用模型对以往的数据进行分析,从而得出结论,如时间序列预测法、回归预测法、马尔柯夫预测法等。在实践中一般采用定性与定量相结合的方法,如动因预测法等。

进入智能时代,基于大数据,利用人工智能等新技术,进行智能财务预测,是一种必然的趋势。所谓智能财务预测是指利用当代先进的大数据分析和可视化技术、大数据挖掘和人工智能等技术,利用机器学习和深度学习相关理论和模型,依据各种财务活动及其他经济活动的历史数据和资料,对企业未来的财务活动及其财务成果作出科学预计和测算的过程,算法化、平台化、数字化和智能化是其突出特征。智能财务预测不仅是传统财务预测方法的模型化和平台化应用,而且更主要的是作为非线性智能预测方法的人工神经网络模型的应用。它是一个人与计算机以交互方式进行预测工作的人机合作系统。繁重的演算、计算以及可形式化加以解决的事务由计算机加以定量解决,人则利用人脑的高度开放性和知识处理等功能,在关键处给出定性的价值判定和处理。

(二)智能财务决策

"管理就是制定决策。"[1]财务管理就是制定企业的财务决策,企业的一切财务活动都是为解决企业生产经营中的财务及其他经济问题而进行的决策活动。财务决策就是针对所要解决的问题,寻找能够解决问题的若干可行方案,并对其进行全面的分析和评价,按照既定的决策标准对各个可行方案进行排序,选出一个最优的可行方案的过程。

在 DT 时代,企业财务决策也从以经验为主的人工决策和以模型为主的模型决策,向以大数据驱动的智能财务决策快速发展。[2] 根据现有

---

[1]　[美]赫伯特·A.西蒙:《管理决策新科学》,李柱流译,中国社会科学出版社 1982年版,第 8—125 页。

[2]　Maroufkhani P., Tseng M. L., Iranmanesh M., et al., "Big Data Analytics Adoption: Determinants and Performances among Small to Mediumsized Enterprises", *International Journal of Information Management*, Vol.54, 2020, pp. 102−190.

文献,智能财务决策可以从以下几个方面来描述:

第一,智能财务决策是一种人机对话系统,它以现代化信息技术为手段,以管理会计提供的模型为基本方法,协助决策者对企业管理中带有不确定因素的半结构化问题进行分析决策,为管理者作出正确的决策提供帮助。①

第二,智能财务决策是以现代管理科学和信息或数字技术为基础,以计算机为工具,运用数量经济学、模糊数学、控制论和模型技术,对财务管理中半结构化或非结构化问题进行决策活动的人机交互系统。②

第三,智能财务决策是以现代计算机科学为基础,综合运用现代会计学、系统科学、决策科学、人工智能技术等组合而成的一套先进技术和方法,它通过广泛利用会计信息、其他信息和各种模型来解决半结构化和非结构化的会计问题,对提高会计工作效率,及时、准确地为决策者提供所需要的预测、决策信息起着重要的作用。③

以上三个描述各有侧重,第一个强调智能财务决策是为财务管理中的半结构化和非结构化的决策提供帮助,后两个在明确其目标的情况下,更清晰地指出了智能财务决策的理论和技术基础。综合以上分析,我们认为,智能财务决策是决策支持系统在财务领域的应用,它是在会计信息系统的基础上建立起来的、能够利用会计数据及数学模型和财务管理知识,辅助决策者解决财务管理中的结构化或半结构化问题的人机交互系统。

二、智能财务预测与决策的演进逻辑

智能财务预测是智能财务决策的基础,智能财务预测的结果为智能财务决策提供决策支持,二者相互联系、相互依存。智能财务预测与决策是预测与决策系统的一个重要的应用领域,是在企业会计信息系统的基础上发展起来的。会计信息系统作为企业管理信息系统的一个子系统,

---

① 董琼慧:《我国开发财务决策支持系统的环境分析》,《中国会计电算化》2000年第5期。

② 李良才、陈冀豫:《财务决策支持系统研究》,《会计研究》1996年第4期。

③ 刘华:《关于财务决策支持系统的研究》,《财务信息化》2004年第12期。

它的变化与企业管理信息系统的变化有着密切的关系。因此,我们将通过追溯企业管理信息系统的发展过程来分析智能财务预测与决策系统的演化。

智能财务预测与决策的发展经历了会计信息系统、独立的财务管理信息系统、集成的财务管理信息系统、财务预测和决策支持系统以及智能财务预测与决策系统五个阶段。

(一) 会计信息系统

1954 年,美国通用电气公司第一次在计算机上计算职工的工资,由此引发了会计处理工具的变革。20 世纪 60 年代以后,随着计算机硬件、软件技术和性能的不断提高以及价格的不断降低,尤其是微型计算机的产生和发展,使计算机在会计领域的应用开始普及。此时的企业管理信息系统尚处于物料需求计划(MRP)阶段,实现依据客户订单、按照产品结构清单展开并计算物料需求计划,实现减少库存、优化库存的管理目标。它主要用于采购和库存管理,并未与会计信息系统进行融合。因此,此时的会计信息系统独立于企业其他信息系统之外,目的是完成企业传统会计核算工作,其功能仅限于会计核算[1]。在该阶段,系统只强调由计算机代替手工核算,减轻会计人员的劳动强度,提高工作效率,管理会计中相关业务尚未涉及。

(二) 独立的财务管理信息系统

20 世纪 70 年代以后,MRP 在已有基础上进一步集成了粗能力计划、能力需求计划、生产和采购管理,形成一个反馈系统,构成了闭环的MRP。此时的会计信息系统在原有会计电算化系统的基础上将其功能进行了扩展,开发出了独立的财务软件,它具备了一些管理会计的功能,但仍然没有与 MRP 进行融合[2]。该阶段不仅实现了自动记账、自动编制报表等核算功能,还初步实现了会计核算、分析、控制一体化,基本做到了会计数据与非会计数据并重,但对管理者决策需求方面的考虑较少。

---

① 艾文国:《会计电算化》,高等教育出版社 2003 年版,第 13—20 页。

② 陈启坤:《ERP——从内部集成起步》,电子工业出版社 2005 年版,第 33—54 页。

（三）集成的财务管理信息系统

20 世纪 80 年代以后,在闭环 MRP 的基础上又集成了财务、供应链管理和制造,构成了完整的企业信息流程 MRPII。MRPII 不但解决了闭环 MRP 的财务和业务脱节问题,还将管理会计的理念融入系统,实现物流与资金流的动态集成——"财务与业务一体化"。90 年代初,企业管理信息系统发展到了 ERP 阶段。在 ERP 系统中,财务子系统成为企业管理信息系统的核心组成部分,它能够帮助企业对各类财务数据进行处理和分析,管理和监控财务活动。

（四）财务预测和决策支持系统

随着计算机技术的不断发展,企业管理者的注意力不再局限于会计信息系统能把数据计算正确、得到精确及时的财务报表,他们还希望系统能对企业的未来作出预判,给企业管理者提供决策支持[①]。财务预测与决策系统不仅致力于提供预测与决策所需要的相关信息,而且通过各种预测和决策模型的构造和不断完善,能有效改进企业财务预测和决策手段,减少决策者的随意性,将定性和定量分析有机结合,提高预测和决策质量,增强预测和决策效果。

传统的财务预测和决策系统为三库结构,其逻辑结构如图 4-1 所示。其中方法库中储存一些常用的标准方法,数据库和模型库分别用于储存数据和模型。另有一种四库结构在三库的基础上增加了文本库,用于储存文献、法规条文等文本资料信息。

（五）智能财务预测与决策系统

传统财务预测和决策系统只能解决结构化和部分半结构化问题,然而实际工作中,并非所有影响企业决策的信息都可以量化并转化为结构化问题。当前,大型企业集团的经营活动面临着集约化、规模化和国际化所形成的挑战,而风险带来的不确定性更是增加了对提升企业科学财务预测、分析、控制与决策的能力的需求。

---

① 李守明、黄敏学、范明:《财务决策支持系统》,经济科学出版社 2001 年版,第 1—42 页。

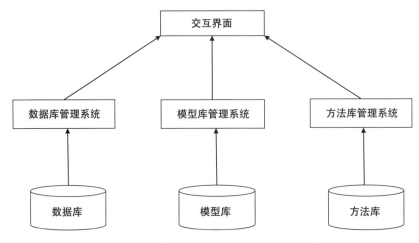

图 4-1　传统财务预测与决策系统逻辑结构

从技术角度看,智能财务预测和决策的关键技术包括数据仓库、数据挖掘、联机处理分析(OLAP)、数字化座舱和仪表盘,即从企业各种数据来源提取有用数据并进行清理,经过抽取、转换、装载后,合并到企业级的数据仓库里,以适当的查询、分析、数据挖掘、OLAP 等方法对数据进行处理与分析,从中发现有价值的信息,并以适当的、容易理解的方式予以展示。

智能财务预测和决策的关键技术中,首先,利用数据仓库技术,可以从已有的业务系统中采集数据,经过数据预处理后存储到数据仓库中,作为数据源。在建立数据仓库的过程中,不仅能够满足存储大量数据、自动抽取数据的需求,同时由于减少了人员手工录入,能够对原始数据进行必要的清洗转换,也起到了对数据进行安全控制的作用。其次,利用数据挖掘技术,结合数据仓库按不同主题建立业务和财务分析模型,对数据进行归纳推理,从数据中挖掘出未知的、潜在的、有价值的信息,作为财务分析数据,供决策人员使用。再次,利用 OLAP 技术,通过切片、上卷、下钻等多维分析方法,从多个维度对数据进行剖析,方便用户从多视角观察和分析数据,从而发现数据中蕴含的更多信息,能够更灵活地展示财务分析结果。最后,利用数字化座舱和仪表盘技术,以更易于理解的方式展示数据处理结果,有助于提高信息传递的及时性。

可以看出,智能财务预测与决策系统,能够处理更多非结构化问题,还能更及时、有效、灵活地对数据进行分析,并对分析结果进行展示。其基本结构如图4-2所示。

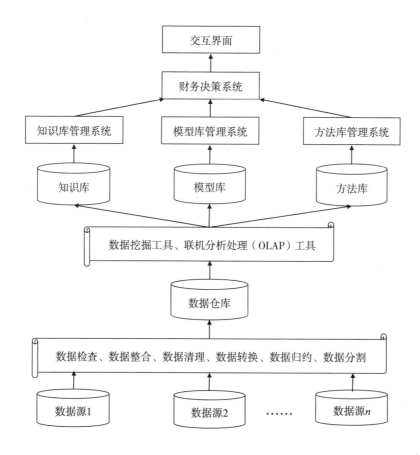

图4-2 智能财务预测与决策系统逻辑结构

三、智能财务预测与决策的重新定位

(一) 预测与决策的环境

1. 产业边界变得越来越不清晰

数智时代,企业生态系统和外部环境之间的边界日趋模糊,成为企业生态系统中各成员合作竞争与协同演化的主要方式之一。企业生态系统从外界获取有价值的数据和知识,是企业提高核心竞争力的重要途径,具体体现在以下几个方面。

一是产业融合越发明显。以前认为不相关的行业通过大数据技术有了内在的关联,行业之间潜在的价值关联有了新的表现形式。如传统的零售企业开始进军电子商务,物业管理公司通过对社区视频数据分析能够开展个性化的广告业务,从事电子商务的阿里巴巴已涉及金融、物流、云计算等行业。

二是企业生态系统变得更加开放。通过对财务数据的挖掘,找到企业在垂直领域的业务和应用,已经成为企业脱颖而出形成竞争优势的重要方式。如社交网络的发展,诞生了一批专注开发导购应用程序的企业,通过收集客户社交数据挖掘其内在的商品偏好和需求,为相关的电子商务企业提供商品导购服务。大数据也不再被企业生态系统中的大企业所独占,中小企业也可以从大数据中挖掘有价值的信息,为自身的业务提供支持。

就财务战略和管理而言,财务决策信息去边界化日趋明显,财务管理的制度设计已经把财务管理、成本控制、预算体系、业务经营、项目管理等融为一体,并且在大数据的环境下将所有管理内容数据化、模块化。从财务预测、决策与分析的信息类别来看,除了会计信息外,更多的是依赖行业发展信息、资本市场与货币市场信息、客户与供应商的信息、企业内部的战略规划、业务经营、成本质量、技术研发、人力资本和业务单位的各种信息。数智时代,企业获得预测和决策信息的成本更低、速度更快、针对性更强,企业内部尤其是大型集团企业内部的各级子公司和分公司、各个部门和业务单元因长期独立运作而形成的信息孤岛被打破,实现了财务与业务信息的一体化。因此,打破传统财务信息边界是传统财务管理变革的必然方向。

2. 企业所面临的环境越来越复杂化

数智时代企业预测与决策环境的变化主要体现在获取信息、制定决策方案等方面。企业在生产经营和发展过程中产生大量信息,为了将这些数据提供给企业作为其预测和决策的参考依据,需要以信息技术等为基础,对这些信息进行分析、研究,从而提高预测和决策的科学性、合理性。

数智时代企业传统数据的边界发生了变化,它改变了过去商业智能仅仅依靠企业内部业务数据的局面,其背后蕴含的商业价值不可低估。企业管理者会将新的数据类型引入到数据分析中,使预测和决策更加准确,那些没引入新的分析技术和新的数据类型的企业在未来是不可能成为行业领导者的。这从本质上要求企业能够从思维的角度彻底颠覆过去的观点,大数据在未来企业中的角色绝对不是一个支撑者,而是在企业财务决策中扮演着重要的角色。

(二) 预测与决策的数据

1. 实时数据

大数据挖掘可以对数据进行快速处理,并提供实时预测与决策数据。如窗口技术将流数据按照特定的需求分配到不同的窗口,进入窗口内的数据才会被处理,以减少分析处理的数据量;数据结构技术将数据流进行概括统计以数据结构代表原始数据,而不是保留数据流中的全部数据,从而减少处理的数据量。对如此巨大的数据流,企图存储或者扫描所有的数据是不实际的,只有采用动态的数据流挖掘分析技术才能有效解决数据的冲击,获得实时近似的结果。数据流挖掘技术能为竞争情报提供实时查询服务和处理,使企业的"触角"保持足够的敏捷性。

2. 动态数据

时间序列分析是指从大量不同时间重复测得的数据中发现前后数据相似或者有规律的模式、趋势和突变的方法,主要的技术是相似模式发现,包括相似模式聚类和相似模式搜索时间序列,采用的主要挖掘方法有小波变换法和经验模态分解法等。在大数据时代,各种数据源源不断产生,如交易数据、网站访问日志等,从中必然会呈现出时间上的规律性,企业希望从大量的历史数据中分析发现商业机会,甚至通过趋势分析,预先发现一些正在新涌现出来的机会。如企业可以通过数据时间序列分析,了解产品销售的旺季和淡季,以制定针对性的营销策略,减少生产和销售的波动性,从而获得利润和竞争优势。

3. 关联数据

关联数据发现技术是分析数据之间的联系,将孤立、离散的数据点结合产生数据链或者数据图,随后从多个数据源中查出匹配给定关联模式的实例,最后再对匹配的实例评估。目前已应用的主要方法有图论的稀有度监测法、图熵法和基于谓词的逻辑归纳推理法等。关联发现技术特别适合于对动态数据的分析来发现未知的模式,而大数据中隐含了大量未知、潜在的关系,新模式的发现有利于企业采取"蓝海"战略,抢占先机,从而获得竞争优势。

4. 社会网络数据

社会网络分析也叫链接挖掘,是通过网络中的关系分析探讨网络的结构及属性特征,其挖掘的重要任务是基于链接的节点排序、基于链接节点的分类、节点聚类、链接预测、子图发现等。在大数据时代,大量相关的数据聚合在一起,相互支撑解释和印证,形成了复杂的数据网络,而数据之间的关系具有非常重要的价值,如从人际关系的网络节点的中心度来分析竞争对手,从而制定相关的竞争策略等。

(三)预测与决策的能力

1. 获取数据的能力

数智时代的企业战略将从"业务驱动"转向"数据驱动",智能预测与决策是企业未来发展的方向。过去很多企业对自身经营发展的分析只停留在数据和信息的简单汇总层面,缺乏对客户、业务、营销、竞争等方面的深入分析。数智时代,如果企业希望通过大数据获取最大收益,不仅需要专业的 IT 支持,也需要管理创新。不仅是知识、技术逐渐成为企业竞争的核心,数据管理也成为企业日常管理工作的重要组成部分。企业不仅要具备获取、分析数据的能力,更需要具备处理数据的能力。数据量的迅速增加对存储空间、存储技术、能源消耗等带来挑战,企业应及时收集所有的信息,同时又要保证信息存储的充分性、全面性、准确性。这就导致数据存储的规模巨大,而现有的数据库由于其自身存储空间有限而无法满足高级别的数据分析需求。

2. 掌握数据的能力

有关统计显示,企业数据智能化程度提高10%,其产品和服务质量就能提高15%左右。企业应当深度分析挖掘大数据的价值,提高企业智能预测和决策的效率和准确率。企业过去主要关注数据的存储和传输,数据的利用量不到其获得数据的5%,且作为企业战略资源的数据还远远未被挖掘。因此,为推动企业决策机制从业务驱动向数据驱动转变,提高企业竞争力,企业必须更加注重数据的收集、整理、提取与分析。

数智时代,传统数据处理方法难以满足企业发展需求,大数据能够为企业提供更为方便、快捷的处理方法,但从这些海量的信息中筛选有价值的信息的过程是十分复杂的。同时,存储、计算、分析PB级以上规模的数据是需要非常高的成本的。大数据虽然看起来利用价值很高,但是价值密度却远远低于传统数据库中已经有的数据,加之现有的数据分析技术有限,难以有效攫取并获得优质信息。

3. 数据分析支撑体系的能力

数智时代,企业的数据量不仅巨大,而且数据结构种类繁多,不仅仅有结构化的数据,更多的是非结构化的数据,其中,非结构化数据所占比重较大且持续增加,而且数据之间的关系较为复杂。如何从这些数据中识别和检测错误、缺失的信息,传统的技术和方法已无法快速地完成对所有信息的检测,需要企业配备高端的数据存储设备,同时开发、设计或引进先进的大数据分析技术和方法,以实现数据的整合和分析,充分挖掘大数据潜在的价值。

（四）预测与决策的参与者

1. 预测与决策方式的转变

大数据改变了长期以来人们依靠经验和理论来决策的方式,直觉判断让位于精准的数据分析。大数据可以保证从问题出发而不用担心数据缺失或者数据获取困难,决策重心回到问题本身,而领导者的任务是发现和提出正确的问题。

传统预测、决策主要是依靠企业管理者丰富的经验与管理理念作出的,有一定风险,一旦外界因素发生变化,极易造成决策失败,给企业带来经济损失。数智时代,企业制定预测和决策的方式和方法发生了很大的改变,企业通过对数据进行准确的判断,作出科学的预测和决策。大数据的应用需要企业管理层的重视和支持,只有这样才能进一步推动大数据的发展。同时,在企业管理层的带动下,提高大数据的质量意识,建立完善的数据质量保证制度。

2. 预测与决策主体的改变

传统管理决策主要是由企业高层、商界精英等决定的,具有权威性和代表性。而在数智时代,不仅依靠管理经验,更要重视市场形势,也就是数据。例如,企业在发布一款新产品之前,需要先进行市场调研,获取相关数据,通过对这些数据的分析和研究,为营销决策提供更好的支持。在这一环境下,管理者的经验仅能起到辅助作用,社会公众将成为企业决策的重要主体。多元决策更加突出,决策者来源更广泛、关系更复杂,全员参与成为企业决策的重要特点。企业在复杂的网络环境中,通过记录或收集顾客在社会化、移动化的媒体与渠道的流量数据,分析、挖掘顾客从最初的产品感知、品牌参与、产品购买、购买后的口碑和社会互动等生命周期的行为数据,进行交叉融合,从而精准定位消费者的个体行为与偏好,为商业生态系统个性化的商业推广和营销提供牢固的信息支撑和坚强的数据后盾。

3. 预测与决策岗位的创新

面对大数据带来的不确定性,企业决策和运营模式正在发生颠覆性变革,传统的自上而下、依赖少数精英经验和判断的战略决策逐步退出历史舞台,一个自下而上、依托数据洞察的社会化决策模式日渐兴起。基于大数据的决策已经超出了运营管理的范畴,其核心是挖掘"最后一公里"的商业价值,推进企业与社会的对话,实现物质资本、人力资本和社会资本协同运营。一个新的职位——首席数据官(Chief Data Officer,CDO)横空出世,主要职责是帮助企业洞察数据背后的意义,并以此指导决策、削减成本和提高销售额。CDO 既提供包括网络流量和社交网络评论等半结构化、非结构化数据的分析服务,也提供监控出货量、供应商、客户以及传感器运行等业务数据。EMC 将这一职位称为"数据科学家",并倡导企业建立包括数据科学家、数据工程师、数据分析师、商业情报分析师以及事业部用户在内的数据科学家团队。

（五）预测与决策的组织架构

随着信息技术、互联网技术以及人工智能的发展，以"金字塔形"为代表的传统组织结构被企业管理网络化、权力分散化和体现人本管理的扁平化组织结构所替代。数智时代，普通员工也拥有了决策权，扁平化组织结构的趋势将更加明显，决策权分配应顺应这种变化。分析大数据环境对企业管理决策组织结构的新要求，基于数据的有效利用和知识的创造、吸收，研究新形势下的组织结构建设，是企业组织创新的重要内容。

大数据和智能化可以帮助管理人员作出更精细、更明智的管理决策。他们在管理过程中，必须抛弃原有的组织结构，打破组织自身的惰性，激发员工不断积极进取，通过变革创新提高组织的竞争能力，从而实现组织目标。只有充分认识到大数据和智能化对管理人员提出的挑战，选择适合组织发展的领导风格，才能轻松应对大数据管理面临的风险，进而抓住时代蕴含的机遇，使组织顺利转型并快速成长。

对员工的个性化关怀，不仅体现在与员工的交流沟通，还包括对员工个人隐私数据的适当使用和保护。对于数据专业人员一类的知识型员工，外在激励与内在激励同等重要，工作中具有挑战性的难题能激发他们的斗志，调动他们的工作积极性，激励他们主动寻求解决问题的方法。

第二节　智能财务预测

一、智能财务预测的对象和分类

（一）智能财务预测的对象

智能财务预测对象与传统财务预测对象相似，泛指筹资预测、投资预测、成本预测、收入预测、利润预测以及财务风险预测等，其中财务风险预测又包括财务困境预测、会计舞弊预测、坏账风险预测等。所不同的是，智能财务预测方法中增加了传统财务预测中没有涉及的大数据分析与可视化、大数据挖掘、数据仓库、机器学习与深度学习以及当代先进的人工智能技术,使预测的效率和预测精度有了大幅度提高。随着大数据和人工智能时代的到来,智能财务预测边界会逐步扩大,向企业战略预测和经营策略预测迈进。

（二）智能财务预测的分类

从预测的输出变量类型,可将智能财务预测分为回归预测和分类预测两种。

1. 回归预测

假定输入变量为 x,输出变量为 y,两者间的关系为: $y = f(x)$。如果 y 是个连续数值型变量,则对实际值 y 的预测就是回归预测,例如,对某产品销售利润的预测就是回归预测,如图 4-3 所示。

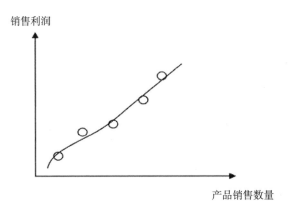

图 4-3　回归预测

前文关于智能财务预测对象的界定中,成本预测、收入预测、利润预测即属于回归预测。

2. 分类预测

在输入与输出变量关系 $y = f(x)$ 中,如果 y 是分类型变量,则对实际结果 y 的预测就是分类预测。如果 y 只有两个类别,则称为二分类预测。二分类预测中,被预测的对象有两种类型,可分别用"0""1"来表示；否则，如果 y 有两个以上的类别，则称为多分类预测。在智能财务预测中，绝大多数分类预测属于二分类预测。例如，预测企业是否会陷入财务困境，就是一个二分类预测。此时，可以用 $ST = 1(y = 1)$ 或 $ST = 0(y = 0)$ 来表示企业是否陷入财务困境。分类预测如图 4-4 所示。

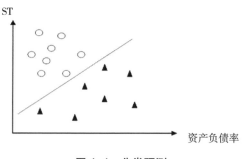

图 4-4　分类预测

前文关于智能财务预测对象的界定中，投资预测、融资预测、财务困境预测、会计舞弊预测、坏账风险预测等均属于分类预测。

3. 分类预测与回归预测的区别

从输出变量类型来看，分类预测的输出变量是离散型数据，回归预测的输出变量是连续型数据；从预测目的来看，分类是寻找最优决策面，回归是寻找最优拟合值；从预测误差评价方法来看，分类是以预测正确率、混淆矩阵来衡量，回归则以均方差、拟合优度来衡量，如表 4-1 所示。

表 4-1　分类预测与回归预测的区别

特性	分类预测	回归预测
输出变量类型	离散数据	连续数据
预测目的	寻找最优决策面	寻找最优拟合值
模型评价方法	预测精度、混淆矩阵等	预测均方差或拟合优度

二、智能财务预测的方法

(一) 传统财务预测方法

这里的传统财务预测方法指的是人工智能技术引入财务预测之前的各种定量预测方法,主要包括一元判别分析(Unary Discriminant Analysis,UDA)模型、多元判别分析(Multiple Discriminant Analysis,MDA)模型、线性概率分析(Linear Probability Analysis,LPA)模型以及累积求和(Cumulative Sum,CS)模型等。下面以财务困境预测为例,说明这些模型的原理。

1.一元判别分析模型(UDA)

UDA 模型就是运用一个财务指标来对企业财务困境进行预测的模型。该模型简单易学,缺点是它只注重一个指标的分析能力,如果企业的管理人员知道这个指标,就有可能在编制财务报表时尽可能地去粉饰这个指标,以表现出良好的财务状况;另外,如果对同一公司分别采用不同指标进行预测时,可能会造成相互冲突、矛盾的结论。总之,UDA 模型的缺陷在于无法充分、全面地反映企业的总体财务特征。

2.多元判别分析模型(MDA)

MDA 模型就是选取若干个能综合反映企业财务状况的财务指标来建立判别函数,它的一般形式为 $Z = a_0 + \sum_{i=1}^{n} a_i x_i$,式中,a_i 为模型的系数,x_i 为第 i 个财务指标。Z 值越大,企业财务状况越好,越不容易陷入财务困境。判别规则为 $Z < Z_1$,被预测企业为困境企业;$Z > Z_2$,被预测企业为正常企业;$Z_1 \leqslant Z \leqslant Z_2$,模型处于灰色区域,被预测企业发生困境与否需要依据经验判断。Z_1 和 Z_2 是判定企业财务状况的下限和上限,一般依据多组研究样本数据经统计分析后获得。MDA 模型的应用也存在局限性,比如要求研究样本的财务指标呈近似正态分布、两组协方差矩阵相等,这在现实中较难满足。当研究样本不满足这两个假设条件时,应用 MDA 模型得到预测结果的可靠性难以保证。

3.线性概率分析模型(LPA)

LPA 模型主要有逻辑分布的累积分布函数(Logit 模型)和标准

正态的累积分布函数(Probit 模型)两种,Logit 模型的一般形式为:

$$p = \frac{1}{1 + \exp\left[-\left(\beta_0 + \sum_{i=1}^{k} \beta_i x_i\right)\right]}$$

,式中, β_0 为常数项, x_i 为预测指标, β_i

为系数。回归模型系数 β_i 的数值解难以求出,一般采用最大似然估计法对它的数值解进行估计。由于人工求解回归模型系数估计值 β_i 的计算工作非常复杂,故通常采用统计软件求解。实际应用中,一般先计算出 p 的值,如果 $p \geqslant 0.5$,被预测为一类,否则,如果 $p < 0.5$,被预测为另一类,从而实现二分类预测。

Probit 模型和 Logit 模型非常类似,同样要计算概率值 p。但它首先要假设变量服从多元正态分布,概率函数的 p 分位数可以由财务指标线性表示。通过极大似然估计而不是线性回归来得到参数值,最后计算出发生财务困境的可能性,和 Logit 模型一样,Probit 模型也是以 0.5 作为最佳分割点。

(二) 智能财务预测方法

人工智能技术借助专家系统(Expert System,ES),从已有的知识中学习、推导,最终达到或接近人类智能的水平。人工智能技术可以根据输入的动态数据,不断学习、修正、调整学习参数,保证最后判别结果的有效性。随着计算机网络和信息技术的不断发展,为了准确地进行智能财务预测,必须动态、及时地获取与企业生产经营状况有关的各种最新数据,对预测模型进行不断地调整、修正,从而保证预测结果更加准确、可靠。智能财务预测模型主要包括案例推理(Case Based Reasoning,CBR)、遗传算法(Genetic Algorithm,GA)、人工神经网络(Artificial Neural Network,ANN)、粗糙集(Rough Set,RS)、决策树(Decision Tree,DT)和支持向量机(Support Vector Machine,SVM)等。

1. 案例推理模型(CBR)

CBR 最早由耶鲁大学的尚克(Schank)教授与其合作者提出,是人工智能领域中较新崛起的一种重要的基于知识的问题求解和学习方法,它通过寻找与之相似的历史案例,利用已有经验或结果中的特定知识即具体案例来解决新问题,它将定量分析与定性分析相结合,具有动态知识库和增量学习的特点。CBR 模型的优点是易于理解,并且随着 CBR 技术的进一步发展,它在智能财务预测领域的应用也越来越普及;缺点是事先需要建立大量的案例库,工作量较大,否则会影响该模型的应用效果。

2. 遗传算法模型(GA)

GA 是由霍兰德(Holland)教授在 20 世纪 70 年代提出的一种全局优化自适应概率搜索算法。它使用群体搜索技术,通过对当前群体施加选择、交叉、变异等一系列遗传操作来产生出下一代群体,从而使群体逐步进化到包含或接近最优解的状态。它模仿自然界生物遗传进化规律在大量复杂概念空间内的随机搜索技术,尤其适合目标函数的多参数优化问题。缺点是结构不固定、通用性较差,已有研究结果表明,GA 直接用于构建智能财务预测模型或提取判别规则的效果并不理想,但是在优化其他人工智能模型的参数进而提高预测准确率方面有一定的优势。

3. 人工神经网络模型(ANN)

ANN 是一种模拟生物神经网络行为特征进行信息处理的算法模型。具体而言,它是通过模拟生物神经网络的一种智能系统,即利用生物神经元的电生理特性及神经元间的突触连接关系对生物神经网络系统的功能进行模拟,本质上是对生物神经系统的一种映射。

人脑是一个最复杂、最高效的信息处理系统。长期以来,人们一直在研究人脑的工作机制,生物学家、神经学家通过研究发现,人类智能依赖大脑的运作,而大脑的运作离不开大脑的物质基础,包括它的实体结构以及其中所产生的各种生物、化学、电学等作用。学者逐渐构建了神经元理论和神经系统结构理论,其中神经元理论更是为神经传导理论和大脑功能学说奠定了基础。为此,科学家开始思考如何模仿人脑神经系统的结构和功能,来设计人工智能系统。

目前,应用最为广泛的是前向三层 BP 神经网络(BP-ANN),它由输入层、隐藏层、输出层三层神经元组成。输入层用以接收网络的输入变量,与隐藏层的各神经元相互连接,中间层从输入层或其他隐藏层接收输入,并为输出层提供输入。当 ANN 模型接收到一组输入信息时就会产生输出,然后与预期结果比较。如果错误率超过可以接受的范围,就需要对权重做出修改或者增加隐藏层数量并开始新的学习过程。这样,经过反复循环,直到错误率降低到最大许可预测错误率之下。自20世纪80年代中期开始,ANN被广泛应用于模式识别、优化计算、智能控制等领域,并取得了突破性的进展。近年来,它作为一种强有力的工具在经济、金融、管理领域都有着广泛的应用,其中包括智能财务预测研究领域。

ANN模型的最大优势在于它能够同时处理定性变量和定量变量,而且无须考虑变量之间的统计关系。但它也存在一些问题,首先,ANN模型的网络拓扑结构无法固定而难以理解,与传统统计模型相比它更像一个"黑箱子";其次,过多重复训练将使网络对样本数据产生"过拟合";最后,模型计算工作量较大,训练时需要较大的样本量才能获得较好的预测稳健性。

4. 粗糙集模型(RS)

RS模型是20世纪80年代初由波兰数学家帕拉克(Pawlak)首先提出的,它是一种处理模糊和不确定性知识的数学工具,已经在机器学习、知识发现、决策支持和分析等方面得到了广泛应用。其主要思想是在保持预测能力不变的前提下,通过知识约简,导出问题的决策和分类规则。RS模型被证明是能够运用一组多价值属性变量描述多个对象的有效工具,在财务风险预测方面,可以用来揭示相互关联的财务特征与企业财务风险之间的关系,RS模型也具有结构不固定、通用性较差等缺点。

5. 决策树(DT)模型

决策树是在已知各种情况发生概率的基础上,通过构成决策树来求取净现值的期望值大于等于零的概率。由于这种决策过程画成图形很像一棵倒置的树,故称决策树。在机器学习中,决策树是一个预测模型,它代表的是对象属性与对象值之间的一种映射关系。决策树是一种树形结构,其中每个内部节点表示一个属性上的测试,每个分支代表一个输出,每个叶节点代表一种类别。

决策树是一种十分常用的分类方法,它是一种监督学习,所谓监督学习就是给定一组样本,每个样本都有一组属性和一个类别,这些类别是事先确定的,通过不断地向样本学习得到一个分类器,这个分类器能够对新出现的对象给出正确的分类。决策树易于理解和实现,它能够直接体现数据的特点,通过解释后使用者都有能力去理解决策树所表达的意义。

6. 支持向量机模型(SVM)

支持向量机是由瓦普尼克(Vapnik,1999)与其领导的贝尔实验室研究小组一起开发出来的一种新的机器学习技术,是有监督的学习算法。因其出色的学习性能,该模型已经成为当前国际机器学习界的研究热点。目前,它在图像识别、文本分类等模式识别问题中得到广泛应用。作为一种较新的智能财务预测模型,SVM 在样本量相对较小时也不容易陷入过拟合,并且其预测准确率和稳定性也得到了很多学者肯定。

SVM 算法即寻找一个分类器使得超平面和最近的数据点之间的分类边缘(超平面和最近的数据点之间的间隔被称为分类边缘)最大,对于SVM 算法通常认为分类边缘越大,平面越优,具有"最大间隔"的决策面就是 SVM 要寻找的最优解。并且最优解对应两侧虚线要穿过的样本点,称为"支持向量"。

三、智能财务预测数据准备

数据准备(Data Preparation)是指在了解预测目的之后、数据建模之前,为确保数据质量和预测精度所进行的数据收集、数据预处理、数据转换以及数据分割等一系列过程。数据准备的形式和条件,依分析模式不同而有所差别,一般可分成五个执行步骤:数据获取、数据检查、数据整合与清理、数据转换与归约、数据分割。

(一)数据获取

在数据收集阶段,必须确认预测所需的数据类别与取得的数据源,包含数据选择与数据获得。根据不同的分析目的取得数据的种类、形态也不尽相同。一般而言,数据获取来源可分为三种:

(1)文件。文件是数据准备阶段的主要来源,如 Microsoft Excel、文本数据文件等,优点是数据获取快捷且阅读容易,缺点是一旦建立数据文件后,后续就不太容易再做数据处理,同时,若文件过多也会增加存取的难度。

（2）关系数据库（Relational Databases）。关系数据库是由不同名称的一组关联数据表组成,每一个数据表中包含一组属性与记录,而每一个记录代表一个个体（Object）。零售业及大型卖场广泛使用的事务数据库（Transactional Database）即是关系数据库的一种应用,主要记录商业交易的相关数据,每一笔记录为一笔交易结果,一般会包括交易编号、交易时间与日期、顾客编号、分店编号、消费购买物品编号等,在储存上也会利用关系数据库的架构来记录数据。

（3）数据仓储（Data Warehouse）。许多人容易将传统的关系数据库和数据仓储相互混淆,其实两者储存和使用数据的基本目的不尽相同。传统关系数据库运用数据库相关技术将过去无法处理的庞大数据都保存下来,具有整合和保证数据质量、减少容量等优点,并以连接表格的方式读取数据,着重于单一时间的单一数据处理,是一种有系统的数据储存方式;数据仓储则储存着来自不同来源的数据,可由单一或多个数据库所组成,与关系数据库不同的是数据仓储中的数据大多已经过数据处理,并以"切割"的观念来读取数据。

（二）　数据检查

数据检查（Data Inspection）是数据预处理的第一个步骤,以找出有问题的数据,并以不同的维度检查所获得的数据,以便能事先找出其中的错误,并与领域专家讨论以决定是否修正或删除其中数据。

数据检查可分为数据的数量检查和质量检查两方面。数据的数量检查应检查数据的三个维度:样本个数、属性（特征）个数以及数据值。例如,样本个数太少会影响结果的解释程度,若数据的收集成本不高,可尝试再次收集数据。当数据个数太多时,则统计上的显著不见得有实质意义。

数据质量检查可利用数据的集中趋势以及变异程度（Dispersion Degree）。集中趋势衡量方法包括了平均数、中位数、众数等。当得到一组数据时,通常会希望通过几个重要的特性来描述这组数据的分布状况,如大部分的数据集中在何处,数据分离的程度与范围有多大(离散趋势),数据的分布是不是有偏向左边或右边(偏态系数),数据的形态是不是在某些地方特别呈现较高的频率(峰态系数)。

变异程度则可利用标准差、四分位距(Interquartile Range)、全距(Range)或变异系数(Coefficient of Variation)等进行衡量,并应考虑数据的完整性,如数据分布的一致性、数据定义上的偏差、数据拼写错误等。

此外,数据检查还包括:数据缺失(Data Missing),如数值或变量数据遗缺、不一致的数据等;数据噪声(Data Noise),如离群值和噪声数据等。若所分析的数据为时间序列数据时,则需检查数据的季节性、趋势性、循环性等特征。

(三) 数据整合与清理

由于人为疏忽、设备异常或抽样方法等因素,往往会发生数据误植、数据遗失或数据不一致、重复、矛盾等不同类型的数据问题,如表 4-2 所示。若直接分析这些有问题的数据将会产生错误或无意义的结果。

表 4-2　数据整合与清理问题

问题	原因	数据准备阶段
不正确的数据	数据的值超出合理范围	数据整合
不一致的数据	不同源数据整合后所出现的分歧	
重复的数据	重复记录的字段或数值	
冗余的数据	出现相同意义的数据或字段	
缺失值	测量设备或人为因素所造成的数据缺失	数据清理
噪声	数据本身的误差或数据输入的偏误	
离群值	数据本身的特性、不当测量或数据输入错误	
数据尺度不合适	数据格式不符合数据挖掘工具的假设	数据转换
数据太多	数据或维度过高	数据归约

1. **数据整合**

数据整合(Data Integration)的主要目的是解决多重数据储存或合并

时所产生的数据不一致、数据重复或数据冗余的问题,以提高后续数据建模的精确度和效率。不同问题的数据其数据处理方式也不同,现概述如下:

(1)不正确的数据。数据整合必须先确认数据的正确性与完整性,避免数据缺失造成结果的偏差。首先要确认数据的有效范围,例如学生的考试成绩不会是负值;其次还要验证数据的合理性,例如某位学生的身高达1050厘米,即可归类为不正确的数据。

(2)不一致的数据。数据不一致的处理是先修正不一致的记录,避免整合后的数据错误造成后续分析结果的误差。数据不一致的问题主要是由于整合数据后,不同来源的数据的属性可能不同,在数据表达、比例定义或编码上也会有所不同,因此产生数值或字段不一致的状况。针对数值的不一致,例如,重量属性在一个系统中可能是以公制的单位存放,而在另一个系统中则以英制的单位存放,此种单位差异可通过换算将其统一。若是数据内容本身的不同,则需进一步判定与检查以修正其中一笔数据。而字段的不一致,多半是属性命名不一致所造成。例如,顾客姓名与会员姓名的域名虽然不同,但实际上填入的数据却是相同的,可将其中一个字段修正统一。

(3)重复的数据。重复数据的处理主要是针对重复出现的记录或字段。整合过后的数据常常会发生数据重复的问题,若两项重复数据完全相同,则可选择删除其中一组记录,否则应注意哪一项记录为最新数据。

(4)冗余的数据。数据冗余的处理主要是针对具有相同意义或彼此间存有已知数学关系的字段,也就是此变量的属性或代表的意义可由另一变量推导而得。例如,若"年薪"可由"月薪"加"奖金"导出,则年薪就是多余的数据,可将年薪字段剔除。另外,属性命名的不一致,也有可能导致数据集中的冗余数据。

2. 数据清理

数据清理(Data Cleaning)的主要目的为填充或删除缺失值、降低噪声和处理离群值数据。

(1)缺失值(Missing Value)。缺失值为缺失或错误的数据,可删除该笔数据或以特殊的方式补值。数据缺失可能包括人为或计算机数据输入的错误,输入时理解错误或认为不重要而没有输入,也有可能是收集数据的设备出了问题,转换文件时出了问题,造成数据遗失。

在数据收集时,测量设备故障或人为因素造成的数据缺失难以避免,所以必须在事后进行数据清理,降低数据缺失对后续数据分析结果的影响。以下为几种处理缺失数据的方法:

第一,直接删去该变量值。这是最直接简单的处理方法,但当数据缺失比例很大时,此方法将造成大量数据流失。

第二,人工填写缺失值。此方法费时且需额外增加人力成本,当数据集很大、缺失值很多时,并不适用。

第三,使用一个全局常数填充缺失值。将遗失的属性值用同一常数替换,以满足后续数据分析的要求。此方法的缺点是仍无法解读遗失属性所隐含的信息。

第四,使用属性平均值。用该字段所有数据的平均值取代缺失值。如用小学全校身高平均值替换身高属性中的缺失值。缺点是不具客观性,当数据本身具有类别或等级之分时,容易高估或低估数据。

第五,给定属于同一类别的所有样本的平均值。利用具有相同等级或类别的数据平均值取代缺失值。如利用全校六年级学生的平均身高来取代六年级学生缺失的身高数据。

不论用哪种方法来估计并补值,其目的都在于找到合理的替代值。在处理或取代缺失值时可能会产生失真或误差的情况,例如,某些数据挖掘的方法可能无法处理缺失值,因此在分析过程中必须删除整笔数据。或者,有些数据挖掘工具会用默认值取代缺失值,导致失真的风险。此外,不同的填补方法对于挖掘结果的解释会有不同的影响,数据挖掘者必须清楚地了解每种取代方法的特性,才不会忽略原本应有的信息。

(2)噪声(Noise)。噪声表示一个数据中的随机误差或干扰。在数据输入时可能因人为因素或机器设备产生误差,而数据本身也可能存在随机误差,例如错误的数据传输导致收集到不当的数据等。噪声的存在会放大预测结果的偏差,针对噪声数据,若非数据本身存在的误差,经由噪声辨识后即可去除,若是数据本身既有的随机误差,可采用数据平滑技术进行处理,例如,采用简单线性回归方法以一个被解释变量来估计目标变量。

（3）离群值。在收集的数据中,若某一些数据的表现明显与其他数据不一样时,这些数据称为离群值,例如,某班同学的身高大都集中在160厘米,但有某几位同学身高超过200厘米,则称这些同学的身高是离群值。离群值会影响后续预测结果。离群值处理主要有以下两种方法:一是直接删除。当发现数据完全不合理时,可考虑直接删除该笔数据。二是用其他数值替换。例如,可用该变量的算术平均值代替离群值。

需要说明的是,离群值不一定非要处理。若与领域专家进行讨论后,该离群值有特殊意义,应予以保留。例如,对信用卡从业者而言,每月使用且刷卡额达数百万元金额的顾客虽为少数,却是重要的黄金客户,此笔具有特殊意义的数据即可保留。

（四）数据转换与规约

1. 数据转换

数据转换（Data Transformation）是将数据转换成适合预测模型可处理的数据格式,它包括数据数值转换与数据属性转换两种。

（1）数据数值转换。数据数值转换包括数据归一化和数据标准化两种情况。其中,数据归一化是将某属性的取值按比例缩放到一个特定的区间,如$[-1,1]$或$[0,1]$。例如人工神经网络中的反向传播算法需要将训练样本输入值范围转换至$[0,1]$。

数据归一化是一种将原始数据进行线性转换的方法。假设$X_A^{\min}$和$X_A^{\max}$分别为属性 A 的最小值和最大值。其计算公式为:

$$X' = \frac{X - X_A^{\min}}{X_A^{\max} - X_A^{\min}}(X_{A,\text{new}}^{\max} - X_{A,\text{new}}^{\min}) + X_{A,\text{new}}^{\min} \qquad (4-1)$$

其中,X为属性 A 归一化前的原始值,X'为属性 A 归一化后的新值,$X_{A,\text{new}}^{\min}$和$X_{A,\text{new}}^{\max}$为属性 A 归一化后的最小值和最大值。例如,假设"收入"属性的最小值和最大值分别为 15000 和 95000,若要将收入转换到区间［0，1］。根据式（4-1），收入值 73500 可转化为：$X' = \dfrac{73500 - 15000}{95000 - 15000}(1 - 0) + 0 = 0.73125$。

数据标准化是基于属性 A 的平均值和属性 A 的标准差将数据进行标准化处理的一种方法。假设属性 A 的值 X 标准化后为 Z，计算公式为：

$$Z = \frac{X - \overline{X}_A}{S_A} \tag{4-2}$$

其中，$\overline{X}_A$ 和 S_A 分别为属性 A 的平均值和标准差。例如，假设"收入"属性的平均值与标准差分别为 55000 和 15000。代入式（4-2）进行标准化后，收入值 73500 将转换为 $(73500 - 55000)/15000 = 1.233$。数据归一化和数据标准化处理后，不仅可以改变属性的原来取值范围，而且还做了无量纲化处理。

（2）数据属性转换。数据属性转换是指将离散型数据转成连续型数据和连续型数据转成离散型数据两种方式。例如，学生成绩的等级为 A 对应数值 85 分、等级 B 对应数值 75 分就是一个将离散型数据转成连续型数据的实例。它需要加入领域知识来定义离散值的距离或相似程度。此过程通常需要结合专家意见，然后以类似的矩阵定义出数值与数值之间的距离或相似程度，再利用此距离或相似程度把离散的数据转换为连续型的数据。

连续型数据转成离散型数据即数据的离散化，它是将连续数据分布到数个小区间，以类别取代原有连续型数值。数据离散化后，原有的信息多少会有所遗失，不当的离散化方法可能造成信息的大量遗失或提供不正确的信息。数据挖掘中有基于 MDLP 的有指导的数据分箱技术，就是一个将连续型数据转成离散型数据的较好的方法，限于篇幅，这里不再赘述，有兴趣的读者可参考相关文献。

2. 数据归约

在数据收集阶段，应尽可能地收集所有可记录的变量或数据，以免遗漏对目标变量具有潜在影响的变量或数据。收集而来的原始数据必须再进行数据归约，删除或过滤数据集合中不具代表性或无用的数据，以减少会计预测中数据建模的时间与成本,获得更具利用价值的数据。

　　数据归约是指在尽可能保持数据原貌的前提下,最大限度地精简数据量。降低无效、错误数据对建模的影响,提高建模的准确性。数据归约可分为特征归约、样本归约和特征值归约三种。

　　(1)特征归约。这里的特征指的是一个客观实体的属性集合,比如,一个企业高管(一个客观实体)就由工号、姓名、性别、年龄、籍贯等属性组成。特征归约就是从原有的特征中删除不重要或不相关的特征,或者通过对特征进行重组来减少特征的个数。其原则是在保留,甚至提高原有判别能力的同时减少特征向量的维度。特征归约算法的输入是一组特征,输出是它的一个子集。特征归约方法一般有"特征选择""因子分析"两种,前者是对原有特征进行筛选,删除不重要的特征;后者不是对原有特征的直接删除,而是将相关性比较强的特征进行组合,从而减少特征数量。这两种方法都能达到数据降维的目的,提高后续会计预测中数据建模的效率。

　　(2)样本归约。采集到的原始研究样本数量一般都较大,质量或高或低。样本归约就是从数据集中选出一个有代表性的样本的子集。子集大小的确定要考虑计算成本、存储要求、估计量的精度以及其他一些与算法和数据特性等有关的因素。初始数据集中最大和最关键的维度数就是样本的数目,也就是数据表中的记录数。获得数据的子集后,用它来提供整个数据集的一些信息,这个子集通常叫作估计量,它的质量依赖于所选子集中的元素。取样过程总会造成取样误差,取样误差对所有的方法和策略来讲都是固有的、不可避免的,当子集的规模较大时,取样误差一般会降低。样本归约的方法一般可采用无放回随机抽样的方式,一般的数据挖掘或数据分析软件中都有相应技术可以实现。

　　(3)特征值归约。特征值归约是特征值离散化技术,它将连续型特征的值离散化,使之成为少量的区间,每个区间映射到一个离散符号。例如,上面例子中的高管年龄就是其中一个属性,通过特征值归约,可以把年龄这个连续性数值型变量离散化成 A、B、C 三组,分别代表青年、中年和老年。这种技术的好处在于简化了数据描述,并易于理解数据和最终的数据挖掘结果。

（五）数据分割

数据分割（Data Partition）是指将样本分成训练集和测试集，训练集用于训练模型的参数，测试集用于检验模型的泛化性能（在新样本上的预测准确率）。模型参数分为普通参数和超参数，其中普通参数是在训练集上训练得到的，而超参数是在模型训练之前由用户指定的，比如 BP 神经网络中的学习率、支持向量机中的惩罚因子和核参数、模型的迭代次数等都是超参数。

对于一个训练好的模型，需要了解它的泛化性能，例如分类错误率（Mis-classification Rate）、均方误差（Mean-squared Error）等。真正的泛化性能应该在原始样本集之外的所有潜在样本上进行预测，但实际中没法得到这些潜在样本，于是退而求其次，在原始样本集上划分出了一个测试集作为近似，并将在该测试集上的泛化性能近似作为在所有样本的泛化性能。注意，测试集中的样本与训练集不能有任何交集。数据分割的比例一般是从原始数据集中无放回地随机抽取大约 70% 的样本作为训练集，剩下的 30% 样本则作为测试集。

智能财务预测中，一个比较简单的做法是先给定一组超参数，然后将其中任一超参数代入模型，利用测试集进行测试得到一个预测精度，重复这个过程，可以得到一组预测精度，最后根据测试结果选择最好的那组作为最终的模型参数和预测结果。

四、智能财务预测的框架

（一）智能财务预测流程

智能财务预测流程如图 4-5 所示。从图中可以看出，该流程从输入原始数据集开始，经过数据预处理、模型训练与测试三个阶段，最后以输出预测结果结束。

（二）智能财务预测的过程

（1）输入原始数据集。原始数据集是指从不同数据源采集到的结构

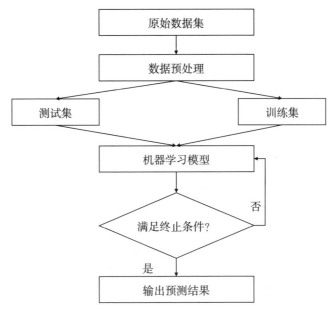

图 4-5　智能财务预测流程

化、半结构化以及非结构化数据,这些数据是不能直接输入模型进行学习和预测的,必须经过一系列数据预处理。

（2）数据预处理。数据预处理即是前文提到的数据准备,包括数据检查、数据整合与清理、数据转换与归约、数据分割。其中,数据分割将原始数据集分割成训练集和测试集。

（3）模型训练与测试。预测模型中普通参数和超参数会直接影响到模型的预测效果,其中,普通参数是模型待估计的变量值,可通过训练样本集计算得到,超参数则是事先指定的。因此,这一过程主要是对超参数进行寻优。比较简单的做法是给定超参数一个初值、终值和步长,对于任意一组超参数,利用训练集和测试集数据代入模型,输出预测结果。只要不满足终止条件(超参数取值小于终值),这一过程一直进行,如此循环往复,直到输出所有超参数的值和对应的预测结果。

（4）判断并输出最优预测结果。在系统执行过程中,软件会自动判断是否满足终值条件,不满足会继续模型的训练和测试;若满足终值条件,模型将测试集输出的所有预测结果进行比较,其中预测精度最高的超参数和预测值就是最终的模型预测结果,结束整个预测过程。这一过程可通过各种可视化工具,将输出结果和误差以直观的形式展现给用户。

第三节　智能财务决策

一、智能财务决策的分类和内容

(一) 智能财务决策的分类

1. 按照决策是否程序化分类

按照能否程序化,智能财务决策可以分为程序化决策和非程序化决策。前者指对不断重复出现的例行财务活动所作的决策,后者指对不重复出现、具有独特性的非例行财务活动所作的决策。

2. 按照决策时间长短分类

按照决策所涉及的时间长短,智能财务决策可分为长期财务决策和短期财务决策。前者指所涉及时间超过一年的决策,后者指所涉及时间不超过一年的决策。

3. 按照决策所处的条件分类

按照决策所处的条件,智能财务决策可以分为确定型财务决策、风险型财务决策和非确定型财务决策。确定型财务决策指对未来情况完全掌握、每种方案只有一种结果的决策;风险型财务决策指对未来情况不完全掌握、每种方案会出现几种结果,但可按概率确定条件的决策;非确定型财务决策指对未来情况完全不掌握,每种方案会出现几种结果,且其结果不能确定的决策。

4. 按照决策内容分类

按照决策所涉及的内容,智能财务决策可以分为智能投资决策、智能筹资决策、智能股利分配决策、智能生产决策和智能市场营销决策等。智能投资决策指资金对外投出和内部配置使用的决策,智能筹资决策指有关资金筹措的决策,智能股利分配决策指有关利润分配的决策;智能生产决策是指在生产领域中,对生产什么、生产多少以及如何生产等几个方面的问题作出的决策,具体包括剩余生产能力如何运用、亏损产品如何处理、产品是否进一步加工和生产批量的确定等;市场营销决策是指对有关产品市场经营和销售活动的目标、方针、策略等重大问题进行选择和决断的过程。

5.按照决策方法分类

按照决策方法智能财务决策主要包括定性决策和定量决策两种。定性决策是通过判断事物所特有的各种因素、属性进行决策的方法,它建立在经验判断、逻辑思维和逻辑推理之上,主要特点是依靠个人经验和综合分析对比进行决策。定性决策的方法有专家会议法、德尔菲法等。定量决策是通过分析事物各属性的数量关系进行决策的方法,主要特点是在决策的变量与目标之间建立数学模型,根据决策条件给出决策结果。定量决策技术主要有联机分析处理(OLAP)、数据挖掘、数据仓库、机器学习、人工智能等。

(二) 智能财务决策的内容

到目前为止,对智能财务决策所涉及的内容并没有形成统一的认识,一般有两种观点:一是指传统财务管理决策中的内容,即智能投资决策、智能筹资决策、智能股利分配决策,其中有一部分学者认为智能股利分配决策也属于智能筹资决策,故认为智能财务决策的内容主要是智能投资决策和智能筹资决策;二是认为智能财务决策除包括传统财务管理中的决策内容外还应包括智能成本管理决策、智能销售决策、智能库存决策等,这种观点实际上认为智能财务决策应包括传统财务管理决策和管理会计决策两方面的内容。综合已有研究成果,本书的智能财务决策内容泛指智能投资决策、智能融资决策、智能利润分配决策和智能经营决策四种。

1.智能投资决策

智能投资决策是将企业内部资金对外投出具体的项目或产品以及将企业内部资金进行合理分配使用的决策。企业管理人员进行智能投资决策时,主要从两个方面进行考虑:一是投资项目的预期收益,主要是基于企业未来使用的自由现金流量的预估;二是企业投资项目的风险分析,财务人员通过对相关指标进行分析,预测企业投资项目的风险程度,辅助管理人员确定是否对该项目进行投资。

2. 智能融资决策

智能融资决策是企业管理人员为了满足公司长期发展的资金需求,在企业内部和企业外部进行筹集资金的决策活动。企业管理人员进行智能融资决策时,主要从两方面进行考虑:一方面是融资渠道的选择。企业的融资渠道一般有三种,一是企业管理人员使用企业内部的资金进行融资,即内源融资;二是企业通过向银行贷款获取资金,即债务融资;三是企业公开发行股票,吸引公众购买股票获取资金,即股权融资。另一方面是资本结构最佳比例的确定,实现资本成本与财务风险的有效平衡。

3. 智能利润分配决策

智能利润分配决策是企业将取得的利润按国家规定标准缴纳完企业所得税后,将剩余利润在股东内部进行分配或留存用于再投资的决策问题。合理的利润分配决策一方面可以为企业规模扩大提供资金来源,另一方面向市场传递良好的信号,吸引潜在投资者,实现股东权益最大化。

4. 智能经营决策

智能经营决策主要包括智能销售决策、智能生产决策、智能存货决策等。智能销售决策是指在销售领域中,对销售渠道、销售价格、销售目标、促销措施、销售计划等方面作出的决策;智能生产决策是在企业生产活动过程中,对生产的产品种类、产品数量以及生产方式等方面作出决策的过程;智能存货决策是在保证正常生产和销售的前提下,企业制定能在最大限度上降低企业在存货商品上资金占用和耗费的决策。

二、智能财务决策的核心技术

与智能财务决策相关的方法和技术很多,但其中属于人工智能核心技术的只有数据仓库、数据挖掘、专家系统、机器学习、自然语言处理和模式识别等,当前这些技术和方法在智能财务决策领域得到了越来越广泛的应用。

（一）数据仓库

数据仓库（Data Warehouse）是一个由软硬件技术组成的多个数据库集合的计算环境,它把各种数据库（源数据库）集成为一个统一的数据库集合（目标数据库）,并且把各种数据转换成面向科目的格式,便于最终用户访问,并能从历史角度进行分析,最后作出战略决策的计算机系统。

数据仓库的概念是澳大利亚棱镜（Prism Solutions）公司副总裁恩门（W.H.Inmon）在1992年出版的《建立数据仓库》（Building the Data Warehouse）中提出的。数据仓库的提出是以关系数据库、并行处理和分布式技术的飞速发展为基础的,它是解决数据处理过程中拥有海量数据但有用信息又很匮乏的一种综合解决方案。

以银行业为例,各银行为了改进对客户的服务,先后开发了客户信息系统。从历史上看,银行信息是按业务范围来划分的,例如信用卡、储蓄、借贷、账户鉴定等。每个客户的信息分布在各业务部门的不同系统中,由于这些信息分别存储在不同系统中,要获得客户的全面信息几乎是不可能的,因此无法及时地为客户提供服务。通过数据仓库可以把不同业务部门的数据合并成一个统一的图表,使银行职员不仅能了解客户业务活动的概貌,而且能从历史角度分析客户的业务状况,以便更好地为客户服务。

传统的数据库存在诸多缺陷,比如在存储数据时数据结构复杂且多样,数据的不一致性以及缺乏整体集成性等,这给外部信息使用者带来了很大的不便。数据仓库可以让决策人员访问综合的、面向对象存储的大量历史数据,对很长一段时间内的历史数据进行分析,确定事物发展形势,通过通畅、合理、全面的信息管理,来达到对管理决策的支持。一个设计良好的数据仓库可以把从若干不同源中取得的数据统一到一个易于使用的参考数据库中,使企业可以面向用户提供专业化的商业信息和指导。数据仓库的特征有以下几个方面:

（1）数据仓库是面向主题的。操作型数据库的数据组织面向事务处理任务,而数据仓库中的数据是按照一定的主题进行组织的。主题是指用户使用数据仓库进行决策时所关心的重点方面,一个主题通常与多个操作型信息系统相关。

(2)数据仓库是集成的。数据仓库中的数据是在对原有分散的数据库数据抽取、清理的基础上经过系统加工、汇总和整理得到的,必须消除源数据中的不一致性,以保证数据仓库内的信息是关于整个企业的一致的全局信息。

数据仓库中的数据通常包含历史信息,系统记录了企业从过去某一时点(如开始应用数据仓库的时点)到当前的各个阶段的信息,通过这些信息,可以对企业的发展历程和未来趋势作出定量分析和预测。

(3)数据仓库是不可更改的。数据仓库的数据主要供企业决策分析之用,所涉及的数据操作主要是数据查询,一旦某个数据进入数据仓库以后,一般情况下将被长期保留,也就是数据仓库中一般有大量的查询操作,但修改和删除操作很少,通常只需要定期地加载、刷新。

(4)数据仓库是随时间而变化的。传统的关系数据库系统比较适合处理格式化的数据,能够较好地满足商业商务处理的需求,这些数据稳定且不随时间改变。但数据仓库是从多个数据源获取的、用于分析的数据包含多个时间点(例如按日计、周计、月计的数据),数据仓库数据具有时间性质,时间维度是所有数据仓库必须支持的一个重要维度。数据仓库的数据通常保存5—10年甚至更久,以便于趋势分析、预测和比较。

(二) 数据挖掘

数据挖掘(Data Minning)是应用统计、数学、人工智能和机器学习技术,从大型数据库中抽取和识别有用信息和知识的过程。近年来随着企业数据库变得越来越大和越来越广,相应的数据挖掘新工具被逐渐开发出来。通过数据挖掘可以发现隐藏在数据中的类型、趋势和关系等。例如,数据挖掘发现了在星期五下午人们会同时购买啤酒和尿布的经典市场案例,并建议零售商在商店中将这两样物品摆放在一起以方便人们购买。

数据挖掘是一种关键性、涉及范围很广的技术手段。"挖掘"往往是将不同层次的数据进行转移的一个过程,此过程中挖掘应可以持续下去,直到用户获得最详细的有用数据。利用数据挖掘技术可使潜在效益得到最大的发挥。数据挖掘可揭示出我们从未意识到的一些数据间存在的关系。数据挖掘大大增强了数据仓库的使用价值,对发挥数据仓库的作用有很大影响,因为通过它可以识别出商务中的模式与趋势,如果仅通过分析数据仓库数据是无法得出的。当知识工作者运用结构化查询语言(SQL)对数据仓库查询操作时,查询中的含糊表述常常涉及与答案集有关的一系列知识;相反地,数据挖掘可以揭示出非常有价值的信息,这些信息在实施之前,知识工作者是无法得知的。这种新技术,可以使公司取得较大的市场份额,建立更好的形象,并推动公司向前发展。

企业为了确定所要开发的产品模式及了解市场走势,需要从大型数据库中不断地对有关数据层层抽取、转换和分析,直至得到最终结果。利用这些信息源,知识工作者在他们的办公室根据所取得的数据,就可以进行决策。这实际上就是构筑和使用数据仓库的过程,也就是所谓的数据挖掘。

为了实现数据挖掘,必须收集适当的数据,并存储在数据仓库中,另外还需要适当的系统资源,以便数据挖掘的过程顺利进行。数据挖掘的有关技术包括以下几个方面:(1)统计分析系统,诸如 SAS 及 SPSS 这样的统计分析系统业已被分析人员用来探测异乎寻常的模式,并利用统计分析模型来解释各种模式。数据挖掘并不是要取代这样的分析,而是要根据数据挖掘的结果作进一步的定向分析。(2)多维电子表格,数据分析中使用多维电子表格越来越普遍,这就需要把多维数据汇总起来观察。数据挖掘可以自动地执行分析,它可以提高数据挖掘的效率,并且把不同量纲的数据叠加在一起。(3)数据可视化,利用数据仓库可以设法将数年积累的业务数据变换成某个对象模型,通过直接与数据交互,并利用计算技术把所掌握的许多重要数据加入模型中,在观察过程中利用多次交互得出结论。例如,信用卡发行人用数据可视化技术即可得到清晰的客户形象,以达到有针对性促销的目的,数据可视化能使分析人员对数据有更深刻、更直观的理解。

（三）机器学习与深度学习

机器学习是人工智能的一个子集,这项技术的主要任务是指导计算机从数据中学习,然后利用经验来改善自身的性能,不需要进行明确的编程。在机器学习中,算法会不断进行训练,从大型数据集中发现模式和相关性,然后根据数据分析结果作出最佳决策和预测。机器学习应用具有自我演进能力,它们获得的数据越多,准确性会越高。机器学习常用的算法包括决策树、聚类分析、贝叶斯网络、人工神经网络、支持向量机等。

根据数据的性质和期望的结果,可以将机器学习模型分成四种,分别是监督学习、无监督学习、半监督学习和强化学习。而根据使用的数据集和预期结果,每一种模型可以应用一种或多种算法。机器学习算法主要用于对事物进行分类、发现模式、预测结果,以及制定明智的决策。算法一般一次只使用一种,但如果处理的数据非常复杂、难以预测,也可以组合使用多种算法,以尽可能提高准确度。

深度学习的概念源于人工神经网络的研究,含多个隐藏层的多层感知器就是一种深度学习结构。深度学习通过组合底层特征形成更加抽象的高层表示属性类别或特征,以发现数据的分布式特征表示。研究深度学习的动机在于建立模拟人脑进行分析学习的神经网络,它模仿人脑的机制来解释数据,例如图像,声音和文本等。[1]

深度学习是机器学习领域中一个新的研究方向,它被引入机器学习使其更接近于最初的目标——人工智能。[2] 深度学习是学习样本数据的内在规律和表示层次,这些学习过程中获得的信息对诸如文字、图像和声音等数据的解释有很大的帮助。它的最终目标是让机器能够像人一样具有分析学习能力,能够识别文字、图像和声音等数据。深度学习是一个复杂的机器学习算法,在语音和图像识别方面取得的效果,远远超过先前相关技术。

---

[1]　韦坚、刘爱娟、唐剑文:《基于深度学习神经网络技术的数字电视监测平台告警模型的研究》,《有线电视技术》2017 年第 7 期。

[2]　陈先昌:《基于卷积神经网络的深度学习算法与应用研究》,浙江工商大学硕士学位论文,2014 年。

深度学习在搜索技术、数据挖掘、机器学习、机器翻译、自然语言处理、多媒体学习、语音、推荐和个性化技术,以及其他相关领域都取得了很多成果。深度学习使机器模仿视听和思考等人类的活动,解决了很多复杂的模式识别难题,使人工智能相关技术取得了很大进步。

（四）专家系统

专家系统是一个智能计算机程序系统,其内部含有大量的某个领域专家水平的知识与经验,它能够应用人工智能技术和计算机技术,根据系统中的知识与经验,进行推理和判断,模拟人类专家的决策过程,以解决那些需要人类专家处理的复杂问题。简言之,专家系统是一种模拟人类专家解决领域问题的计算机程序系统。

专家系统拥有诸多规则和经验特征,这使得它非常适于人工智能技术的研究和应用。通过专家系统的构建,所形成的专业知识可以超过任何专家或所有专家的总和,能够搜索知识之间的关系,并且在不确定性环境下进行推理。

20 世纪 60 年代初,出现了运用逻辑学和模拟心理活动的一些通用问题求解程序,它们可以证明定理和进行逻辑推理。但是这些通用方法无法解决大的实际问题,很难把实际问题改造成适合于计算机解决的形式,并且对于解题所需的巨大的搜索空间也难以处理。1965 年,E.A.费根鲍姆等在总结通用问题求解系统经验的基础上,结合化学领域的专门知识,研制了世界上第一个专家系统 DENDRAL,它可以推断化学分子结构。20 多年来,专家系统的理论和技术不断发展,应用渗透到几乎各个领域,开发了几千个专家系统,其中不少在功能上已达到甚至超过同领域中人类专家的水平,并在实际应用中产生了巨大的经济效益。

专家系统强调的是知识而非方法,因此专家系统也常被称为基于知识的系统。通常情况下,一个专家系统应当具备以下要素:(1)某个应用领域的专家级知识;(2)对于专家思维的模拟能力;(3)专家级的解题能力。

现如今,除了独立的专家系统之外,出于控制和整合的需求,越来越多的专家系统已被纳入企业整体的信息系统框架,包括那些在医疗设备和汽车操作系统中的软件系统。在智能财务专家领域,企业可以构建以财务数据为基础的年报专家分析系统,而越来越多的企业已经搭建基于专家知识的财务预警专家系统。

不同的财务专家系统往往都需要首先进行架构设计,以财务预警专家系统为例,包括财务信息收集传递机制、财务预警分析机制以及财务风险处理机制。首先,财务信息收集传递机制是基础。灵活高效的财务预警系统需要相应的财务信息收集传递机制作为有效支撑。根据需求可以收集的信息包括企业经营活动产生的业务信息和财务信息,并且能够及时比对企业实际经营状况数据与财务指标数据。其次,财务预警分析机制是核心。预警分析机制应当对机构存在的财务危机隐患进行识别,该识别过程需要以一定的分析方法为基础,往往需要借助财务专家的经验来构建专业的财务预警知识库,这是财务预警系统的核心。最后,财务风险处理机制是关键。财务风险处理机制需要针对财务危机和财务风险采用相应的控制手段,可以有效避免财务风险的重复发生。

（五）模式识别

模式识别(Pattern Recognition)是对表征这些物体或现象的各种形式数据(主要是感知数据,如图像、视频、语音等)进行处理和分析,进而对物体或现象进行描述、分类和解释的过程,是信息科学和人工智能的重要组成部分。用最通俗的语言表述,就是让计算机模拟人类听、说、看、读、思考以及决策,让电脑像人脑那样去分析和识别文字、图像、视频、音频等。

模式识别技术最早出现在 20 世纪 20 年代,随着计算机的诞生和人工智能的兴起,模式识别在 60 年代初迅速发展成为一门学科。该学科的主要任务是借助计算机进行人的识别能力模拟,构建对特定客体识别的基本理论与应用方法。模式识别常用的方法是通过计算来判断要识别的客体与已知的标准客体之间的相似程度,从而使计算机能够判断新客体。其中,关键步骤是构建度量不同客体之间差异的有效方法。模式识别过程的一个重要任务是对环境及客体的识别,常见的有对光学信息(通过视觉器官来获得)和声学信息(通过听觉器官来获得)的识别,这是模式识别的两个重要方面。模式识别技术就是通过确定客体样本的类别属性的过程,即将某一客体样本归属于多个类型中的某个类型。在数据分类方面,就是将数据按属性进行分类。在指纹识别方面,就是根据指纹的核心特征(如纹形、三角点等)来进行分类,进而根据局部特征(如位置和方向等)来进行识别用户身份。在语音识别、生物认证、字符识别等方面,同样可以按照类似的方法进行模式识别。

模式识别的关键是如何利用计算机进行模式识别,并对客体样本进行分类。当前常见的模式识别方法有:(1)统计模式识别。统计模式识别是根据待识别对象所包含的数据信息,从中提取若干个可以表示该对象特质的相应特质参数,进而构建对象的特征向量,设计可以进行区分的分类器,从而能够对特征向量相似的对象进行归类。(2)结构模式识别。结构模式识别是根据客体对象的结构特征,将复杂的模式结构分解为若干个相对简单且易区分的子模式。通过对子模式的识别可以还原原先较为复杂的模式结构。(3)模糊模式识别。模糊模式识别是基于模糊集理论构建的,模糊集理论提出与传统的集合理论不同,一个元素的归属不一定需要百分之百确定属于某一集合,而是可以以某一比例来判定其属于某一集合。模糊模式识别就是根据一定的判定规则来建立相关的隶属关系函数以对客体对象进行分类。(4)人工神经网络。相较于其他方法,人工神经网络模式识别方法的学习及自适应能力强,可以通过调整权重不断明确分类所依据的精确关系以及能够更加灵活模拟客体对象数据之间的复杂关系模型。

经过多年的研究和发展,模式识别技术与包括计算机工程、机器人学、神经生物学、医学、侦探学、考古学、地质勘探等在内的越来越多的领域结合,应用场景更加丰富,如语音识别、语音翻译、人脸识别、指纹识别、发票识别、手写体识别、精确制导等。随着模式识别理论和技术的不断发展,其理论方法将不断推陈出新,应用领域也将不断拓展。目前,模式识别中的发票识别、手写体识别等技术,已经在会计中得到了越来越广泛的应用。

(六)　自然语言处理

自然语言处理是计算机科学与人工智能的一个重要分支,它研究能实现人与计算机之间用自然语言进行有效通信的各种理论和方法。自然语言处理是一门集语言学、计算机科学、数学于一体的科学,因此,这一领域的研究将涉及自然语言,即人们日常使用的语言,所以它与语言学的研究有着密切的联系,但又有重要的区别。自然语言处理并不是一般地研究自然语言,而在于研制能有效地实现自然语言通信的计算机系统,特别是其中的软件系统,因而它是计算机科学的一部分。[①] 自然语言处理主要应用于机器翻译、舆情监测、自动摘要、观点提取、文本分类、问题回答、文本语义对比、语音识别、中文 OCR 等方面。[②]

用自然语言与计算机进行通信,这是人们长期以来所追求的目标。因为它既有明显的实际意义,同时也有重要的理论意义。人们可以用自己最习惯的语言来使用计算机,而无须再花大量的时间和精力去学习不很自然和习惯的各种计算机语言,人们也可通过它进一步了解人类的语言能力和智能的机制。

自然语言处理是指利用人类交流所使用的自然语言与机器进行交互通信的技术,通过人为地对自然语言的处理,使得计算机对其能够可读并理解。自然语言处理的相关研究始于人类对机器翻译的探索,虽然自然语言处理涉及语音、语法、语义、语用等多维度的操作,但简单而言,自然语言处理的基本任务是基于本体词典、词频统计、上下文语义分析等方式对待处理语料进行分词,形成以最小词性为单位且富含语义的词项单元。[③]

实现人机间自然语言通信意味着要使计算机既能理解自然语言文本的意义,也能以自然语言文本来表达给定的意图、思想等。前者称为自然语言理解,后者称为自然语言生成。因此,自然语言处理大体包括了自然语言理解和自然语言生成两个部分。无论实现自然语言理解,还是自然语言生成,都是十分困难的。从理论和技术现状看,通用的、高质量的自

---

① 李长云、王志兵:《智能感知技术及在电气工程中的应用》,电子科技大学出版社 2017 年版,第 5 页。

② 郑树泉:《工业智能技术与应用》,上海科学技术出版社 2019 年版,第 1 页。

③ 高俊峰、董玥:《网络舆情场中信息受众的观点测度》,中国科学技术出版社 2018 年版,第 11 页。

然语言处理系统,仍然是较长期的努力目标,但是针对一定应用,具有相当自然语言处理能力的实用系统已经出现,有些已商品化,甚至开始产业化。典型的例子有多语种数据库和专家系统的自然语言接口、各种机器翻译系统、全文信息检索系统、自动文摘系统等。

最早的自然语言理解方面的研究工作是机器翻译。[1] 1949 年,美国人威弗首先提出了机器翻译设计方案。其发展主要分为三个阶段:

(1)早期自然语言处理(20 世纪 60—80 年代)。该阶段基于规则来建立词汇、句法语义分析、问答、聊天和机器翻译系统。优点是规则可以利用人类的内省知识,不依赖数据。缺点是覆盖面不足,规则管理和可扩展一直没有解决。[2]

(2)统计自然语言处理(20 世纪 90 年代开始)。该阶段基于统计机器学习理论(ML),主要思路是利用带标注的数据,基于人工定义的特征建立机器学习系统,并利用数据经过学习确定机器学习系统的参数。运行时利用这些学习得到的参数,对输入数据进行解码,得到输出。机器翻译、搜索引擎都是利用统计方法获得了成功。

(3)神经网络自然语言处理(2008 年后)。该阶段深度学习开始在语音和图像处理领域发挥威力。随之,NLP 研究者开始把目光转向深度学习。先是把深度学习用于特征计算或者建立一个新的特征,然后在原有的统计学习框架下体验效果。比如,搜索引擎加入了深度学习的检索词和文档的相似度计算,以提升搜索的相关度。自 2014 年以来,人们尝试直接通过深度学习建模,进行端对端的训练。目前已在机器翻译、问答、阅读理解等领域取得了进展,出现了深度学习的热潮。

近年来,自然语言处理技术开始运用于财会领域,在财务报表舞弊、证券市场预测和上市公司文档分析等方面取得了重要进展。智能化的会计信息系统将不仅仅是账务处理的工具,还能实时监控、检查和判断财务数据。实现智能化的会计信息系统,关键是让计算机理解会计概念,具备

① 陈敏:《认知计算导论》,华中科技大学出版社 2017 年版,第 5 页。
② 李德毅、于剑:《人工智能导论》,中国科学技术出版社 2018 年版,第 8 页。

应用会计知识的能力。

以证券市场预测的应用为例,资本市场中的许多重要决策正日益脱离人类的监督和控制。算法交易正变得越来越流行,这是一种完全由技术控制的金融投资形式。但是,这其中的许多财务决策都受到新闻的影响,因此自然语言处理的一个主要任务是获取这些明文公告,并以一种可被纳入算法交易决策的格式提取相关信息。例如,公司之间合并的消息可能会对交易决策产生重大影响,将合并细节(包括参与者、收购价格)纳入交易算法中。

三、智能财务决策的机理

智能财务决策系统的数据驱动分别由数据层、分析层和交互层三部分组成,如图 4-6 所示。其中,数据层主要负责数据收集、清洗、数据挖

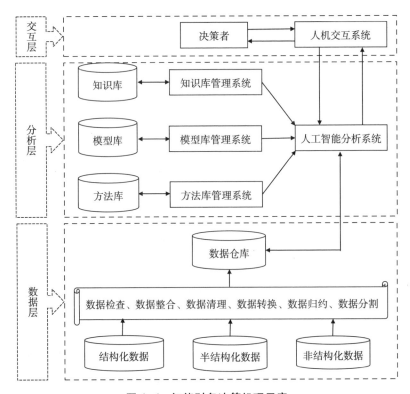

图 4-6   智能财务决策机理示意

掘以及存储工作;分析层负责开展财务分析、财务预测和财务决策活动;
交互层是联系智能财务决策系统与决策者的纽带,是人机对话的界面,实
现决策者和决策系统之间的互动。

（一）数据层

该层主要负责进行数据的收集、清洗、数据挖掘以及存储工作。借助
自动数据传输程序以及自然语言处理技术可以快速获取本地数据库中存
储的结构化数据、半结构数据以及非结构化数据,这些数据包括业财信
息、审计信息、信用信息等内部决策有用信息,以及在互联网上公开的政
府政策信息、税务信息、汇率信息、市场信息、法律信息、宏观经济信息等
外部信息。这些海量异构数据经过数据清洗和数据挖掘,从而形成多维
度的决策有用信息,并被分类存储在数据仓库中。数据仓库为决策系统
的深度学习和财务决策的制定奠定强大的数据基础,同时数据的提前处
理和分类汇总也为财务决策制定的及时性提供了保证。

（二）分析层

分析层负责开展财务分析、财务预测和财务决策活动。财务分析是
开展财务决策的基础,财务决策依赖于财务分析和财务预测的结果。分
析层包含知识库、方法库、模型库及其各自的管理系统以及人工智能分析
系统。知识库中存储各类财务信息、业务信息以及推理规则等数据,方法
库中存储财务分析、预测及决策方法,模型库中存储财务分析和财务决策
模型。三个数据库的管理系统一方面负责接收人工智能分析系统的指
令,从相应的库中调取所需知识、方法和模型;另一方面嵌入机器学习和
深度学习算法,在后台自动进行新知识、新方法和新模型的建立以及对已
有知识、方法和模型的改善,从而及时更新知识库、方法库和模型库。人
工智能分析系统负责接收人机交互系统传达的财务决策目标,并据此向
各库管理系统和数据仓库发送指令,接收数据进行分析,最后将结果反馈
给人机交互系统。

人工智能分析系统中包含若干嵌入深度学习算法的推理机,这些推
理机一部分负责根据财务决策目标确定所需知识、方法、模型和画像的种
类,另一部分负责进行财务分析以生成各类画像,还有一部分负责财务预

测和决策的生成。

所谓"画像"是指通过数据分析和推理得到的以数字表示的对某一事物的全面描述。比如,根据数据仓库中的数据对组织结构、治理机制以及风险偏好等企业特征进行刻画,并对财务绩效、现金流情况、财务风险水平等客观情况开展实时分析,可以得出客观准确的企业画像。同时,通过对企业面临的投资、筹资环境、市场环境、宏观经济环境等外部环境信息进行分析,还可以形成外部环境画像。需要强调的是,各类画像中不仅包含最终形成的高度概括性的分析数据和结论,还可以利用数据钻取技术,根据后续计算的需要钻取至原始数据。依赖机器学习和深度学习算法,可以实现企业画像和外部环境画像的匹配,进而进行财务预测,并在此基础上综合财务分析的结果,最终实现财务决策。在整个财务决策制定流程中,对于具有高度重复性、逻辑确定并且稳定性要求相对较低的部分,通过运用机器人流程自动化(RPA)工具实现自动化处理,从而进一步提高财务决策效率。

为了提高财务决策需求产生时系统的反应速度,在财务决策支持需求频率较低的时间段,比如企业下班时间,系统可根据以往财务分析、财务预测和财务决策的需求,推测未来可能的财务决策目标,并进行相关分析。当人机交互系统传达财务决策需求时,人工智能分析系统会根据机器学习和深度学习的结果将企业画像、外部环境画像与决策目标相匹配,从而得到适当的财务决策。以企业金融资产投资决策为例,将由企业画像得出的企业财务状况和风险偏好等变量,由外部环境画像得出的市场系统风险、风险溢价等变量以及由金融工具画像得到的不同融资策略的风险、成本等变量代入决策模型中,通过机器学习和深度学习,将企业需求与金融工具特点进行匹配,从而选出最优投资组合。

另外,在财务决策执行过程中,通过不断更新数据仓库中的数据,系统自动进行财务分析和预测,一方面实现了画像及时更新,为财务决策效率提供了保证;另一方面实现了对财务决策执行情况的监督和控制,使风险点的及时预警和必要时对财务决策的及时动态调整成为可能。

(三) 交互层

交互层是联系分析层与决策者的纽带。人机交互系统使用语音识别和自然语言处理技术,因此决策者可以使用自然语言与系统进行沟通。在进行财务决策的过程中,人机交互系统通过对自然语言的处理形成财务决策目标,同时将财务决策目标传达给人工智能分析系统。在完成财务决策后,通过人机交互系统,输出财务分析报告、财务预测报告以及综合上述报告信息的财务决策报告,或根据决策者需求编制的定制报告。

四、智能财务决策系统框架

(一) 智能财务决策系统流程

本节在构建智能财务决策系统时,基于智能财务决策机理,采用"数据收集层—数据存储层—分析层—决策层"的结构体系进行设计(见图4-7)。首先,基于企业年报、Wind、国泰安、企业内部的信息系统、政府部门以及社会网站等数据源采集获取的企业财务类数据、业务类数据以及政策类数据;其次,将收集的原始数据进行预处理,存储到数据仓库中;再次,利用大数据分析技术对预处理后的数据进行分析与挖掘,提供给决策层所需的数据;最后,再将这些数据分别提供给智能投资决策、智能融资决策、智能经营决策以及智能利润分配决策等系统,通过可视化技术将最终决策结果展示给决策者。

(二) 智能财务决策子系统功能

1. 数据收集层

数据是企业管理人员进行决策的基础,大数据分析技术的使用,解决了企业传统财务数据分散和滞后的问题,通过对企业的综合核算数据和业务数据进行集成和实时更新,使企业人员决策的数据基础更加稳固。

智能财务决策中所需的原始数据主要包括三类:财务类数据、业务类数据和政策类数据。财务类数据主要包括财务报表数据和财务指标数

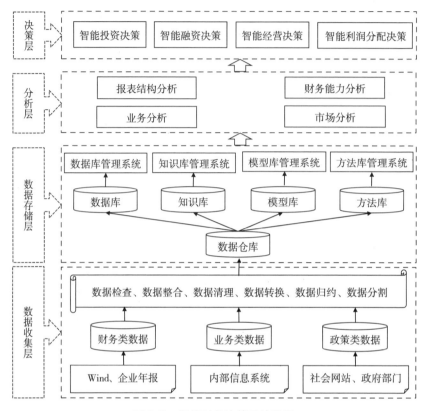

图 4-7 智能财务决策系统流程

据;业务类数据是企业日常生产经营活动中产生的非财务数据,主要包括
供应商基本信息、客户基本信息、订单合同等非结构化数据和企业销售
额、生产成本等结构化数据;政策类数据主要是企业人员从政府部门和社
会网站等外部系统获取的数据,主要包括财政法律法规、会计政策、会计
制度、财务准则等宏观环境数据和政策性数据,经过简单的数据分类后存
放到数据收集层。从数据来源来说,在大数据分析技术的帮助下,企业不
仅可以从企业内部数据库、OA 办公系统、金融数据库等获取财务数据或
业务数据,还可以从企业外部网站、社交媒体网络等外部环境通过网络爬
虫获得文本数据、宏观经济数据等政策数据。这些获取的原始数据在经
过数据检查、数据整合、数据清理、数据归约和数据分割等数据预处理后,

再存放到数据存储层的数据仓库中。

2. 数据存储层

由于财务数据在数据库中是公开的、可获取的,可以直接从数据库导出相关财务数据报表和财务指标数据,然后通过连接接口导入到企业财务决策系统中。对于业务数据和政策数据,难以直接导入系统中,需要借助于大数据分析技术如 Hadoop 技术进行处理后,再将这些传统数据库难以存储的数据导入数据仓库中。

在数据存储处理过程中,需要构建四种类型的数据仓库:数据库、知识库、模型库和方法库。数据库中存放的是决策所需的基础性数据,主要包括财务数据、业务数据和政策数据,通过对这些数据分类汇总,构成完整的原始数据仓库。知识库通常收集了各种经验、备选的技术方案以及各种用于决策支持的知识。知识库通过模式识别、优化算法和人工智能等方法,对成千上万的信息、知识加以分类,并提供决策支持。知识库不仅可以避免重新获取知识带来的成本,同时,通过提供对协作的支持加速企业创新。当与专家系统相结合时,知识库将成为十分有用的工具。模型库主要存放各种财务分析、财务预测和财务决策的数据模型,比如决策树模型、神经网络模型、支持向量机模型、杜邦财务分析模型等,但这些模型参数的求解还需要有相应的算法来实现。方法库中存储的是各种模型求解分析所需的算法以及为用户的决策活动提供所需的方法。方法库中的方法通常包括各种优化方法、预测方法、统计方法、决策方法、风险方法、矩阵方程求解方法等,如对神经网络的学习率、支持向量机的惩罚因子、决策树的深度等超参数求解时所采用网格搜索算法、遗传算法等都属于方法库中的方法。另外,方法库中也包括各种财务分析方法、财务决策方法、财务指标的计算公式等。

数据库、知识库、方法库和模型库是智能会计决策系统的重要组成部分,其中,模型库和方法库以数据库和知识库为基础。只有具备了完善的数据库系统,模型库和方法库才能发挥其作用。模型库和方法库是不可分割的,无论是模型的参数估计、模型的求解还是模型的验证都是通过各种方法来具体实现的,方法库中方法的丰富程度、方法的性能决定了模型使用的效果。

3.分析层

通过模型库中的各种财务分析模型对原始数据库和知识库中的数据进行提取和分析,根据分析结果为企业管理人员提供相关的财务决策支持。比如,企业人员可以基于原始数据仓库中的财务数据选取适当的财务分析指标,调用方法库中的财务分析方法,对企业财务活动的某一环节进行分析。企业财务分析结果是用来评价企业经营状况和财务状况的重要标准,是企业管理者、股东、投资者、债权人制定相关决策方案的重要凭据。基于大数据分析技术的企业财务分析是以原始数据库和知识库中的数据为基础,采用方法库和模型库中的方法和模型,对企业过去和现在的经营情况和财务状况进行分析和评价,为企业管理者制定精准有效的财务决策方案提供依据。财务分析层可以分为四个模块:

(1)报表结构分析模块。该模块可以分为三个子模块。一是资产分析模块,主要包括资产结构分析、货币资金的变动情况分析、存货分析和应收账款分析等;二是负债分析模块,主要包括负债结构分析、流动负债和非流动负债的变动情况等;三是股东权益分析模块,主要包括股东权益构成情况分析和实收资本分析等。

(2)财务能力分析模块。该部分可以分为六个子模块。一是盈利能力分析模块,主要包括对总资产报酬率、净资产收益率和销售利润率的变动情况分析等;二是偿债能力分析模块,主要是对资产负债率、流动比率和速动比率的变动情况分析等;三是营运能力分析模块,主要是对资产周转率、应收账款周转率和存货周转率的情况分析等;四是成长能力分析模块,主要是对资产增长率、股东权益增长率的变化情况分析等;五是现金流量分析模块,主要包括现金的总流入分析、现金的总流出和经营活动现金流量净额变化情况分析等;六是资本结构分析模块,主要包括自有资本比率变动分析、流动资产构成比率变动分析和流动负债构成比率变动分析等。

(3)业务分析模块。该部分可分为三个子模块:一是生产分析模块,主要包括对原材料、职工薪酬和费用要素的变化情况分析等;二是销售分析模块,主要是对产品销售额、广告宣传费用变动情况分析;三是存货分析模块,主要包括存货数量和存货方式的变动情况分析等。

(4)市场分析模块。主要包括行业竞争对手分析、行业政策变化分析和市场份额的变化情况分析等。

4.决策层

决策层接收分析层传递的数据,再经过经营决策支持、投资决策支持、融资决策支持和利润分配决策支持四个子系统的辅助决策,向管理者提供有价值的决策信息。

(1)智能投资决策。首先,确定当前企业的投资目标;其次,依据分析层对企业财务能力和市场能力的分析,评价投资项目的投资风险和投资成本,尽可能地使投资风险和投资成本最小化;再次,根据分析层对数据仓库中的净现值和现值等指标的分析,对该投资项目的投资收益进行预估;最后,通过对方法库中历年来企业投资决策的具体实施情况,评估现有的投资方案并从中选取最优的投资决策方案。

(2)智能融资决策。在融资决策过程中,首先要对数据库中的资产结构、资金使用情况以及债务结构等财务类指标进行分析,进一步分析企业的融资成本、资金获取时间的长短、融资方式以及融资风险,在对所有影响融资决策的因素进行综合分析后,确定最优的融资决策方案。

(3)智能经营决策。企业的经营决策一般包括生产决策、销售决策和存货决策等。首先,对生产决策来说,可结合知识库中历史销售数据,利用分析层对产品的销售数量和库存数量进行预测,基于预测结果再制定生产决策方案;其次,对销售决策来说,先由分析层对知识库中的产品的历史销售额、销售成本、销售费用以及广告宣传费用等业务数据,对这些指标的未来数值进行分析、预测,最终制定出最优的销售决策方案;最后,对存货决策来说,主要涉及的是材料和产成品的决策。具体而言,就是确定最佳的订货量和订货时间。为此,决策者可借助知识库中历史销售数据、存货数量以及用户调研数据,利用分析层作出趋势分析和预测,辅助企业管理人员作出最终的存货决策。

(4)智能利润分配决策。首先,分析企业的现金流量、资产结构、资产流动性、股东的实际收入、企业控制权以及债权人利益;其次,对企业的利润构成、利润分配比率等进行综合分析,再结合企业的负债情况、经营发展情况、股东权益和相关法律法规等,最终确定最佳的利润分配方案。

第四节　智能财务预测与决策应用场景

一、智能财务预测应用场景

(一) 智能财务预测信息系统流程

智能财务预测信息系统流程如图 4-8 所示。可以看出,整个系统分别由数据采集系统、数据处理系统、模型训练系统、模型测试系统和可视化系统五个部分组成。

(1)数据采集系统。主要负责采集后期智能财务预测所需的结构化、半结构化和非结构化数据,主要由数据需求分析、定制数据方案、人工数据采集、自动数据采集和调研问卷收集等子系统组成。

(2)数据处理系统。主要负责对数据采集系统采集到的原始数据进行二次加工处理,以满足后续数据建模需要,主要包括数据检查、数据整合、数据清理、数据转换、数据归约以及数据分割五部分。

(3)模型训练系统。通过调用模型库中的预测模型、借助训练集和测试集数据,寻找最优的模型参数和超参数,确定最终的模型表达式,该系统由选取训练数据、选取测试数据、选取预测模型、输入超参数、模型训练、判断终止条件以及输出模型参数几部分构成。其中,判断终止条件是根据该步骤的计算结果,确定下一步的数据处理流向。即如果不满足终止条件,系统转到"输入超参数"模块,用新的超参数继续模型训练,否则,输出模型参数,结束模型训练。这里的终止条件可以是事先确定的迭代次数,也可以是模型的预测误差或预测正确率。

(4)模型测试系统。该系统的功能主要是依据训练好的模型,将新的数据集输入模型后再输出模型的预测结果, 该预测结果用于衡量模型

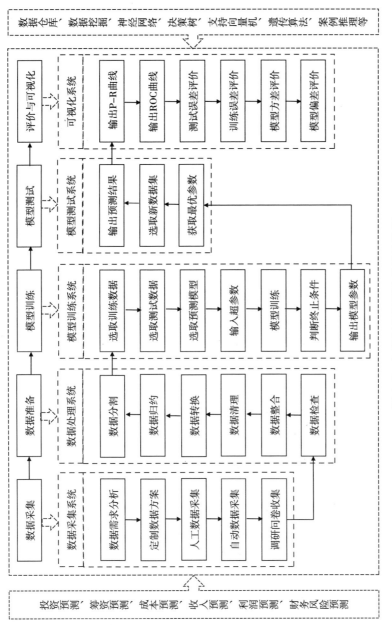

图 4-8 智能财务预测信息系统流程

235

的泛化能力,它由获取最优参数、选取新数据集以及输出预测结果三部分构成。

(5)可视化系统。该子系统主要是通过一系列的可视化工具,以直观的形式向客户展示模型的性能,即对模型的训练误差、预测误差、方差和偏差以图形方式展示。可视化输出结果主要有 P-R 曲线、ROC 曲线、训练误差评价、预测误差评价、模型方差评价和模型偏差评价。

(二) 智能财务分类预测与回归预测应用场景

在第二节智能财务预测的对象和分类中,曾将智能财务预测分为回归预测和分类预测。由于回归或分类预测的每一类预测其数据处理流程相似,故在下文中讨论智能财务预测的应用场景时,将智能财务预测应用场景分别按照回归预测应用场景和分类预测应用场景分别进行讨论。

1. 智能财务分类预测应用场景

智能财务分类预测包括智能投资预测、智能筹资预测以及智能财务风险预测,其中,智能财务风险预测又包括智能财务困境预测和智能财务舞弊预测两种。由于这几种预测结果都是二元状态(是或者不是),也称为二分类预测。这几种预测的数据流程完全一样,所不同的是他们的预测指标有所差异。预测的步骤如下:

(1)首先通过"数据采集系统"人工或自动收集数据,如果从常规的数据库、外部系统和互联网上难以获取所需的数据,则还需通过问卷调查的方式获取原始数据,整理后存入相关数据库。由于影响投资预测、筹资预测和财务风险预测的因素不完全相同,在构建预测指标体系时也存在很大的差异,因此,在采集数据前应做好数据需求分析,明确数据的采集目标和采集方向,确定数据源,为后续的数据采集打下良好的基础,少走弯路。

(2)将采集到的所有原始数据分别存放到数据仓库中,再通过"数据处理系统"进行数据的预处理,这一过程在数据挖掘中称为"数据准备"。只有将这些杂乱的、不规则的、含有噪声的数据进行处理后,才能变为后续预测模型能够接收的数据。

(3)将训练集、测试集数据导入"模型训练系统"中,再从模型库和方法库中选取相应的机器学习模型和算法,开始模型训练。在训练刚开始,需要给定模型超参数的初值、终值和步长,模型会持续这一训练过程,直至达到终止条件为止,最后输出最优模型参数和超参数,模型训练过程结束。

（4）在获得最优模型参数和超参数后,进入"模型测试系统"。该系统将最优模型参数和超参数以及新的数据集代入模型,输出预测结果,这里的预测结果就是二元取值"1"或"0"。以智能投资为例,如果预测结果为1,表示该投资项目"可以投资",否则,"不能投资"。

（5）为了使预测结果能更加直观,"评价与可视化系统"将以二维或三维图形的形式,向客户展示预测结果。比如,决策树模型将以树状结构图形展示分类预测结果,使客户有身临其境的感觉。同时,该子系统还会对模型的各种误差进行评价,包括模型的训练误差、测试误差、方差、偏差以及 P-R 曲线、ROC 曲线等。

2. 智能财务回归预测应用场景

智能财务回归预测包括成本预测、收入预测、利润预测,由于这三种预测结果都是连续数值型变量,故称为回归预测。

智能财务回归预测的数据处理流程与分类预测完全相同,不同之处在于:一是在"数据采集系统"中要重新构建预测指标体系,首先对影响回归预测结果的影响因素进行分析,定制数据采集方案;二是在"模型训练系统"中要认真选取模型,有的模型只能用于分类预测,不可以用于回归预测,比如支持向量机和 Logit 回归模型;三是在"可视化系统"中的误差评价和结果输出上,分类预测一般以分类预测正确率（预测结果与实际值比较）作为评价模型优劣的标准,而回归预测一般以"均方差"等指标来衡量。

二、智能财务决策应用场景

（一）智能财务决策信息系统流程

智能财务决策信息系统流程如图 4-9 所示,从图中可以看出,整个决策系统分别由数据采集系统、数据处理系统、数据管理系统、数据分析

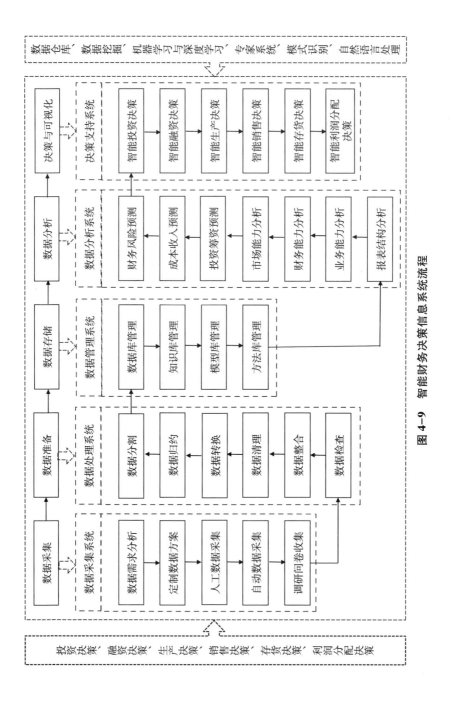

图4-9 智能财务决策信息系统流程

238

系统和决策支持系统五个部分组成。各子系统功能如下：

（1）数据采集系统。与智能财务预测信息系统流程相似，数据采集系统主要功能是对影响财务决策的结构化、半结构化和非结构化的财务数据和业务数据进行采集，该子系统主要由数据需求分析、定制数据方案、人工数据采集、自动数据采集和调研问卷收集五个子系统构成。

（2）数据处理系统。数据处理系统的功能是对数据采集系统中采集到的原始数据进行数据预处理，以满足后续数据建模需要，该子系统由数据检查、数据整合、数据清理、数据转换、数据归约以及数据分割五部分构成。

（3）数据管理系统。数据管理系统主要负责将经过数据预处理后的数据存入数据仓库中，并按照数据类型和来源分别存放到数据库、知识库、模型库和方法库中，以备后面的数据分析系统和决策支持系统调用。

（4）数据分析系统。该子系统的功能主要是提供决策支持系统所需的信息，比如投资融资预测、成本收入预测以及企业市场能力、财务能力、业务能力等的信息。该子系统分别由报表结构分析、业务能力分析、财务能力分析、市场能力分析、投资筹资预测、成本收入预测以及财务风险预测七个部分组成。

（5）决策支持系统。决策支持系统是该系统的最后一个环节，主要包括智能投资决策、智能融资决策、智能销售决策、智能存货决策，以及智能利润分配决策。

（二）智能财务决策典型应用场景

由于智能财务决策目标的不同，数据分析系统和决策支持系统在信息系统流程上稍有差异，下面分别叙述。

1. 智能投资决策

智能投资决策应用场景主要有五步：一是结合企业发展的短期目标和长远规划，确定当前企业发展过程中最需要投资的目标对象；二是结合数据仓库中企业面临的内外部投资的宏观经济环境数据、行业变化趋势数据，以及同行业竞争对手的相关市场信息数据，结合模型库中的分析模型对企业项目的投资风险和投资成本进行分析，尽可能地使投资风险和投资成本最小化;三是基于对时间价值因素的考虑,结合数据仓库中的净现值、现值指数等相关财务指标,对此次项目的投资收益进行评估;四是对照方法库中历年来企业投资决策的具体实施情况,对现有的投资决策方案进行评价,从中选取最优的投资决策方案;五是作出投资决策前,先参考一下数据分析系统得出的投资预测结果和风险预测结果,最后再综合以上所有信息作出最优决策。

在投资决策中,需要分析投资项目的基本类型,评价投资的资产组合因素,深入分析投资决策指标,模拟投资过程,制定投资决策和风险防范措施。具体而言,一是根据企业内部每年的历史数据对企业的资金组成结构和使用情况以及变化趋势等方面进行分析;二是从时间、财务指标、同行业情况、市场定位、消费者偏好、负债情况等维度对投资环境的变化趋势进行分析,并从时间、行业分类等维度对投资报酬和风险等方面进行分析;三是对投资收益进行预测,采用净现值法、内含报酬率法、回收期法、净现值率法以及机器学习模型等对不同投资项目进行评价;四是结合方法库中的过往历史数据进行判断,选择最优的投资项目。

2. 智能融资决策

企业智能融资决策一般包括企业对融资时间的选取、融资渠道的选择、融资金额的考量、融资成本的计算和融资风险的评估几个方面。在融资决策的实践应用过程中,首先要对财务类指标进行分析,如资产结构、资金的使用情况和当前企业的债务结构等,然后对企业管理人员进行融资所带来的融资成本、资金获取时间的长短和融资方式的选择等方面进行考量,分析不同融资方案给企业带来的风险。在对所有因素进行综合考量后,选择出最优的融资决策方案。

在智能融资决策中,企业财务人员需要先对企业的资产情况和负债情况进行分析,通过建立资产结构、债务结构等多个模型来分析企业的资产构成和债务构成,为企业选择合适的融资方式提供决策依据。人工智能和大数据分析技术在企业融资决策中的应用,改变了传统单一的融资模式,不仅仅依靠银行借款进行企业融资,而是充分利用大数据分析技术的优势,将收集到的资本市场信息、行业政策等外部信息汇总到数据仓库,帮助企业拓宽融资渠道,比如存在企业重组兼并、发行公司债券等多种形式,降低企业的融资成本,提升企业的经济效益。

3.智能利润分配决策

企业的利润分配决策应从三个方面进行考量:一是在满足企业日常生产经营活动和财务状况良好的条件下,着重考量企业经营活动产生的现金流量、资产结构和资产流动性所带来的影响;二是基于股东实际控制权的考量,即在企业日常发展保持稳定的情况下,对股东的实际收入和控制权进行实际考量;三是基于对债权人利益的考量。企业在对股东进行利润分配之前,需要利用企业的现有盈利资金先偿还债务,保护债权人的合法权益。因此,对企业利润构成、利润分配比率等数据综合分析时,应结合企业的负债情况、经营发展情况、股东权益和相关法律法规的要求,确定最佳的利润分配方案。

4.智能经营决策

智能经营决策包括智能生产决策、智能销售决策和智能存货决策三部分。

(1)智能生产决策。智能生产决策可以结合该产品以往的销售情况和当前的库存情况决定最佳的生产数量,降低因产品生产过多而产生的不必要的成本花费。因此需要对产品的销售数量和库存数量进行趋势分析,预测未来的生产数量,辅助制定生产决策方案。

(2)智能销售决策。首先,智能销售决策可以选取原始数据仓库中的产品销售额、销售成本、销售费用、广告宣传费用等业务数据作为财务分析的核算指标,然后通过趋势分析方法在财务决策支持系统中展示产品销售额变化趋势图和产品成本费用的趋势对比图等,辅助企业管理人员制定最优的销售决策方案。

(3)智能存货决策。智能存货决策主要涉及的是材料和产成品的决策,它是为了确定合理可行的经济订货量和订货时间点,以达到在存货上耗费的总成本最小的目的。但由于企业在下一年度产品销售量的不确定性,难以制定出合理的存货决策方案。企业管理人员可以借助以往存货决策支持数据库的信息,并对历史销售数据、存货数量以及用户调研数据,调用模型库中的决策树、神经网络等机器学习模型以及方法库中的相关算法,帮助企业管理人员确定需求量的变化范围和发生概率,并提供最优方案的参考数据。

第五章　智能财务分析可视化

第一节　相关基础性概念、理论与方法

一、相关基础性概念

（一）商务智能的内涵及分类

1. 商务智能的含义

商务智能（Business Intelligence，BI），也称商业智能或商业智慧，即利用基于事实的支持系统辅助制定并优化商业决策的一系列概念和方法。[①]"商务智能"一词最早由汉斯·彼得·鲁恩（Hans Peter Luhn）在IBM内部杂志上发表的一篇文章中提及，指的是一种用于生意处理的信息系统。Gartner公司认为商务智能是一类由数据仓库或数据集市、查询报表、联机分析、数据挖掘、数据备份与恢复等组成的，以帮助企业决策的技术及其应用。[②] 商务智能一经出现，就被认为是继企业资源计划（ERP）之后最重要的信息系统，是改善决策者所获得信息和知识质量的最有发展前景的核心技术。Microsoft公司认为商务智能是任何尝试获取、分析企业数据，以便更清楚地了解市场和客户，改进企业流程，更有效地参与竞争的一种努力；IBM公司认为商务智能是通过智能地使用用户

---

① 陆文婷：《多源信息融合视阈下商务智能体系研究》，《求索》2016年第10期。

② Anderson M., Hitten D., Lett B., "OIS Scenario: The Emerging Electronic Workplace", *Gartner Group*, R-OIS-126, 1996, pp.2-31.

数据来制定更好的商务决策的工具与技术的集合;IDC 公司认为商务智能是下列软件工具的集合:终端用户查询和报告工具、在线分析处理工具、数据挖掘软件、数据集市、数据仓库产品和主管信息系统;Oracle 公司认为商务智能是一种商务战略,能够持续不断地对企业经营理念、组织结构和业务流程进行重组,在合适的时间提供合适的数据访问控制,实现以客户为中心的自动化管理;SAP 公司认为商务智能是一种基于大量数据的信息提炼过程,这个过程与知识共享和知识创造密切结合,完成了从信息到知识的转变,最终为商家提供竞争优势和实际利润。乔纳森·吴(Jonathan WU)通过调查数据证明商务智能是当前企业最关注的技术热点,大规模的或战略性的商务智能实施能够给公司带来预期的回报,但传统的以用户数或有效用户数作为衡量商务智能是否成功的指标存在缺陷,在此基础上提出了评价商务智能的三大类指标,即用户、使用方式、数据繁衍,并据此设计了 10 个具体指标①;罗伯特·布拉萨姆(Robert Blasum)认为,商务智能的核心基础是商务规则,在商务规则基础上,报告生成系统能够自动解释数据,为特定目标设定关键绩效指标(KPI),并为解决问题提供建议。② 盖伦·格鲁曼(Galen Gruman)则认为商务智能不是将一大堆技术工具堆砌在数据上,商务智能项目的设计、规划和实施首先应当从了解商务、商务流程,理解商务运行模式开始,其次必须缩小商务智能解决方案的规模,分析工具和分析引擎并不是越多越好,再次必须使商务智能更加贴近日常运用,最后商务智能不应该只是对历史数据的分析与挖掘,也应该预测未来,通过商务智能功能扩展使其在更加广泛的领域发挥作用,其未来的发展方向在于进行非结构化的数据处理和外部信息分析。③

可见,商务智能是一种技术应用,是一个包含构架、工具、数据库以及

---

① Wu J., "Indicators of Successful Business Intelligence Solutions", *DM REVIEW*, Vol. 16, No.12, 2006, p. 18.

② Blasum R., "Business Rules and Business Intelligence", *Information Management*, Vol. 17, No.4, 2007, P.14.

③ Gruman G., "Rethinking Business Intelligence", *Infoworld*, Vol. 29, No. 14, 2007, pp.22-27.

分析工具的应用与方法的概括性术语,更是一种商业行为——能够应用于企业管理的一种手段,甚至可以称为一种管理思想。简单地说,商务智能是将企业的各种数据及时地转换为企业管理者感兴趣的信息或知识,并以各种方式展现出来,以帮助企业管理者进行科学决策,强化企业的竞争优势①,也就是一种从组织历史数据中整合数据,获取信息,加以分析,形成知识或情报,从而帮助组织了解运作状况并进行分析、预测、计划的方法和过程。②

2. 商务智能的演进

商务智能的出现是一个渐进、复杂的演进过程,大体经历了事务处理系统(Transaction Processing System, TPS)、经理信息系统(Executive Information System, EIS)、管理信息系统(Management Information System, MIS)、决策支持系统(Decision Support System, DSS)和智能决策支持系统(Intelligence Decision Supporting System, IDSS)等几个阶段,且仍在发展中。随着数字技术在商务智能上的运用,越来越多的学者认为,商务智能会成为一种全新的高级信息系统,而不仅仅是决策支持系统中的一部分。③ 作为一种战略信息系统,商务智能通过集中的数据存储机制,可以最大限度地对数据信息加以利用④。在大数据环境下,数据驱动的商务智能是大数据在企业决策与管理中的重要应用⑤,其数据来源的维度与广度有了质的飞跃,更加实时、细颗粒度的数据以及来源于不同传感器的

---

① 周瑾、黄立平:《知识管理和商务智能关系研究》,《科学学与科学技术管理》2009年第3期。

② 胡翠华、陈登科:《商务智能在我国的发展现状、问题及其对策》,《科技管理研究》2007年第10期。

③ Power D. J., "Decision Support Systems: Concepts and Resources for Managers", *Information Systems Management*, Vol.20, No.4, 2002, pp. 80−84.

④ Watson H. J., Goodhue D. L., Wixom B. H., "The Benefits of Data Warehousing: Why Some Organizations Realize Exceptional Payoffs", *Information & Management*, Vol.39, No.6, 2002, pp. 491−502.

⑤ Arunachalam D., Kumar N., "Benefit−Based Consumer Segmentation and Performance Evaluation of Clustering Approaches: An Evidence of Data−Driven Decision−Making", *Expert Systems with Applications*, Vol.111, 2018, pp. 11−34.

数据被广泛收集利用①,这时的商务智能无疑被赋予了新的内涵:(1)商务智能分析更加敏捷,实时的活数据与精准匹配的不同来源数据被应用于商务智能分析;(2)商务智能分析能够帮助企业完善知识表达,新的技术与管理学方法模型的不断加入,提高了预测与分析的可解释性;(3)商务智能应用促进了业务流程的快速变化,带来了深层次的组织管理变革;(4)传统产品和行业被迅速地互联网化,新型商务智能应用不断涌现。②

　　商务智能是一个复杂系统,即是一类组成关系复杂且有自组织性、不确定性和涌现性的系统。③ 商务智能系统(Business Intelligence System,BIS)是指运用数据仓库、联机分析和数据挖掘技术来处理和分析商业数据,针对不同行业或特定应用领域,提供量身定做的解决方案,协助用户解决商务活动中的复杂问题,从而帮助企业决策者面对商业环境的快速变化做出敏捷的反应和更合理的商业决策的管理系统。④ 从复杂社会技术系统看,商务智能系统要连接技术和社会两大系统及其交错相连的子系统,通过数据、信息和知识三个层面的交互,涌现出商务智能的新思维、新方法和新模式。其中,技术系统通过数据赋能数据层、分析层和应用层实现商务数据融合、智能商务分析和商务模式创新,涉及工具、技术、操作系统和专业知识等因素;社会系统通过网络协同企业资源、管理、组织和流程实现智能赋值创新,涉及人、价值观和信念等因素。⑤⑥ 商务智能系

　　① Liang T. P., Liu Y. H., "Research Landscape of Business Intelligence and Big Data Analytics:A Bibliometrics Study", *Expert Systems with Applications*, Vol.111, 2018, pp. 2-10.

　　② 吴江、邹柳馨、胡忠义:《大数据环境下电子商务学科的智能化转型和商务智能研究》,《图书情报知识》2020 年第 5 期。

　　③ Hoyland S., Holte K., Gressgard L., et al., "Exploring Multiple Working Arrangements in Norwegian Engineering, Procurement, and Construction Industry From A Middle Manager and Supervisor Perspective:A Sociotechnical System Perspective", *Applied Ergonomics*, Vol.76, 2019, pp. 73-81.

　　④ 孙海侠:《商务智能系统的架构及技术支持》,《情报技术》2005 年第 2 期。

　　⑤ Fink L., Yogev N., Even A., "Business Intelligence and Organizational Learning:An Empirical Investigation of Value Creation Processes", *Information & Management*, Vol.54, No.1, 2017, pp. 38-56.

　　⑥ Trist E., Bamforth K., "Some Social and Psychological Consequences of the Longwall Method of Coal-Getting", *Human Relations*, Vol.4, No.1, 1951, pp. 3-38.

统的成败不仅取决于技术因素,环境、人员、组织等社会因素也起着重要的作用①,目前来看主要有两个方面:一是技术本身,以人工智能、区块链等为主的新兴技术正在以颠覆性的潜力为商务智能带来方法和思路的变化②;二是来自人类社会,面对着复杂性和不确定性围绕的现代社会,企业大数据思维与管理实际脱节,大数据使能得不到充分发挥。③ 这一切实质上都可以归结为一个大数据融合而不是一个单纯的整合问题。也就是说,只有基于融合性大数据④,商务智能系统才能发挥出辅助或支持企业决策、创造和现实企业价值的最大作用。基于大数据融合的新型商务智能是商务智能系统目前的着力点和未来的发展方向,它与传统商务智能的最大区别在于:基于大数据融合建立数据互联网,即实现商务大数据的"连接""互动""结网",即在数据层与分析层的协同中实现大数据连接,在分析层与应用层的协同中实现数据互动,在技术系统与社会系统的协同中实现数据结网。

(二) 可视化的内涵及分类

1. 可视化的概念

可视化是指在人脑中形成对某人或某物的图形或图像,是一个心智处理过程,促进对事物的观察力及建立概念等。也就是说,可视化实际上是指制作图形或图像的过程,是利用人的视觉、通过可视化表达来完成某些任务和达到预期目的一种技术制图过程。可视化的呈现形式一般

---

① Dong X. L., Srivastava D., "Big Data Integration", *Synthesis Lectures On Data Management*, Vol.7, No.1, 2015, pp. 1-198.

② Panetta K., *Gartner Top 10 Strategic Technology Trends for 2018*, https://www. Gartner. Com/Smarterwithgartner/Gartner-Top-10-Strategic-Technology-Trends-For-2018/.

③ Zhong R., Newman S., Huang G., et al., "Big Data for Supply Chain Management in the Service and Manufacturing Sectors: Challenges, Opportunities, and Future Perspectives", *Computers & Industrial Engineering*, Vol.101, 2016, pp. 572-591.

④ 大数据融合是一个多学科跨领域的学术和现实问题,它的任务是将碎片化的数据相联系,将分散的数据加以集中形成表层知识,即知识资源,进而使隐性知识显性化,使表层知识上升为普适机理,从而在数据资源、知识资源与用户之间建立有效的联系,缓解数据的无限性、知识的零散性与用户需求之间的矛盾,最大限度地提升大数据的价值。目前最主要的难点和痛点是大数据逻辑孤岛和物理孤岛的存在。

是图形或图像。可视化的目的是洞察数据、发现信息、作出决策或解释数据。

2. 可视化的分类

"理解任何现象的第一步是对其进行分类。"①根据处理对象和目的的不同,可视化可以分为科学计算可视化、知识可视化、信息可视化和数据可视化。根据信息或数据传递方式的不同,可视化也可以分为探索性可视化和解释性可视化两大类,前者是指在数据分析阶段,不清楚数据中包含的信息,希望通过可视化快速地发现特征、趋势和异常,是一个将数据中的信息传递给可视化设计和分析人员的过程;后者是指在视觉呈现阶段,依据已知的信息、数据和知识,以可视的方式将他们传递给数据或信息使用者。这些类型的可视化并不是一种非此即彼的关系,而是相辅相成的,只是在可视化发展的不同阶段各有侧重而已。

人类正在从信息技术(IT)时代走向数字技术(DT)时代,可视化发展已经进入了数字可视化阶段。数字可视化的前身是信息可视化,或者说它与信息可视化是一脉相承的。信息可视化是在计算机协助下,对信息的一种可见的、交互的表示,可用于知识发现、信息理解、信息检索、信息系统界面设计等。"信息可视化"一词最早出现在 1989 年斯图尔特·卡德(Stuart K. Card)、约克·麦金利(Jock D. Mackinlay)和乔治·罗伯逊(George G. Robertson)的论文中②,其起源可以追溯到 1786 年苏格兰政治经济学家威廉·普莱费尔(William Playfair)在其著作《商业与政治图解集》(*The Commercial and Political Atlas*)中使用了柱形图、折线图,并发明了饼状图和圆图等。③ 数据可视化是数字技术针对大规模数据即大型

---

① Simon H. A., *The Sciences of the Artificial*, Cambridge: MIT Press, 1969, pp.1-30.

② Roberson G. G., Card S. K., Mackinlay J.D., *The Cognitive Co-Processor for Interactive User Interfaces*, Proceedings of UIS'89, ACM Symposiom on Userinterface and Software and Technology, 10-18, 1989.

③ W. Playfair, *The Commercial and Political Atlas*, London: Cambridge University Press, 1786, pp.12-30.

关系数据或数据仓库的一种可视化应用,主要用于数据治理、过程控制、查询优化、决策支持和数据自身管理与维护等。数字可视化可以追溯到1983年耶鲁大学统计学教授爱德华·塔夫特(Edward Tufte)发表的数据图理论。[1] 典型的数据可视化情形是:(1)面对大数据怎样理解它们;(2)利用人的感知系统和数字技术(主要是可视化技术)将其转换为图形或图像。当然,信息可视化也涉及数据问题,但是这些数据往往是抽象数据,也就是非物理数据,主要包括网络文本信息、网络运行状态、分布环境算法和多媒体数据等。

数字可视化的产生与发展离不开科学计算可视化的强力推动。科学计算可视化是将可视化技术、应用数学、图形学、计算机科学与科学计量学结合起来,将科学前沿领域的海量文献数据信息转换为可视化图形或图像的一种交叉科学研究方法。它可以通过绘制科学知识图谱——以科学知识为研究对象显示科学知识发展进程与结构关系的计量图形,直观地展示某一领域的总体图景、发展动态和结构特征。科学计算可视化主要由地球资源学、物理学、计算机科学等领域中从事大型计算研究的科学家领导,主要基于物理世界和自然科学中的数据,其核心是将三维数据转换为图形或图像,涉及标量、矢量、张量和流场的可视化,以及数值模拟及计算的交互控制,数据的存储、处理和传输,图形图像处理的向量及并行算法等。科学计算可视化虽然不涉及商业数据、金融数据、文献信息、抽象概念等现实社会和社会科学中的数据与信息,所使用的方法也有很大的不同,但是它对信息可视化和数据可视化的研究与应用起到了很大的推动作用。

数据可视化不同于传统可视化,属于科学可视化范畴。传统可视化具有抽象性、静态性和实在性,表现形式以表格、图形、文本等为主,相对简单,受众单一且被动地接收信息,侧重知识表达。科学可视化具有直观性、动态性或实时性、虚拟性,表现形式集图形、图像、声音、动画、视频等

① Edward R., Tufte, *The Visual Display of Quantitative Information*, Florida: Graphics Press, 1983, pp.2-36.

为一体,集成复杂,受众多元且主动交互接收信息,侧重知识挖掘。目前,数字可视化的理论与方法已日趋成熟,可以为智能财务分析制图与研究提供更易于人们理解的表达和分析手段。

(三)可视化技术的内涵及其分类

1.可视化技术的内涵

可视化技术最早是针对科学计算提出的,目前多集中在数据或信息可视化方面。可视化技术是指解释图像数据和根据复杂多维数据集合生成图像,即对数据进行直观地可视表达的一种技术工具。具体而言,它是一整套运用计算机图形学、图像处理技术和人机交互技术等,将数据转换为图形、图像、视频或动画并在屏幕上显示出来以增强认知,允许用户对数据进行交互处理,以便于人们接收、理解原始数据或信息的理论、方法和技术。可视化技术并不是一个单独的概念,而是与信息图形、统计图形以及科学可视化等密切相关,是一种涉及计算机图形学、图像处理、计算机视觉、计算机辅助设计、几何学、感知心理学和人机交互等多个领域,系统研究数据表示、数据处理、决策分析等一系列问题的综合技术。

2.可视化技术的分类

可视化技术一般从数据类型、显示方式、交互方式、任务分析和基于模型等角度来分类。本·施奈德曼(Ben Shneiderman)从数据类型的一维、二维、三维、时间、多维、层次和网络等数据分类角度将可视化技术分为七大类[1],斯图尔特·卡德(Stuart K. Card)等将一维数据称为物理数据。[2] 凯姆(Keim)和克里格尔(Kriegel)按照五种显示方式将可视化技术分为面向像素的技术、几何投影技术、基于图标(有形编码、颜色图标、脸图、树枝图、星雕图等)的技术、层次(n-Vision、多维重叠、树图等)技术和

---

① Shneiderman, B., "The Eyes Have it: A Task by Data Type Taxonomy for Information Visualization", *IEEE Symposium On Visual Language*, 1996, pp.336–343.

② Card S., Mackinlay J., Shneiderman B., "Readings in Information Visualization: Using Vision to Thinking", San Francisco: Morgan Kaufmann Publishers, 1999, pp.3–26.

基于图的技术。[1]　布亚(Buja)基于交互功能,即聚焦(Focusing)、链接(Link-ing)和视图排列(Arranging views)将可视化技术分为静态视图显示和交互处理两大类[2],曲瓦(Chuah)和罗斯(Roth)也总结了基于可视化交互的技术集合,包括输入、输出和处理技术。[3]　韦赫德(Wehrend)和路易斯(Lewis)按任务分析,也就是那些与应用领域无关的任务,即定位、识别、区分、分类、聚类、分布、排序、实体比较、关联和相关将可视化技术进行了分类。[4]梅勒妮·托里(Melanie Tory)和托斯滕·姆勒(Torsten Mller)给出了基于模型(Model-Based)的可视化技术分类,注意到数据类型是变化的,即可视化算法的开发者和可视化系统的用户可以对数据作出自己的解释。[5]当然这些分类标准不是唯一的,可以组合多种因素进行可视化技术分类。池(Chi)采用数据状态参考模型即四种数据状态(Data Stages)、三种数据转换(Data Transformation)以及四种内部状态算子(Within Stage Operators)来划分可视化技术。凯姆(Keim)则给出了一个同时考虑数据类型、表现功能和交互功能的分类方案,将显示方式分为标准 2D/3D 显示(Standard 2D/3D Display)、几何转换显示(Geometrically-Transformed Display)、图标显示(Iconic Display)、密集像素显示(Dense Pixel Display)和重叠显示(Stacked Display);数据类型分为一维、二维、多维、文本/Web页、层次/图、算法/软件六大类;交互技术分为标准、投影、过滤、缩放、变形、连接和刷(Brush),然后用显示方式、数据类型和交互技术构成一个三维正交分类框架,使每一种可视化技术都可以在其中找到自己的位置,其

---

①　Keim D. A., Kriegel H. P., "Visualization Techniques for Mining Large Databases: a Comparison", *IEEE Transactions on Knowledge and Data Engineering*, Vol. 8, No. 6, 1996, pp. 923-936.

②　Buja A., Cook D., Swayne D. F., "Interactive High-Di-Mensional Data Visualization", *Journal of Computational and Graphical Statistics*, Vol. 5, 2003, pp. 78-99.

③　Chuah M., Roth S., "On The Semantics of Interactive Visualization", *Proceedings of IEEE Visualization*, 1996, pp. 29-36.

④　Wehrend, S., C. Lewis, "A Problem-Oriented Classification of Visualization Techniques: *Processing of IEEE Visualization*, 1990, pp. 139-143.

⑤　Tory M., Möller T., *A Model-Based Visualization Taxonomy*, *Computing Science Dept.*, Simon Fraser Univ, 2002, pp. 3-32.

中正交的意思就是每一种显示方式与每一个数据类型或交互技术都可以组合。①②

除此以外,弗雷塔斯(Freitas)等认为可视化技术可以归为两大类:一是展示信息特征和数据值的;二是展示信息或数据集合关系的。也就是说对信息或数据的可视化处理是有层次的,从信息或数据的属性即特征和数据值,到信息或数据单元间的结构,再到隐藏在它们之间的关系。斯图尔特·卡德等则从功能上将可视化技术分为信息空间、工作空间、认知工具和文献四个层面。③ 其中,信息空间或数据空间是指研究数据信息资源、大型数据库及文献集的可视化,包括数据信息内容、存放地点以及数据信息结构等属性;工作空间是指可视化表现空间,有两维、三维或多维之分,需要针对特定数据信息对象和可视化需求,研究数据信息组织、存取以及空间显示方式等;认知工具是指帮助用户理解数据信息的可视化工具,它应用特定或适配可视化技术实现一种或几种可视化功能,通常为用户提供静态和动态图形等类型的可视化;文献是信息或数据检索可视化的最小单元,主要研究文献内容、结构、属性的可视化问题。

(四) 数据分析与可视化

可视化分析的核心内容是数据分析,不同领域对数据分析的理解和侧重点并不一致。一般而言,代表性的数据分析可以分为探索式数据分析、验证性数据分析、挖掘性数据分析和预测性数据分析。

1. 探索性数据分析

探索性分析是美国当代著名统计学家约翰·图基(John W Tukey)在20世纪60年代开创的一个新的统计研究领域。探索性数据分析是指对已有数据在尽量少的先验假设下通过作图、制表、方程拟合、计算特征量

① Keim D. A., "Information Visualization and Visual Data Mining", *IEEE Transaction on Visualization and Computer Graphics*, Vol.8, No.1, 2000, pp.1−8.

② Keim D. A., "Visual Exploration of Large Databases", *Communication of ACM*, Vol.44, No.8, 2002, pp. 38−44.

③ Card S., Mackinlay J., Shneiderman B., *Readings in Information Visualization: Using Vision to Thinking*, San Francisco: Morgan Kaufmann Publishers, 1999, pp.3−26.

等手段探索数据的结构和规律的一种数据分析方法,目的在于洞悉数据原理、发现潜在的数据结构、抽取重要变量、检测离群值和异常值、测试假设、发展数据精简模型以及确定优化因子设置。探索性分析是一种有别于传统统计分析的新思路,更多关注数据本身,包括数据的结构、离群值、异常值和数据导出的模型等。其基本流程是:问题、数据、分析、模型和结论;基本特点是:(1)从原始数据入手,让数据说话;(2)从实际出发,不以某种理论为依据;(3)分析工具简单直观,便于普及。

在商务智能的核心技术中,联机分析处理(OLAP)就是一种交互式探索大规模多维数据集的探索性分析。OLAP 是数据汇总聚集工具,帮助简化数据分析,基本功能是汇总和比较,通过上钻、下钻、旋转、切片来完成,用一种直观易懂的形式将查询结果提供给用户,方便于非数据处理专业人员更好地分析数据。而数据立方(Data Cube)可用于记录包含数十个维度、数百万数据项的数据集,并允许在其基础上构建多维度的层次结构。通过对数据立方不同维度的聚合、检索和数值计算等操作,可完成对数据集多维度的探索性分析。

2. 验证性数据分析

验证性数据分析强调通过分析数据来验证或证伪已提出的假设。常规的验证性数据分析包含三个步骤:一是描述性数据分析,即通过数据拟合、特征计算和作图造表等手段,探索规律性的可能形式,确定相适应的数据模型和数值解法;二是模型选定分析,即在探索性分析的基础上计算若干类似模型,通过进一步分析选定模型;三是推断分析,即使用数理统计等方法,推断和评估选定模型的可靠性和精确度。验证性数据分析的基本流程是描述性分析、模型选定、推断分析,最后得到结论。

3. 挖掘性数据分析

数据挖掘是指从数据中计算适合的数据模型,并分析和挖掘大量数据背后的知识。数据挖掘与数据可视化是处理和分析数据的两种思路,均已成为科学探索、工程实践和社会生活中不可或缺的数据处理与发布手段。数据挖掘主要是通过计算机自动或半自动地获取数据隐藏的知识,并将获取的知识直接给予用户;数据可视化是将数据呈现为用户易于感知的图形符号,让用户理解数据的本质,它更善于探索性数据的分析。当然,数据挖掘领域也注意到了可视化的重要性,提出了可视数据挖掘的方法,即将原始数据和数据挖掘的结果用可视化方法予以呈现。数据挖掘与探索性数据分析有较大差别,前者关注模型的选择和参数的调节,而后者是将聚类和异常检测看作是探索式过程。

4. 预测性数据分析

预测性数据分析是利用预测模型预判事物或事件未来发展趋势的一种数据分析方法。预测模型是运用科学的数学模型得出未来某个事件发生的可能性,借以回答"将来会发生什么"。预测模型是建立在描述性模型之上来预测未来行为的,并不局限于使用历史数据,而是经常使用不同来源的结构化和非结构化数据,并通过提供一个关于未来可能发生的事件的浓缩报告,使决策者做出科学、明智和准确的决策。它涵盖了多种高级的统计模型以及复杂的数学概念,如随机森林、SVM 等。

二、相关基础性理论

(一) 可视化的基础理论

1. 可视化模型

可视化在发展过程中形成了众多参考体系结构模型。斯图尔特·卡德等(1989)最早提出可视化是从原始数据到可视化形式再到人的感知认知系统的可调节的一系列转换过程[①],它是经典的可视化流程模型,如图 5-1 所示。

根据卡德的理论模型,可视化过程分为 3 个阶段:数据转换,即将原始数据转换为数据表形式;可视化映射,即将数据表映射为可视化结构,具体由空间基、标记以及标记的图形属性等可视化表征组成;视图变换,即将可视化结构根据位置、比例、大小等参数设置显示在输出设备上。后

---

① Roberson G. G. , Card S. K. , Mackinlay J. D. , *The Cognitive Co-Processor for Interactive User Interfaces* , Proceedings of UIS'89 , ACM Symposiom On Userinterface and Software and Technology , 1989 , pp.10-18.

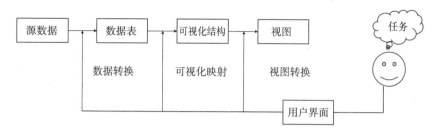

图5-1 斯图尔特·卡德等提出的信息可视化流程模型

续学者提出的可视化流程模型都是对卡德模型的进一步扩展。

丹尼尔·凯姆(Daniel Keim,2002)提出的可视化分析流程描述了人机交互如何将数据挖掘和可视化分析紧密结合①,如图 5-2 所示。该流程的起点是输入数据,终点是用户提炼的知识,其中交互的可视化方法和数据挖掘方法都可以实现从数据到知识的转变,两种途径的中间结果分别是数据的交互可视化结果和从数据中提炼的数据模型,用户既可以对可视化结果进行交互修正,也可以调节参数以改进模型。

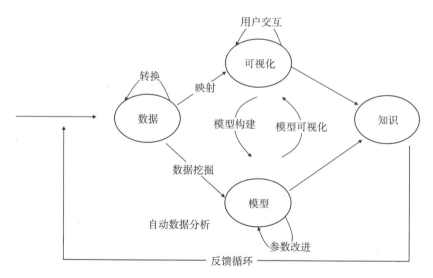

图5-2 丹尼尔·凯姆提出的可视分析标准流程

---

① Keim D. A., "Information Visualization and Visual Data Mining", *IEEE Transaction on Visualization and Computer Graphics*, Vol.8, No.1, 2000, pp. 1-8.

本·弗莱(Ben Fry,2009)将可视化数据的流程分为7个步骤：获取、分析、过滤、挖掘、表述、修饰和交互,并阐述了步骤之间的相互影响①,如图5-3所示。

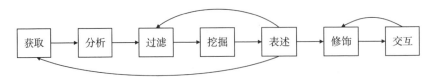

图5-3 本·弗莱提出的可视化数据7步流程

2. 可视化要素

结合丹尼尔·凯姆提出的可视分析标准流程,陈为(2013)总结认为数据可视化流程有3个核心要素。②

(1)数据表示与变换。它是数据可视化的基础,是有效可视化、分析和记录的必经过程,对于该过程的实现,需要有效的数据提炼或简化方法来最大限度地保持信息和知识的内涵。

(2)数据可视化的呈现。它是指将数据转换为可视化表示并呈现给用户,是一种直观、容易理解和操纵的方式。传统一维、二维、三维的几何图形早已得到广泛应用,目前展现多维、层次、网络、时序图形以及展示图形类型成为研究热点。

(3)用户交互。交互是可视化手段辅助分析决策的直接推动力,它具有两方面的作用:一是交互可以缓解有限的空间和数据过载之间的矛盾,可以帮助扩展可视化信息的表达空间,有效解决有限空间和数据量较大之间的差距;二是交互能提高用户的参与度,使用户更好地理解和分析数据,使用户能够自主地探索数据,进而得出结论。

3. 可视化特点

可视化的核心要素也凸显了可视化分析的特点:一是交互性,用户可以方便地以交互的方式管理和开发数据;二是多维性,可以看到表示对象

---

① [美]Ben Fry:《可视化数据》,张羽译,电子工业出版社2009年版,第1—20页。

② 陈为、沈则潜、陶煜波:《数据可视化》,电子工业出版社2013年版,第4—51页。

或事件的数据的多个属性或变量,而数据可以按其某一维的值,将其分类、排序、组合和显示;三是可视性,数据可以用图像、曲线、二维图形、三维体和动画来显示,并可对其模式和相互关系进行可视化分析。

如果将可视化技术看作艺术创作过程,则其最终生成的画面需达到"真""善""美",以有效挖掘、传播与沟通数据中蕴含的信息、知识与思想,实现设计与功能之间的平衡。真,即真实性,指可视化结果准确地反映了数据的本质,数据可视化之真是其实用性的基石;善,即易感知,指可视化结果有利于公众认识数据背后所蕴含的现象和规律;美,即艺术性,指可视化结果的形式与内容和谐统一、美观大方。

（二）财务分析基础理论

1.财务分析的概念

财务分析是以会计核算和报表信息及其他相关资料为依据,采用一系列分析技术和方法,对企业等经济组织的财务状况及其变化进行分析与评价的经济管理活动,旨在帮助企业等经济组织的投资者(股东)、信贷者及其他债权人、经营者及其他利益相关者,了解其过去,评价其现状,预测其未来。财务分析的本质是收集与决策有关的各种财务数据或经济信息,并加以分析和解释的一种技术。

狭义上讲,财务分析是指运用财务报表数据对企业等经济组织过去的财务业绩及未来财务前景所进行的分析与评价,通常包括对企业等经济组织的投资收益、营收盈利、短期支付、长期偿债和企业价值等,也就是盈利能力、营运能力、偿债能力和增长能力进行单项和综合分析与评价,采用的方法主要是比较分析、比率分析、趋势分析和因素分析等,运用的指标主要包括流动比率、速动比率、应收账款周转率、存货周转率、资产负债率、资本金利润率、营业收入利税率和成本费用利润率等。其代表作是利奥波德·伯恩斯坦和约翰·怀尔德(Leopold A. Bernstein,John J.Wild,2001)共同撰写的《财务报表分析——理论、应用与解释》。[①]

---

① Leopold A., Bernstein, John J., Wild, *Financial Statement Analysis*, New York: Mcgraw-Hill College,2001,pp.2-49.

广义上讲,财务分析是一种综合分析,指的是收集与决策有关的各种财务和非财务数据或信息并加以分析和解释的一种技术方法。除了要进行狭义的财务分析外,广义财务分析还非常重视经营分析、投资分析、筹资分析和价值评估分析。也就是说,其分析依据不仅局限于财务报表,而且还有其他财务与非财务、结构与非结构化数据或信息,它是结合企业等经济组织所处的行业环境、企业发展战略和其他社会因素来分析和解释财务数据异常值的。其代表作是埃里克·赫尔弗特(Erich A.Helfert)撰写的《财务分析技术——管理与计量企业绩效的实践指南》①、佩普(Palepu)、伯纳德(Bernard)和希利(Healy)合著的《经营分析与评价——使用财务报表》②和乔治·福斯特(George Foster)撰写的《财务报表分析》③等。

2. 财务分析的内容

财务分析的对象是财务活动,企业财务活动主要包括筹资活动、投资活动、经营活动和分配活动。因此,传统财务分析的一般内容主要包括:(1)资金运作分析,即根据企业的业务战略和财务制度,预测并监督企业现金流和各项资金使用情况,为企业资金的运作、调度与统筹使用提供信息与决策支持;(2)财务政策分析,即根据各种财务报表,分析并预测企业的财务收益和风险,为企业业务发展、财务管理政策或制度的建立及调整提供建议支持;(3)经营管理分析,即参与销售、生产的财务预测、预算执行分析、业绩分析,并提出专业性的分析建议,为业务决策提供专业财务支持;(4)投融资管理分析,即参与投资和融资项目的财务测算、成本分析、敏感性分析等活动,配合上级制订投资和融资方案,防范风险,并实现企业利益最大化;(5)财务分析报告,即根据财务管理制度或政策与业务发展需求,撰写财务分析报告、投资财务调研报告、可行性研究报告等,

---

① Erich A., Helfert, *Techniques of Financial Analysis*: *A Practical Guild to Managing and Measuring Business Performance*, Irwin Professional Publishing, 1997, pp.3-29.

② Palepu, Healy, and Bernard, *Business Analysis & Valuation*: *Using Financial Statements*, Cincinnati: South-Western College Publishing, 2000, pp.23-90.

③ George Foster, *Financial Statements Analysis*, New Jersey: Prentice Hall International Editions, 1986, pp.3-218.

为企业财务决策提供分析支持。

事实上,财务分析的内容是十分丰富的,可以从不同的方面或角度去理解。例如,按照杜邦公司的"杜邦财务分析体系",财务分析要以资本报酬率为统领,沿着资产报酬率、销售净利率、税后净利、销售收入这条主线,层层分解,将企业生产经营活所引起的资产、负债、所有者权益和收入、费用、利润或亏损"尽收眼底",形成一个完整的财务分析系统。再如,按照哈佛财务分析框架①,财务分析应以战略为导向,结合企业等经济组织的内外部环境,从战略分析、会计分析、财务分析和前景分析四个维度进行全面分析,而不应拘泥于分析财务报表数据。其中,战略分析是报表分析的起点,从宏观和整体方面确定影响企业等经济组织的经营和报表数据的因素及潜在风险,评估增长和增值能力;会计分析是在战略分析基础上,辨识关键会计政策,评估会计弹性,去除信息失真,评价财务报表可靠性和相关性;财务分析是在财务报表去伪存真基础上所进行的针对企业等经济组织财务活动或过程的分析,重点关注财务指标或财务数据的异常变化,分析变动原因;前景分析则侧重于预测未来,为企业等经济组织的可持续发展指明方向。最后,按照卡普兰和诺顿的平衡计分卡框架(Balanced Score Card,BSC)②,财务分析应该从财务、客户、业务流程、学习与成长四个方面进行。其中,首先分析回答要在财务方面取得成功,企业应该向股东展示什么;其次分析回答要想实现战略和设想,企业应该向客户展示什么;再次分析回答要使股东和客户满意,企业在哪些业务上应有所处理;最后分析回答要完善战略和使命,企业应如何保持改进和提高的能力。

3.财务分析的程序

财务分析的程序,亦称财务分析的一般方法,是指进行财务分析所应

---

① Andrew Gely., "The Study of Harvard Analysis Framework and Corporate Financial Analysis", *Emerald Insight*, Vol.2, No.4, 2016, pp.283-301.

② Kaplan R. S., Norton D. P., "The Balanced Scorecard Measure that Drive Performance", *Harvard Business Review*, Vol.1, No.2, 1992, pp. 71-79.

遵循或使用的一般规程和方法。沃特—内格斯（Water B. Neigs）等在所著的《中级会计》一书中将其归纳为四个步骤：（1）从企业所提供的各项财务信息中选择与决策有关的信息；（2）将所选择的各项财务信息按适当的方式予以安排，以揭示各项财务信息所隐含的重要关系；（3）研究各项财务信息所隐含的上述关系，并解释其结果。张先治在《财务分析学》一书中将财务分析的步骤界定为三个阶段十个步骤：第一阶段为财务分析准备阶段，包括明确财务分析目的、确立财务分析标准、制定财务分析计划、收集整理财务分析信息四个步骤；第二阶段为财务分析实施阶段，包括财务报表整体分析、财务指标分析、因素分析三个步骤；第三阶段是财务分析报告阶段，包括得出财务分析结论、提出可行措施建议、编写财务分析报告三个步骤。① 后来又进一步将其拓展为四个阶段十个步骤②，即：（1）信息收集整理阶段，一要明确财务分析的目的，二要制定财务分析计划，三要收集整理财务分析所需的相关信息。（2）战略与会计分析阶段，一要进行行业和竞争策略等企业战略分析，二要进行财务报表的会计分析。（3）财务分析实施阶段，一要进行相对数和绝对数财务指标分析，二要进行基本因素分析。（4）财务分析综合评价阶段，一要进行财务综合分析与评价，二要进行财务预测与价值评估，三要编制财务分析报告。

现代企业早已由"看得见的手，即财务数据所支配"③。无论是哪种步骤或方法，开展财务分析的前提无疑是要有充分可靠的数据或信息，所谓"巧妇难为无米之炊"。从广义财务分析角度出发，可以将财务分析数据源分为内部数据源和外部数据源两大类。内部数据是指企业组织内部业务所产生的数据，主要包括会计信息系统（AIS）、管理信息系统（MIS）、企业资源计划系统（ERP）、供应链管理系统（SRM）、客户关系管理系统（CRM）、产品开发管理系统（PDM）、办公自动化（OA）、人力资源（HR）

① 张先治：《财务分析学》，东北财经大学出版社1995年版，第4—10页。
② 张先治：《现代财务分析程序与方法体系重构》，《求实学刊》2002年第4期。
③ ［美］托马斯·约翰逊、［美］罗伯特·卡普兰：《管理会计的兴衰史——相关性的遗失》，金马工作室译，清华大学出版社2004年版，第3—20页。

等来自本单位的各种业务信息系统所提供的数据资源。一般而言,企业
会计信息系统中生成的凭证、余额表、报表等结构化的财务数据是各企业
共同的数据源,而在采购、销售、客户、合同等业务活动过程中产生的数据
则差异较大、参差不齐。因此,报表数据是目前最主要的内部数据,是财
务分析的基础性数据。外部数据是指企业组织以外的经济社会活动所产
生的数据,这些数据主要是指可以用于辅助企业决策的行业数据、政策
数据和其他经济社会数据,可以通过端口衔接,或者利用 Python、文本
和词频分析、ChatGPT 等技术从统计年鉴、行业网站、电商平台上挖掘
爬取。外部数据多属于多源异构数据,去伪、去噪、归一等数据清洗任
务较重。

三、可视化的技术与方法

(一) 可视化图表分类

施奈德曼等(Shneiderman et al.,1999)根据信息特征把信息可视化
分为一维信息、二维信息、三维信息、多维信息、层次信息、网络信息、时序
信息的可视化。[①] 传统一维、二维、三维的几何图形早已得到广泛应用,
总结和归纳如表 5-1 所示。

表5-1　基于展示目的及信息特征的图形选择

展示目的	分布	单变量	数据量小	直方图
			数据量大	密度曲线
		双变量		散点图
	联系	双变量		散点图
		三变量		气泡图
		样本间联系		网络图

① Card S.,Mackinlay J.,Shneiderman B.,*Readings in Information Visualization:Using Vision to Thinking*,San Francisco:Morgan Kaufmann Publishers,1999,pp.3-26.

续表

展示目的	**比较**	基于时间	周期数据	循环数据	星状图
				非循环数据	曲线图
			非周期数据	分类数较少	曲线图或柱形图
				分类数较多	曲线图
		基于分类	二维分类属性	项目较少	柱形图
				项目较多	条形图
			一维分类属性		表内嵌套柱状图
	构成	随时间变化	数据量大		百分比堆积面积图或堆积面积图
			数据量小		柱形图
		静态	项目较少		饼图
			项目较多		柱形图

多维信息、层次信息、网络信息、时序信息的可视化一直是学界研究的重点和热点。多维数据是指采用传统二维图表方式难以表达的大量、复杂的数据,常见的有散点图矩阵、平行坐标系方法、圆形坐标系的可视化结果等。层次信息主要是指具有等级或层级关系的数据,如 Windows 操作系统的资源管理系统和图书馆对图书的分类管理等信息,呈现层次信息的主要图形是树形图或树枝状图。网络数据是指具有网状结构的数据,其核心是布局设计,主要分为力导向(Force-directed)布局、分层布局和网格布局三种。时序可视化是指具有时间属性的数据集,展现时可采用静态或动态方式,前者是利用多视角的数据对比来体现数据随时间变化的趋势和规律,后者是采用动画方式展现。海量高维数据在可视化时,会产生视觉混淆,影响可视化效果,不少学者结合聚类、过滤、交互等方法来提高展示效果。

（二）可视化工具

可视化工具种类繁多、五花八门,并没有绝对优劣之分。Microsoft

Excel 是常用的入门级数据可视化工具,但如果想要高质量的数据图就不能止步于此。目前的可视化工具大体有三类:一是以 Power BI、Tableau 为代表的商业化可视化软件;二是开源数据分析中的可视化包,如 R、Python;三是基于 Web 开发的可视化 JavaScript 库。这三大类可视化工具各有优缺点,学术界主要是统计学界的数据可视化大多基于 R 语言进行静态绘图,商业环境中的可视化主要是面向普通大众,具有交互性的可视化工具更适用于交互性数据展示,但这些工具应用要求具有计算机编程背景。几种具有代表性的可视化工具简要介绍如下:

1. 以 Power BI、Tableau 为代表的可视化工具

提供易用的可视化图表已是商务智能产品的标配。数据仪表盘、数据驾驶舱等个性化数据展现日趋流行,都可以迅速提供高端的可视化图表。

例如,Microsoft Power BI 可以快速连接多种数据源,进行数据处理及分析建模,生成动态化图表。无论数据是简单的 Microsoft Excel 工作簿,还是基于云的数据仓库和本地混合数据仓库的集合,Power BI 都可以轻松地连接到数据源,通过 Power BI 图表化控件实现可视化展示,方便与他人实现共享。

再如,Tableau 是商业智能可视化软件的优秀代表,优点在于用户不用编写代码,采用拖拉拽方式就可以实现交互、直观的可视化方案。它不仅支持 Excel、传统结构化数据库的数据源,还支持 Hadoop 等大数据平台,通过提供众多内置图形控件,可以快速将数据转换为交互式仪表板。缺点是价格比较昂贵,可视化图形素材不够丰富,地图可视化需要连接互联网。

2. 以 R 语言为代表的开源可视化包

R 语言是一种免费、开源的编程语言,不仅内置了齐全的统计、数据挖掘、机器学习、空间计量的分析包,而且有强大的数据可视化包(ggplot2),在可视化领域享有盛名。ggplot2 把图层概念引入作图中,将绘图视为一种映射,摒弃了直接定义柱状图、散点图等具体图形的做

法,通过定义线条、方块等各种底层组件来合成复杂图形,可以简洁、快速地创建层次图、地图、网络图等各类复杂图形。与 R 语言类似的,还有 Python 的 matplotlib 库。作为大数据分析流行的分析工具,它们可以帮助分析者快速实现可视化,但是对数据交互支持不够理想。用户要利用它们实现可视化,还必须掌握 R、Python 的语法和环境。

3. 以 D3 为代表的 Web 可视化控件

Web 交互可视化通常需要同时使用多项技术,HTML(超文本标记语言)用于显示页面内容,CSS(层叠表)用于样式设计,JavaScript 用于交互,SVG(可缩放矢量图)用于绘制图形,而 D3(Data – Driven Documents)就是一种综合解决多项技术的 JS 库,常被用作 Web 系统的前端基础图形库。D3 能够把数据和 HTML、SVG 和 CSS 结合起来,创造表现多样性、效率高、可访问强的可视化图形,是目前最优秀的可视化库。当下互联网上有诸多 Web 可视化工具包,具有开源、免费、可定制性强的特点。对于这些工具包的使用,需要用户熟悉 JS、CSS、HTML 等前端语言。

(三) 敏捷商务智能 Power BI 简介

1. 商务智能技术框架体系

商务智能系统架构是对商务智能系统的构成要素、关键组成部分以及整体结构之间的关系进行界定,并通过识别和理解数据在系统中的流动过程,以及数据在企业中的应用过程来提供商务智能系统应用的主框架。商务智能产品是不断演化的。目前最受推崇的是 Gartner Group 提出的商务智能系统架构,它由交易系统层、基础设施层、功能层、组织层、商务层 5 个层面自下而上构成,如图 5-4 所示。

(1)交易系统层,是指企业的业务系统,如企业资源计划(ERP)、客户关系管理(CRM)、供应链管理(SCM)、遗留系统(Legacy System,LS)等。这些系统是原始数据的来源地,商务智能软件可以通过应用程序接口来访问这些系统。

(2)基础设施层,负责对来自交易系统层的原始数据进行抽取、转

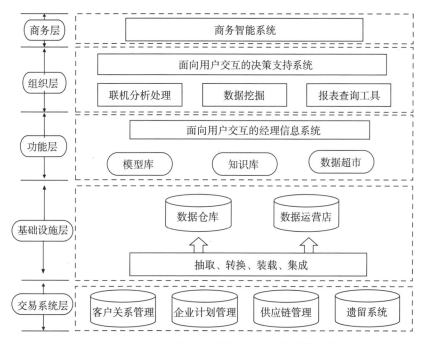

图 5-4　Gartner Group 提出的商务智能系统架构

换、装载等加工,经过一系列清洗将其装入数据仓库和数据运营店,在加工过程中必须保证数据质量和元数据的一致性。

(3)功能层,是系统的核心层,其主要功能是分析存储的数据,管理用户关注的信息,辅助企业运营和战略实施。功能层的数据管理通常采用模型库、知识库、数据集市等推理工具。

(4)组织层,是针对系统前后台分析、绩效管理及活动监控集中起来的管理,需要组织成立技术支持部门,实施过程中应有方法论,涉及的决策支持工具大致分为三种类型:联机分析处理、数据挖掘、报表查询工具。

(5)商务层,把战略推向执行,旨在实现对财务指标与非财务指标的衡量。

商务智能集成了大量数据,对其进行加工并从中提取能够创造商业价值的信息,服务企业的业务层、管理层和决策层,涉及企业战略、管理思想、业务整合和技术体系等各个层面,是融合了数据仓库、联机分析处理、数据挖掘等先进技术与创新管理理念的结合体,可以促进从信息到知识再的转变。

2. PowerBI 特点及其对财务分析的适用性

2010 年,微软开发出 Power Pivot SQL Server 2008 R2,随后逐步形成了自助式商业智能 1.0 系列产品。2015 年,微软整合推出了 Power BI Desktop,开始步入自助式商业智能 2.0。现在已经形成 Power BI Desktop 的 Windows 桌面应用程序,Power BI Online Service 的联机 SaaS(软件即服务)和 Power BI 移动应用(适用于 Windows、iOS 和 Android 三大平台),成为全球商务智能的领军产品。Power BI 能较好地支持财务分析,具有以下特点:

(1)数据源丰富。Power BI 支持 100 多种数据源,包括文件源如 xlsx、csv、txt 等;数据源如 Access、SQL Server、MySQL、DB2 等;其他源如网页、Python 脚本、R 脚本等。丰富的数据源使 Power BI 可以将获取到的企业数据系统中的数据和外部数据进行整合,解决了会计人员无法对不同数据源的数据进行比较的难题。

(2)数据处理可记录。Power BI 的数据处理工具 Power Query 是强大的 ETL 工具,对每一步数据处理都进行了记录,在数据处理失误时可以查看相应的步骤,分析失误的原因,避免重复进行数据处理。此外,Power Query 的数据处理操作更加简单易懂,不需要 SQL 的编写代码,也不需要 Excel 的编写公式,进一步提高会计人员的分析效率。

(3)数据建模便捷。数据建模是联机分析处理的前提,数据建模后,财会人员才能对数据进行切片、切块、上卷、下钻等操作,从多个角度对财务数据进行多维分析。在传统的 Excel 表格操作,只能通过 Vlookup 等函数将多张数据表合并成一张"宽表",没有数据建模的概念,"宽表"之间也没有可比性,同时花费较多的数据处理时间。而在 Power BI 中,财会可以通过拖拽的方式建立数据模型,且数据模型直观可视,便于对模型进行检查与修改。

（4）可视化交互效果丰富。Power BI 具有丰富的可视化图表,可以满足会计数据的多种展现方式,具有高效的图表间相互交互与人机交互的特点。此外,其具有简单的 AI 可视化分析控件,如决策树、自动聚类等,使审计人员不需要数据分析编程语言的协助,就能够发现数据背后的深层次规律,把握业财大数据的基本情况。

（5）支持数据挖掘。财会人员只有应用更深层次的数据挖掘方法和工具,才能实现高价值的数据分析,例如回归分析、聚类分析、机器学习等。但是传统分析工具都不具备此功能,财会人员需要通过其他工具（R-Studio、PyCharm 等）进行分析,这些工具与可视化 BI 之间不能实现相互交互,造成会计数据的基础分析与数据挖掘分析的相互孤立。而Power BI 嵌入了 R 和 Python 两种数据分析编程工具,可以支持数据基础性分析与数据挖掘式分析的交互融合,满足更深层次的业财大数据挖掘需求。

第二节　智能财务分析可视化的内涵、特点和步骤

一、智能财务分析可视化的含义

智能财务分析可视化是人工智能技术尤其是可视化技术应用到财务分析领域的一种具体体现,指的是利用人工智能技术和大数据平台实现数据自动采集、处理、分析和可视化的全过程。例如,使用自然语言技术、计算机图像技术和语言技术等可以有效地处理文件、图像和影像数据;再如,应用机器语言,包括深度学习及其技术,可以提高财务分析的算法有效性。正是由于在智能财务分析过程中充分利用了数据挖掘、机器学习、知识图谱等人工智能分析算法,才使企业财务分析实时、运算精准、系统稳定。

智能财务分析可视化的对象是智能财务分析,是对大规模财务和业

务数据的智能财务分析。而智能财务分析是智能财务①的一项重要内容,是一个深度涉及人工智能、专家系统等数字技术领域的庞大的管理概念。智能财务是指将人工智能为代表的"大智移云物区"等新技术运用于财务工作,对传统财务工作进行模拟、延伸和拓展,以改善会计信息质量、提高会计工作效率、降低会计工作成本、提升会计合规能力和价值创造能力,促进企业财务在管理控制和决策支持方面的作用发挥,通过财务的数字化转型推动企业的数字化转型进程。②

　　智能财务分析正成为越来越多企业的一种普遍需求,也越来越成为学术界关注和研究的热点。班恩(Ban,2018)等研究得出,通过机器学习所构建的"基于业绩准则"(Performance-based Regularization)的投资组合,是一种具有应用前景的面向风险的模型范例③;布兰克斯普尔(Blankespoor,2018)等研究发现,基于人工智能机器人编辑处理的关于盈利的文字报告,显著地影响股票的交易量和流动性④;萨瑟兰(Sutherland,2018)研究认为,由于信息分享技术的发展,信息共享可以降低"关系转换成本"(Relationship-Switching Cost),信贷报告可以导致"关系借贷"明显下降⑤;达库托(D'Acunto,2019)则发现,接受机器人咨询的投资者从多元化中获得收益,并显著地减少了行为偏差,包括交易处置、追涨杀跌和排序效应;并认为未来人工智能机器人提供用于投资管理与

---

① 这里的智能财务也可称为"智能会计"。本书讲的智能会计,是"大会计"观下的会计智能化,涵盖传统意义上的财务会计、管理会计和财务管理等。目前学界多倾向于使用"智能会计"一词,业界则更倾向于使用"智能财务"。

② 刘梅玲、黄虎、佟成生、刘凯:《智能财务的基本框架与建设思路研究》,《会计研究》2020年第3期。

③ Ban G.-Y., EI Karoui N., Lim A. E. B.,"Machine Learning and Portfolio Optimization",*Management Science*,Vol.64,No.3,2018,pp. 1136-1154.

④ Blankespoor E.,Dehaan E.,Zhu C.,"Capital Market Effects of Media Synthesis and Dissemination:Evidence from Robo-Journalism",*Review of Accounting Studies*,Vol. 23,No. 1,2018,pp.1-36.

⑤ Sutherland A.,"Does Credit Reporting Lead to a Decline in Relationship Lending? Evidence from Information Sharing Technology",*Journal Of Accounting And Economics*,Vol. 66,No. 1,2018,pp. 123-141.

决策的咨询将无所不在。① 国内学者吴世农等(2021)基于我国上市公司的财务数据,开发了一款用来快速分析企业财务报表、评价上市公司财务绩效和辅助投资决策的"智能财务分析与诊断机器人"(Artificial Intelligent based Financial Analyst and Aiagnostician, AI-FAD)。②

随着会计数据源的不断扩展,会计数据形式的"流"特征日益凸显,会计数据价值的多元化要求愈加迫切,企业财务分析的智能化和可视化趋势越来越明确强劲。相对于电商、生物、科技等领域的智能可视化而言,智能财务分析的可视化才刚刚起步,且主要是针对传统财务报表分析和报表查询而设计的,主要利用新兴敏捷商务智能技术来实现企业财务分析的实时化、准确化和智能化,以更好支持财务分析目标的实现。

二、智能财务分析可视化的基本特点

1. 人机协同,以人的设计为主

智能财务分析可视化是基于目标导向的,突出的是人智赋予机器、技术赋能任务,形成的是人机协同合作的工作模式。智能财务分析可视化系统依然是由人来主导设计的,是人智与机器的结合,也就是说是以用户财务分析需求与思路为原则,利用商务智能产品的智能和高效,由用户发出财务分析指令,快速准确地完成财务分析活动,更好更快地满足用户分析需求。

2. 交互可视,以探索性分析为要

智能财务分析可视化的重点在于如何把常见的 Excel 报表或数据,在企业财务分析理论指导下,转换为高交互、高价值的可视化图形或图像,在分析方法上仍以对比、结构、比率、趋势和因素等常规分析方法为主,将来会陆续增加数据挖掘算法等。也就是说,目前的智能财务分析可视化不是去研究数据库、数据仓库系统架构和数据挖掘算法等数据科学

---

① D'Acunto F., Prabhala N., Rossi A. G., "The Promises And Pitfalls of Robo-Advising", *Review of Financial Studies*, Vol.32, No.5, 2019, pp. 1983-2020.

② 吴世农、林晓辉、李柏宏、王举明:《智能财务分析与诊断机器人的开发及实证检验》,《债券市场导报》2021 年第 2 期。

领域的问题。

3.道术统一,突出财务分析与智能技术的融合

智能财务分析可视化的设计者首先要对财务知识有深刻领悟和把握,其次要对财务数据及其处理有清晰认识,最后要对智能技术有深入了解,最终通过敏捷技术手段的辅助,自主式的可视化图表设计,高效、直观和精准地支持企业财务分析,实现财务分析的敏捷化、实时化和智能化。

4.前沿通用,侧重通用性商务智能技术的应用

智能财务分析可视化可以运用的敏捷商务智能产品有很多。各种产品虽遵循的语法不同,各具特点,但原理相近,可以触类旁通。Power BI工具是目前最为通用的一种敏捷商务智能产品,技术先进、功能齐全、应用广泛,既前沿又通用,能够满足企业智能财务分析可视化的要求。

三、智能财务分析可视化的基本步骤

智能财务分析可视化对设计者提出了较高的要求,要集综合数据洞察力、图表设计能力和技术工具应用能力于一体。数据洞察力是可视化报告的核心,如果缺少数据洞察力,就不能很好地回答业务需求。在智能财务分析可视化报告中,最吸引用户注意,用来引领用户深入理解数据的自然是呈现在报告中的各种图表,图表设计的优劣直接影响用户的理解速度,影响报告使用感。无论是数据洞察力还是图表设计都要建立在工具可实现的基础上,因此,结合企业财务分析知识和商务智能技术应用,按照"需求分析、数据处理、数据建模、数据可视化"的商务智能数据流程,智能财务分析可视化的基本步骤可归纳如下:

1.智能财务可视化需求分析

明确分析目标、了解分析需求是开展智能财务分析可视化的首要前提,这就要求智能财务分析可视化设计者在具备较强的数据洞察力的同时,至少要明确以下几个问题,即:(1)做好数据准备,了解数据来源、数据类型和数据性质;(2)明确用户要求,了解分析结果使用者及其具体诉求;(3)讲好数据故事,评判数据质量能否达成使用者或需求者目标。

实际上,数据洞察力就是设计者要把隐藏在数据中未知的规律或非

常规现象抽丝剥茧呈现出来,这就需要对数据的内涵、结构、特征和形成过程有精准的掌握与理解。因此,有效的智能财务可视化分析,必须有扎实的财务知识为铺垫,在理解财务数据表之间的勾稽及因果关系基础上,选出满足用户需求的可视化数据指标。

2. **智能财务分析可视化数据处理**

数据处理是任何数据分析过程都不能跳过的步骤。数据处理至少包括数据清理、数据集成、数据变换和数据规约等环节,占据数据分析的大部分时间和精力。尽管商务智能产品提供了便捷易用的数据处理工具,但数据处理成何种格式是由数据分析思路和应用方法或工具来决定的。例如,从互联网上下载的企业标准财务报表与从数据库供应商所下载的报表数据,处理和分析的方法就会差异较大;再如,利用余额表生成的财务指标计算和报表中财务指标的计算虽然结果相同,但是数据处理的过程则截然不同。这就要求设计者必须熟知各种财务数据格式,使用适配数据处理工具,掌握多种数据处理技巧。

3. **智能财务分析可视化数据建模**

商务智能的数据建模主要有两种含义:一是数据表之间的关系建模;二是数据分析模型的构建。商务智能的数据建模具有相似性,主要是指结构化数据表的建模,需要具有一定数据库建模基础知识。对于数据分析模型的建立,可以理解为数据方法的设计与实现。数据分析一般包括描述性分析、诊断性分析、预测性分析和指导性分析。通过描述性模型实现业务对象的完整梳理和结果可视化呈现,并将异常结果加以自动化预警提示;通过诊断性模型定位出业务问题,加以改进,形成基于业务问题实时优化的管理闭环;通过预测性模型及时完成客户流失、违约、购买、设备故障或异常、销售、库存和关联购物分析与预测;通过指导性模型为决策层、执行层和管理层判断或决策提供数据支持。

4. **智能财务分析可视化设计实施**

人类大脑处理繁杂信息的能力是有限的,简明扼要的图表设计可以帮助大脑释放一部分处理"噪声"的空间,将更多精力集中在对决策有用的数据或信息上去。爱德华·塔夫特(Edward Tufte,1983)提出的数据墨水比（Data-ink Ratio）①,可以通俗理解为用来传达信息的核心内容占所有内容的比重。因此,设计目标应该是在合理范围内最大化数据墨水比,即突出传达"信息"部分,去除那些干扰的"噪声"。可视化的设计往往没有绝对优劣,数据墨水比的把握也是根据不同的场景衡量取舍的,过于精确会浪费不必要的阅读精力,过于粗糙又可能回答不了用户的问题,因而要做到张弛有度、精准表达。

第三节　智能财务报表可视化应用

一、财务报表分析的基本框架

传统财务报表分析是依据企业的资产负债表、利润表和现金流量表以及相关经济和财务数据对财务报表的项目构成、比率、趋势等进行分析和评价,从中了解企业财务状况、经营成果和现金流量情况的一种财务分析。国内学者对此提出了丰富的财务报表分析框架。例如,谢志华（2003）基于因果关系的财务报表衍生体系,先从分析传统财务报表分析的缺陷开始,再按照资产负债表、现金流量表、利润表三大报表各自的因果关系衍生出销售明细表、成本明细表、现金数量变动原因表等新的报表。② 黄世忠（2007）认为财务报表分析的三大逻辑切入点和关注点是盈利质量、资产质量和现金流量,三者存在密切的相互关联,其中盈余质量包括收入质量、利润质量和毛利率,资产质量包括资产结构和现金含量,现金流量包括经营性现金流量和自由现金流量③;张新民等（2003）从资产质量、资本结构质量、利润质量和现金流量质量等方面,创立了企业财

---

① Edward R., Tufte, *The Visual Display of Quantitative Information*, Florida: Graphics Press,1983,pp.2-36.

② 谢志华:《会计的逻辑——以会计信息为基础整合企业信息体系》,《会计研究》2003 年第 6 期。

③ 黄世忠:《财务报表分析的逻辑框架——基于微软和三大汽车公司的案例分析》,《财务与会计》2007 年第 19 期。

务状况质量分析理论,并将资产按照对利润的贡献方式进行分类,跳出了传统会计思维,与企业发展战略联系在一起,沿着经营资产、核心利润、经营净现金和母公司控制性投资、子公司核心利润、合并现金流量表的经营净现金两条线索,将三大财务报表结合起来,揭示了利润的真实质量,使资产结构有了鲜明的战略含义,实现了从会计要素到企业战略的升华。①

　　基于上述观点,从战略视角的财务状况分析理论框架,是以"股权结构、经营战略选择、战略实施后果、管理质量"为基本路径,从资本结构质量、资产质量、利润质量和现金流量质量四个维度,来解读企业的资本引入战略、资源配置战略、战略实施效果和战略支撑能力以及透视企业的管理质量和治理效率。这种财务报表分析框架恰当地结合了企业的性质与企业的战略实施,特别是资源配置战略和资本引入战略的实施。对于经营型企业,专业化和竞争力是它的发展战略;对于投资型企业,多元化(行业布局和地域布局)和税收筹划是它的发展战略;而引资战略主要包括金融性负债、经营性负债、内生性负债、股东投资和利润积累等。这种基于战略视角的财务状况质量分析框架,将内外部分析相结合、企业战略与经济后果相联系,公司治理效率、管理质量与财务状况质量融为一体,具体内容和逻辑关系如图 5-5 所示。

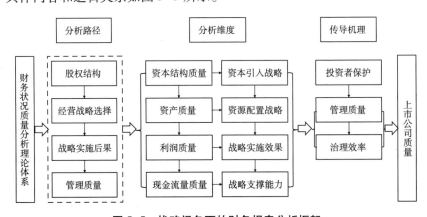

图 5-5　战略视角下的财务报表分析框架

①　张新民、王秀丽:《企业财务状况的质量特征》,《会计研究》2003 年第 9 期。

二、财务报表分析的常用方法

财务报表分析要遵循一定的方法。常用的分析方法有结构分析法、比率分析法、比较分析法、趋势分析法和因素分析法,其中比较分析法贯穿于财务报表分析的始终。

1.结构分析法

结构分析法又称垂直分析法、纵向分析法或者共同比分析法。它是以财务报表中的某个总体指标作为100%,再计算出各组成项目占该总体指标的百分比,从而比较各个项目百分比的增减变动,揭示各个项目的相对地位和总体结构关系,以利于分析比较同一报表内各项目变动的适当性,判断有关财务活动的变化发展趋势。因此,结构分析法既可用于静态的结构分析,也可用于动态的趋势分析。通过结构分析很容易发现各项目在总体中的相对重要性,有助于报表使用者找出重要项目和异动项目,抓住问题的关键,明确进一步分析的方向。

2.比率分析法

比率分析法是根据同一时期财务报表中两个或两个以上的项目之间的关系,计算其比率,借以评价企业财务状况优劣和经营成果好坏。这种分析方法既可以用于单项分析,即可以评价某项投资在各年度之间收益的变化,也可以用于综合分析,即可以在某一时点比较某一行业的不同企业。财务比率分析可以消除规模的影响,用来比较不同企业的收益与风险。常用的财务比率包括四大类,即反映盈利能力的比率、反映偿债能力的比率、反映营运能力的比率以及反映成长能力的比率。

3.比较分析法

比较分析法是通过比较不同的数据,发现数据变化规律并找出与被比较对象存在差别的一种分析方法。一般包括横向分析法和纵向分析法,前者是指通过比较处于同一行业的不同企业在同一时期的数据,分析企业所处的经营环境、市场状况和竞争地位,后者是指通过比较某个企业不同时期的数据,分析企业的财务状况、经营成果及其发展态势。比较分析可以用相对数或绝对数,也可以比较本期和以前各期的数据,还可以比较同行的相关数据。比较时要特别注意企业分析指标与比较标准之间的可比性,即要与所选择的比较标准在内容、期间、计算口径、计价基础、总体性质等各方面均应具有一致性。常用的比较标准有基期标准、预期标准和行业标准等。

4. 趋势分析法

趋势分析法又称水平分析法或者横向分析法。它是将两期或连续数期的财务报表中的相同指标进行对比,确定其增减变动的方向、数额和幅度,以说明企业财务状况和经营成果变动趋势的一种方法。常见的趋势分析方法有以下三种:

(1)绝对数分析法。是指将有关项目连续几期的绝对数额逐一列示并进行对比。这种分析方法易于看出相关项目的变动方向及其趋势,即上升、下降、波动还是稳定。

(2)环比分析法。是指计算有关项目相邻两期的变化率,即分析期某项目的数值相对于前期该项目数值的变动百分比。这种分析方法不仅可以看出相关项目变动的方向,还可以看出其变动的幅度,计算公式为:环比变动百分比=(分析期某项目数值-前期某项目数值)/前期某项目数值×100%。如果前期某项目的数值为零或为负数,则无法计算出有意义的环比变动百分比。

(3)定基分析法。是指选择一个固定的期间作为基期,计算相关项目在各分析期的水平相对于基期水平的百分比。这种分析方法不仅能看出不同期间的变动方向和幅度,还可以看出一个较长期间内的总体变化趋势,便于进行较长时期的趋势分析,计算公式为:定基百分比=分析期某项目数值/基期某项目数值×100%。选择基期时,一是最好选择企业财务状况比较正常的年份作为基期,否则得出的定基百分比不具有典型意义;二是不要选择项目数值为零或为负数的期间,否则无法计算出有意义的定基百分比。

5. 因素分析法

因素分析法是以一定的经济指标为对象,从数值上测定各项因素变动对其差异的影响程度的一种分析方法。在企业经济活动中,财务指标具有高度的综合性,一种财务指标的变动往往是由多种因素共同影响的结果,因此,在财务报表分析中,需要经常了解某项财务指标是受哪几个因素共同影响,其影响程度有多大。利用因素分析法可以衡量各项因素影响程度的大小,有利于分清差异变动的原因和责任,正确地评价企业各方面的经营管理工作。具体步骤是,首先要把各个相关因素列成关系式,以确定替代顺序;而后把其中一个因素当可变因素,暂时把其他因素当成不变因素,依次替代,直至把各因素都替换成变数为止,将各因素变动的影响值与该因素替代前的指标值相比较,所得的差异,就是各种因素对所分析指标的影响程度。

三、智能财务报表分析可视化设计与呈现

(一) 可视化整体设计

本案例借鉴战略视角对财务报告信息进行更为深入的分析。核心内容是战略视角的经营战略分析、投资战略分析和筹资战略分析,同时辅助企业经营背景、会计背景和同业对比分析,形成系统、完整的财务报表分析体系,整个分析内容框架如图5-6所示。

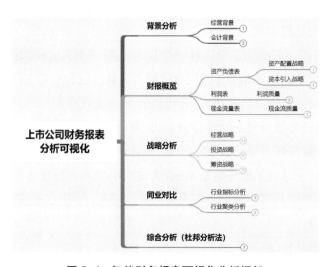

图5-6 智能财务报表可视化分析框架

本项目的财务报表可视化主页面共有 9 个,提供酒类行业 2008 年至 2018 年的合并报表和母公司报表的数据。考虑到五粮液在中国白酒行业的代表性、典型性和示范性价值,以及上市企业数据的公开性和可获取性等因素,本部分选择五粮液作为案例企业,介绍五粮液 2018 年合并报表的分析结果,结合图 5-6 的分析内容框架,具体介绍分析思路和各页面的可视化布局。

(二) 可视化页面介绍

传统财务报表是以文字表格为主,表格间数据孤立,难以挖掘数据价值。本案例应用商务智能 Power BI 实现交互可视化分析,突破了传统财务报表分析局限。动态交互图表可以为用户直观生动地呈现更多分析细节,方便用户实现多维分析和钻取分析。为便于说明问题,仍以传统财务报表的分析方法为主,这些方法贯穿于可视化分析的全过程。除此之外,本案例还利用了 Power BI 内置的预测分析、聚类分析、自然语言查询、快速见解等高级分析方法,以辅助用户从数据中快速提取有用的知识。例如,散点图内置的群集功能实现了企业聚类分析,折线图内置的预测功能实现了重要筹资指标的预测分析,Card with States by OKViz 图与参数表搭配实现了杜邦体系的 What-IF 分析等。

1. 背景分析可视化

面对一份企业财务报告,一要了解企业的经营背景和一些关键指标,从总体上把握分析重点;二要通过企业当年财务报表的审计意见类型、审计环境、审计师的措辞和相关事项说明,从整体上对企业财务报表的会计质量作出初步判断。此外,在分析之前,需要了解企业采用的会计政策,因为对同一项经济业务,会计政策的选择和会计估计会对最终的报表结果产生重要影响。最后形成企业财务报表分析可视化的初始页面,如图 5-7 所示。

其中,图 5-7 的第 1 区列示了该公司 7 个常见财务指标;第 2 区是公司基本情况说明;第 3 区列示了该公司所选择年度的审计情况;第 4 区是某会计政策的说明,通过选择下拉选择按钮可以了解到更多会计政策选择情况;第 5 区提示了当前分析的公司,也可以通过点击公司名字跳转到

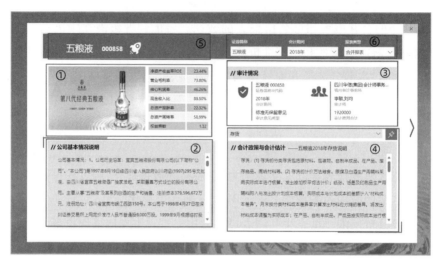

图5-7 企业基本情况可视化初始页面

公司官网查看更详细的信息;第6区是可以自定义筛选关注的公司年份和报表类型。

2. 财务报表概览可视化

对应资产负债表、利润表和现金流量表三大财务报表及其具体内容分别设计其可视化主页面,以便更好了解每张报表的构成、结构和趋势。

(1)资产负债表分析可视化。对资产负债表的分析,应当关注企业的资产配置战略和资本引入战略。以每公司资产负债表为基础,观察资产总规模及其变化,以及资产总规模中揭示的企业的资产配置战略,是经营主导型,还是投资主导型抑或两者并重型,分析导致资产总规模重大变化的原因,是经营、利润驱动的,还是债务融资、股东驱动的,抑或是并重驱动的,同时要观察主要资产规模的变化及其方向性含义。企业资产负债表分析可视化页面如图5-8、图5-9所示。

其中,图5-8的第1区和第2区是本报告的导航栏,第1区列示了不同的财务分析主题,通过点击不同主题可以快速跳转页面;第2区可以从公司、时间、报表类型维度筛选当前页面的分析对象;第3区列示了该公司所选择年度的资产负债概况,卡片中还列示了其增长幅度和截至所选

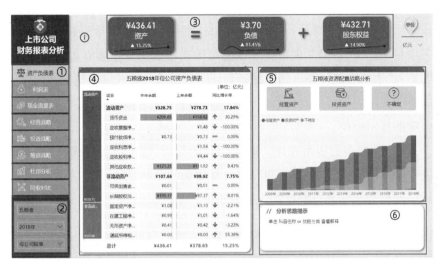

图5-8　企业资产负债表（资产部分）分析可视化页面

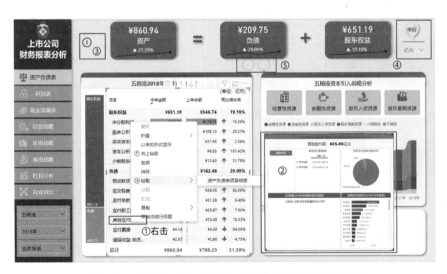

图5-9　企业资产负债表（权益部分）分析可视化页面

年度的变动趋势；第4区是该公司所选年度所选报表项目的详细列示；第5区是对公司的资源配置战略分析；第6区是可以自定义筛选有疑问的报表项目或分类标准，查看提示。

　　需要说明，图5-8与图5-9同属于资产负债表页面，二者可通过

279

智能会计——理论、方法与应用

图 5-9 中第 5 区的按钮切换。两个页面结构类似,相同部分不再赘述,着重介绍页面的细节部分:在第 1 区右击任意报表项目,可钻取到资产负债表项目明细页,在第 2 区可查看该公司所选年度所选报表有关该项目的明细;单击第 3 区按钮可随时跳转到该企业所选年度的基本情况说明页,查看有关报表项目的会计政策会计估计等;第 4 区按钮可以从全局控制金额的显示单位。

(2)利润表分析可视化。对利润表的分析,应重点关注多步式利润表中呈现的利润实现过程、利润结构及其变化发展方向,最终才是利润的结果。企业利润表分析可视化页面如图 5-10 所示。

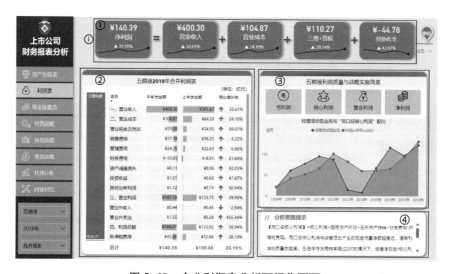

图 5-10　企业利润表分析可视化页面

图 5-10 的结构类似资产负债表页面,相同部分不再赘述。其中,第 1 区列示了净利润计算的关键指标;第 2 区是该公司所选年度所选报表项目的详细列示;第 3 区是对公司的利润质量和实施效果分析。此外,单击第 2 区上方按钮可切换利润表呈现方式(瀑布图或表格矩阵);如同资产负债表一样,右击利润表任意项目可钻取到利润表项目明细页;左击利润表任意项目可在本页第 3 区查看历年趋势,在第 4 区查看报表项目说明。

(3)现金流量表分析可视化。对现金流量表的分析,应关注经营现金流的充分性、投资现金流的战略含义与效益、筹资现金流结构与支持方向。其中,要重点分析:经营现金流量净额是否足够补偿固定资产折旧和无形资产摊销以及融资利息和现金股利;投资现金流向了哪里,是对内投资还是对外投资以及投资效果如何;筹资现金流入量(筹资规模)和来源结构如何,资金来源渠道主要是投资还是举债等。企业现金流量表分析可视化页面如图5-11所示。

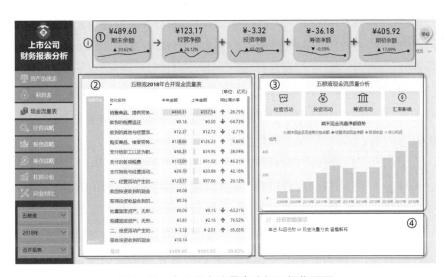

图5-11　企业现金流量表分析可视化页面

其中,图5-11的第1区列示了现金流量表的关键项目;第2区是该公司所选年度所选报表项目的详细列示;第3区是对公司的现金流质量分析;第4区是可以自定义筛选有疑问的报表项目或分类标准,查看提示。结构类似以上两个页面,其他相同部分不再赘述。

3. 战略分析可视化

如何通过资源的适当调配来创造竞争优势,是企业战略管理的基本命题。20世纪60年代初,美国著名管理学家钱德勒(Chandler)在《战略与结构》一书中分析了环境、战略和组织结构之间的相互关系。[①]其后,在战略

① 　[美]艾尔弗雷德·D.钱德勒:《战略与结构》,孟昕译,云南人民出版社2002年版,第4—31页。

构造问题上逐步形成了各种学派,它们分别从 SWOT 模型、规范和受控过程、行业竞争优势和竞争地位、企业家战略洞察力、心理直觉和认知过程、集体学习或终身学习、权力分配和共同利益、适者生存即环境以及结构程度等着眼点出发构建了战略分析与选择体系。在实践中,企业战略有许多分类,其中最具代表性的是迈克尔·波特从成本领先、差异化和集中化这三个基本点出发,将企业一般战略划分为低成本战略、差异化战略和集中化战略。① 本案例基于企业战略的项目内容,从经营战略、投资战略和筹资战略三个方面来分别介绍和演示战略分析可视化的设计页面。

(1)经营战略分析可视化。经营战略是企业为谋求可持续发展,实现经营目标而作出的带有全局性的经营管理计划。它涉及企业生产经营的方方面面,主要包括以下分析内容:

①收入费用分析。即剖析收入费用的结构,回答收入从何处来、费用到何处去,以及分析营收规模和毛利率趋势,并通过收入费用率来观察费用效益的具体表现。

②投入产出分析。投入是进行一项活动的消耗,产出是进行该项活动的结果,两者是否均衡以及如何均衡是经济管理的永恒主题。通过资产负债表中的投入资产结合利润表中的产出表现,可以进行投入产出分析,了解投入资产的流向、结构、规模、趋势,并通过产出率来衡量各项投入资产的效率和效益。

③上下游关系管理。供应链上下游供应商关系及其供应商关系管理关乎企业生产经营的成败,围绕以存货为中心的上游购货付款安排和下游销售回款安排,分析报表中相关项目的规模、结构和趋势尤其是应收应付和存货等项目的周转情况,判断企业是否利用自身独有的竞争优势和地位,最大限度地利用上下游企业资金支持。

④货币资金管理。重视现金的存量和流量,平衡两者之间的关系,一

---

① [美]迈克尔·波特:《竞争战略》,郭武军、刘亮译,华夏出版社 2012 年版,第 1—23 页。

直是企业经营管理的重点。通过对资产负债表中货币资金存量和增量分析,有助于了解货币资金在总资产中的构成及其明细结构,判断其他货币资金占比是否异常以及货币资金周转速度是否恰当;通过对现金流量表中现金流入量、流出量及其净流量分析,结合对比资产负债表中货币资金情况,有助于分析企业现金流的规模、结构和趋势。

以上经营战略分析可视化的设计思路及展示效果如图 5-12 所示。

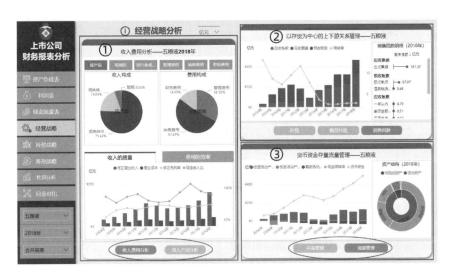

图 5-12　企业经营战略分析可视化页面

其中,图 5-12 的第 1 区是所选公司的收入费用分析和投入产出分析,两个页面可通过该分区下方的按钮切换;第 2 区是对该公司以存货为中心的上下游关系管理分析,不同的分析重点可以通过下方按钮筛选;第 3 区是对公司的货币资金管理分析,下方按钮可以选择从存量或流量角度分析。

(2)投资战略可视化。企业投资战略是根据总体战略要求,为维持和扩大生产经营规模,对有关投资活动或项目所作出的全局性谋划。它是企业总体战略规划中层次较高的战略,主要包括以下分析内容:

①对外控制性投资分析。企业对外控制性投资的目的可能是通过多元化战略布局或地区布局战略而谋求跨越式发展,也可能是通过企业经

营活动的系统整合而实现盈利能力最大化。因此,可以从其扩张效益和盈利效益两个角度着手分析,其中对总资产撬动效应的分析,还可以对撬动效应的实现方式进行深入洞察。

②投资项目分析。一方面基于资产负债表中的投资性资产,分析投资项目的资产结构及其变化趋势;另一方面基于现金流量表中的投资活动现金流入量、流出量和净流量及其构成比例,来了解企业投资项目的现金支持规模、力度和方向,并结合企业业绩指标和对外投资回报情况来分析企业的投资效果。

③投资综合指标分析。通过增量资产、投资规模、子公司贡献利润、撬动系数、投资利润率和子公司分红率等指标分析,来综合了解企业投资战略的实施状况及未来趋势。

以上投资战略分析可视化的设计思路及展示效果如图5-13所示。

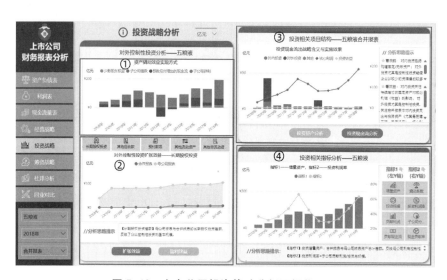

图5-13　上市公司投资战略分析可视化页面

其中,图5-13的第1区和第2区都是对外控制性投资分析,第1区是所选公司的资产撬动效应实现方式分析,第2区是对外控制性投资扩张效益和盈利效益分析,二者可通过下方按钮切换;第3区是对公司的投资相关项目结构的分析;第4区是对投资相关指标的综合性分析。

（3）筹资战略分析可视化。企业筹资战略是根据企业整体发展规划尤其是投资项目所进行的资金安排或筹划，包括资金如何筹集、向谁筹集、何时筹集、筹集多少等问题，主要包括以下分析内容：

①筹资项目分析。从资产负债表角度和现金流量表角度，分析负债和所有者权益以及筹资现金流的结构和趋势，进而分析筹资计划或方案的必要性、可行性和实施效果。

②筹资指标与预测。企业的筹资活动涉及现在或潜在的债权人、投资者或股东等，他们可能会更关注企业未来的偿债能力、投资回报和发展预期等问题，而企业内部管理者也需要及时了解企业在筹资方面可能存在的财务风险以及如何及时化解风险等问题。

③集团筹资的集权管理与分权管理。集团化管理已经成为现代企业制度的主要形式之一，集团企业在企业组织中所占的比重越来越大，通过对比合并报表与母公司报表，可以了解企业集团的管理和运营模式及情况。

以上筹资战略分析可视化的设计思路及展示效果如图5-14所示。

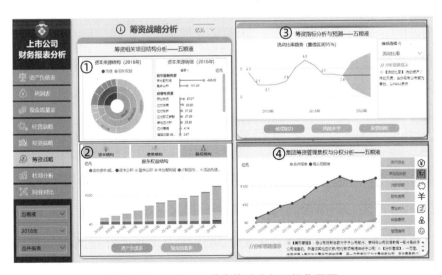

图5-14　上市公司筹资战略分析可视化页面

图5-14的第1区和第2区都是筹资相关项目的分析，通过下方的按

钮可以切换不同的分析角度(资产负债表角度或现金流量表角度),其中,第1区是针对所选公司在所选年度的结构分析,第2区是对该公司所有年度的筹资相关项目的结构分析;第3区是对该公司筹资指标的分析与预测;第4区是集团筹资管理集权与分权模式和情况分析。

(4)同业对比可视化。通过同业对比,有利于企业了解自己所处的行业位置,明确优势,发现不足,尤其是与对标企业的差距及问题所在。在企业财务报表分析过程中,经常需要将某个指标进行横向对比。通过同业对比可视化可以快速实现企业任意指标与行业平均指标或对标企业指标或任一企业相关指标的对比,了解某一年企业某一指标在行业内的排名情况,进一步地,可以通过自定义指标进行行业内企业的聚类分析和聚类趋势的分析。同业对比可视化的设计思路和展示效果如图5-15所示。

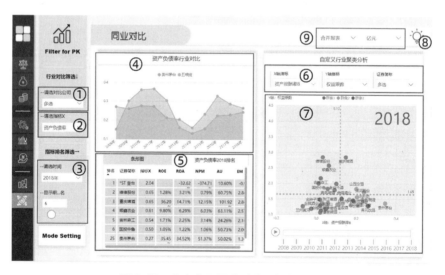

图5-15　上市公司同业对比可视化页面

其中,图5-15的同业对比页面是对前面各页面的补充,该页侧重从行业对比的角度分析各大指标。第1区选择公司控制第4区图表的比较对象;第2区可以自定义选择第4区对比指标和第5区排名指标X;第3区控制第5区的排名时间和筛选显示前几名;第6区和第7区是行业聚类分析,可以通过第 6 区来控制第 7 区的 X 轴和 Y 轴以及参与聚类的公司;第 7 区下方的时间轴可以播放历年变化趋势,也可以单击某年显示该年的聚类情况;第 8 区可以查询有疑问的指标解释;第 9 区可以自定义下图指标所来源的报表类型以及金额类指标的显示单位。

(5)综合分析可视化。综合分析就是运用企业的各种财务和其他指标来反映企业总体经营状况的一种分析方法。在财务分析领域,综合性分析方法有许多,本案例以杜邦分析法为例,对企业关键绩效指标 ROE 进行逐级分解。综合分析可视化的设计思路和展示效果如图 5-16 所示。

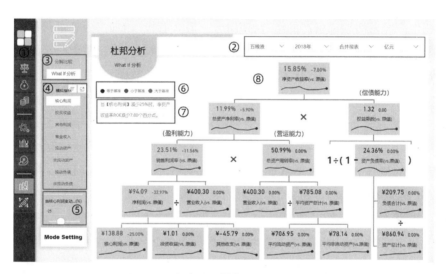

图 5-16　上市公司杜邦分析可视化页面

其中,图 5-16 的第 1 区是导航栏,鼠标悬停时有导航提示;第 2 区是筛选栏,自定义筛选关注的公司、年份、数据选用的报表类型、显示单位;第 3 区是对杜邦分析体系不同分析模式的选择,若选择分解比较,第 4 区则列示比较对象,第 5 区不起作用,若选择 WhatIf 分析,第 4 区则列示模拟指标,第 5 区自定义设定模拟指标变动的幅度;最终的结果在第 8 区显示,不同卡片的颜色含义在第 6 区有提示,第 7 区则是针对当前结果的简单解读。

第四节 智能业财分析可视化应用

一、智能业财分析可视化的基础理论

1. 业财融合的含义

业财融合,是业务与财务融合的简称,是指通过业务开展与财务活动的结合,实现企业"物质流、资金流、信息流"的一体化,是企业组织的天然属性、必然特征。其中,"业务"在企业会计准则中指的是企业内部某些生产经营活动或资产的组合,该组合一般具有投入、加工处理过程和产出能力;"财务"在这里指的是包括财务会计、成本会计、管理会计和财务管理等的"大会计"或"大财务"。结合会计或财务来看,业务指的是企业的交易或事项中属于直接体现事权和主要目的的事务或活动,如采购业务、销售业务等[1],也就是说,从企业战略规划的制定与执行,到经营计划的制订,再到具体的商业运作活动,这三者完整地构成了业财融合中"业"的概念。[2] 但是,单从业务的从事主体来看,"业务"可理解为业务部门及其相关人员,"财务"可理解为财务部门及其相关人员。对业务部门来说,在开展经济业务或其他业务过程中,要有财务思维、财务意识,要懂会计准则、会计标准,要具备将财务数据上传财务系统或平台的技术能力;对财务部门而言,在开展财务活动和会计工作过程中,要有业务思维、业务意识,要懂业务内容、业务流程,要具备制定数据标准、整合业务数据和财务数据的技术能力,也就是将财务管理和会计核算等工作前移到业务前端,通过业财数据的采集、处理、预测和分析为企业的决策层、执行层和业务部门提供数据支持服务。

业财融合从不同的角度有不同的解释。从数据集成视角,业务融合是财务部门发挥数据中台优势,通过打破业务和财务之间的数据壁垒,采

---

[1] 王亚星、李心合:《重构"业财融合"的概念框架》,《会计研究》2020年第7期。

[2] 王斌:《论业财融合》,《财务研究》2018年第3期。

用适配的数据分析模型把数据转换为业务需要的信息,满足业务和管理决策的信息需求;从信息技术视角,业财融合不单是指业务与财务的融合,也包括与信息技术的融合,是一个业务、财务、技术多要素融合一体化的过程;从部门协同视角,业财融合通过业务与财务等各部门的有效协作,将资源与信息融会贯通,为管理者提供决策支持信息;从交流互动视角,业务融合是一个业务牵动财务、财务支持业务,即业务与财务双轮驱动企业价值实现的过程;从业财一体化视角,业财融合将企业的业务流程、资金运动和数据流程有机融合,实现业务活动驱动下的信息收集、处理与分析一体化的过程。总之,业财融合是以业务为中心,以流程衔接为重点,以数据整合、决策优化和风险防控为目的,贯穿于企业运营全过程、全环节和全要素的一种数据集成、合作制衡和决策支持机制。它不只是一项管理准则,更是一种管理活动,至少包括业务与会计的融合、财务与会计的融合,以及业务与财务的融合。

2. 业财融合的本质

财政部在 2014 年发布的《关于全面推进管理会计系统建设的指导意见》中强调:管理会计是会计的重要分支,主要服务于企业和行政事业单位内部管理需要,是通过利用相关信息,有机融合财务与业务活动,在单位规划、决策、控制和评价等方面发挥重要作用的管理活动。2016 年在发布的《管理会计基本指引》中又进一步明确:单位应用管理会计,应遵循融合性原则。管理会计应嵌入单位相关领域、层次、环节,以业务流程为基础,利用管理会计工具方法,将财务和业务等有机融合。

业财融合既是一个闭环状态的管理信息系统,也是一个锚定战略规划的管理控制系统。前者强调业务驱动下的会计信息和其他经济信息的采集与生成,后者强调基于管理目的的决策信息和其他管理信息的形成与使用。在信息技术和数字技术支持下,这些数据或信息的采集、处理和使用是与业务和管理活动紧密相连的,是即时、自动和智能完成的,具体来看:

第一,在会计电算化技术环境下,业财融合基本处于起步阶段。它仅是按照特定规则、在特定时机、采用特定方法,记录那些改变企业组织的资产、负债和所有者权益构成的业务事件数据,主要功能是实现会计核算的无纸化,业财融合系统独立于其他部门的信息系统之外,只能提供事后的统计、分析和评价,并没有真正达到业务与财务相融合的状态。

第二,在ERP系统技术环境下,业财融合基本处于初级阶段。作为一种企业资源计划系统,ERP是20世纪末最典型的企业信息系统,它可以在功能上实现企业内部产供销、人财物及其财务活动信息的集成。主流ERP系统是整合了企业管理理念、业务流程、基础数据、人力物力、计算机硬件和软件的管理信息系统,这些模块之间有相应的接口,能够很好地整合在一起。ERP不以编制财务报表为目标,会计核算能够和其他业务执行系统融为一体,在业务发生时,会计核算系统实时采集详细的业务、财务信息,执行处理和控制规则,在一定程度上实现了企业内部业务数据和财务数据的集成。

第三,在财务共享环境下,业财融合才有可能真正得以实现。2016年财政部出台《会计信息化规范》提出:对于子公司数量多、分布广的大型企业、企业集团,应当鼓励利用信息技术促进会计工作集中,逐步建立财务共享服务中心。这里的财务共享服务中心是指企业(集团)将下属单位相同的财务职能集中,由一个相对独立的财务机构来行使,即各单位共享一个机构的财务服务。财务共享服务是适合于大型集团企业的信息系统平台,相较于ERP的业财融合,财务共享把业财数据融合的范围从内部扩展到全集团范围内,且更加实时和准确。当然,每个大中型企业所处的内外部环境不同,实现的共享模式和融合程度都有差距,有的企业是部分业务流程的共享,如差旅报销流程共享,也有的企业是包括对外报告和财务分析在内的全业务领域共享,抑或是所有地域或部分区域的集中共享。

总之,在IT和DT技术高度发展和迅速应用的今天,企业经营中的业务流程、核算流程、管理流程具备了充分融合的技术条件,如何发挥数据共享的价值,利用哪些方法和手段才能更好地实时掌控企业的经营状况,是当前财会人员必须关注和重视的问题。

二、智能业财分析的模型与方法

1. 业财分析的基本模型

业财分析可以简单地理解为企业等组织的业务数据与财务数据相融合的一种数据分析思路与方法。它既不是单纯的业务分析，也不是专门的财务分析，而是强调两者的结合，更偏向于经营分析。它所运用的数据是多方面、多维度和多模态的，可以说并不局限于业财数据和内部数据。因此，业财分析模型更侧重于应用经济管理领域的经典模型。常用的分析模型有很多，如 PEST、5W2H（七问分析）、SWOT、价值链、逻辑树（问题树、演绎树或分解树等）、SPACE 矩阵（战略地位与行动评价）、波士顿分析矩阵、波特五力、鱼骨图（整理问题型、原因型和对策型）等模型。下面列举了几个代表性分析模型。

（1）PEST 分析模型。它是一种主要针对企业所处宏观环境进行分析的模型，主要是从政治（Politics）、经济（Economy）、社会（Society）、技术（Technology）四个维度对产品或服务是否以及能否进入市场而进行的数据化分析。其中，政治环境主要是指一个国家的社会制度、执政党性质以及政府的方针、政策和法令等；经济环境主要是指市场机制和市场需求，涉及 GDP 规模与增速、利率水平、财税政策、货币政策、汇率、能源供给成本、居民可支配收入和失业率等；社会环境主要是指人口环境和文化背景，前者涉及人口规模、年龄结构、人口分布、种族结构以及收入分布等，后者涉及居民受教育程度和文化水平、宗教信仰、风俗习惯、审美观点、价值观等；技术环境主要是指与企业市场有关的新技术、新工艺、新材料的发明出现、迭代趋势和应用背景。

（2）SWOT 分析模型。它是一种通过评估企业外部环境和内部条件，也就是分析企业内部和外部存在的优势与劣势、机会与挑战，从中寻找两者最佳可行战略组合的分析模型。其中，优势（Strength）是指企业在外部市场环境和内部经营方面相对于其他竞争对手的长处；劣势（Weakness）是指企业在外部市场环境和内部经营方面相对于其他竞争对手的弱点或短板；机会（Opportunity）是指企业面临的市场和发展机遇或窗口；挑战

(Threat)是指当下市场竞争态势下企业存在的威胁或压力。

（3）波特五力模型。它是迈克尔·波特（Michael Porter）于 20 世纪 70 年代末提出的[1]，认为无论是国内还是国际，在行业中存在着决定竞争规模和竞争程度的五种竞争力量，这五种力量综合起来影响着产业吸引力以及现有企业的竞争战略决策，决定着企业的盈利能力和水平。这五种力量分别是企业间的竞争能力、潜在竞争者的进入能力、替代品的开发能力、供应商的议价能力和购买者的讨价还价能力。

（4）价值链模型。它是由迈克尔·波特在《竞争优势》一书中提出的，认为企业的竞争优势来源于企业在设计、生产、营销、交货等过程及辅助过程中所进行的许多相互分离的活动，这些活动的有机联系，就形成了企业的价值链。[2] 价值链的核心是创造价值。任何产业内竞争的基本价值活动有五种类型：一是内部后勤，是指与接收、存储和分配相关联的各种活动；二是生产作业，是指与将投入转化为最终产品或服务相关的各种活动；三是外部后勤，是指与集中、存储和将产品发送给客户有关的各种活动；四是市场与营销，是指与提供或推介给客户购买产品或服务相关的各种活动；五是服务，是指与提供服务以增加或保持产品价值有关的各种活动。

2. 业财分析的主要方法

业财分析与相对成熟的财务报表分析在方法运用上是相交相通的，有大量的重叠之处。只是业财分析方法更倾向于全面分析和数据分析，尤其是大数据分析。主要介绍以下几种常用的业财分析方法。

（1）分类分析。分类是由"分"和"类"组成的，其意义就是把事物分开，归到不同的类别，让人可以对事物产生新的认知。分类维度的选择非常重要，例如属性的角度、流程的角度、层次的角度等，各自重点不同。

①属性分类法，是指从事物的属性出发进行分类。事物的属性有很多种包括颜色、硬度、高度、温度等，但每个事物的属性都会有所差异，我

---

[1]　Porter M. E., "How Competitive Forces Shape Strategy", *Harvard Business Review*, 1979, pp.137-145.

[2]　[美]迈克尔·波特：《竞争优势》，陈丽芳译，中信出版社 2014 年版，第 10—23 页。

们要善于利用事物的关键属性,从关键属性的角度对事物进行分类能够更好地了解事物,要避免因次要属性而影响对关键属性的判断。

②流程分类法,是指按照事物的流程进行分类。客户基本都遵循不认识、认识、感兴趣、有意向、高意向、准成交、成交这样一个决策过程,即客户决策漏斗模型。企业应根据不同的客户制订不同的销售漏斗模型,并通过分类分析找到不同类型客户的不同漏斗模型并进行分类管理。

③层级分类法,是指按照事物构成的层级关系进行分类。事物的构成要素由子要素构成,子要素由孙要素构成,如果一层层细分下去,则会分成多个层次,这就是层次分类法的思路。当我们将事物分类进行比较时,要考虑事物之间是否处在同一个层次。

(2)逻辑关系。它是探寻事物之间因果规律的关键一步。只有了解事物发生和发展的逻辑关系,才能掌握事物发展的因果关系,从而掌握事物发展规律,让事物按照预期的方向发展。因此,常用的业财分析思维方式是因果思维,也就是根据事物发展变化的结果来找寻可能影响该结果的原因,然后通过构建数学模型去验证或者量化这种影响关系,探索并量化出事物的"因果关系"。具体步骤:一是逻辑关系的衡量,事物之间的相关性能够帮助判断因果关系的强弱,通过计算相关系数的方式来衡量两个事物之间逻辑关系的强弱,逻辑关系越强,相关系数越大,事物之间的相关性就越大,通常运用散点图来判断两个变量之间的相互关系,通过观察坐标点的分布,判断变量间是否存在关联关系以及相关关系的强度;二是逻辑关系的量化,在了解了事物之间可能存在逻辑关系后,可以构建数学模型,进行回归分析,通过得到的变量系数来量化逻辑关系的强弱。

(3)预测分析。业财分析最重要的目的就是从数据中寻找规律,指导企业未来的实践活动,因此预测分析是业财分析的终极目标。通常有四种预测的方法:

①经验预测法,是一种最为传统的预测方法,它依靠丰富的经验来预测事物未来的发展状况。对于重大决策一般采用"德尔菲法",把相关领域的多位专家的意见聚集,以提高经验预测的准确性。

②类比预测法,指的是基于事物及其发展规律的相似性,通过类比相似的事物,把已知的发展规律应用到未知事物的发展规律上。企业中常见的标杆研究就是典型的类比法,尤其是小企业,当某些管理问题找不到解决方案时,最简单的方法就是借鉴行业中标杆企业的做法借鉴其经营和管理决策。

③惯性预测法,是根据事物发展的惯性进行预测,如果事物的变化很有规律性,而随机影响较小,则可以通过惯性预测法对事物的变化进行预测。最典型的就是趋势分析和时间序列分析,前者通过趋势线来跟踪事物的变化趋势,从而预测未来发展态势,后者的本质是探寻事物的数量化指标随时间变化的规律,如果事物完全按照时间顺序发展,则一定会按照一定的规律继续发展下去。

④逻辑关系预测法,是预测的终极武器,如果我们知道两个事物之间的逻辑关系,那么我们就可以利用各种模型,通过一个事物直接得出另一个事物,也就是说如果知道两个数据之间的函数关系,就能够根据一个变量的数据得到另一个数据。但是,有些逻辑关系是有存在条件的,逻辑关系的数学模型也不是一成不变的,它会随着时间、市场状况的变化而变化。

三、某电商企业业财分析可视化设计与应用

传统企业的运营情况往往用 Excel 表和 PPT 来展现,数据量大,无法从众多数据中快速直观地看到关键指标、发现存在问题。另外,传统业务报表的数据收集和整理过程烦琐,时滞现象严重,无法第一时间掌握最新数据。针对这些问题,传统或新兴商务智能一直都在探索如何把企业经营信息及时、准确地传递给相关使用者,开发和利用数据仪表盘和数据驾驶舱等业财数据可视化工具。

当前,新兴商务智能技术可支持更多种类的可视化图表、智能分析方法,来辅助企业运营的仪表盘和驾驶舱设计与实现。它们具有以下特征:(1)动态连接并整合业务和财务数据,形成一个独立、一致的数据视图;(2)提供丰富的可视化组件,实现多维数据的钻取或钻透,突出数据价

值;(3)提供智能化控制,支持开放数据挖掘算法;(4)支持可视化分析资源共享,方便部署;(5)支持快速实施、部署和维护。总之,商务智能支持下的业财分析可视化,改变了传统数字报表的阅读方式,把枯燥的文字、数据变成醒目的图形;在实时链接数据源后,可以实现自动更新,应用先进的数据科学分析方法,挖掘数据价值,相关用户可以快速直观地了解企业任何时间点的运营情况。

1. 案例背景

A 公司注册地在某省 J 市,是一家从事服装、家居、家具、食品、酒水饮料、电器、运动户外等综合商品销售的商贸企业。公司从电视购物起步,甄选优质供应商,通过好易购、家有购物等电视购物平台代销,将优质产品销售给消费者。随着公司发展,公司积极拓宽销售渠道,开发新客户,分销客户渐成规模。随着移动终端普及和网络的提速,短视频行业逐渐崛起,微博、秒拍、快手、今日头条等纷纷入局短视频行业,公司专门成立了短视频部,制作产品推介短视频并发布在各平台上,寻求新的销售增量。本部分以某电商企业为例,介绍数据源、指标体系和可视化呈现。

2. 业财数据源

本案例数据取自该企业应用的用友 ERP 系统,该企业启用模块较多,包括总账、存货、销售、采购、库存等模块,存储了完整的销售、采购流程数据,会计核算方面,也设置了完备的会计辅助核算。相关数据源可以分为公共信息表、会计数据表和业务数据表三大类。公共信息表,主要包括部门信息表、职员信息表、存货分类及存货档案表、供应商分类表及档案表、客户分类及客户档案表、会计科目表等重要维度表。会计数据表主要是余额表和辅助余额表。业务数据主要是采购和销售两大环节的数据,即采购和销售订单数据。

3. 业财分析指标体系

本案例业财可视化分析分为三大主题:营销类、采购类和财务类。对于营销和采购,借助 OSM 模型(Obejective Strategy Measurement)使业务目标结构化。O(Objective)是目标。在这个环节设计者需要思考或者回答的问题是,要解决用户什么问题、满足用户的什么需求?S(Strategy)是指清楚业务目标之后,为了达成上述目标,应当采取的业务策略。M(Measurement)是用来反映业务策略有效性、反映策略执行是否能达成业务目标的度量指标,营销主题和采购主题的指标体系如表5-2和表5-3所示。

表5-2　营销主题指标体系

业务目标 (Objective)	业务策略 (Strategy)	业务度量 (Measurement)	
提高消费客户数量	客户分类,挖掘重要价值客户	客户数量	取销售订单表中客户(非重复)数量
		RFM客户价值分层	R最近一次,分析日—最近一次订单日期 F频率,订单数量 M金额,普通销售取价税合计,委托代销取累计开票金额
提高市场覆盖度	提高区域市场覆盖,拓宽营销模式	年度订单金额	三种销售类型的年度总额,普通销售和互联网销售取【价税合计】 委托代销取【累计开票金额】
		当期订单金额	普通销售和互联网销售取【价税合计】,委托代销取【累计开票金额】
		当期累计开票金额	分析窗口期内销售订单的累计开票金额进行汇总
		收入确认率	销售开票金额/订单金额
		销售类型统计	根据销售类型进行分类汇总销售订单金额。其中:普通销售取【价税合计】,委托代销取【累计开票金额】
加强委托代销出货量	加强动销管理,提升单点渠道的业绩	渠道动销排名	销售类型为委托代销,根据每个受托方(客户)或商品进行分析动销率 渠道动销率=开票数量/订单数量
		委托代销商品动销排名	委托代销商品动销率=累计开票的商品数/订单数量的商品数
		渠道库存价值	[sum(数量)-sum(累计开票数量)]×含税单价
		渠道库存分布	发货数量-开票数量=渠道库存

业务目标 （Objective）	业务策略 （Strategy）	业务度量 （Measurement）	
优化品类	进行商品分析，优化品类	商品动销排名	动销品种数，根据分析窗口期取销售订单表存货的数量 商品动销率＝（动销品种数/SKU）
		畅销品Top排名	年度订单明细中订单金额取最高
		畅销品类	关联：销售订单表+存货分类档案，根据存货分类（一级、二级）进行分类汇总，取最高，可逐层钻取
		波士顿矩阵	按产品销售份额和销售增长率，将相关产品分为4大类： （1）问题型产品；（2）明星型产品；（3）现金牛型产品；（4）瘦狗型产品

表 5-3　采购主题指标体系设计

业务目标 （Objective）	业务策略 （Strategy）	业务度量 （Measurement）	
优化供应商管理	进行供应商分类分层管理，供应商量化评价	供应商数量	取供应商档案表中供应商数量
		供应商ABC分析	根据供应商编码分组汇总采购订单中的原币价税合计
		供应商准时交货率分析	取采购订单表累计到货数量/数量（默认交货期内到货）
提高供应链水平	提高供应链协同水平，准时供货	采购结构分析	按照存货、供应商、供应分类多维度进行统计采购订单表中的原币价税合计
		订单执行进度分析	订单数量取采购订单表中的【数量】到货数量取【累计到货数量】入库数量取【累计入库数量】发票结算数量取【累计开票数】付款取【累计原币付款】
		年度累计采购金额	按照分析窗口期所在年度进行统计分析，取采购订单表的原币价税合计
		在途物资	在途物资＝原币含税单价×（数量-入累计入库数量）

续表

业务目标 （Objective）	业务策略 （Strategy）	业务度量 （Measurement）	
提高供应 链水平	提高供应链 协同水平， 准时供货	年度累计结 算金额	按照分析窗口期所在年度进行统计分析， 取采购订单表的累计开票金额
		当期采购 金额	按照分析窗口期进行统计分析，取采购订 单表的原币价税合计
		到货率	取采购订单表累计到货数量/数量
		发票结算率	取采购订单表累计开票数/数量
降低采购 成本	实施限价采 购，优化供 应商配额	成本趋势 分析	统计分析窗口期内（默认是年度）采购订 单表中某个商品原币含税单价变化趋势
		成本变动 分析	统计每个商品每月的平均成本，根据采购 订单中的原币含税单价与平均成本进行 对比分析
优化品类	进行商品分 析，进行动 销分析，优 化品类	采购品类 数量	取分析窗口期内采购订单表的存货编码 数量
		Top 分析 （商品、品 类）	分析窗口期内采购明细中原币价税合计， 按照商品编码进行分组汇总，取最高
			关联：采购订单表+存货分类档案，根据 存货分类（一级、二级）进行分类汇总，取 最高，可逐层钻取

对于财务类指标体系，本案例主要应用成熟的财务报表指标，如表5-4所示。

表5-4　财务类指标体系

盈利能力	净资产收益率
	营业利润率
	资产报酬率
偿债能力	速动比率
	流动比率
	资产负债率

续表

	总资产周转率
营运能力	应收账款资产率
	存货周转率
	营业收入增长率
成长能力	总资产增长率
	资本积累率

4. 可视化设计与呈现

基于"需求分析—数据处理—数据建模—数据可视化"的商务智能数据流程,结合财务分析知识和商务智能技术应用,本案例的页面分为三大类,分别是财务主题、采购主题和营销主题。

(1)财务主题分析可视化。结合表5-4的指标设计,分别设计了资产负债表页面、利润表页面、财务指标分析页面、收支分析页面和杜邦分析页面这5个页面,分别如图5-17、图5-18、图5-19、图5-20、图5-21、图5-22所示。

图5-17　资产负债表分析可视化展示

图 5-17 中,第 1 区为卡片区,展现资产负债表中流动资产、流动负债、资产总计和负债总计的具体金额;第 2 区为矩阵图,利用资产负债表的层级结构展现各项目的季度期末金额及季度环比;第 3 区利用的是类似于环形图的甜甜圈图,展现资产、负债、权益各科目类型及明细项目的占比情况;第 4 区利用旋风图,展现资产负债表中一级项目的期初金额、期末金额对比。这 4 个区之间彼此互连,可以进行关联性分析。

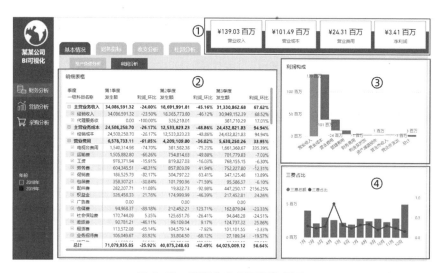

图 5-18 利润表分析可视化展示

图 5-18 中,第 1 区为卡片区,展现利润表中营业收入、营业成本、营业利润和净利润的具体金额。第 2 区为矩阵图,利用科目表的层级结构展现利润表中各项目及明细科目的季度期末金额及季度环比;第 3 区为瀑布图,展现利润构成项目的金额,总计数据条表示净利润;第 4 区为折线和堆积柱形图,展现三大费用及其占收入比的月份变化趋势。这 4 个区之间彼此互连,可以进行关联性分析。

财务指标分析可视化就是对常见的盈利能力、营运能力、偿债能力和发展能力进行可视化展现。图 5-19 中,第 1 区为卡片区,展现财务指标中资产负债率、总资产周转率、营业收入增长率和净资产收益率的具体数值;第 2 区为卡片图,展现资产、负债类重要科目的期末金额;第 3 区为折线

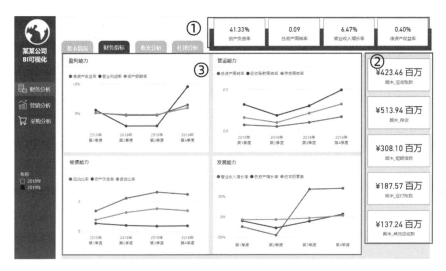

图 5-19　财务指标分析可视化

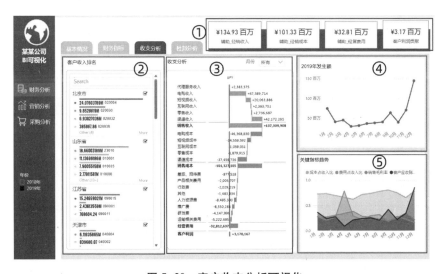

图 5-20　客户收支分析可视化

图,展现各财务指标的变化趋势,还可通过下钻功能实现时间维度的扩展。

客户收支分析可视化主要是基于辅助余额表对企业各客户的收支情况进行可视化展现。通过设置按省份的客户编码切片了解每个客户的收支状况及客户利润,还可根据月份切片查看每月收支情况,帮助企业发现重要客户。图 5-20 中,第 1 区为卡片区,展现收支分析中经销收入、经销成本、经营费用和客户利润的具体数值;第 2 区为切片图,展现每个省份客户收入排名和客户编码;第 3 区为瀑布图,展现每个客户的收支状况及客户利润;第 4 区为折线图,展现销售收入、销售成本、经营费用等明细科目的具体数额以及月份变化趋势;第 5 区为分区图,展现收支情况关键指标的月份变化趋势。这 5 个区之间彼此互连,可以进行关联性分析。

杜邦分析可视化就是结合杜邦分析的影响因素分析,将该企业的ROE 进行分解展示(见图 5-21),并通过可视化工具进一步进行分析(见图 5-22)。

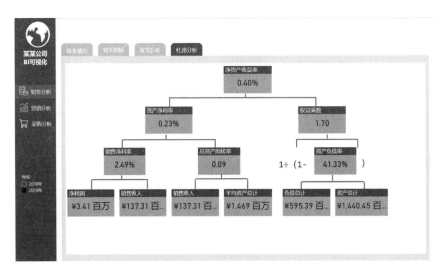

图 5-21 杜邦分析可视化

(2)采购主题分析可视化

采购主题分析从商品分析和供应商分析两个角度构成。在商品分析中,首先进行到货率和结算率分析,明确地以指标形式展现采购商品执行进度,接着从存货 ABC 分析和采购商品结构分析,展示企业主要采购的品类以及各品类下的商品购买情况,最后对各商品的平均成本和平均原币含税单价的趋势对比,明确了解各商品的价格成本走向。采购商品分

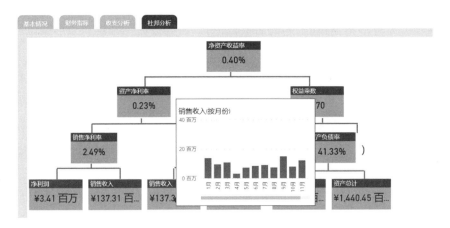

图 5-22　工具提示可视化实现效果

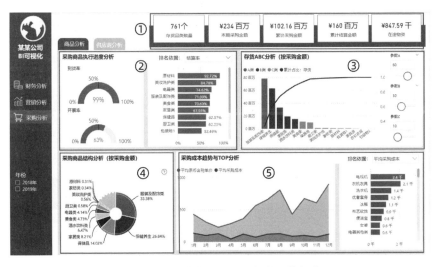

图 5-23　采购商品分析可视化总体概览

析内容及展示布局如图 5-23 所示,该部分分析主要通过卡片图、分区
图、堆积条形图等图形实现,共包括 5 个区域。

　　其中,第 1 区为卡片区,展现存货品类、本期采购金额、累计采购金
额、累计结算金额和在途物资;第 2 区为仪表和堆积条形图,计算到货率
和结算率并以此为依据体现企业主要采购的商品;第 3 区为折现和堆积

柱形图,将商品根据 ABC 分析法分类,展现企业应重点关注的重要存货;第 4 区为环形图,展现采购商品结构;第 5 区为分区图和堆积条形图,展现商品的成本和单价的各月趋势。

在供应商分析中,先进行供应商订单执行进度的总览,了解供应商总到货率和结算率,然后用图表结合的方式体现各个订单的数量、到货数量、入库数量和开票数量,以及每个订单的到货率和结算率,接着从供应商排名分析中找到企业的主要供应商,结合供应商的采购金额和订单执行进度趋势分析,综合分析供应商的供应能力和执行力。供应商分析布局由卡片图、仪表盘图、条形图、漏斗图、分解树图等图形构成,共分为 5个区域,其整体效果如图 5-24 所示。

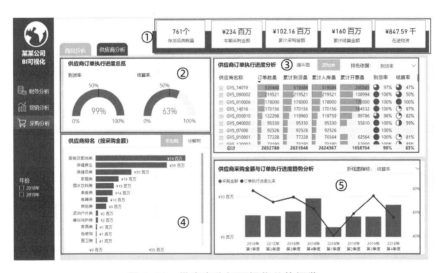

图 5-24　供应商分析可视化总体概览

其中,第 1 区为卡片区,展现存货品类、本期采购金额、累计采购金额、累计结算金额和在途物资;第 2 区为仪表图,计算供应商的到货率和结算率,体现供应商的供货效率;第 3 区为矩阵图和漏斗图,图表结合展现供应商订单数量、到货数量、入库数量以及开票数量等指标;第 4 区为堆积条形图和分解树,展现从供应商处采购的主要商品种类;第 5 区为折线和堆积柱形图,展现采购金额以及订单执行进度。

（3）营销主题分析可视化

营销主题分析又细分为销售商品分析、经销商分析和渠道分析，分别对应三个可视化页面。在营销商品分析中，首先通过矩阵图展现各类商品及其明细的销售概况，其次从商品种类和销售区域的角度分析了销售比例，最后按销售份额和销售增长率对各类商品进行波士顿矩阵的分析，将商品分为明星产品、现金牛产品、问题产品和收购产品四类。销售商品分析内容及展示布局如图 5-25 所示，通过切换销售金额和销售数量对这两个维度进行分析，该部分分析主要通过卡片图、矩阵图、可下钻的环形图、散点图、树状图等图形实现，共包括 5 个区域。

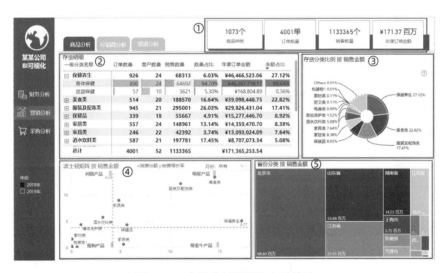

图 5-25　商品分析可视化实现效果

其中，第 1 区为卡片区，展现商品种类、订单数量、销售数量、年度订单金额等数值。第 2 区为矩阵图，展现各存货品类及明细的基本情况，包括订单数量、客户数量、销售数量及占比、订单金额及占比。第 3 区为类似甜甜圈的环形图，展现各存货大类及明细品类销售数量和销售金额的占比。第 4 区为散点图，通过波士顿矩阵展现问题产品、明星产品、瘦狗产品和现金牛产品。第 5 区为树状图，展现各省份的销售金额或销售数量，并通过钻取进一步观察相关客户的具体情况。

在经销商分析,首先在地图中展现了不同省份的销售情况,其次在商品种类的维度展示了销售比例,并通过条形图展示排名前 N 的销售省份,最后对经销商进行了 RFM 分析。经销商分析内容及展示布局如图所示,通过切换销售金额和销售数量对这两个维度进行分析,该部分分析主要通过卡片图、着色地图、矩阵图、树状图、簇状条形图、旭日图(Sunburst)等图形实现,共包括 6 个区域,其整体效果如图 5-26 所示。

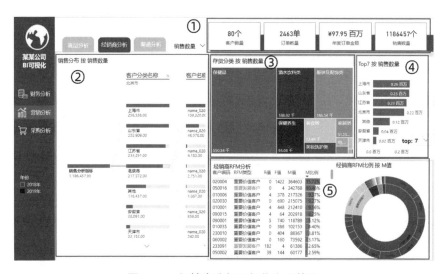

图 5-26　经销商分析可视化实现效果

其中,第 1 区为卡片区,展现客户数量、订单数量、销售数量、年度订单金额等数值。第 2 区为分解树,通过客户分类、客户名称、存货大类的层层分解,以更好展现客户的销售详细情况。第 3 区为树状图,展现各存货大类及明细品类销售金额或销售数量。第 4 区为堆积条形图,展示前 6 位的省份排名。第 5 区为表格,对客户进行 RFM 分析,将客户分为重要价值客户、一般价值客户、重要发展客户、一般发展客户、重要保留客户、一般保留客户、重要挽留客户、一般挽留客户;第 6 区为旭日图,展现不同类型客户占比及不同类型中的代表性客户及其占比。

在渠道分析中,主要使用渠道动销率指标。首先展现了不同省份的动销率情况,其次展现了各类商品向各省份的流向情况,最后分解了动销

率指标,展示不同分类的销售数量及其变化趋势。渠道分析内容及展示
布局如图所示,该部分主要通过卡片图、桑基图(Sankey)、华夫图(Waffle
Chart)、KPI 图等图表实现,共包括 4 个区域,其整体效果如图 5−27
所示。

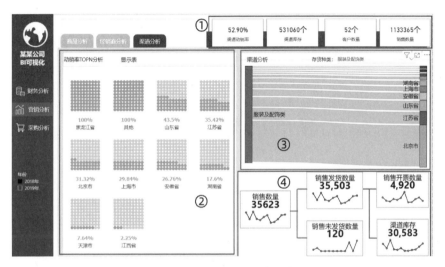

图 5−27 渠道分析总体概览

第 1 区为卡片区,展现渠道动销率、渠道库存、客户数量、销售数量。
第 2 区为华夫图和矩阵表图,展现各地区销售占比和销售详细信息。第
3 区为桑基图,体现各商品种类的销售流向和各商品的主要销售地区。
第 4 区为 KPI 指标图,展现销售数量、销售发货与未发货、销售开票与渠
道库存数量。

第六章　智能审计监督

第一节　智能审计概述

一、智能审计的概念辨析

（一）智能审计的含义

随着计算机技术和新一代信息技术的发展,被审计单位经营环境、技术环境和社会环境产生巨大变化,经济交易复杂性和差异性凸显,对信息系统和数据的依赖日益增长,以技术化和数字化为特征的审计风险更是趋于复杂和多元,审计业务应用审计程序将越来越依赖于软件,许多大型会计师事务所已经将人工智能作为其综合审计自动化系统的一部分,用于作出审计判断。[1] 正如阿卜杜勒哈利姆(Abdolmohammadi,1987)[2]、贝尔等(Bell et al.,1998)[3]预测的那样:电子数据交换(EDI)、电子文件传输(EFT)和图像处理等 ICT 设备正在逐渐取代传统的审计线索,并将彻底改变整个审计过程。戴格尔和兰普(Daigle and Lampe,2005)认为,信

---

[1]　武晓芬、田海洋:《智慧社会治理下的人工智能审计平台构建研究》,《西安财经学院学报》2019 年第 3 期。

[2]　Abdolmohammadi M. J., "Decision Support and Expert Systems in Auditing: A Review and Research Directions", *Accounting and Business Research*, Vol.17, No.66, 1987, pp. 173-185.

[3]　Bell T. B., Knechel W. R., Payne J. L., et al., "An Empirical Investigation of the Relationship Between the Computerization of Accounting Systems and the Incidence and Size of Audit Differences", *Auditing*, Vol.17, No.1, 1998, p. 13.

息技术必将在提高监测和控制过程的效率方面发挥作用①,秦荣生(2014)认为,审计组织和审计人员在大数据、云计算技术的冲击下将发生重大的技术和方法的变革,审计技术和方法朝着数据化、及时性、智能化和预见性方向转变和发展。②

智能审计的概念在1994年的IEEE上被首次提到,认为智能审计是人工智能与审计的结合。国外学者关于智能审计的研究主要集中在评估人工智能对内部控制系统的设计和监控、公共部门组织的审计、审计独立性和审计预期等方面③,国内学者的研究则主要集中在大数据、区块链、云计算方法体系中有关智能审计的概念和内涵、审计模式构建、审计平台架构等方面。④ 我们认为,智能审计是基于智能会计环境,借助智能技术,实现从审计数据采集、数据处理、数据分析等到出具审计结论,再到在各种技术终端生成审计报告的全流程数字化、网络化、自动化和智能化的审计过程。

智能审计是在审计数字化转型和智能化应用过程中不断发展起来的新一代审计。它以人工智能等高科技作为基础设施与核心要素,实现人工智能与审计全面融合,并不断赋能审计组织,提升审计组织的审计效率,拓展审计职能的广度和深度,最终实现审计组织价值提升与颠覆性创新。应该说,智能审计是审计信息化发展的高级阶段。在智能审计时代,审计的事务性工作、重复性工作将由"人工"转向"人工智能",各类智能审计软件按审计人员的思路"智能"地完成审计数据采集、审计数据预处理、审计数据分析、审计线索核实、审计报告生成等各项工作。另外,还可

---

① Daigle R. J., Lampe J. C., "The Level of Assurance Precision and Associated Cost Demanded When Providing Continuous Online Assurance in an Environment Open to Assurance Competition", *International Journal of Accounting Information Systems*, Vol. 6, No. 2, 2005, pp. 129-156.

② 秦荣生:《大数据、云计算技术对审计的影响研究》,《审计研究》2014年第6期。

③ Kamil Omoteso, "The Application of Artificial Intelligence in Auditing: Looking Back to the Future", *Expert Systems with Applications*, No.39, 2012, pp. 8490-8495.

④ 武晓芬、田海洋:《智慧社会治理下的人工智能审计平台构建研究》,《西安财经学院学报》2019年第3期。

以将审计人员从繁杂的、重复性的工作中解放出来,实现审计工作流程自动化,从而提高审计效率。

（二） 智能审计与智慧审计

智能审计中的"智能"并不同于"智慧"。智慧是人脑表现出来的一种创造性思维活动,是从感觉到记忆再到思维的过程。智慧的结果产生了行为和语言,而行为和语言的表达过程一般称为"能力",两者合称才是"智能"。

智能要具备如下几个方面的特征:一是具有感知能力,这是产生智能活动的前提条件和必要条件;二是具有记忆能力和思维能力;三是具有学习能力和自适应能力;四是具有行为决策能力,即对外界的刺激作出反应,形成决策并传达相应的信息。智能审计在本质上是一种智能化审计,或者说是审计的智能化。所谓智能化是在产品、工具或工作系统中协同应用人类智能和人工智能,以提升其功效的过程①,其中"化"具有融合、扩展、演变之意。智能化的功用定义与"智能+"吻合。智能化审计的目的在于技术赋能审计,不断提升审计的价值,推动审计创新与转型,其本质特征在于智能与审计的协同发展和应用。它既不是单纯的信息技术开发和计算机网络应用,也不是单纯的人脑功能开发,而是审计人员的智能与工具智能协同发展,不断提升审计价值的过程。

（三） 智能审计与数字化审计

理解智能审计还不能混淆"智能化审计""数字化审计"两个概念。刘卫国(2011)认为凡是由机器完成数据采集和录入,自动化工作需要在人工预设的规则下才能触发的都称为数字化,而不是智能化。② 大数据的计算、分析和运用就不是智能化,而是数字化。因为最后还是由人来针对数据分析结果作出决策,而不是由机器作决策。大数据审计和区块链审计都可以称为数字化审计,但不能算智能审计。智能审计是审计发展

---

① 黄津孚、张小红、何辉:《信息化　数字化　智能化:管理的视角》,经济科学出版社2014年版,第1-223页。

② 刘卫国:《现代化、信息化、数字化、智能化及其相互关系》,《中国铁路》2011年第1期。

的高级阶段,历经传统审计、数字化审计的发展和变迁,充分运用大数据、区块链、人工智能、云计算等创新技术和分析方法,能够实现全新的审计作业方式和价值输出。具有"人工智能"的机器,会根据事先设定好的程序模型和智能算法,自动完成疑点数据采集、审计分析、问题核实、报告形成等工作,极大地减少人工成本。同时,通过人工智能技术构建风险热图,实现实时、精准、严密的审计监督,从以人为主的传统审计模式向以依托人工智能技术的机器审计为主转变,降低审计风险,提高审计生产力。①

二、智能审计的产生与发展

智能审计是智能技术在审计领域广泛深入应用的结果,是智能技术与审计工作或审计科学的有机融合。自人工智能的概念问世以来,"人工智能+"在现代社会各个领域的应用引起了各方的关注。1987年,美国执业会计师协会发表的"人工智能与专家系统简介"正式提出了人工智能技术在审计领域应用的可能性,在此后的多年里,研究人员与业界积极探索智能技术如何应用到日常审计工作中,并在近年逐渐取得了较为显著的研究成效。按照信息技术对审计的影响程度,可以划分为两个阶段:计算机辅助审计阶段和智能化审计阶段。

(一) 计算机辅助审计阶段

计算机辅助审计工具与技术(Computer Assisted Audit Tools and Techniques,CAATTs)是指利用计算机硬件设备及软件系统、计算机技术(如数据分析技术、云计算技术等),通过一体化自动办公系统收集审计数据及信息、按照一定的算法及公式计算、分析审计数据及信息、制作电子化审计报告,最终完成审计工作。中国审计署将计算机辅助审计技术定义为"审计机关、审计人员将计算机作为辅助审计的工具,对被审计单位财政、财务收支及其计算机应用系统实施的审计,帮助审计人员收集审计证

---

① 张月波:《数字化转型中商业银行内部审计智能化探索与应用》,《中国内部审计》2020年第10期。

据、提高审计效率和降低审计风险"。具体流程是根据审计任务的需要,利用审计软件采集电子数据,然后对这些电子数据进行预处理并完成数据分析得到审计证据。审计软件主要包括通用数据分析软件及专业审计软件,这些软件一般具有数据采集和分析功能。通过数据采集将被审计单位的电子数据导入审计软件的数据库中,并利用数据抽样、统计概化、数据查询、异常检测等方式发现审计线索,最终提交审计部门取证形成审计结论。

相比于手工审计,计算机辅助审计可有效扩大审计面、提高审计效率。但也存在一定局限,例如,对于显式违规活动有效;对于更为复杂与隐蔽的电子数据分析比较低效甚至无效;对于审计中存在的信息孤岛无从下手,缺乏对于各自独立数据的关联考虑;进行电子数据采集耗时费力,无法跨地区、跨行业审计;比较依赖小样本经验地毯式排查,效率较低等。

(二) 智能化审计阶段

智能化从初级阶段发展到高级阶段,大体经历了可以为人类提供支持、重复任务自动化、环境认知与学习、自我意识四个阶段。大数据审计、区块链审计和智能审计是智能化审计阶段的突出代表。

1. 大数据审计

大数据审计是一种数字化审计模式,在狭义上是指由计算机审计人员和业务审计人员依据国家法律法规、条例、审计准则等,运用云计算、数据挖掘、人工智能等大数据审计技术,对与审计事项相关的跨区域、跨行业、跨领域、跨年度的巨量电子数据进行采集、整理和关联分析挖掘,从中把握总体情况,判断发展趋势,发现审计线索,获取审计证据,揭示审计问题的独立经济监督活动,在广义上它还应包括与审计事项实施相关的制度建设、组织架构、系统建设、质量控制和安全防范等一系列相关工作。大数据审计不只是汇聚大量或巨量数据,也不只是运用新一代信息技术,而是具有鲜明的业务、数据和技术"三融合"特征,具体表现为多来源、多技术、多关系、多模式和多视角五个方面。

大数据审计改变了审计主体、审计客体、抽样技术、取证模式和报告方式,也改变了审计的思维方式、组织方式、实施方式和运作方式。这些改变集中表现为审计数据的采集、处理和分析等方面。大数据时代,审计数据采集渠道广泛延伸到了基于互联网平台的各种相关数据、被审计单位的货币性和非货币性数据,审计单位内部的经验数据、业务数据、管理数据以及预测数据,以及日志、传感、关联等其他数据;审计数据处理主要包括数据的存储、抽取、清洗、转换与装载等几个环节,通过审计数据接入、源数据库建设、噪声数据提取与分析、数据加载等,最终形成主题数据库;审计数据分析主要是基于收集和处理后的大数据或大样本数据,技术人员深入系统研究数据内容、特征和相互关系,充分运用大数据技术对数据进行挖掘分析,为拟定项目计划意向、挖掘审计重点疑点和建立各行业分析模型、完善优化审计方法库提供信息支持,尤其是通过模型策划、维度分析、算法调度、任务执行、模型校验及评估等来构建审计大数据分析模型。

总之,数据挖掘技术、大数据分析技术、人工智能技术等的飞速发展,极大地提升了审计人员的数据分析能力,审计也从抽样审计到全样本审计,大大降低了抽样的风险,审计人员的数据分析能力发生质的飞跃。通过这种分析能力的增强,可以迅速产生大量审计结果,形成连续监督与审计核查相结合的工作模式。由于审计分析能力极大提高,审计的组织架构、职能、范围、方法等都产生了深刻的变化,为了区别于传统审计,人们把这种审计称为大数据审计,而且目前这种分析能力伴随信息技术的发展还在不断加强之中。

但是,大数据审计在审计查证能力方面并没有太大的突破。虽然大数据审计阶段已经产生电子发票等信息技术的应用,但作用和影响力有限,审计查证功能的发挥依旧靠人力。文字提取、语音识别、图像识别等技术逐步成熟,开始商用,并且已经应用到审计调查、取证、查证等方面,但对于审计人员的帮助仍然是局部的和有限的,在查证赋能方面比较弱。

2. 区块链审计

区块链审计是区块链技术应用于审计领域而形成的一种新型审计模

式。它通过内部审计链和外部审计链的建设与链接,来高效率地完成审计任务。基本业务流程包括确定审计对象、验证内外审计链的可靠性、采集区块链数据、利用智能合约进行风险测试、追溯分析风险测试结果、管理层确认异常信息、生成阶段性审计分析报告等。

区块链(Blockchain)是一种由多方共同维护,使用密码学保证传输和访问安全,能够实现数据一致存储、难以篡改、防止抵赖的记账技术,也称为分布式账本技术。区块链技术在审计领域的应用有:(1)将实现任务自动化和实时信息分析;(2)由于数据的不可更改性,保证了交易的真实性和有效性;(3)通过区块链技术可对数据进行全面分析,突破了传统审计抽样法的局限,提升了保障水平和审计质量;(4)审计师的新职责是验证和确保区块链的正确实施。

总之,区块链对数据的不可篡改和可追溯机制保证了数据的真实性与高质量,能够对被审计数据的真实性、合法性、有效性提供保障,成为大数据审计的基础。同时,区块链技术可以在保护数据隐私的前提下实现多方协作的数据审计,解决了大数据审计面临的"数据垄断""数据孤岛"等问题。利用区块链技术的公开透明、可溯源、不可篡改、隐私安全等特性,可以保障交易的真实,审计人员无须现场勘察交易的真实性,从而实现审计取证、存证、溯源等工作的自动化管理。

3. 智能审计

随着机器学习、专家系统、计算机视觉、语音识别、认知计算、神经网络等人工智能技术在众多行业的深度应用,区块链技术和大数据分析技术的不断成熟,对会计和审计领域产生了颠覆性的影响。这些信息技术对审计查证能力和审计分析能力的赋能越来越强,对人的替代性越来越强,最终达到审计的最高层级——智能审计。

在智能审计中,审计人员借助大数据分析和挖掘技术,一方面可以利用自动化审计程序拓展审计取证范围,提供更高保证程度的审计意见;另一方面通过对审计过程中海量数据的深度挖掘分析,将自身发展与同行业企业发展对标比对,能够为管理层提供更有价值和更具洞察力的咨询建议。

具体来说，人工智能技术运用于不同的审计业务可能产生不同的审计效果。在风险评估方面，可以提高工作效率，覆盖更多更大的数据；在选择测试交易方面，可以选择更多的样本或测试完整的交易数据集，便于审计师更加关注异常条目；在审计分析方面，会有更大的数据覆盖面、更强的预测分析力和更高的数据洞察力；在编制审计工作底稿方面，可以实现重复性或可预测性任务的自动化，助力审计师聚焦其他增值业务；在交易测试方面，可以实现交易测试的自动化，提高测试效率；在监控内部控制方面，可以对客户进行持续审计，实时识别违规违纪事件；在内部控制评价方面，可以对内部控制执行情况进行自动检查；在评估持续经营和提升职业判断方面，目前虽然尚无法完全替代审计师判断，但是可以协助审计人员处理一些低风险的价值判断。

三、智能审计的特点

智能审计通过先进思维、先进技术、先进实践，多时点地实现审计价值，提升整体审计能力。智能审计具有以下五个突出特点：

（一）"大数据思维"的理念指导

"大数据思维"是新的思维观，智能审计技术采用了其中有代表意义的三种，即"异常""相关性""预测"。"异常"是指以海量的全体数据为基础，通过统计学算法，统计出正常模式，并识别出与正常模式偏离度高的异常模式；"相关性"是指由关注因果关系转变为关注相关性，大数据没有必要找到原因，不需要科学手段来证明某两件事之间存在必然的因果规律；"预测"是指将数学算法、统计学原理运用到海量的数据上来预测事件发生的可能性，对大概率结果的预测，可以促使及早行动，博得先机。

（二）多种先进技术的深度融合

智能审计技术的核心是"运用数据"，对数据的采集、转换、存储、定位、整合、展现、挖掘等一系列操作，都体现了信息技术、数字技术和审计思维的深度融合。数据采集技术要实现采集海量数据；数据转换技术要转换并统一多种类型的数据；数据存储技术至少要支持 10 年数据量的积累;数据整合技术要指导使用者准确完整地运用数据;数据展现技术要能够直观简单地展现结果;数据挖掘技术要实现对全量数据的扫描。每一类技术的运用都是审计专家、信息技术专家和数字专家在充分了解、沟通和探讨的基础上,深度融合的跨界智慧和价值呈现。

业务信息整合专题是一个典型的深度融合案例。审计专家了解银行的业务及风险,但很难完整地从对公信贷管理系统、个人贷款管理、票据业务系统、风险缓释管理系统等数十个业务系统数千张数据库表中提取出精确完整的业务信息数据;每一个负责具体业务系统的信息技术或数字专家精通自身系统的数据存储结构,知道该从系统数据库的哪张表哪个字段中获得需要的数据,却并不清楚业务的风险在哪里,审计关心什么内容。当这两大类专家共享了自身知识,设计出汇集多个领域知识精华的数据整合表后,就是对数据运用最有效最成功的实践探索,也是审计信息化的最佳途径。

(三)审计价值由"静态时点评价"向"动态趋势评价和事前预防"转变

智能审计技术使审计的工作方式发生了变化,从时点评价逐渐向持续性评价转变。在时间维度上有了蓄积,对风险的评价就更全面、更完整。在尚未发生较大问题前,及时撰写风险提示进行预警,提交相关管理部门,促使其采取有效的管理举措,将风险隐患消灭在萌芽状态。这一切在时间上、空间上积累的风险线索,都是因为智能审计技术在持续性上的特点,进而推动审计价值由"静态时点评价"向"动态趋势评价和事前预防"转变。

(四)审计方式从"现场单兵作战"向"非现场智能化"转变

智能审计的特点之一是可记录审计专家工作思路和轨迹并加以推广,进而指导审计人员开展审计。智能审计技术记录了审计专家思维,如审计专家如何利用数据分析开展风险评估;如何在分析数据模型结果后准确定位风险集中区域;如何运用收集汇总后的风险线索开展现场核实等,这些审计思路和工作技巧均被固化在智能审计技术中。当审计人员运用智能审计技术时,审计专家的思想得以传承推广,提高了智能审计技术使用者的作业水平和审计项目质量。在智能审计技术运用推广后,审计方式发生了显著变化,从原先的"现场单兵作战"转变为"非现场智能化"。原先主要依靠审计骨干在现场审计作业时发挥个人能力,挖掘有价值的审计发现,而现在是以非现场的方式,以审计专家思维运用智能审计技术开展数据分析,挖掘风险线索,定位高风险区域,并采用现场审计手段核实验证。这种审计方式的转变提升了整体审计能力,快速培养了一支专业和技术能力更强的审计队伍。

（五）审计视角从"识别单业务条线风险"向"全面识别关联风险"转变

数据资源的多少决定了审计视角的宽窄,特别是对于业务高度信息化和数字化的行业来说,数据是最有价值的资源、最先进的工具。因此,审计要想"走出去",拓展审计数据资源,就要从引入外部"大数据"入手。审计专家首先将目光聚焦于各级政府部门的公开数据,聚焦于"五个关联"①数据,这些数据可信度高、价值大,对审计人员来说非常珍贵。运用智能审计技术,审计人员实现了对外部"大数据"的采集、清洗、存储等处理,建立了审计人员的"大数据集市"。"大数据集市"为审计人员打开全新的视角,减少了审计人员和企业内部业务人员之间的信息不对称,为更客观更全面地开展审计工作提供了新的途径和解决方案。比如,金融监管部门公布的企业黑名单、司法部门公布的"拒不执行人名单""失信被执行人名单"、工商部门公布的各类"经营异常名单"、税务部门的"欠税名单"、环保机构的"违法违规名单"以及各级政府部门公布的行政处罚信息,这些信息为审计人员全面深入地了解客户和识别关联风险提供了有力武器,促使审计视角从"识别单业务条线风险"向"全面识别关联风险"转变,提高了审计的系统性和全面性。

---

① 所谓"五个关联":一是从中央财政到省市县乃至每个乡镇的资金使用、从部门到项目具体执行单位的资金使用的纵向关联;二是从市财政、市发改委到一级、二级预算单位的各种专项资金的横向关联;三是财政、金融和企业三方面的数据关联;四是财政与其他多部门、多行业的数据关联;五是财政数据与业务数据、宏观经济数据的关联。

四、智能审计与传统审计

（一）智能审计与传统审计的联系

1. 智能审计是对传统审计流程的优化

从现代风险导向审计流程来看,审计整体流程分为审计计划阶段、风险评估阶段、风险应对阶段和出具审计报告阶段。

在智能审计的早期阶段,智能技术在传统审计项目中的应用,使每个阶段逐步实现自动化,为审计人员减轻了工作负担。在审计计划阶段,审计人员需要在对被审计单位及其环境了解的基础上初步制订审计计划,并结合智能技术对被审计单位的审计数据进行分类归总,使其与相应的证据关联,并对数据中可能存在的疑点进行初步筛选,确定需要关注的可能会发生错误或者舞弊的重要审计领域,结合经过智能技术处理的数据分析明确审计业务的范围、审计工作的时间等审计业务的报告目标,自动计算重要性水平,同时,智能技术也有助于筛选出成本最低的审计程序,使审计时间和人员等资源得以安排充分。在风险评估阶段和风险应对阶段,审计人员一般需要分析审计业务中的风险并对风险的影响程度进行界定,但应用智能技术则能够分析各种复杂的审计问题,比起逻辑回归模型更加有助于分析财务风险,尤其适用于风险的预测、预警和预防,最终根据评估得到的重大错报风险确定总体应对措施。这是因为:智能技术既能汇总不同专家学者的意见对决策的作出进行模拟,也能利用计算机对人类大脑及神经系统作出决策的过程进行模拟,根据模拟结果建立合适的风险评估模型,使用模型对经过分类归总后的海量审计数据中的风险进行风险评估,能够保证风险评估的可信度,并能够根据风险评估结果提供较为精准的决策。在出具审计报告阶段,应用智能技术能够对最终获取的审计数据进行整合,根据审计发现的问题自动生成审计报告并发表恰当的审计意见,最终提出整改方案并持续关注整改情况。从整个审计流程来看,智能技术的应用弥补了审计力量的不足,避免了审计流程中可能存在的漏洞。

智能审计进入高级阶段后,人工智能采用新兴技术,建立标准化的审计数据接口,并促使采集数据标准化、整理分析数据规范化,建立人工智能下的审计模式,辅助高效地进行审计决策。人工智能下的审计业务流程包括智能化数据采集、审计资料分析、形成审计意见、出具或提供审计报告等。在流程中审计师运用自动化操控模式,对审计工作进行动态管理。人工智能审计可以客观评价审计过程,对相关数据进行稽查核对,自动形成异常项目,如错记、漏记、伪造等,并将差异项目整理成表格模式,帮助审计师快速寻找重大错报,高效工作,迅速形成审计意见。

当然,智能技术并未彻底实现审计流程的自动化。审计人员的常规性工作虽然正被智能技术逐步取代,但审计人员在审计流程中仍然是不可或缺的,智能技术无法取代审计人员作出审计判断,非常规的工作和非常规认知的复杂审计工作很难实现自动化,审计人员仍作为作出决策的主要力量参与审计流程,智能技术只是提供辅助性信息和协作,审计流程最终在人机协同下完成。

2. 智能审计是对传统审计边界的拓展

随着智能技术在审计业务中的广泛应用,能够助力审计业务进一步完善,并逐步扩大业务范围,这使审计边界得以拓展。

审计人员在完成审计工作的同时,也因智能技术的应用衍生出更多的鉴证和咨询服务机会,拓展了更多的鉴证和咨询服务空间。从某种程度上来说,智能技术的使用为审计人员带来了更多的机会,审计人员能够借助智能技术创造更加丰厚的新业务,甚至拓展到其他专业的技术类市场范围,获得更多的客户流量,进一步提升自身的专业和技术服务能力。审计人员提供鉴证和咨询服务时,能够借助智能技术获得更加全面且准确的信息并提供给信息使用者,保证以相近的成本呈现出同样的鉴证水平,实现更高水平、更高质量且个性化的审计服务,同时有效地减少审计人员所提供的书面说明以及建议存在错报的可能性。智能技术在审计中应用的有效性不仅体现在可以通过对所获取数据的全面监控,使用技术对未来可能会出现的问题进行预测,深刻洞察客户的业务流程、风险领域和内部控制并提供优化建议,能够提供持续更新的网络财务信息、为企业分析数据提供技术支持,还体现在督促审计人员利用智能技术提供的信息更早地识别潜在的问题,及时替换审计鉴证报告、更改审计咨询建议,使书面报告和咨询信息更为及时和相关。

此外,智能技术的广泛应用使企业对数据安全的要求更高。因此,审计人员需要迎合企业的需求逐步拓展鉴证业务范围,尤其是保证信息使用者在数据质量、安全、合规、舞弊防范和发现、内部控制等领域的信息安全,在审计中使用智能技术能够对数据安全、网络安全进行实时预警和智能监控,并在最大限度上保证数据的完整性、机密性,避免信息被攻击者篡改或者删除。

3.智能审计是对传统审计价值的提升

智能技术的应用为外部审计和内部审计创造了新的价值,将智能技术运用到审计的每一个环节中,实现了对审计核心价值的优化,并使审计价值每一环节之间的联系更加趋于协调,从而共同提升审计价值。

在外部审计中,应用智能技术有助于推动审计人员及时更新、及时出具定期审计鉴证报告,智能技术信息平台的建设也满足了提供报表鉴证服务的需要,审计人员可以通过智能技术进行实时监控,判断实时风险和预警信息,及时发现审计疑点或审计线索并进行披露,智能技术的应用提高了所提供的风险提示的可信度,信息使用者能选择更高质量的审计服务,更有助于信息使用者作出恰当的决策。

在内部审计中,智能技术能够整合审计数据资源,对外部来源的可信度较高、价值较大的数据进行采集、清洗、存储,减少了信息不对称,同时内部审计人员还能够利用智能技术所记录的审计专家思维开展数据分析,这种审计专家思维能对内部审计人员审计工作进行指导,引导内部审计人员思维方式的发展和进步,也将有助于内部审计人员运用智能技术对数据进行分析挖掘并建立审计模型,内部审计人员可以更好地挖掘风险线索、揭示潜在风险、定位高风险区域,在尚未出现较大问题之前对风险进行预警并将风险信息及时提交相关部门,将风险消灭在萌芽初期,使风险管理得以有效实施。

智能技术的实施实际上是将审计从单一的查错纠弊转变为整体性的增值服务,借助智能技术能够更加迅速地发现苗头性的共性问题,并针对发现的问题提出可行性的建议。智能技术的应用扩大了审计的覆盖面，真正实现了"审计全覆盖"。

（二）智能审计与传统审计的区别

1. 审计职能不同

传统审计多是事后审计，以审核职能为主。智能审计可以进行事后审计，也可以进行事中和事前的审计，实现了审计监督与管控并重的职能。

1983 年 9 月，国家审计署正式成立，《宪法》指出审计的职能是"对国家财政收支和法律法规规定属于审计监督范围的财务收支的真实、合法和效益进行审计监督"。2002 年 7 月，国家计委正式批准"金审工程"，国家审计开始了信息化建设。信息技术提升了审计能力，审计预警系统的出现使审计有能力前移，使事前、事中审计成为可能，风险管控能力越来越强，审计在本质上成为一个国家经济社会运行的"免疫系统"。在信息技术驱动下，国家审计职能已由单一的审核职能，逐步扩展到管控职能，国家审计成为国家治理的一部分。与此同时，内部审计也开始利用信息技术构建风险预警模型，建立预警中心，辅助企业决策，通过对企业日常运营数据的采集和分析，及时识别风险，并采取措施有效控制风险。随着信息技术的广泛应用，内部审计的职能也在不断拓展，更加关注企业的风险预警及防范，内部审计成为企业治理的重要组成部分。

2. 审计范围不同

传统审计主要侧重于经济范畴，即运用专门的方法，对被审计单位的财政财务收支、经营管理活动及其相关资料的真实性、正确性、合规性、合法性、效益性进行审查和监督，评价经济责任，鉴证经济业务，用以维护财经法纪、改善经营管理、提高经济效益，是一项独立的经济监督活动。智能审计在全球信息化背景下产生，面临的审计对象多为电子数据信息，电子数据由于其自身特质，极易被篡改、销毁、盗用或复用，进而可能给企业造成无法估量的损失，审计范围不得不扩展到信息安全上。总的来说，传统审计的范围以经济安全为主，智能审计的范围是经济与信息安全并重。

审计人员执行工作时，需要考虑信息制度、信息科技风险、数据资产、

IT 外包安全管理、存储介质管理、物理设备设施以及系统、网络、数据库、源代码、应用等方面的信息安全是否满足安全合规性要求,同时也应确定系统内部相关信息安全工作的有效性、充分性和适宜性,保证数据信息的安全。

当今时代,由于各类信息软件系统的出现及广泛应用,使信息安全与经济安全已经密不可分、相互影响,审计的关注重点由传统的经济安全延伸至信息安全。国际内部审计师协会(IIA)在《2019 年内部审计脉搏》的调查中,来自全球大型企业 70% 的首席审计执行官将数据泄露引起的声誉损害列为其最大的信息安全问题。因此,审计的范围不得不扩展到信息安全上。

3. 审计内容不同

传统审计的内容以财务为主,即以财务数据为核心,注重应收账款、应付账款、银行存款、流动负债等财务会计数据的审计,从而评估企业财务报表存在重大错报风险的可能性,并对重要风险领域实施必要的审计程序,以此对企业财务报表整体出具审计意见、发布审计报告。

智能审计的内容是财务与业务并重。会计智能化以后,仅通过分析财务数据发现舞弊的难度越来越大,审计人员需要同时参考业务、行业等数据,并且与财务数据相互印证,才能保证财务或会计信息的真实性和可靠性。例如,獐子岛扇贝在继 2014 年"逃跑"、2018 年"饿死"之后,2019 年 11 月 14 日,獐子岛集团发布公告称,扇贝非正常死亡情况可能还将持续,并且已经对其 2019 年的经营业绩构成了重大影响。对于审计人员来说,农业类上市企业的存货审计难度较大,尤其是扇贝这种生物性资产,常因气候、环境、人为等因素影响其价值,进而造成存货跌价准备。而审计人员仅能通过财务报表了解跌价的多少,却无法知晓跌价的原因及其真实性和准确性,这给企业提供了财务造假的机会。于是审计人员需要同时将各类相关业务信息与财务信息对比,以确定两种信息是否相互联系、相互印证,从而保证财务数据的真实性。

4. 审计载体不同

传统审计中,审计对象主要为纸质财务账本,以及资产负债表、利润表、现金流量表、所有者权益变动表等。智能审计中,企业会计信息系统代替了纸质账本,从以传统纸质会计凭证、账本、财务报表为载体,已经转变为全部保存在计算机的数据库中;而且企业的大部分业务、经营数据也以电子形式保存在数据库中。审计人员利用数据库易于存储、提取、分析的特性,在数据库中选取需要的数据信息,运用专门的程序、算法、模型等,对企业各类数据进行审核、确认,以完成审计程序,提高审计效率。

5. 审计模式不同

传统审计由于其内容主要为财务报表审计,而会计期间分为年度和中期,因此,我们只能经过一整个月份、季度、半年或是一年,最终才能获得一份完整的财务报告,从时间上来看,审计属于事后工作。而财务报告又是企业管理层作出经营决策的重要依据,会计期间越长,审计时间越晚,获得决策依据越晚,便越难以及时作出应变决策。

在智能审计中,审计人员可以将审计工作前移,由事后审计转为事中审计和事前审计。审计人员通过对信息系统的内部设置进行审查,以确认业务是否按照流程进行,重要业务授权设置是否恰当,是否对职位不相容进行了特别设定等,从前期规则制定角度对企业的内部控制设置及运行有效性进行事前控制,从源头防范问题的发生,进而发挥更大审计价值。同时,在线审计系统规定了特定职位人员申报特定金额内的业务,一旦相关人员越权申报,系统会自动警示,对业务实时审查,实现事中审计。另外,审计人员可以利用大数据建立各类数据分析模型,用于预警,以提高审计效率、效果,充分发挥审计"治已病、防未病"的建设性作用,从而实现事前、事中、事后审计全时段覆盖。

6. 审计方式不同

传统审计由于技术等客观因素限制,审计人员只能进驻被审计单位,进行现场审计,审计周期相对较长、效率不高、成本开支大、人员分散,甚至影响最终的审计成果。也就是说,传统审计的审计方式以现场勘查为主,智能审计的审计方式则以远程分析为主。

智能审计面对的是信息化程度较高或者实现智能化的被审计单位,

其日常运行相关的业务、财务、内部管控等信息全部在管理信息系统中。在此基础上，智能审计下审计主体建设了审计数据分析中心，利用分析工具便可对企业数据进行远程监督，在线分析，及时发现审计线索，这样审计人员可以带着问题和线索去现场，有针对性地核实勘查，实施进一步审计程序，对问题进行确认。这种精准化审计方法，克服了传统审计中仅凭经验盲目审查的问题，不仅节约审计过程中的人力、物力资源成本，而且提高审计效果和效率；将业务能力强、分析水平高的审计人员集中到分析中心，群策群力，发挥集体智慧，发现问题，现场勘察是带着问题有针对性地进行，并且与分析中心保持同步，随时得到支持，保证工作质量和效率，实现了"中心上移，重心下沉"的新审计方式，优化了人员配置。

7. 审计手段不同

传统的审计通常采用手工计算方式对纸质账本数据进行财务分析、计算、筛选、排序，以确定重点审计领域、重要性水平、重大异常项目，并通过重新计算、函证等方式对往来款项账龄、固定资产折旧等方面会计处理是否正确进行核实。

智能审计背景下，由于大多数企业都已将各类信息储存于数据库中，审计人员通常利用数据库 SQL 语句进行审计，有效节约了时间成本，提高了审计效率，并且可通过实时监控技术，及时为企业出现重大异常数据提供预警信号。审计人员采用的技术手段主要有：（1）结构化查询语言（SQL）。它是专为数据库而建立的操作命令集，用于存取数据以及查询、更新和管理关系数据库系统，其功能齐全且具有交互性特点，能为用户提供极大的便利，提高计算机应用系统的工作质量与效率。（2）联机分析处理（OLAP）。它是一种软件技术，主要任务是进行数据分析和决策支持，支持以不同的形式显示数据以满足不同的用户需要，从而使分析人员能够迅速、一致、交互地从各个方面观察信息，以达到深入理解数据的目的，具有快速性、可分析性、多维性、信息性四个特征。（3）数据仓库。它是一个提供决策支持功能的数据库，它与公司的操作数据库分开维护，为统一的历史数据分析提供坚实的平台，对信息处理提供支持。（4）数据挖掘。它是指从大量的数据中通过人工智能、机器学习、模式识别、统计学、数据库、可视化等技术搜索隐藏于其中信息的过程,能高度自动化地分析企业的数据,作出归纳性的推理,从中挖掘出潜在的模式,帮助决策者调整市场策略,减少风险,作出正确的决策。

8. 审计抽样基础不同

传统审计过程中,由于时间、成本等客观因素的限制,审计人员无法对所有财务数据进行审计,因而通常采用审计抽样方法,根据经验判断,选取风险较高、具有代表性的样本进行分析,通过样本得出的结果推断项目的总体情况。此方法具有一定风险,容易出现以偏概全,从而导致审计结果出现偏差,审计风险难以控制,审计质量难以保证。

在智能审计中,审计依靠先进的大数据分析技术,可以对海量的数据进行分析处理,因此,在实施审计时,不再抽样分析,而是采集相关的全部数据进行分析与挖掘,查找线索,发现问题,从而大大降低了审计风险,提高了审计工作的科学性和准确性。

9. 审计测试内容不同

传统审计对被审计单位的控制测试主要是人工系统,智能审计中测试的则是信息系统。传统的控制薄弱点主要在人与人的交接点。由于各类凭证、报表、合同等均为相关人员手工填制完成的纸质文件,各类数据主要以非电子形式储存在纸质文件中,企业内部之间、内部和外部之间数据和业务的交换、交流、授权也均通过相关工作人员以纸质文件为载体进行面对面的交接和流转,因此,企业内部控制制度对各项业务相关的流程、手续等严格规范,此时针对企业内部控制的符合性测试重点关注人工系统的操作、流程、规章等是否符合规范,以评价其内部控制系统的规范性和有效性。

随着企业信息系统的不断成熟与发展,管理流程实现程序化、虚拟化、无纸化、电子化,任务交接、授权审批等已不再需要执行者双方面对面交接,工作人员可以跨越时空的限制,采用人机交互的方式,即以计算机为媒介完成工作交接、授权等任务,以此提高工作效率,节约时间成本,控制的关注重点由此转移到信息系统中的人机接口。因此,审计人员在做内控测试时,应该关注信息系统的人机接口,分析控制的实际效果,例如系统接口使用的可追溯性、系统界面的合理性和鲁棒性、接口安全技术的可靠性和先进性、系统接口研发的可审性、发现风险的纠错性等内容。

10. 审计工作形式不同

传统审计中,审计人员通常被分为若干功能相同的小组进行合作,每个小组的审计内容为不同的科目,但总体目标大致相似,然后各小组将每个科目存在的重大错报进行汇总,形成对企业财务报表的总体评价。

但是,智能审计的工作形式主要是协同审计。协同审计以要素为核心,优化人员布局。人才要素包括审计人员、数据分析人员、模型设计人员、软件研发人员等;数据要素包括财务数据、业务数据、资金数据、资产数据等;技术要素包括数据收集软件、处理工具、分析模型、可视化平台等。通过要素的相互协作、要素间的有序整合,梳理出复杂数据背后隐藏的疑点和线索,提高审计的效率与质量。协同审计以协同理论为基础,结合大数据、信息化的特征,构建协同审计的平台网络,审计人员将跨越时间、跨越空间协同展开审计管理,挖掘审计线索,创新审计工作模式,进一步实现审计监督的全覆盖。

第二节　智能审计的目标与对象

一、智能审计的目标

在汉语中,目标和目的具有同样的释义,都含有"想要达到的境地和结果"的意思。但是,出于解释问题的不同层次,对一些有重要意义的事项可从两个层次来考虑。审计工作的基本目标是按照一定的标准,对被审计单位相关资料反映的经济活动作出判断,而社会需要审计、要求审计达到的目标则是确立或解除被审计单位的经济责任,加强对被审计单位的管理和控制。

（一）审计的基本目标

审计的基本目标是专门对执行审计工作而言的,是针对具体审计业务的目标。具体来说,我们可以按照会计确认、计量、记录和报告的原则性要求,以及涵盖政府审计、内部审计与注册会计师审计的广义概念要求,将审计目标予以说明,也即本书审计定义解释的"判明有关资料的合法性、公允性和经济活动的合规性、效益性"。

1. 判明有关资料的合法性和公允性

此处的判明有关资料主要是指判明会计资料。其中的合法性是指要通过审计,特别是财务审计,以判明财务报表是否按照适用的会计准则和相关会计制度的规定编制;公允性是指要通过审计判明财务报表是否在所有重大方面公允反映被审计单位的财务状况、经营成果和现金流量。

2. 判明经济活动的合规性和效益性

此处的判明经济活动主要是指判明经济活动的内容。其中的合规性是指被审计单位的经济活动要符合国家的各种法律、法规、方针政策及单位内部控制制度的要求;效益性则主要指被审计单位的经济活动应当与预期的经济效益相连,有时也包括取得经济效益或未取得经济效益的原因等。具体来说,就是要通过对相关资料的审查,揭露和查处违法、违规行为,保证审计委托者的利益不受侵犯;正确处理被审计单位与其出资者、相关单位、人员的利益关系,使被审计单位的经营有良好的外部环境;认定被审计单位取得的经营业绩或存在的不足,总结取得业绩的经验,分析存在的问题及其根源,并提出改正措施,促使被审计单位进一步提高经济效益,等等。

（二）审计的具体目标

审计的具体目标是社会专门寄予审计的希望,是针对审计社会效应的目标。对审计最终目的的理解为:只有经过了审计,出具了审计证明,才能提供出被审计单位财务状况与经营成果的实际情况,审计的委托者或授权者才能据此决定是确立被审计单位的经济责任,还是解除被审计单位的经济责任。换句话说,以审计结果决定对被审计单位经济责任的确立或解除,是在新的经济环境下加强对被审计单位管理、控制的有效方式,能够更好地实现审计委托者和授权者对被审计单位的有效监督。当然,还应当看到:常规审计(如注册会计师对企业年度会计报表的审计)

的目的就是确立或解除被审计单位的经济责任;而有的审计业务,如政府审计机构的专项审计调查、对国有企业事业单位的效益审计、内部审计机构的经营管理审计等,其主要目的就是为了加强对被审计单位的管理和控制。

（三）智能审计目标的含义

智能审计依靠人工智能可以同时实现上述不同层次的审计目标。依靠人工智能,审计单位能够对被审计单位的财会数据进行收集、挖掘、归纳、分析,将数据转化为推动企业发展的资源,为企业找到问题、发现弊端,根据审计结果给企业提出相应的纠错规避意见或建议,实现审计目标由"找错查弊"到"纠错规避"的转变。也就是说,依靠人工智能,审计机构不仅能够更好地完成审计任务,还能够为被审计单位的决策提供参考,从而实现不同层次的审计目标。

二、智能审计的对象

智能审计的对象又称智能审计客体,是指审计所要考察的客体,即被审单位的财务收支及其有关的经营管理活动和作为提供这些经济活动信息载体的各种数据。正确认识审计的对象,有利于对审计概念的正确理解,审计方法的正确运用和审计职能的进一步发挥。智能审计的对象与传统审计的对象在本质上是一致的,都是被审计单位的经济管理活动,但具体表现形式有较大差异。智能审计的直接对象是数据,包括业务数据、财务数据、内部控制数据和管理数据,这些数据的呈现形式有文本的、电子的、音频和视频等。

（一）文本信息

审计师可用的文本信息包括客户内控文档、生产记录、会议记录、访谈记录、新闻报道等;微博、朋友圈、邮件等社交媒体信息;宏观层面的政策文件、行业信息;等等。在传统审计模式下,大量的这类信息都被束之高阁。随着自然语言处理等技术的发展,如今已经有能力对这些信息进行收集和分析。文本信息分析技术可以广泛应用于审计工作。例如,将公司的相关文本信息输入文本分析平台,可以分析管理层的情绪,判断公司的持续经营能力。如果管理层都比较悲观,说明公司的发展前景确实堪忧。这种分析可以应用于业务承接、风险评估等诸多环节。再如,可以将文本信息与结构化的财务指标进行比较,看这两类信息是否一致,如果文本信息显示公司业务增长迅速,但财务指标并未反映这一趋势,则表明公司财务数据或者业务数据可能值得关注。由于文本信息量远大于结构化的财务数据量,将这部分一直被忽略的信息挖掘出来后,能够大大提升审计师发现问题的概率,大幅度降低审计风险。

（二）视频与图像信息

这类信息在传统审计模式下基本上未纳入分析范畴,但却非常重要。目前,基于 AI 的图像识别技术已经有很大进展,实用性很强。在审计过程中,会涉及很多视频与图像信息,可以将其充分利用。例如,在访谈过程中,可以利用训练好的模型,对访谈对象的表情和肢体语言进行分析,判断他们所提供信息的可靠性。在审计过程中,还可以充分利用客户公司在生产经营场所的视频信息,利用 AI 进行自动分析,尤其是可以分析内控的缺陷,根据生产经营视频提取的信息与财务指标进行对比,考察财务数据与业务数据的一致性,利用摄像头进行远程智能存货盘点,等等。

（三）音频信息

现有研究发现,在资本市场上,音频信息具有很大的信息价值含量。在审计中,音频信息在访谈环节非常有用。比如,可以根据对访谈录音进行智能分析,判断访谈对象的性格特征、访谈时的态度,等等,据此判断访谈信息的可靠性,或者为进一步采取哪些措施获取审计证据提供线索。

（四）其他信息

除了上述信息之外,还有很多其他类型的信息可以用于分析,例如移动互联时代产生的特有信息——定位信息。在使用智能手机时,会用到很多互联网公司或大数据公司的产品或服务,其中很多会留下定位信息。审计师可以通过分析定位信息,远程判断人流量与公司披露的收入是否配比,进而核实客户公司的经营情况。

从实质内容上看,审计对象是被审计单位的经济活动。但是,这种经济活动一定要为已经记载、可供查证的各种资料,即要有其载体,也即表达审计对象内容的具体形式。因此,我们应从内容和形式两个角度对审计对象有更深入的认识。从现在的情况来看,记录经济活动的载体有多种形式,如被审计单位的会计凭证、账簿、报表等文本信息以及进入网络系统的各种数据库等。

第三节　智能审计技术及应用

一、智能审计技术的含义

智能审计技术是指一系列能够用于优化审计流程、提高审计效率的信息技术和数字技术的总称,主要包括大数据技术、人工智能技术、区块链及数据可视化技术等。智能审计技术取得的突破性进展,将传统审计推到了重大变革即将发生的前夜。

目前,被审计单位信息化程度越来越高,信息系统越来越复杂,需要采集的数据量越来越大,数据类型越来越多,不仅仅是数据库中的结构化电子数据,还包括一些与被审计单位相关的会议记录、会议决议、办公会通知、政策文件、内部控制手册、信息系统使用手册等非结构化数据。审计工作与大数据之间已密不可分。大数据时代的到来使审计工作不得不面对被审计单位的大数据环境,如果不研究大数据环境下如何开展审计工作,审计人员将再次面临无法胜任审计工作的挑战。

二、智能审计技术的分类

从数据处理流程视角,智能审计技术可以概括地分为审计数据采集技术、审计数据处理技术、智能审计数据存储与管理技术、审计数据分析技术和审计数据报告技术等。

（一）智能审计数据采集技术

1. 数据来源

审计数据的来源多种多样,主要包括两大类:一是审计大交易数据。

这些数据是传统的结构化的,通过关系数据库进行管理和访问的静态、历史数据。二是审计大交互数据。这些数据源于社交媒体数据,包括传感器信息、海量图像文件、Web 文本、电子邮件等。

对于智能审计来说,大数据环境下,采集审计所需要的大数据是开展智能审计的必要步骤,概括来说,采集数据的来源主要包括以下四个方面。

(1)上级审计单位数据中心提供的数据。这类数据由上级审计单位根据审计项目的需要,提供给下级开展审计项目的审计单位,下级审计单位一般可通过查询方式使用上级审计单位提供的数据。

(2)审计单位定期采集并上传至上级审计单位或本部门数据中心的各类数据。在开展相关审计项目时,审计单位可以充分利用平时积累的各类数据。

(3)在审计项目实施过程中根据需要采集的各类数据。在开展相关审计项目时,审计单位可以根据项目的需要,从被审计单位依法采集相关所需要的审计数据。

(4)通过大数据工具从互联网上爬取的公开数据。审计人员还可以通过一些大数据工具从互联网上获取所需要的相关公开数据,或者可以实现自动搜索互联网上关于被审计单位一些公开报道的风险信息,方便审计人员进行全方位的大数据分析。

2.数据采集的类型

大数据环境下,数据采集的类型可分为非结构化数据和结构化数据,具体说明如下。

(1)结构化数据。一是被审计单位的共性数据,主要涉及基础管理,相对具有一致性。这些数据主要包括报表、财务、产权、投资、供应商管理、合同管理、采购和销售等方面的数据。二是被审计单位个性数据,如用于决策、审批、签批等的决策数据,以及体现经济运行和行业特点的业务数据。三是与信息系统有关的结构化数据,如信息系统的操作用户信息以及用户操作日志等方面的相关数据。

(2)非结构化数据。一是被审计单位的基本情况信息,包括历史沿革、组织结构、部门职责,以及经营和改革发展状况、存在的主要问题和风险等;二是被审计单位内部审计报告、社会审计报告和审计机关审计报告等,以及对上述报告发现问题的整改情况等;三是被审计单位与经营管理决策相关的党组(委)会、董事会、总经理办公会会议纪要和会议记录等;四是与信息系统有关的非结构化数据,如信息系统的开发、测试、运行、安全管理、业务连续性管理等方面的相关文档。

3. 数据采集的主要技术

智能审计中用到的数据的载体可能是文件、数据库、网页和来自 API 的数据等。不同的数据载体所适配的数据采集技术并不完全一样。

(1)文件读取技术。文件能用于保存数据,而且是多种多样的,如文本文件、图像文件和办公软件生成的二进制文件等。文件中的数据可能是结构化的,也可能是非结构化的。一般来说,常见的数据分析软件都可以读取这些数据,如 Python 中的 Pandas 和 Pillow 是常用的处理表数据和图数据的库。

(2)数据库读取技术。数据库一般可以分为关系型数据库(如MySQL、PostgreSQL、Microsoft SQL Server、Oracle 等)和非关系型数据库(如 BigTable、Cassandra、MongoDB 等)。这些数据的读取可以用 SQL 语句和 Python 中的 Pandas 等。

(3)网页爬虫技术。网页上的数据通常不能直接使用,必须需要通过某种技术手段将它们保存到指定数据库或文件中。实现这种操作的技术就是网络爬虫。当然,如果某网站为用户提供了读取有关信息的结构,那就不需要网络爬虫,直接通过接口读取有关内容即可。但是,接口提供的信息若不能满足需要,则必须使用网络爬虫技术从网页上获取必需的数据。

(4)API 数据采集技术。对于来自 API 的数据,可以通过专业的审计软件和网络爬虫技术等获取。

此外,数据的采集和感知技术的发展是紧密联系的。全世界的工业设备、汽车、电表上有着无数的数码传感器,随时测量和传递着有关位置、运动、震动、温度、湿度乃至空气中化学物质的变化,都会产生海量的数据信息。

（二）智能审计数据处理技术

审计数据集成的目的是把从不同被审计单位或同一被审计单位中不同数据源中的各种不同数据整合在一起，这些数据往往涉及诸多数据源，并且它们的数据模式也可能不一样。因此，智能审计在对审计数据进行分析时，首先需要对这些被审计单位的审计大交易数据和审计大交互数据进行集成和数据预处理，从而满足审计数据分析的需要。

特征工程（Feature Engineering）是审计数据处理的常用技术。特征工程又称变量消除（Varable Elimination），是机器学习领域的一个重要概念。特纳（Turner，1999）等认为特征工程就是选择适当的特征，避免包含不相关参数的过程。即用于选择最优的特征集，这些特征要最能描述并优化问题。[①] 作为一种基于底层数据设计特征集的系统方法，特征工程的主要作用是将原始数据转换为更能代表模型基础问题的特征集，是获取原始数据之后、进行机器学习和数据分析之前的工作，涉及数据清理、特征的获取与提取、特征处理、特征选择等。特征工程可分为四个阶段：

1. 特征构建阶段

特征构建阶段也就是头脑风暴阶段，是根据研究问题初步构思数据特征集的过程。主要运用三种方法：一是研究者自己思考得出一些特征；二是专家咨询或阅读相关文献等方式向他人询问，补充一些自身没有想到的想法；三是扩展到群体，让更多的人加入到思维发散构建特征的过程中，形成众所提议的特征。

2. 特征提取阶段

这是一个提取相关特征形成特征向量的过程，即将初步构想的特征与数据本身相结合，尝试提取出与抽象特征对应的原始数据，建立联系并进行表征。在这一阶段要遵循"物尽其用"的原则，尽可能多地囊括与特

---

① Turner C.，R.，Fuggetta A.，Lavazza L.，et al.，"A Conceptual Basis for Feature Engineering"，*Journal of Systems & Software*，No.1，1999，pp. 3–15.

征相关的数据。

3.特征选择阶段

为有效描述输入数据,减少噪声和无关变量的影响,一般采用 Filter 和 Wrapper 等方法,排除一些无关或者影响甚微的因子。通过特征选择可以降低特征间的共线性,防止发生模型过度拟合现象,提高模型的泛化能力,在这个过程中,要尽可能地保证纳入到特征集的特征数据都是较为高效的。

4.特征评估阶段

主要利用经上述步骤选择后的特征进行建模,并采用传统的基于 Counts 的线性模型、基于 DT 的非线性模型和基于 ANN 的非线性模型等典型方法进行实验,评估模型精度,从而不断修正、循环迭代,以期得到最适合该数据的特征集。

特性工程是一个高度迭代的、反复的、试错的过程。在大多数情况下,数据集是庞大而混乱的,想要建立一个规范的特征集往往不能一蹴而就,需要经历上述四个阶段螺旋迭代进行。

(三) 智能审计数据存储与管理技术

大数据时代下数据出现的 5V 特点是对存储技术提出的首要挑战,其要求底层硬件架构和文件系统在性价比上要大大高于传统技术,并能够弹性拓展存储容量。目前的数据存储技术还不能满足审计大数据环境的需要,在大数据环境下,审计数据的存储方法发生了改变,包括存储设施、存储架构、数据访问机制等,因此,可借助云计算平台或分布式文件系统进行审计数据存储与管理。

云计算是一种数据分析技术。云计算包括软件服务、平台服务和设施服务三个层次的服务模式。云计算能够充分利用物理设施的弹性,以实现处理快速增长数据的能力。大数据本身就是一个问题集,而云计算则为大数据提供存储、访问和计算。大数据有云计算平台作为基础架构,才能顺畅运营,审计大数据分析等应用在这个平台上运行。

传统的网络附着存储系统(NAS)和存储区域网络(SAN)等体系,存储和计算设备分离,相互通过网络接口连接,在进行海量数据运算时,1/0容易成为瓶颈。Hadoop 的分布式文件系统(Hadoop Distributed File System,HDFS)奠定了大数据存储技术的基础。其将计算和存储节点在物理上结合在一起从而避免 1/0 吞吐量的限制,同时这类分布式存储系统的文件系统也是分布式的,具有较高并发访问能力。

（四）智能审计数据分析技术

除了传统基于统计学的审计数据分析方法,机器学习是新兴的审计数据分析技术。机器学习(Machine Learning,ML)指的是从数据中识别出规律并以此完成预测、分类及聚类等任务的算法总称。[①] 机器学习属于人工智能研究范畴,机器学习是实现人工智能的手段和算法基础。审计人员可以应用机器学习算法和大数据去训练不同的审计模型,让审计方法变得更"智能",从而实现智能审计数据分析。

（五）智能审计数据报告技术

智能审计报告技术目前主要是指数据可视化技术。数据可视化是数据到用户的"最后一步",要将复杂的数据分析挖掘结果直观、清晰地呈现给用户,此步骤尤为重要。数据可视化技术的基本思想,是将数据库中大量的数据集构成数据图像,同时将数据的各个属性值以多维数据的形式表示,可以从不同的维度观察数据,从而对数据进行更深入的观察和分析。数据可视化与信息图形、信息可视化、科学可视化以及统计图形密切相关。当前,在研究、教学和开发领域,数据可视化是一个极为活跃而又关键的方面。

数据可视化实质是借助图形化手段,清晰有效地传达与沟通信息,使通过数据表达的内容更容易被理解。其中采用计算机数据处理技术、图像处理技术、计算机建模技术和计算机显示技术等多种工作技术,共同构成数据可视化技术的工作流程。数据可视化工具可谓五花八门,种类繁

---

① 王芳、王宣艺、陈硕:《经济学研究中的机器学习:回顾与展望》,《数量经济技术经济研究》2020 年第 4 期。

多,并没有绝对的优劣之分。可视化工具分为三个大类:一是以 Power
BI、FineBI 为代表的 BI 类可视化软件;二是 ggplot2、Matplotlib 和 Seaborn
等基于 R 和 Python 的开源可视化包;三是 Echarts、Highcharts、D3 等 Web
端可视化库。

三、主流技术在智能审计中的应用

(一) 自然语言处理的智能审计应用

自然语言处理(Natural Language Processing,NLP)是语言学、逻辑学、
计算机科学、人工智能等计算机和人类(自然)语言交叉的研究与应用领
域,它主要研究如何实现人与计算机之间用自然语言进行有效通信的各
种理论和方法。自然语言处理技术可用于文本相似度计算、信息检索、语
音识别、文本分类、机器翻译等方面。用于自然语言处理的平台或工具较
多,一般基于 Python、Java、C 或 C++等不同编程语言来实现。目前来看,
NLP 应用于智能审计,可以起到一定的整体辅助分析作用,但尚不能精
确地直接发现审计证据。以财政支付审计为例具体说明如下:

1. 支付系统的摘要规范性检查

国库集中支付系统的核心业务表存储了各预算单位的财政资金支付
流水信息,该流水表有功能科目、经济科目等重要分类字段来说明每项资
金用途、性质和来源等,其中摘要是对每一条财政支付用途作更加细致的
说明,摘要虽然字数不多,但所含的信息却非常重要,它表明支付款项的
用途以及一些无法反映在经济科目上的辅助说明信息。另外,收款人名
称代表款项的去处,也是审计的重点内容。审计人员通常从摘要中筛选
部分关键词来实现部分数据查询,如果预算单位的摘要书写过于简略、笼
统或模糊不清,就会影响数据分析效果,不利于公共资金审计全覆盖的目
标实现。为此,可以利用中文分词技术实现书写规范性分析,主要分析步
骤如下:

(1)按照经济科目分类制作词库。支付信息中摘要书写一般比较简
短,且受个人书写及表述习惯影响,要判断其规范性必须有参照对比源。
摘要既然是对财政支付用途的进一步说明,必然与反映经济性质和具体

用途的经济科目分类趋于一致,包括工资福利支出、商品和服务支出、对个人和家庭的补助、对企事业单位的补贴、转移性支出、债务利息支出、债务还本支出、其他资本性支出和其他支出 9 个大类。以 301 类的工资福利支出为例,该科目反映单位支付在职人员的基本工资、津贴补贴、奖金等,那么 301 类的摘要应该经常出现"应付职工工资""在职薪资"等关键词,如果摘要出现"差旅费""办公用品"等词,而经济科目却是"301"类,则表示该摘要书写错误。我们以财政部颁布的《政府收支分类科目》为参考,收集整理每一个大类科目经常出现的关键词,利用 Rwordseg 包的 installDict 进行经济科目词库加载,为下一步摘要书写规范性作参考,如图 6-1 所示。

```
  Name Type    Des                                                      Path
1 30100 Text 30100.txt C:/Program Files/R/R-3.3.0/library/Rwordseg/dict/30100.dic
2 30200 Text 30200.txt C:/Program Files/R/R-3.3.0/library/Rwordseg/dict/30200.dic
3 30300 Text 30300.txt C:/Program Files/R/R-3.3.0/library/Rwordseg/dict/30300.dic
4 30400 Text 30400.txt C:/Program Files/R/R-3.3.0/library/Rwordseg/dict/30400.dic
5 30600 Text 30600.txt C:/Program Files/R/R-3.3.0/library/Rwordseg/dict/30600.dic
6 30700 Text 30700.txt C:/Program Files/R/R-3.3.0/library/Rwordseg/dict/30700.dic
7 30800 Text 30800.txt C:/Program Files/R/R-3.3.0/library/Rwordseg/dict/30800.dic
8 30900 Text 30900.txt C:/Program Files/R/R-3.3.0/library/Rwordseg/dict/30900.dic
```

图 6-1 词库加载示例

(2)利用分词方法进行摘要规范性判断。如果摘要为空或者长度小于 2,则直接加入分类标签"过于简单",且不进行分词。如果不是,则利用 Rwordseg 包的 segmentCN 进行分词,如图 6-2 所示。

```
> segmentCN("支付职工工资",nature = TRUE, returnType = 'vec')
        vn        30100
    "支付"  "职工工资"
> segmentCN("发放工资",nature = TRUE, returnType = 'vec')
      v        n
"发放"  "工资"
```

图 6-2 分词结果示例

如图 6-2 所示,该包分词算法不是以用户自定义词库为优先级的,例如词库中虽然有"工资"一词,但是分词结果仍是"工资"词性设置为 n,而不是预期的"30100"。在尚无能力改变分词算法的条件下,我们采取折中方法,把摘要中的名词词性一并提取,提取一系列名词词性,如名词(n)、名动词(v)、名语素(ng)、名形词(an),进而运用字符串匹配来判断是否包含于词库中的词汇,判断逻辑规则如图6-3所示。

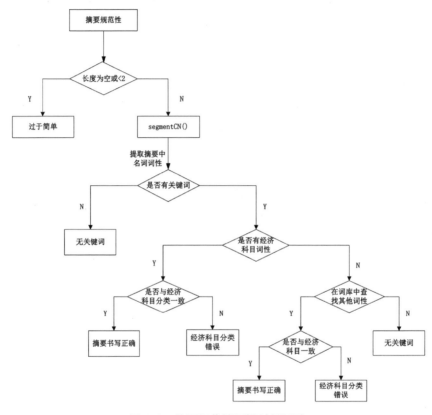

图 6-3　摘要规范性逻辑判断规则

经过上述分析,大体可以将摘要规范性分为过于简单、无关键词、摘要书写正确、经济科目分类错误四个分组,进而可以统计每个预算单位摘要规范性情况,从而可以筛选出摘要书写严重不规范的审计单位。

2. 支付系统的收款对象分类

国库集中支付系统中的收款人名称是对每一笔款项去向的具体说明,在审计实务中,分析某些问题时,通常先筛选出收款人对象是个人还是企业,再对去除工资、奖金、补贴、公务卡还款等正常支出后的费用进行分析并生成疑点表。以收款人为个人为例,通过限定字符长度小于4来实现,准确度不高。我们利用分词方法把收款对象细分为个人、企业、本单位、本行业其他单位和其他五个大类,以方便数据查询。分类方法比较简单,如果收款人中出现"公司""商行""商店"等常见关键词,即分组标签为公司;利用 Rwordseg 包中的人名识别功能,如果包含人名(nr)词性即为个人;如果收款人出现与预算单位相同的字符串,即为本单位;把该单位所在行业内的所有预算单位名称生成临时词库,如果匹配成功,即收款对象为本行业其他单位;如果仍未找到分组,则加入"其他"类。审计人员基于分组后的分类字段,有助于把握财政预算资金管理使用的全貌,进而结合摘要、项目分类、资金分类属性进行各类查询分析,发现相关资金使用问题。

(二) 机器学习的智能审计应用

机器学习作为人工智能的一个重要子集,旨在尝试通过训练机器,以便使其能够采取类似于人类学习的方式从大量复杂数据中进行学习,并能够预测未来。国际"四大"会计师事务所积极探索机器学习在审计业务中的应用,在审计计划、风险评估、交易测试、分析和编制审计工作底稿等审计实践中,机器学习正被用于执行审查总账、税务合规、编制工作文件、数据分析、费用合规、欺诈检测和决策等。[1][2]

德勤(Deloitte)的 Argus 是一种机器学习工具,Argus 学习编程算法使其可以读取租赁、衍生品合同和销售合同等文件,并能够识别关键合同条款以及趋势和异常值,而审计师则专注于解释文件的关键特征,特别关注内在风险最高的合同,从而提高审计的效率和质量。[3] 普华永道(PwC)基于机器学习技术开发的 Halo,可以分析日记账并能够有效识别潜在的问题领域,例如带有可疑性质的关键词的条目,来自未经授权来源

---

[1]　Samantha Bowling CPA C., Meyer C., "How We Successfully Implemented AI in Audit", *Journal of Accountancy*, Vol.227, No.5, 2019, pp. 26-28.

[2]　Kokina J., Davenport T. H., "The Emergence of Artificial Intelligence: How Automation is Changing Auditing", *Journal of Emerging Technologies in Accounting*, Vol. 14. No. 1. 2017. pp. 115-122.

[3]　Raphael J., "Rethinking the Audit", *Ournal of Accountancy*, Vol. 223. No. 4. 2017. pp. 29-32.

的条目,以及异常多的日记账金额刚好接近授权的限额。① Halo 允许审计人员测试公司一年内的每一笔分录。通过对所有分录进行测试,只关注风险最高的异常值,极大地提高了测试程序的效率和质量。安永(EY)成功开发了两款全球化的数字平台——EY Canvas 和 EY Helix,综合应用机器学习和自然语言处理技术,通过交互式视觉分析将调查人员与世界一流的机器学习无缝连接,旨在让用户降低法律风险并尽可能地收集调查需要的信息。交互式的视觉分析将非结构性数据中的关键内容用图表的形式进行呈现。调查人员可以通过改变图表的设置,来快速定位与调查相关的文件。自然语言处理可以对所有文件进行分析并产生概念集群。调查人员通过标注关键文件,机器学习将对剩余文件与关键文件的关联性进行预判并给出预判分。调查人员可以根据文件的关联性预判分,有选择地对剩余文件进行审阅。毕马威(KPMG)建立了自己的人工智能工具组合 KPMG lgnite,旨在加强数字平台上得到业务决策和流程,包括多项人工智能工具。例如,呼叫中心分析引擎,利用自然语言处理设计模型来预测未来的事件,可以将客户来电转为非结构化文本,并将其精简找出关键字,用来预测客户的情绪;文件合规评估引擎,使用人工智能来阅读完整文件合同、租赁和投资协议,并产生重要相关信息。

(三) RPA 的智能审计应用

当 RPA 被编程为程序模块以完成特定审计任务时,就会形成审计机器人,审计机器人是以 RPA 技术为主导,同时结合一系列其他技术(如大数据、物联网等)来代替传统人工的审计数字化应用技术,审计机器人可以与原来的审计平台连接并自动完成部分审计业务流程,进而辅助审计人员完成有着明确定义和流程的大量重复性审计工作,如审计证据持续采集、审计工作底稿初步填写、审计项目管理、文档初步审阅等。因

---

① Kokina J., Davenport T. H.,"The Emergence of Artificial Intelligence:How Automation is Changing Auditing", *Journal of Emerging Technologies in Accounting*, Vol. 14. No. 1. 2017. pp. 115-122.

此,RPA 审计机器人是一类遵循既定的程序和步骤,将审计领域发生的各项业务梳理加工,经 RPA 技术转换到审计业务流程自动化系统中,辅助审计人员高效地完成重复、机械、易于标准化的结构化审计任务,能够实现审计人员、审计业务和信息系统一体化有效集成的自动化软件。

在审计工作中应用 RPA 技术,通过调整组织架构、重塑审计业务模式、优化审计业务流程,将会极大地节约审计成本,提高审计效率,并把审计人员从高度重复性、结构化、无须复杂判断的审计任务中解放出来,使他们集中精力于审计风险更高的工作任务上。

虽然 RPA 可以实现流程的自动化,但是并非所有审计工作机器人都能胜任。审计机器人作为审计人员和审计系统之间的"黏合剂""连接器",是非入侵式的部署,能够有效降低传统 IT 部署中的风险和复杂性。审计机器人是在电脑端部署的软件,无论何时何地都可以使用,不受区域影响。使用审计机器人将每个审计业务流程进行系统录入并执行其中的操作,可以避免人工长时间操作系统出现疲劳导致的错误,从而有效降低错误率,同时,还可以减少相关人员接触敏感数据,减少欺诈和违规的可能性,让操作过程隐藏在人们面前。此外,审计机器人开发使用的是说明性步骤,通过记录、应用便可配置完成。

基于以上的理解和分析,审计机器人作为 RPA 技术在审计领域的应用,主要呈现以下特征:不是代替审计人员,而是人机协作共生;不是代替现有系统,而是非侵入式的业务协同;部署无区域限制,可以全天候工作;错误率低,合规性强;安全性和可靠性高;低代码开发,可拓展性强。

德勤机器人流程自动化,又称"小勤人"[1],是通过使用用户界面的软件把基于规则的流程自动化,它可以在任何软件上运行,包括基于网络的应用程序、ERP 系统甚至远程虚拟机。RPA 是一种计算机编程软件,可

---

① 本部分资料来源:https://www2. deloitte. com/cn/zh/pages/risk/articles/smart - audit-phase-II-seven-weapons-of-smart-audit.html。

以替代人类执行基于既定规则的高重复性工作。同时 RPA 能不受系统间接口和 IT 基础架构的限制,通过非侵入的方式模仿人类行为对信息系统进行操作(如我们平时常见的复制、粘贴、收发邮件,甚至简单的爬虫功能)。目前,"小勤人"已经在合并报表、纳税申报、银行业监管报送等方面发挥了巨大的优势。与传统内部审计相比,"小勤人"体现出信息安全、可跟踪、具有规模效应、引入人工智能、质量有保障、成本节约等多方面的优势,具体如图 6-4 所示。

(四) 区块链的智能审计应用

在集中式、爆发式涌现的新技术浪潮中,区块链作为一项有可能为商业活动带来革命性变化并重新定义公司和经济体系的基础性技术,[①]被认为最有可能改变传统的审计模式。

众所周知,审计行业与账簿技术的演化息息相关。区块链技术本质上提供了一种分布式的信息记录方式,改变了原有简单账本和复式账本所代表的中心化的信息交互模式。区块链技术的关键特征包括去中心化、数据透明性、不可篡改性、交易可追溯性以及可编程性等,与审计活动的高度关联蕴含着审计模式变革的潜力。

1. 去中心化、数据透明性有利于审计关系规范化

审计关系是审计市场上审计服务交易各方自引发审计需求开始到完成审计业务过程中形成的关系总和。现实中除了审计方、被审计方、审计服务需求方这三方传统意义上的审计关系人之外,还有审计服务监管方等利益相关者,规范各方之间的审计关系对于维护正常的审计市场秩序十分重要。区块链上数据的验证、存储、维护和传输等过程采用纯数学方法来建立分布式节点间的信任关系,链上各节点可对应现实中不同的实体机构,因此审计方、被审计方、审计服务需求方、审计服务监管方都可以在区块链上部署各自的节点,并可按照现实契约关系对各参与节点授予不同的权限。当某项经济业务事项发生时, 与之有关的参与节点可按所

---

① Iansiti M.,Lakhani K. R.,"The Truth About Blockchain",*Harvard Business Review*,Vol.95,No.1,2017,pp. 118-127.

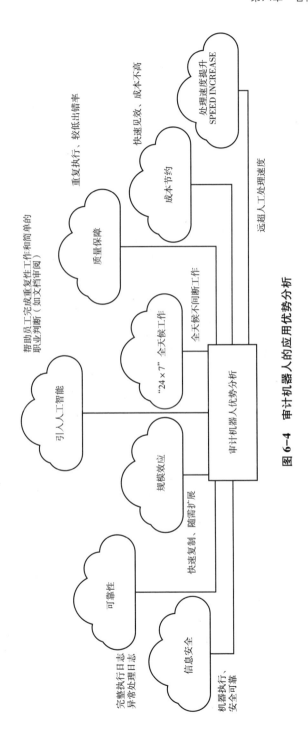

图 6-4 审计机器人的应用优势分析

343

授予的权限查看相应数据,哈希链表能够验证各参与节点中的数据是否一致,同时,任何数据的改变都会以密码验证方式被发现,区块链中的数据及其变更记录将按照相应权限暴露在不同审计利益相关者的视野下。由此可见,区块链技术由于其特有的去中心化及数据透明特征,能够缓解信息不对称和各审计利益相关者之间的利益冲突,促进审计关系规范化。

2. 不可篡改性、交易可追溯性有利于审计取证适当性

在大数据、物联网技术的支持下,审计取证的充分性问题容易解决,适当性问题成为关注的重点。区块链技术能够提高来自各种渠道审计证据的安全性、完整性及可验证性,进而提高所获证据的适当性。其一,区块链的存储方式支持交易数据的一致性检验和完整性验证,使链上的数据减少了被伪造、更改的可能性;其二,区块链上的各参与节点能够提供来自各种渠道的审计证据,有利于实现证据的互相印证;其三,区块链技术采用了带有时间戳的链式区块结构存储数据,为数据增加了时间维度,具备极强的可验证性及可追溯性,审计人员可以利用各用户的数字签名轻松追溯各项交易至数据源头,进而验证交易发起者,链上审计及链下审计得以衔接。

3. 可编程性有利于审计程序自动化

区块链技术支持用户创建高级智能合约,借助智能合约的可编程性,审计逻辑可转换为算法逻辑,审计方可以将如何收集或评价某类审计证据的详细指令编码为区块链上可运行的"If-Then""What-If"式情景—应对型规则,智能审计程序由此产生。它是指部署在审计主体区块链上的自动化审计程序,包括智能风险评估程序、智能控制测试以及智能实质性程序,其本质即为智能合约。智能合约的代码预置了合约条款的相应触发场景和响应规则,经 P2P 网络传播后存储在区块链特定区块中,代码将根据相关数据自行判断当前所处场景是否满足合约触发条件以严格执行相应规则并更新状态。当审计主体区块链上的相关授权节点达成共识,智能审计程序将被激活,利用它能够及时发现异常数据,达到或超过预警标准的审计结果将自动予以警示。

4.区块链技术推动审计模式全面转型升级

审计是一个系统的过程,它客观地收集和评价有关经济活动与经济事项认定的证据,以便证实这些认定与既定标准的吻合程度,并将其结果转达给信息使用人。审计模式是指为了实现特定的审计目标所采取的审计策略、方式和方法的总称。区块链、机器学习、云计算等软硬件技术的蓬勃发展催生审计模式创新发展。

(1)从抽样审计转向全面审计。在不可能收集和分析被审计单位全部经济业务数据的情况下,现时的审计模式主要依赖于审计抽样,从局部入手推断整体,即从抽取的样本着手进行审计,再据此推断审计对象的整体情况。这种抽样审计模式,由于抽取样本的有限性,而忽视了大量和具体的业务活动,使审计人员无法完全发现和揭示被审计单位的重大舞弊行为,隐藏着重大的审计风险。利用区块链、机器学习、云计算技术,对数据的跨行业、跨企业收集和分析,可以不用随机抽样方法,而采用收集和分析被审计单位所有数据的总体审计模式。在总体审计模式下,审计人员会有更多的信息、更快的分析、更广的视角,从而发现以前难以发现的问题。

(2)从阶段性审计转向全过程在线审计。提前审计的时间节点,将事后审计发展为包括事前审计、事中审计的全过程审计是多年来审计职业界的目标。在区块链技术下,每个参与者的数据更新都会被同步至整个区块链网络上,而网络上的任何节点都可以查询整个区块链上的数据记录。基于透明公开、时间戳的典型特征,数据一经确认就不能修改,极大地保证了数据的真实性。区块链驱动的全过程在线审计是在项目进展过程中实时从业务活动中抽取控制和审计信息,实时监控业务活动,进行风险预警并自动形成审计工作底稿。

(3)从计算机辅助审计转向区块链自主审计。计算机辅助审计目前审计行业信息化发展的现实应用,其本质是对手工审计的计算机模拟。区块链技术在审计领域的应用将促进审计智能化,实现区块链自主审计。在区块链自主审计模式下,由加入了审计角色的区块链对疑似交易进行预警,发出预警信息,由交易的后续参与者对交易的真实性进行验证并加盖时间戳,自主完成对交易的合规性审计,审计人员着重对预警信息及相关原始交易信息进行人工判断。

第四节　智能审计数据准备

一、数据准备的概念与目的

(一) 数据准备的含义

智能审计数据准备是以被审计单位的电子数据为主要对象,使用智能审计平台对行政、事业单位和企业在经济活动中所产生的财务、业务和其他数据,根据审计项目需要拟定数据需求,并对其实施采集、清洗、校验、转换和标准化,输出满足智能审计平台数据标准规范要求的数据,支持审计人员在智能审计平台上对审计数据构建审计模型、开展模型审计以及对审计数据进行必要的处理。

数据准备是智能审计实施的前提。被审计单位的直接电子数据通常称为元数据和主数据。元数据是指描述数据的数据,主数据是指系统间共享数据。主数据及元数据包括结构化数据和非结构化数据、其他信息数据和非标准信息数据等等。审计人员会根据审计项目之需要,对与本次审计项目相关的数据拟定数据规划并加以实施审计前的各项数据准备。

(二) 数据准备的目的

数据准备旨在运用前沿的大数据、区块链及人工智能等技术,对数量巨大、来源分散、格式多样的内外部数据进行汇总整理,形成格式、标准、规范统一的基础数据,以支持智能化审计模型的构建与应用。

当前,不同的被审计单位在客观上存在着数据多元化、业务多样化、地域属性差异化。被审计单位所属行业不同、地域不同和管理需求不同,其业务内容和模式也不尽相同,导致被审计单位的财务及业务信息系统具有各自的特点,致使其数据格式出现多样化。为了应对这种客观事实,审计单位就需要建设一个相对标准、相对统一、相对稳定的智能审计数据中台,制定体系化、规范化、合理化的数据标准和平台运行机制,从而实现跨年度、跨区域、跨行业和跨平台的智能审计作业。

二、数据准备的流程及其内容

（一）数据准备的流程

基于数据科学的一般原理,智能审计整个数据准备的过程分为 7 个阶段,分别是拟定数据需求→制定数据采集方案→实施数据采集→实施数据校验→实施数据清洗→实施数据转换→输出标准表。每个数据处理阶段都有相应的数据处理模式和方法,最终目的是为智能审计提供高质量、高标准的基础数据。

（二）数据准备的内容

结合数据准备的不同阶段,数据准备的具体内容如下:

（1）拟定数据需求。根据审计任务和审计项目需要,了解被审计单位的业务流程、数据流程和数据字典,明确采集被审计单位的哪些数据,制定数据需求清单。

（2）制定数据采集方案。根据拟定的数据需求,结合被审计单位业务信息系统的特点,利用物联网、区块链、大数据、人工智能及网络安全技术方法,制定出一套合理、完善的数据采集方案。在方案中需注重数据传输过程的安全控制方法,以降低在数据采集阶段可能产生的误读、误判、误采及数据泄露和遗失的风险。

（3）实施数据采集。审计人员把数据需求清单及预先制定好的数据采集方案同步送达被审计单位,并告知其须按照数据需求清单所列要求按时、完整的提供数据。若被审计单位因故无法按时、完整提供数据,可派遣审计人员前往现场协助,并参照数据采集方案协助实施采集。数据采集工作结束后,双方需共同在数据确认书上签字、盖章。数据确认书中应包含:数据采集或报送的承诺;数据接收工作全过程的安全性、合法性和合规性;所采集到的数据完整无误,符合数据需求等内容。

（4）实施数据校验。将采集到的数据按照完整性、准确性、一致性和非空值等要求进行校验,如若发现数据有误,即刻与被审计单位进行核对、确认,如有必要可对部分数据进行二次采集,以确保数据准确无误。

(5)实施数据清洗。对校验后的数据进行补全残缺、去除冗余、统一规范的清洗操作,为数据转换提供一份高质量的基础数据。在数据清洗完成后,依然需要对数据再次进行校验,以避免清洗过程中对数据可能造成的遗漏和丢失风险。

(6)实施数据转换。依据被审计单位数据字典,利用智能审计数据转换功能,将校验、清洗后的基础数据表名称、字段名称进行转换,以便审计人员能够准确识别数据的含义。

(7)数据标准化。将转换后的数据,结合行业数据规范,按照智能审计数据标准规范,统一数据格式,输出标准数据并导入智能审计数据中台标准数据库。将标准数据按照其行业属性和业务属性进行分类管理,同时做好数据源标记,以便为后期数据溯源做好准备。

三、数据需求与采集

(一)拟定数据需求

1.数据需求的意义

数据需求是审计人员针对某一审计项目,为实现审计目的、达到审计目标而要求被审计单位提供相应数据的清单或列表。数据需求一般分为总体需求和明细需求,前者通常是指被审计单位的财务数据、业务数据、管理数据、公共数据和其他的与被审计单位履职有关的电子数据,后者是在总体需求的基础上,针对数据的业务属性和特定时间进行的细分。拟定数据需求的意义在于量体裁衣,去掉冗余数据,规范非标数据,提高审计数据分析的效率,满足审计项目的时限性和时效性要求。

2.拟定数据要求的方法

(1)了解被审计单位业务流程。①业务流程指的是被审计单位为实现业务目标而由不同人员、分岗位分别完成某一项或多项工作的全过程。业务流程是由过程节点、节点时间、执行方式及执行人员有序组成的作业或活动过程。作业或活动之间不仅有严格的先后顺序限定,而且其内容、方式、责任等也都有明确的安排和界定。作业或活动之间在时空上的转移或交接可以有较大的跨度。②业务流程是有层次性的,这种层次体现在由上至下、由整体到部分、由宏观到微观、由抽象到具体的逻辑关系。通常要了解一个单位业务流程的内容包含:所属行业相关的法律法规、内部管理制度,组织架构、人员分工及职责权限,业务分类、审批流程,业务信息系统总体架构、系统权限分配和数据量级等。③了解被审计单位的业务流程,一要了解组织架构、人员职责、内控制度、运营模式等基础信息;二要了解对业务流程从业务起始节点至业务结束节点在每一个环节中,所关联的人员、产生的业务资料、业务环节发生时间点、先后顺序等详细信息;三要了解各业务节点法规要求,各节点之间勾稽关系;四要了解数据产生的业务节点、时间、事件等。

（2）了解被审计单位数据流程。①数据流程指的是数据的采集、输入、处理、加工、输出和存储的全过程。数据是伴随业务同时产生的,每一条数据的查询、增加、修改、删除都对应一个业务动作的触发,数据流程与业务流程是相辅相成的。②完整的数据流程通常包含外部实体——系统以外又和系统有联系的人或事物,它说明了数据的外部来源和去处,属于系统的外部和系统的界面;处理过程——对数据逻辑处理,也就是数据变换,它用来改变数据值,而每一种处理又包括数据输入、数据修改和数据输出等;数据流——数据处理功能的输入或输出,表现数据的传递方向;数据存储——表示数据保存的地方,系统从数据存储中提取数据进行处理,也将处理的数据返回数据存储,与数据流不同的是数据存储本身不产生任何操作,它仅仅响应存储和访问数据的要求。③了解数据流程的作用。一要了解被审计单位都有哪些数据,掌握数据量和数据分类;二要了解数据与业务之间的对应关系,确定勾稽、比对、复算关系;三要了解数据库类型,确定数据处理的方式;四要了解数据字典,确认数据转换的对应关系。

（3）了解被审计单位数据字典。①数据字典是指对数据库的数据项、数据结构、数据流、数据存储、处理逻辑等定义和描述的文档。简言之,数据字典是描述数据库的信息集合,可理解为是对系统中使用的所有数据元素定义的集合。②数据字典是数据转换的依据。在数据转换过程中,数据字典的作用是定义原始数据表中每个字段的格式及含义,表与表之间、字段与字段之间的勾稽关系。③一个完整的数据字典包含数据项①、数据结构②、数据流③、数据存储④、处理过程⑤五部分。了解被审计单位数据字典的数据项、数据结构、数据流、数据存储和处理逻辑,有助于理解被审计单位的数据含义、数据之间的关系,确定数据采集的范围,以及数据转换过程中与平台数据库的对应关系。

（二）制定数据采集方案

1. 数据采集的概念

根据拟定的数据需求,审计人员应制定包含采集对象、采集模式、采集方法和采集的风险防范等内容的完整数据采集方案。数据采集是指获取被审计单位信息系统管理的财务、业务等电子数据的过程。数据是开展智能化审计的基本条件,也是判定审计事项客体真实性、合规性、合法性的基本依据。

2. 数据采集的对象

数据采集的对象通常包含结构化数据和非结构化数据。前者是由二

---

① 数据项是不可再分的数据单位。对数据项的描述通常包含数据项名、含义说明、别名、数据类型、长度、取值范围、取值含义以及与其他数据项的逻辑关系。其中,"取值范围""与其他数据项的逻辑关系"定义了数据的完整性约束条件,是设计数据校验功能的依据。

② 数据结构是指由若干个数据项组成,或由若干个数据项和数据结构混合组成的表结构,一个主数据结构可以包含多个子数据结构。数据结构反映了数据之间的组合关系。通常一个数据结构包含数据结构名、含义说明、组成内容（数据项或子数据结构）。

③ 数据流是指数据结构在业务信息系统内传输的路径和过程,通常由名称、说明、来源、去向、组成部分等组成。其中"数据流来源"的含义是数据来自哪里,即它的来源;"数据流去向"的含义是数据将到哪里去,即数据的去向。

④ 数据存储是数据结构停留或保存的地方,也是数据流的来源和去向之一。对数据存储的描述通常包括以下内容:数据存储名、说明、编号、流入的数据流、流出的数据流、组成（数据结构）,以及数据量和存取方式。

⑤ 处理过程是数据结构被按照某种特定要求进行处理操作的过程。通常对处理过程的描述包括以下内容:处理过程名、说明、输入（数据流）、输出（数据流）、处理（简要说明）。

维表结构来逻辑表达和实现的数据,严格地遵循数据格式与长度规范,通常以数据库(Mysql/SQLServer/Oracle 等)数据为主要表现形式,通过关系型数据库进行存储和管理;后者是数据结构不规则或不完整,没有预定义的数据模型,不方便用数据库二维逻辑表来表现的数据,通常包含所有格式的办公文档(Excel、TXT、word 文档等)、图片(bmp/jpg/png/gif),音频(wav/mp3/flac)、视频(mp4/wmv/rmvb/3gp/avi)、HTML、各类合并报表等。

3. 数据采集的模式

数据采集的模式多种多样,因时空因素、地理位置、环境空间、使用介质、技术手段的不同,所采用的数据采集方式也会有所区别。(1)按采集环境可以分类为单机采集、网络采集和平台采集三种;(2)按时空可以分类为本地采集和远程采集;(3)按技术手段可以分类为数据拷贝、数据读取和数据库引擎;(4)按数据大小可以分类为介质和文件分割,其中文件分割又分为 Excel 文件分割和数据库文件分割,而数据库文件分割通常包括垂直拆分和水平拆分两种形式。

（三）　数据采集的方法

1. 利用智能审计技术平台采集

(1)结构化数据采集。采集结构化数据的方法分为两种:一是编制相对于智能审计平台数据标准规范的《数据文件填报说明》,被审计单位按照《数据文件填报说明》中的数据格式提供数据;二是根据审计项目的需要,结合被审计单位数据字典,创建相对于智能审计平台的标准数据库和标准数据表,使用 ETL 工具制作成采集模板,实施数据采集。

(2)非结构化数据采集。将非结构化数据采集方式嵌入智能审计平台,利用技术平台进行数据采集,主要包含文件数据导入、异构数据库迁移、OCR 图文识别、ASR 语音识别等。

(3)网络数据采集。智能审计平台网络数据采集功能采用了通用网络爬虫(General Purpose Web Crawler)、聚焦网络爬虫(Focused Web Crawler)、增量式网络爬虫(Incremental Web Crawler)和深层网络爬虫(Deep Web Crawler)四种技术相融合的方式,使用了网页(Webpage)粒度分析算法、网站粒度分析算法、网页块粒度分析算法、纯文本分类与聚类算法和超文本分类与聚类算法,整合了选择策略(决定所要下载的页面)、重新访问策略(决定什么时候检查页面的更新变化)、平衡礼貌策略(指出怎样避免站点超载)和并行策略(指出怎么协同达到分布式抓取的效果),提高了网络数据采集的广度、深度和准确度。

2. 利用联网采集

(1)联网采集技术。联网采集是指在智能审计平台上使用数据中继服务器,通过直接连接被审计单位的生产数据库、备份数据库或过渡数据库,从而实现远程采集的方式。

(2)联网采集的过程。为保证被审计单位生产数据库在采集过程中不受影响,遵循数据下行的技术要求,在智能审计平台和被审计单位生产数据库之间放置一个数据中继服务器作为数据的中转站,将被审计单位的数据实时传输或按约定时限定期向中继服务器传输数据。智能审计平台采集中继数据服务器的数据,可利用大数据、人工智能、机器学习等先进技术开展实时采集或定时采集。

(四) 数据采集的风险与质量控制

1. 数据采集应规避的风险

(1)数据采集人员层面的风险。数据采集人员自身的专业化是规避风险的首要条件,采集人员专业技能不熟练,难以保障数据的完整性。采集的客体是被审计单位的备份数据库,不能直接采集被审计单位动态的生产数据库,避免影响被审计单位信息系统的正常运行,否则会导致生产数据库产生风险。

(2)信息系统管理层面的风险。被审计单位信息系统研发、管理和维护的规范化、标准化和专业化,是规避采集风险的重要条件,审计项目立项时应考虑被审计单位业务信息系统研发技术成熟度,数据规划是否科学,数据管理是否规范,能否满足审计项目的需要。

(3)数据真实性层面的风险。被审计单位按照数据需求报送数据或审计人员现场采集数据的过程中,可能由于技术或人为因素导致数据发生变化,致使数据的真实性有待考证。因此,审计人员在接收数据的同时,还需由被审计单位就数据的真实性进行书面承诺,从而规避此过程中带来的审计风险。

2. 数据采集的质量控制

保证采集数据的质量,通常要拟定数据采集质量的基本指标,包括真实性、选择性、完整性、安全性、有效性和合法性等几个方面。真实性就是检验被审计单位信息系统上的日志,确认近期没有人为地增、删、改等操作;选择性就是按照审计需求采集相关数据;完整性就是比对原始数据,确认采集过程数据有无丢失;安全性就是严格遵守数据采集协议,保守机密;有效性就是校对数据日期,校验数据内容,保证数据的有效性;合法性就是采集途径合法合规,依法采集或协议采集数据。

四、数据清洗与校验

(一) 数据清洗

1. 数据清洗的意义

数据清洗是指补全残缺数据、去除冗余数据、规范数据格式等过程。数据清洗是在开始进行数据转换前所做的工作,是整个数据准备过程中不可缺少的环节,数据清洗的结果直接关系到所采集数据的质量。由于报表不完善、数据处理技术失当等,会产生所谓的"脏"数据,也就是数据缺失、冗余和格式不统一的数据,必须经过清洗才能形成可用的高质量数据。

2. 常见的需要清洗的数据

(1)残缺数据。是指所采集到的数据表中缺失某一字段或者部分字段下内容不全的数据。要查明原因将数据返回被审计单位进行核对,并要求补全。

(2)冗余数据。是指已采集到的数据中与审计项目无关的数据。对于冗余数据,需要将其从已采集数据列表中清洗出去。

(3)不规范数据。是指不符合数据需求的数据。产生不规范数据的原因是信息系统本身未对数据格式进行严格规范,或者没有按照规范录入数据。对于数据结构或数据记录不规范的这类数据,需要将所需数据的结构和数据记录按照数据需求进行统一。

（二）数据校验

1.数据校验的意义

数据校验是指对采集数据与原始数据进行比对的过程。校验数据大小是否一致、数据库表和字段是否完整、数据记录是否规范、借方数据与贷方数据是否平衡等。数据校验是数据准备阶段不可或缺的部分,在数据采集、数据清洗和数据转换阶段都需要对数据进行校验,以防止人为操作不当或者技术原因导致数据出现错误。数据校验的意义在于对数据进行防错纠弊、查漏补缺,从而保证数据完整性和准确性,提高审计数据质量。

2.常见的不规范数据

（1）数据不完整。数据缺失是最常见的数据错误,其产生的原因:①被审计单位记录不完整;②被审计单位没有提供全部数据;③采集过程导致数据缺失;④数据需求不完整导致采集数据缺失。

（2）数据不一致。数据记录不规范,数据逻辑关系不正确,其产生错误的原因:①数据库管理不规范;②未按照数据存储规范记录数据;③数据的逻辑关系勾稽不严密;④数据抽取转化操作错误等。

（3）数据不准确。记录的信息存在异常或者错误等,其产生的原因有:①信息系统定义缺陷,导致数据值落在定义域之外;②手工录入导致错误;③信息系统缺乏对录入数据的校验,不能及时发现错误地录入信息;④数据在导出、整理过程中出现错误。

（4）空值(NULL)。NULL不等同于空白或零值,其含义表示"不确定""不知道""对象没有此属性",等等。

3.数据校验的方法

（1）数据大小的校验。针对采集到的数据与被审计单位原始数据大小的比较,主要是为了确保数据采集过程中没有发生未知错误,导致部分数据缺失和遗漏。

（2）文件数量的校验。对采集数据的总数量与原始数据总数量进行验证,分为两种情况:一是对非结构化数据,与被审计单位提供的数据清单进行比对,核对文件数量是否遗漏;二是对结构化数据,与信息系统中的原始数据库文件个数进行核对,核对文件数量是否有遗漏。

(3)数据记录条数的校验。它可以运用在数据采集、数据清洗、数据转化的三个阶段,在采集后与采集前、清洗后与清洗前、转换后与转换前,都要进行数据记录条数的校验,排除遗漏的错误,谨防人为修改、操作失误、软件错误带来的数据风险。

(4)数据平衡性校验。对采集的财务数据进行平衡性校验,要遵循"有借必有贷,借贷必相等"的原则,如果借贷不相等,一般是由于期初数据录入不正确或者是录入时写错借贷方向。

(5)关键字段的校验。主要是校验关键字段是否齐全,数据格式是否统一。关键字段的校验方法包含:①表与表之间字段进行勾稽校验关键字段是否齐备;②数据格式的校验方法有:表与表之间字段关联、字段运算、字段切片、数据长度的验证等。

(6)业务规则的校验。在数据的标准化整理和分析挖掘的过程中,会进行大量的查询、汇总、细分、替换、插入、更新、删除等操作,这些操作可能会影响到数据的完整性和准确性。因此,需要运用会计恒等式、业务规则、勾稽关系、法律法规约束等,对这些数据进行必要的验证检查,确保数据的完整性和准确性。

(7)内外勾稽校验。是指行业监管部门、主管部门和财务部门之间的数据校验。要特别注意:①数据平衡校验后,切记要与行业报表核对,确保内外数据一致;②业务规则校验后,切记业务规则要与业务报表核对,确保业务规则、业务数据和财务数据一致。

(8)二次校验。校验结果返回后要进行必要的核对补充。需要注意的是,数据补充完善后,仍然要进行二次校验,直至数据合格。

五、数据转换和标准化

(一) 数据转换

1. 数据转换的意义

数据转换是将经过清洗、校验、统一格式的数据,转换至智能审计标准数据库的过程。通常分为两个阶段进行：一是执行数据发现，以识别数据源和数据类型，同时执行数据映射，以定义各个字段的映射、修改、连接、过滤和聚合方式；二是从数据源提取数据，源的范围可以变化，包括结构化源（如数据库）或流式源（如连接设备的遥测）或使用 Web 应用程序的客户的日志文件；同时执行转换，将数据发送到目标数据库。数据转换的意义在于将多种格式的数据变为统一格式，形成标准化数据，为构建智能审计模型提供数据保障。

2.数据转换的方法

（1）智能审计平台数据转换。使用智能审计平台实施数据转换是在通过 ETL 工具采集数据后，根据预先制定的采集转换模板，设置好源数据表字段与标准表字段的关联关系，然后自动转换，无须独立实施转换。

（2）手工数据转换。审计人员按照智能审计平台设计的数据标准规范，依据被审计单位提供的业务信息系统数据字典，将采集到的原始数据按需进行转换。这种方法只适用于对比较少的数据进行转换时使用。

（二）数据标准化

1.数据标准化的意义

数据标准化是智能审计平台为规范某一行业或若干个行业审计数据而建立的相对统一、相对规范和相对标准的数据表的过程。这个数据标准用来反映共性业务，不依赖于被审计单位原始数据结构。数据标准化的意义在于把不同业务信息系统、不同数据类型、不同行业、不同年度的数据，按照数据标准格式要求，清洗转换为统一格式，实现跨行业、跨地域、跨年度的多维审计，从而提高智能审计平台的广度和深度。

2.智能审计的数据标准

根据行业经验和技术优势，智能审计的数据标准体系包括以下具体内容。

（1）数据目录规划。结合《国家审计数据中心基本规划》《政务信息资源目录体系》，一是将信息资源进行分类，包括审计管理类和审计业务类；二是编制信息资源分类码，包括前段码和后段码两部分。

（2）数据元素规划。一是采用信息资源在经济活动中自然归属的特性进行分类,包括实体和数据元素;二是界定审计业务和相关数据的清晰程度,对已清晰的审计业务和相关数据列入专业规划;三是数据元素包含数据元素的描述、数据元素的标识符、数据元素的规划等内容。

(3)数据表规划。一是数据表一般分为基础表和分析表,前者是反映审计管理或专业审计所需基础信息的数据表,是其专业审计目标组织所需数据元素的集合;后者是为满足特定审计目标的多维分析、决策分析对基础表进行重组形成的数据表。二是遵循信息资源目录规划的代码编制规则,采用流水码的形式来表示。三是数据表包含资源名称、资源摘要、资源负责方、资源分类、资源标识符和数据项说明 6 个实体和元素。

(三) 数据转换的风险控制

为防范数据转换过程中发生数据错漏的风险,需对数据在转换前后进行校验,同时检测智能审计平台运行环境是否存在异常或者病毒木马等。数据转换风险控制的主要步骤如下:

第一步:使用 SQL 语句读取并判断数据转换前后的数据总量是否保持一致,判断的数据量包含数据库中有多少张数据表,每张数据表有多少个字段,每张数据表有多少行数据。具体就是:

(1)使用 information_schema 库中的 tables 表,判断数据转换前后数据库的表在数量上是否一致。

(2)使用 information_schema 库中的 columns 表,判断数据转换前后数据库的每一张表在字段数量上是否一致。

(3)使用 information_schema 库中的 tables 表,判断数据转换前后数据库的每一张表在行数上是否一致。

第二步:使用专业的病毒查杀软件对智能审计平台运行环境进行检测,防止平台运行设备上存在病毒或木马程序,造成数据转换过程中出现故障或数据丢失。

第三步:按照智能审计平台运行环境对操作系统、数据库、硬件存储、内存、基础控件等技术要求,对设备的运行环境进行自动检测,基础环境不满足平台运行要求的,平台会自动预警,并以向导的形式提醒平台操作人员一步一步完成下载和安装,最终确保平台能够正常稳定地运行。

第五节　智能审计模型

一、智能审计模型的意义与作用

（一）智能审计模型的意义

在新一代信息技术驱动下,智能会计与数字业务同步,智能审计也与其同行。在数字化时代,审计作业的主要对象是业务和财务数据轨迹,审计工作的模型化无疑是必然的趋势。基于数据处理必然需要一定的空间规模、分析条件和运行环境,将审计人员的前瞻性理念、逻辑性思路、适配性技术和适应性环境,运用计算机语言和互联网平台等多种技术工具,实现审计工作整个过程的逻辑轨迹固化,由机器代替人工实现审计目标、完成审计任务,也就是将审计流程或审计工作模型化,或者说实施模型审计是审计智能化转型发展的必然趋势。

智能审计模式是一个以逻辑推理、印证和判定的方式,由机器代替人工来达成审计目标的数字包或模型包。它不同于审计软件,也不同于数据分析模型,而是指对特定的审计事项能够由机器智能化地完成全部或大部分审计作业的技术装置系统,是智能审计的核心内容。一个完整的智能审计模型通常包含模型名称、审计事项、审计目标、审计思路、审计依据、所需数据、数据库语句和法律法规等要素。

智能审计模型可由专门机构或审计单位在审计项目实施过程中,总结行之有效的审计方法并相对固化形成。总结的是经验,凝练的是精髓,传承的是思想,固化的是模式,拓展的是范围,优化的是模型,最终实现的是理念智能、思维智能、技术智能和环境智能,构筑的是能够运用智能化工具,按照审计事项应该具有的时空状态,多区块、多领域、多维度地对审计数据实施数据分析、逻辑比对、性质辨析,并建立起数学的或逻辑的函数关系,采用逻辑表达式的思维推理和验证,测评审计事项行为的合法合规性,判定审计客体数据的客观真实性的智能审计模型。

（二）智能审计模型的作用

1. 推动审计模式变革

智能审计模型具有法规符合性测评、事项逻辑推证和数据比对复算的通用性特点,决定了审计模型在同类审计事项中可重复使用的基本特征。在环境和条件基本具备的前提下,可以直接选取对应的审计模型或者对模型做适量维护,使模型与审计事项相匹配,一键执行,高效率地获得审计成果,从而推动审计的基本模式由传统的查证审计转变为模型审计。

2. 推动审计技能进步

模型审计不同于常规意义的审计方法,是审计人员日积月累形成的行之有效的、以数字化或模型化呈现的审计方法,是一种集人工智能思维具体化、非结构化数据数字化、审计思路逻辑化,融合模型培养、机器学习等智能技术于一体,形成和建立的现代审计新技术。建立智能审计模型的过程,就是要培养法规数字化、审计智能化和审计素养数智化的复合型执业人才,推动审计技能的转型升级。

3. 推动审计理念转变

智能审计模型不仅可应用在常规的项目审计上,还可以以预警方式有针对性地对特定审计事项实施指标预警的跟踪审计。尤其对确保特定监督事项的安全性、合法性、合规性和效益性,审计与会计同行、监督与管理同步,实现了审计关口的前移,推动了审计从事后监督向审计管理转变。智能审计模式的建立体现了审计思维的转变,智能审计模型的推广促进了审计模式的变革,智能审计模型的应用取代了(至少是部分的)审计人员的工作。

二、智能审计模型建立的常用方式

智能审计模型建立需要依托特定的技术载体,这些技术载体的选择可从业务、技术和操作等不同视角加以思考和确定。从技术实现角度而言,不同的技术载体建立智能审计模型的方式不同,本质上没有统一的、规范的、唯一固定的建立方式,因此,对于智能审计模型建立应该依据审计业务需要,是目标导向的。在技术层面,可以应用 SQL 语句建模,也可以应用图表工具建模,抑或应用历程分析可视化建模。每种建模方式将会满足不同的审计需求,会有不同的技术特点,也体现不同的智能化程度。

（一） SQL 建模

SQL 建模是较早应用于审计作业的,主要是在 SQL 编译器中,选择相应的审计数据表,依顺逻辑导图编写 SQL 语句来实现审计目标。运用 SQL 语句建立模型门槛较高,横跨业务和技术两个专业领域,无缝融合难度较大。在审计实践中,简单一些的数据表关联,普遍不存在问题,但是对较为复杂的嵌套语句的逻辑推证就会有阻碍。通常采用审计和技术合作的方式,执行的效果和周期相应就会被削弱和拖延。

（二） 图表建模

相对于 SQL 建模而言,图表建模在技术水平和智能性实现方面均向前迈进了一大步。这种智能审计建模方式摆脱了 SQL 语句的烦琐编写,即不会写 SQL 语句的人员,也可以实现审计模型的建立。图表建模首先选择数据对象并进行数据处理,包括表间关联、字段计算、条件筛选、维度聚合、数据排序等,然后在此基础上形成模型所需要的基础数据表,通过对标数据表,技术上会实现智能推荐。图表建模方式最大的特点是可视性和可需性,选择恰当的可视化图形,可构思出预期的模型,既能可视化呈现,又可按需所得。但是,图表建模只是将一个或多个数据表在同一层面上进行一次性的模型化处理和结果输出。

（三） 历程建模

相较于图表建模而言,历程建模更适合智能审计模型建立需要。它是纵向分层、层层递进、逐步逼近模型最终目标的一种技术工具。每一层、每一部分的数据处理或数据分析均可形成过渡形体,称为起过渡作用的中间表,中间表还可以多次与其他数据表或者其他模型的结果表再进行数据处理或分析。其中,数据处理的算法包括表关联、筛选、去重、空值等;数据挖掘分析算法包括比对、相关性计算、词频、SQL 脚本等。由此所建立的智能审计模型,功能性操作简单易行,不论是数据表的关联,还是算法的比对,均是采用拖拉拽方式完成。

可见,历程建模是一个经过多层处理的建立模型的过程,与审计思路、审计方法更加贴近,更加符合审计思维和审计逻辑,可以模型中有模型。

三、智能审计模型的内容与方法

(一)智能审计模型的基本内容

智能审计模型是服务于审计实践的应用载体工具,具体内容主要包括审计依据的深度学习、审计思路的推理、审计方法的技术路线、审计模型的闭环性、方法步骤的程序化、模型数据的规范化、模型的测试和应用方式以及专门机构的组织形式和成果的价值分享等。智能审计模型的建立涉及针对某一审计事项的法规依据、逻辑思维、方法步骤、运用智能工具等,具体的建设过程和流程如图6-5所示。

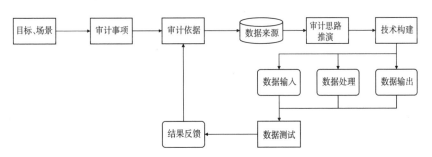

图6-5　智能审计模型建立流程

(二)智能审计模型的方法体系

1.智能审计模型的一般方法

智能审计模型所运用的方法体系是传统审计方法与逻辑思维和技术手段融合的微观组件。智能审计模型建立思路的起点是以下三个主题分析,它们是逻辑思路形成的基础,是逻辑研判方式的基石。

(1)基础数据分析法。是指在建立智能审计模型时要了解被审计单位主体数据基本情况,掌握数据规律方式方法的概称。通过主体数据表的展现和多区块数据串联,可以一览无余地将被审计单位的财务和业务数据,按其财务核算关系、业务关联关系全面展示出来,以便审计人员快速地统览数据和查询数据,助力审计人员发现、了解和掌握数据基本规律。通过智能审计的基础数据分析,可以有效地将数据交集点、核算查控点和逻辑比对点串联起来,实现其数字化、合法化、程序化和逻辑化。

(2)总体情况分析法。是指在建立智能审计模型时要了解和掌握被审计单位数据总体情况浏览方式方法的简称。通过总体情况分析可以对被审计单位财务指标、业务指标、内控效果、业务趋势进行总体评价,具体包括整体层次浏览、查询和分析,关联主体的各个区块分析,不同领域不同角色的共享分析。通过使用自然语言工具开展数据编码、数据表浏览和查询分析,可以将被审计单位的结构化和非结构化数据一并纳入审计视角,从根本上解决走访和座谈、浏览和对证、思考和讨论等传统审计方法所存在的虽能心中知晓但画面感不强、虽能心中有数却数据展现有限等问题。

(3)个性状况分析法。是指在建立智能审计模型时要对特定事项的具体环境具体对待,具体情况具体分析。通常的分析思路,一是了解和掌握被审计单位的业务情况;二是发现被审计单位的数据规律;三是查询被审计单位会计处理特殊事项流程和方式;四是开展结构化数据与非结构化依存关系的逻辑推证,还原个性事项可能的客观形态。通常的审计方法,一是根据整体分析的趋势,判断其问题的可能性和可疑性,锁定审计重点;二是建立分析模型,对不同的个体进行不同角度的浏览和查询;三是围绕其重点,进行不同角度的推理和印证,层层递进,阶段筛选线索,核查落实疑点。

2. 智能审计模型构建的基本条件

数据分析方法是智能审计模型建立和发展的基础,没有数据分析方法,智能审计模型也就无从谈起。数据分析方法也称数据分析模型,是从数据采集开始,经过数据筛选、线索发现、建立分析模型、输出疑点数据,到最后获取精准审计证据和完成审计报告,形成一个完整审计闭环。在这个过程中,所运用的具体审计方法主要有以下几种:

（1）账表核对法。使用 SQL 中的结合聚合函数,将电子数据中的证账表信息生成科目汇总表和总账,或生成有关报表,或利用已有的电子数据报表进行并表汇总,再与被审计单位提供的总账和报表进行核对,判定数据一致性,从总体上把握情况,发现问题或线索的一种审计方法。

（2）结构分析法。通过计算各个组成部分占总体的比重,来揭示总体的结构关系和各个构成项目的相对重要程度,从而确定审计重点、揭示审计方向的一种审计方法。在对企业集团进行业务审计时,一是要整体把握集团公司资产总体规模、变化趋势,初步分析公司经营的主要特点和存在的主要风险;二是要了解资产的主要类型及分布,了解资产在集团公司各成员单位的分布,查找异常的变化趋势,为确定审计重点单位和事项奠定基础。

（3）趋势分析法。审计人员将被审计单位若干期财务或业务数据进行比较和分析,从中找出规律或发现异常变动,研判被审计单位业务发展的总体趋势,并结合审计经验来判断被审计单位某些财务数据或业务数据存在错弊的可能性的一种审计方法。

（4）比率分析法。审计人员利用被审计单位的财务数据和业务数据,通过选取、计算相关的比率并加以比较分析的一种审计方法。例如,对企业盈利能力的指标分析:一是根据会计报表提供的财务数据计算出各主要盈利能力指标;二是利用计划比率或上年比率、先进企业比率同本年实际比率进行比较,以了解变化情况,或者测算有关项目的估计值,同实际数进行比较,以测定有关数据有无异常现象。

（5）期限分析法。对于特定的财务和业务活动,相关法律法规在时间期限方面均有具体界定,因此,依据具体的条文,将法律法规中时间期限的具体规定,直接转化为逻辑算法中的查询、筛选等条件。审计人员可以对反映具体业务内容的字段设定判断、限制等条件,来构建审计逻辑方法。

（6）频次分析法。企业法人或自然人大量的经济业务活动,在一定时间、一定范围内会重复出现。在一些法规中,对一定条件下同一经济业务活动发生次数都作出明确要求,审计人员可以利用这些具体频次规定,来构建审计逻辑方法。

（7）阈值分析法。由于被审计单位信息系统对某些数据没有形成较强的值域或数据格式的约束性限制，造成数据中存在错误值或同一意义表达格式不统一等情况。特别是在一些法规中，明确规定财务、业务数据的数量、比例等应在一定的阈值范围内，通常用"不大于""不小于""不得超过"等限制语来表述，据此查找超出值域范围的数据记录，即异常数据。

（8）数量关系法。被审计单位的经济活动不仅具有连续性，而且总是在一定的外部经济环境和内部技术条件下进行的，其反映经济技术条件的指标等也是相对稳定的，业务逻辑关系往往是具体业务之间存在数量关系的直接反映，如汇总关系、比例关系等。通过深入分析和挖掘被审计单位的具体业务特点，审计人员可以据此建立业务逻辑关系。

（9）异常数值法。当一些数量值存在明显不符合常规，例如不应该十分精确的数据却十分精确，不该为小数的数据出现小数等情况时，针对异常数值，并结合经济活动发生时间、发生次数等业务特征，可以快速发现审计疑点，判断存在问题。

（10）序列分析法。数据的排列或生成往往遵循一定的规律，如在顺序码中，不能有重号、空号或断号的出现。会计电子数据中的凭证号和非税收入收缴系统中的缴款书，都是典型的顺序码，编码应是连续的。如果不连续，则可能存在人为修改数据或采集数据不完整等问题。

（11）真实性验证法。一些经济业务对行为人的主体资格设定了条件，行为人必须具备一定的主体资格，即在一定的范围、条件下存在，才能进行相关的经济活动或享受相应的权利。因此，将实施了相应经济活动的行为人放在确定的范围、条件中进行验证，可以审查是否存在超越行为人主体资格限制的线索。

（12）复算对比法。每个单位的经济活动都不是孤立进行的，总要和其他单位或部门发生财务、业务的往来，通过资金流、信息流与许多其他部门紧密关联。通过财务和业务数据、内部数据与外部数据的对比、复算，核实数据的真实性和完整性，不但能发现审计线索，甚至可以直接得出审计结论。

（13）相关否定法。为了审查相关数据与主体数据是否一致，可将外部数据作为内部数据反映的主体是否具备一定资格的否定条件，如果外部条件成立，将直接否定内部数据的合法性。即被审计单位的内部数据与外部数据相互否定，不能同时存在，分析数据间是否存在交集、空集。

四、模型审计：智能审计的主要方式

（一）模型审计的含义

模型审计是大数据审计模型的拓展与优化，是审计人员智慧的总结与传承，是继会计电算化、计算机审计、大数据审计、智能会计后诞生的集审计单位对审计工作全方位智能化管理的一种全新的审计平台体系化工具。它集审计机构管理、审计项目管理、审计数据管理、审计公文管理、审计档案管理、审计学习、审计协同、审计信息共享于一体，凸显审计综合管理的信息流；它集审计数据获取、审计数据处理、审计事项逻辑分析和查证结果定性处理、审计问题整改问效、问责于一体，凸显审计执法效益的信息流；它集审计人员学习、审计技能应用、审计机器学习、审计机器能力应用于一体，凸显审计技术科技化的信息流；它集审计技术环境协同、审计数据交换协同、审计指挥与审计作业协同于一体，凸显审计高效能管理的信息流。

模型审计将人与事项、人与数据、人与人构成审计行为的过程信息于机器中打包，包包信息相关，环环业务相扣，形成完整的信息共享网格；横有岗位入口，纵有程序引导，形成多维的逻辑流程；决策指挥一体，内外协同一致，形成系列的审计智能管理。具体来说，一是把智能数据采集、机器学习、区块链数据串联或者并联的先进技术，应用于审计数据的结构化分析与逻辑化印证于机器打包；二是把审计事项定性，在处理过程中借鉴历史经验与现行法规的咨询与解释，选择与应用于机器打包；三是把审计事项与执业人员的管理和评价，轨迹和业绩关联于机器打包；四是把环境配置、技术支持、信息共享同步于机器打包；五是把审计决策、审计指挥、审计行为实时于机器打包。

（二）模型审计的数据

1. 模型数据结构化

模型数据结构化是构建智能审计模型的关键,就是将审计数据分析方法按一定规律、一定方式,也就是一定的数据结构形式来实施。具体步骤可以归纳为:先展业务流,即分析审计对象业务发生的全过程;再展数据流,即抓住主要数据变换点,形成审计逻辑思维图。构建智能审计模型主要就是参照审计逻辑思维导图的流程和实现审计目标的要求,同时要坚持一事一图、一事一模。

随着智能技术和智能工具应用从一点到多点,审计数据分析日趋体系化的同时,必将更趋结构化和逻辑化。而多维度空间的数据形式,相对于定义的结构化和逻辑化模型将是审计数据分析的主流方式。

模型数据结构化实际上就是将审计数据视作几何空间,把一个审计事项放在立体空间中,从不同方向、不同层面进行逻辑推演和数据比对。对财务数据由纵向深,对业务数据则由横向宽。在此基础上运用机器学习等智能化程度较高的统计学原理工具建立智能审计模型,进行审计分析。

一是进行呈现区块数据的横向结构分析,也就是一种多维度数据关联或触发式审计分析。对同一行业的多类别数据或者运用多行业多类别数据,按审计客体在不同区块中的不同角色,对会计客体事项进行逻辑上的信息牵连,以逻辑是否成立为主要印证模式,而非直接以数据运算关系确认会计客体存在的真实性。在实践中,从不同视角设定一定的相关数据条件,建立起横向数据规则,从逻辑结构上构建模型。当模型按数据条件的设定规律运行,过滤出不符合规律的数据,触发预先设定的审计边界条件时,模型自动发出感应,智能审计模型推证出当前业务可能会出现某些结果。

二是进行层次链运算数据的纵向结构分析,也就是多层次数据关系穿透分析。可以从报表数据的表层出发,分解事项类别,按其发生的轨迹进行推理。同时按专家逻辑图的指引,一步一层地挖掘审计数据逻辑。对于多层相关的审计数据,从数据表的关系而言,总是可以发现和找到数据之间的隶属关系,建立起纵向数据触发规则的运行模型。当数据条件适应时,触发预先设定的审计边界条件感应,审计平台会自动将表层数据与基层数据按照业务客体的类别关系、逻辑关系进行分类,按是否符合会计规则的结果呈现。

2. 模型数据全元化

模型数据全元化是指在构建智能审计模型时,对审计事项所涉及的结构化数据、非结构化数据及边沿性相关数据全部纳入审计分析、审计比对和逻辑印证过程中。其中,审计事项的结构化数据包括主元数据——直接表现事项客体形态的数据,和辅助数据——其他相关区块不同角色的相关数据。

传统审计以查阅会计记录数据为主,常以样本数据为参照。大数据审计着眼于数据分析,以数据是否准确为主。而智能审计则以大样本或从全元数据出发,发现数据规律,构建数据模型,以全元数据模型审计为主体。模型数据全元化,一方面对控制审计风险创造了优厚的保障条件,数据门类多,信息逻辑强,拓宽了审计数据的印证面,发挥了应阅则阅、该查则查作用,降低了审计风险;另一方面对提高审计质量创造了重要的保证条件,有足够的数据诸元,不仅充实数据推演的根据,而且充实数据比对的逻辑思路。

鉴于审计客体和事项本身主体业务涉及面宽、数据量大以及审计数据边界扩大等特点,模型数据全元化要注意以下三点:

一是要注重审计数据诸元的界定。关注信息的相关性和逻辑性,有序地辨析区块数据的不同角色和不同作用。

二是要注重结构化数据和非结构化数据之间的关联性和策应性。关注它们对审计逻辑推理、判断所起的相互依存、相互支撑作用。特别是民生资金进入审计视角,其基础信息中的行业分辨、企业信誉、个人身份及联系方式等信息扩大了审计数据边界。电话号码、身份证号码、企业信誉码、行业识别码等非财务主体数据不仅是业务数据的关键字,而且已成为审计数据诸元的重要组成部分。

三是要注重审计思维上数据信息的逻辑性。多维数据空间,逻辑推理方法的引入,拓宽了审计视角。一些具有公共标志性的数据等逐步纳入审计视角,建立了新的数据逻辑关系,改变了审计思维和审计方式。例如,个人身份信息将个体在不同业务领域扮演的不同角色,不同数据区域的不同数据含义串联在一起,把个体行为信息客观性与审计事项的真实性关联在一起,审计视角从事项主体数据拓宽至以事物的逻辑性是否成立的角度,以事项逻辑推理方式规划数据,以逻辑思维运用数据。

3. 模型数据精准化

模型数据精准化是指基于审计专家经验的完善和固化后,对其数据逻辑进行审计取证进行了再次优化后的应用效果。基于大数据,增加模型数据取证、语言程序优化,再投入智能审计平台的规范数据,大幅度提高了模型数据的逻辑性、精确性和准确性。

运用人工智能技术,构建和应用智能审计模型;遵循业务逻辑,提升智能工具的比对能力,集成人的高智慧、工具的高能力于一体,是智能模型审计平台的搭建逻辑。模型构建步骤拓展更趋严谨,逻辑思维主导同步核对复算,是智能模型审计的最基本的能力。而智能会计的主体数据和区块数据,以及数据源头上的规范性,又保证了智能模型审计平台数据的相对规范和格式的相对统一。

模型数据精准化要注重数据比对,而数据比对的前提是思维逻辑正确。具体来说:一方面,数据比对的是逻辑思维,逻辑成立则数据精准。反之,数据会存在一定偏差。这一点区别于大数据审计的疑点分析,特别是多区块数据同一主体在不同区块中扮演的不同角色,逻辑的推理,数据的印证,获得的多维结果在逻辑上的一致性和数据具有准确的价值等方面。严密逻辑下的数据程序化运算、复算和比对,无疑对提高审计质量起着至关重要的作用。另一方面,注重数据比对结果的直观量化和差异量辨析。运用数据可视化技术,对审计成果数据、期间数据变化与比对结果差异量的直观图示,可以为审计数据处理、审计取证、调查确认不仅增强了画面感,而且有助于对数据关系的正确性直观辨析。尤其是在审前调查期间和审计实施过程中,分析确定具体审计事项时,直观视角的数据图形,可为审计提供会计业务发生的频次、数值关系和核算关系。

（三）模型审计的分类

1.基础类模型审计

（1）基础数据浏览模型。是指对主体数据,依据一定规则对数据关系的合规性进行验证的一种审计模型。之所以称为浏览模型,是因为其主要是为构建智能审计模型,对审计数据的基本情况解析,发现审计数据关系和规律的前期模型。它是最基本的分析模型,是构建智能审计模型的基础性工作。该类模型的建立,一要依据国家的法律法规;二要依据行业管理的条例和办法;三要依据会计核算的准则。其模型逻辑是基于最常规的账户关系、勾稽关系和逻辑关系,对基础数据进行分门别类的分析,从中发现和掌握数据规律,加以固化并构建智能审计模型。

（2）基础数据管理模型。是指对基础数据管理情况进行全面了解和掌握的一种审计模型。通常与基础数据浏览模型关联使用,大多是先浏览、后管理、再域值。基础数据管理模型通常有三种应用方法:一是模型查证法,即对导入平台的原始数据直接运用模型进行管理性问题的审计,发挥模型监督数据管理是否符合管理制度和办法的规定要求;二是分步查证法,即针对基础数据浏览模型的测评结果表现出的异常数据,有针对性地运用基础数据管理性模型检查与异常数据有相关关系的数据,排除数据的连带误差;三是机器学习法,即对数据量大、涉及行业多、数据种类多的审计项目,可先抽取数据样本建立代表性数据集,用统计学构建模型,发现其数据规律,再将模型放回到全元参审的数据中,发现异常数据,查出不符合规律的数据,然后进行必要的审计取证和模型优化。

（3）基础数据域值模型。是对数据域值进行验证检验的一种审计模型。所谓域值是指超出事项一般规律,具有个性表现的异常数据。通常把域值分为查处超范围的特殊数据和采取监控方式不使其超范围的数据。数据域值有着极强的针对性,通常与预警模型关联在一起,分别在交易事项、成本控制、费用报销等活动中发挥逻辑性预警、超值预警和重值预警作用。任何一类会计事项,总是有一定的内在规律。小一些的审计数据,可全数据直接参与模型运行查出异常数据;对于较大的审计项目,多采用机器学习的方法,先对多区块数据抽取样本创建模型或对原有模型维护后,再回到全元数据中运行模型查出异常数据。

2. 整体类模型审计

(1)趋势审计模型。是指审计人员依据国家政策性要求,行业管理指标,市场动态对被审计单位管理、经营的事项,较全面地作出有关发展趋势的基本评估模型。参与评估的基本数据通常为三期或更长时间的相关数据,通过对特定期间数据的比较和分析,从中找出规律或发现数据的异常变动。这类模型比较固定,主要是用少量时间,利用数据的关联关系,对本期或数期的经济数据进行统计、比较、分析,有助于从宏观上了解审计事项的整体情况,总体把握数据规律。

(2)行业管理模型。是指依据行业政策、法规制度和办法,对行业特征进行合规性审计的模型。行业管理有各自的特点,对不同的行业,需要在对被审计单位的业务属性进行充分构建、扎实分析、逻辑推演的基础上,对经营状况、行业发展趋势、管理模式充分了解的前提下,再根据审计目标和工作方案的要求,选用模型或者维护原有模型,必要时构建新的模型,从整体系统的层次上对被审计单位的总体经营状况或财政财务收支状况进行查证和评价。行业管理模型构建要注意区分同音、同字、同义的不同业务含义。

(3)控制管理模型。是指根据政策法规、管理办法和制度要求,对事项范围数据进行预设,当业务数据触发预设边界时,模型会及时发出信息并推荐纠正方案的一种审计模型。多用于持续性较长,审计周期相对稳定的审计事项。这类模型审计,从审计关口前移的角度具有深化审计同步业务管理的含义,会计与审计信息同步双监督,可以智能化地审计执业。当数据条件适应时,可以触发预先设定的审计监控指标,发挥表现数据与生产数据关联处理的实时监督作用,真正实现审计与生产同步、会计与审计同行。

3. 个性类模型审计

(1)逻辑思维模型。是指一个审计事项在一个独立数据空间或者多个相对独立的数据空间,对其相关数据进行比对、逻辑推理、相互印证的一种审计模型。被审计单位的财务和业务数据都有一定的经济含义,并且数据间遵循一定的原理和规则,往往存在着某种明确而固定的业务逻辑关系。审计人员可以充分利用数据之间存在的这种可据以进行相互考证、核对的关系,从逻辑思维上进行推理、复算、核对,验证其关系的正确性,达到分析问题、发现线索、查证异常并逻辑定性的目的。

(2)比对印证模型。是指对具有一定关系的数据,从数据关系角度进行数据比对并进行结果印证的一种审计模型。每个单位的经济活动都不是孤立进行的,总要与其他数据、其他单位或者其他部门发生财务、业务的往来,通过业务流、资金流、信息流与相关部门、相关单位、相关空间数据紧密关联。审计人员运用系统论思维、全局整体观、事物相互联系的观点,把被审计单位以及与之相关的其他单位看作一个事项整体,将被审计单位的电子数据与其他单位的相关数据进行比对印证,推证数据间是否存在交集和空集,查清资金流向的真实性和业务的真伪。

(3)指标预警模型。是指利用电子政务网络、行业管理专网和企业内网平台,有针对性地对业务事项预设管理和监控指标,运用指标对事项实施监督的一种专项审计模型。它不同于其他可选择应用的审计模型,可取代人的监督岗位,发挥实时安全监督和管控作用。具体而言:①运行环境稳定——在一个安全稳定的网络环境中直连数据库;②服务特定事项——模型构建对象是专指的、特定的,针对某一行业的某个业务区块特定的事项;③监控参数可调——业务上具备函数表达方式,模型会设计专门的参数调整窗口,供审计按需适时调整,具有数据环境网络化、数据来源动态化、数据监控实时和管控指标可调等特点。

(四)模型审计的方式

1.项目类模型审计

项目类审计模型是指在一个审计项目中,选用与本项目相同或类同的审计模型,在模型要素符合项目要求的前提下,将模型直接应用于审计项目或者对模型进行适当维护后,再应用于审计项目。审计项目虽然种类繁多、各有特点,但是因自身的周期性、政策的持续性,使很多审计项目持续地符合审计模型的应用条件,因此一些项目类审计模型具有复用性和通用性,至多是对原模型做一些适当维护,参数进行适当微调,使模型与当期项目的审计思路、数据逻辑更加吻合,效率和质量会更高。

2. 逻辑类模型审计

逻辑类模型审计是指审计项目不同,但数据逻辑相同,不同项目选用数据逻辑相同的模型。有些审计事项名称和内容虽然不同,但审计逻辑却相同,数据模型的逻辑性决定其广泛适用于逻辑推理的审计事项。也就是说,虽然审计项目不同,但逻辑思路是相同的,是符合模型的基本推理条件的。实际上,逻辑通,则数据可信度高,逻辑不通,数据就会失去意义。相同的数据逻辑,在同一审计平台环境下,数据本身也是通畅无阻的。模型的这种逻辑适应能力,彰显了模型的基本通用性。

3. 管控类模型审计

管控类模型审计是指运用预警模型,实时对生产数据实施有效监控,防止出现域外数据,避免损失的一种跟踪审计方式。这种审计方法有两种表现形式:一是在项目审计中,运行管控类模型,发现异常域值;二是在跟踪审计中,将管控类模型参数化,直接在平台上与生产数据同步,实时监控,避免发生域外数据。前者是用先进的智能审计工具完成传统的事后审计工作,仍然属于事后审计,重点在于"查";后者则将审计关口前移,监督与管理同行,体现了智能审计模式,重点在于"防"。

(五) 模型审计的周期

审计项目的周期性决定了模型审计的周期性,财政政策变化、行业管理模式变化、审计重点转移等外界因素会影响模型应用的周期,审计项目的生命力决定着审计模型的延续。不论周期如何,是长周期项目,还是短周期项目,审计模型要适应任何周期的直接应用、维护应用和预警应用的智能化需要。一要坚持业务流程的完整性,基础数据结构化;二要坚持数据流程区块性,行业数据个性化;三要坚持数据分析整体,逻辑思维严谨的原则。

1. 年度项目模型审计

年度项目模式审计是指以年度计划下达的公历年度为周期的审计项目运用模型开展审计的一种审计方式。常规审计项目通常是要列入年度项目计划,按计划有序组织实施。其中部分项目是每年必须审计一次的,以公历年时间为周期。这些年审制项目,内容基本差不多,在审计周期上相对稳定,在审计内容上主要随管理法规的变动而变化。换句话说,对以年度为周期的审计项目,在政策无变化或者无较大变化前提下,模型的逻辑性、查证结果的正确性通常适应当期年审制项目的需要,支持其正常应用。

2. 阶段性项目模型审计

阶段性项目是指某些较大型的建设项目,其项目持续一定时间,具有明显特点,而二期或者再次建设的间隔周期不确定或者不可能的项目模型。这部分项目具有特殊性,相应的模型也有其专用的特征,具有极强的独立性和阶段性,而且周期相对年度项目而言,具有一定持久性和连续性特点。工程项目时间相对持久、资金量大、地域广泛,但审计事项相对固定,法规政策和管理的条文都比较清晰,模型构建比较单一,模型使用周期取决于项目建设周期。

3. 政策性项目模型审计

政策性项目模型是指有的项目是随政策变化以政策的变动时间为周期的审计模型。任何一个部门和行业,国家政策发生变化,必然产生管理流程、系统参数的变化,与其相适应的模型也必须加以调整。审计项目受政策变动范围与调控力度大小的影响,多多少少也会发生一些周期性的变化,而其行业特征性模型同样会随之发生周期性变动。也就是要对模型进行政策性周期维护与应用。

4. 经营性项目模型审计

经营性项目模型是指以企业特定经营项目的项目生命力为周期构建的审计模型。这类模型应用效益性突出,在项目设计之初,构建的管控模型是以围绕项目效益为中心而设计的。通常业内对这类经营项目称为短平快项目,而监督的模型主要是保障资金安全为主,管控模式相对简单。这种模型周期是相对企业项目的生命周期而言的,而且与其相对应的经营特征性模型也同样以企业项目的生命为周期。

(六) 模型审计的逻辑

任一审计事项都有其自身的规律,数据表现构成事项各元素之间的规律关系,遵循事物的客观规律,审计事项的内在规律决定着审计模型的数据逻辑。

1. 平台逻辑

平台逻辑是指平台自始至终以审计流程为主线,以数据流程为重点,以智能工具为配点的逻辑体系。基本功能模块要符合审计业务逻辑、数据处理要符合审计作业思维、信息共享流畅要有效落地是智能审计平台逻辑性的基本表现。智能平台的逻辑性可概括为:合法的审计程序、有序的数据流程、适配的技术支持、顺畅的信息共享等几个方面。一个界面友好、业务流畅、操作方便的模型审计逻辑平台有如下特征:

一是模块业务化。智能审计平台建设的主导思想是服务于审计人员在平台上完成审计工作,各功能模块的设置要符合审计业务的需求,通常包括审计项目管理、审计现场实施、审计整改问效、审计公文管理、审计法规管理、审计档案管理等业务区块逻辑建设模块系统。

二是界面程序化。界面程序化体现的是平台的业务管理功能。横向阶段化,使应用人员清楚地知道我的业务动作在何阶段;纵向程序化,使应用人员清楚地知道在该阶段所遵循的工作步骤。二者合力,构成完整的审计工作程序管控体系。

三是数据流程化。横向以主表基础数据、主表结果数据、辅表结果数据、比对判定条件、比对结果数据、比对结果推断依次有序;纵向以会计核算科目关系、业务类别关系层层穿透依次有序。导入排序为生成账表、模型分析、疑点整理、底稿生成、法规套用、报告处理等不可逆数据流程。

四是信息共享化。从用户信息注册、业务信息初始化、项目信息流转贯穿整个工作的始终,各功能模块、各操作界面流畅共享平台信息。

2. 业务逻辑

审计是监督,先有行为才能产生监督,先会计后审计。会计业务反映了经济活动的轨迹,审计业务依据会计业务轨迹进行监督。会计准则完成了一次完整的闭环数据处理,构成了会计信息轨迹。而审计针对同一业务进行审计轨迹的描绘,构建审计信息轨迹。从业务流程而言。两条轨迹的足迹有相同的,也会有差异。差异主要来自两个方面:一方面是会计、审计对同一事项处理的过程不同;另一方面是流程控制的节点不同。

会计主要针对事项主体数据的记录,而审计通常会用其他相关区块数据参与对主体事项的逻辑印证,从多维空间对主体事项表现的数据进行确认,以达到辨析客观性、合规性的目的。多一条逻辑推理,多一维区块数据流程的印证,事项的客观性就显得更充分,更有说服力。审计业务对事项的逻辑推理,主要是运用更多维度的区块链安全数据,对业务事项客观性作逻辑印证。

3. 数据逻辑

理论上讲审计的数据逻辑与会计的数据关系应该保持一致,但现实中,两者在实践思维上是有差距的。差异主要来自两个方面:一方面是会计、审计对同一事项的认可程度不同;另一方面是数据维度印证的体量不同、维度不同、角度不同,数据样本的多与少,其结果往往会更贴近事项的真实性。在业务逻辑的大框架内,数据处理的思路是按数据分析、事项推理、行为判断、数据结果的流程,沿业务数据流程、数据关系、数据比对的逻辑思维展开。在多区块链安全数据相互关联进行逻辑印证的前提下,从主体数据到不同空间数据的要求而言,会计数据与审计数据在业务结果的性质确认方面,两条轨迹的结论有相同的,也有不同的。

会计对事项的认证主要依据主体数据,而审计对事项的认证通常会先寻找出同类事项的普遍规律,对超出规律的异常数值进行较多的关注。较常用的是建立多维小样本数据集市,寻求数据分布规律,构建审计模型,再回放到各相关区块链数据当中审计异常数据的机器学习的方法。以主体数据的会计性质为逻辑标本,以多维度不同区块链安全数据为基本相关数据群体,模型运行的数据逻辑表现的事项客体性质上应保持一致。多维空间数据对主体事项进行多方位的逻辑确认,通常有两种形式:一种是主表数据之间的逻辑推理;另一种是多区块链安全数据之间的逻辑推理。

(七) 模型审计的管理

1. 模型管理的主要方式

审计模型管理的方式是多样的,没有统一法律规范。审计单位应根据自己的业务需要,按分类清晰、应用方便、完整安全的原则制定相应的管理办法。

(1)模型存用方式。指的是模型存放介质。一种方式是模型存放在智能审计平台上,优点有三:一是构建模型、应用模型、维护模型一体化;二是模型要素读取、模型要素维护、模型测试一体化;三是模型学习培训、模型演示训练、模型考核评比一体化。不足之处是对外部人员交流演示时,应注意审计数据和审计信息的安全。另一种方式是平台外专用硬件建库分类保存,这种方式最大的优点是安全,但使用时需要迁移,调入平台,相对比较麻烦。实践中,大多审计单位都是以平台安全加密存放为主,外加备份的方式。

(2)模型分级方式。为了存用清晰,大多用户对模型都采取了不同的分类方式。模型一般采用三级至四级分类:一级是按国家审计的统一口径先将模型按审计类型建仓,通常称为体制分类;二级是按社会公共行业门类统一分区;三级是按项目类型按序存放;四级是按事项备注要素清单列示。分级建立模型库,主要采取审计项目信息流自动流转,人工对事项模型要素完善的方法半自动完成。模型的管理和要素维护,各审计单位可按自己的管理需要建立模型分级规则,进行分门别类的管理。

(3)模型配用方式。模型配用是指结合审计项目的需要,选择与审计目标相匹配的审计模型的过程。大多用户都采取模型名称查询、浏览、调用的功能组合方式,将新的审计项目需求与原有模型相匹配。常用的方法:一是基础方法,就是根据审计项目需求,按模型库打开查询方式一步步调阅,设定项目审计的必要条件,在模型要素窗体中查找相对应的模型,然后认真查询模型的环境条件是否吻合审计要求,最终确认所选用模型;二是字段查询,就是组合信息查询,可在查询窗口以组合信息的形式直接对模型要素表模糊查找基本适应的模型并列表,在列表中关联模型案例进行选择;三是平台推荐,就是利用智能审计平台的模型推荐功能,自动予以匹配。这种方式需要审计人员对审计实施方案结构化、事项化、平台数字化处理模型要素与审计方案非结构化数据进行结构化关联。模型匹配后,要对模型的吻合度进行评估,评估的方法与步骤通常是:

第一步,待审项目审计逻辑图与模型逻辑图相一致。

第二步,数据维度相对应,模型维度大于等于待审项目维度数。

第三步,所需字段相对应,模型字段要包含待审项目事项字段。

第四步,模型成果服从待审项目目标及其他信息。

2. 模型维护的主要内容

数据模型是智能审计的一种软工具,直接作用于审计数据的各个维度之间,随着审计项目变化的需要,有必要在审计实践中对数据模型进行适当维护和调整,包括日常维护、项目维护,或者计划性维护、实时性维护等。数据模型维护的具体内容是:

(1)模型数据空间维护。是指对参加模型构建时数据空间区块数据源的维护。每个审计项目所需的数据源都有所区别,有的项目涉及多个行业的数据,有的项目也不止一个主体数据区块。在构建审计模型时,其数据源是一个定值,而在实践应用中未必相等,这就需要对数据空间进行维护。

模型维护的必要条件:一是待审项目数据空间大于模型空间;二是待审项目主体数据区块大于模型主体数据区块。当模型主体数据区块大于待审项目主体数据区块,模型数据空间大于待审项目空间时,模型空间不需要维护。

进行模型空间维护的原因是供逻辑印证的数据和供审计查证的主体数据源不相适应,模型处理少于待审项目的数据处理。反之,模型处理数据源大于待审项目数据源,其平台标准数据库不过多了几列空项,不影响模型功能化运行。

模型空间维护的方法是多样的,比较简单的维护思路是:将待审项目各区块主体数据,视作有关系的独立数据库或数据表加以处理,对多个空间数据,同样加以处理。对模型而言,要对模型的语言范围作适当的调整与其数据库或数据表相对应。原则是保证模型数据流程、数据逻辑适合待审项目的要求。

(2)模型判别条件维护。是指对审计比对时嵌套在计算机语言中的政策性公式、复算公式和逻辑推理公式进行维护。

模型的条件判别是模型智能程度的重要因素,具有人工智能的含义。模型判别条件如同人工智能机器人的芯片,是模型智能化运行推理结果的分水岭,更是审计智慧和技术能力综合体的焦点,通常分为三大类:一是政策法规判别条件。根据现行法律法规,会计准则的规定,将文本条例编制成逻辑公式,构建政策法规审计模型,当数据运行触发条件边界,模型智能地推理出会计事项是否符合政策法规的基本定性。二是数据结果判别条件。根据会计核算公式及业务计算公式,审计复算结果与会计记录结果相比对、同一事项域值的业务系统信息与财务系统信息相比对等,模型智能地计算出信息之差的基本属性。三是逻辑推理判别条件。根据客体在不同区块数据中的不同角色,将其主要信息串联在一起,从不同区块数据的不同角色推理主体区块数据中的角色在逻辑上是否成立,模型智能地推理出成立与否的基本结论。

模型判别条件维护的方法是多种多样的,相对比较简单的维护思路是,将待审项目所需的政策法规解析、复算公式归集、审计思路逻辑图汇总,并在审计实施方案中条理化、明细化,同时将非结构化信息公式化、数字化,进而在模型库里查询匹配,对基本适应的模型列表查询和维护。具体地,对于政策法规类模型,要根据政策法规的有效期进行维护,政策变则维护,否则不需要维护;对于复算公式类模型,要根据财政、财务管理制度有效期进行维护,制度变则维护,否则不需要维护;对于逻辑推理类模型,要根据审计项目的目标和审计数据区块维度,决定是否需要对其进行必要的维护。

(3)模型控制参数维护。模型控制参数是指嵌套在审计模型中用于计算和判别的固定数值和预警模型中实时可调整的监控数值。对嵌在模型语言中用于对审计事项进行复算、推理的固定比值、数值进行参数维护,其作用和意义相同于判别条件维护。需要强调的是,对审计项目实时动态监控而设置的预警指标的维护和调整,是为了更好地适应被审计对象的实际情况,其维护也是客观管理的需要,是围绕事项目标科学预测的实践。

由于对同一事项的感知观不同,对事项客体的认知不同,干与管的意识差异、角度之别,往往对同一事项客体的认识和结论也不相同。客观需要的项目调整是可以理解的,但是需要慎重辨析,必要时运用多维空间数据对所监控项目的调整进行逻辑印证,以支持参数调整的科学性,这一点是参数调整科学性的重中之重。当然,也可在一定范围内,允许有一个尺度,守住效益和法纪这条底线,较好地发挥监督的职能作用。

参考文献

一、中文文献

［德］恩格斯:《自然辩证法》,人民出版社 2018 年版。

［德］马克思:《政治经济学批判大纲(草稿)第一分册》,人民出版社 1975 年版。

［德］马克思:《资本论(第二卷)》,人民出版社 2004 年版。

《马克思恩格斯全集》第 24 卷,人民出版社 1972 年版。

《马克思恩格斯选集》第 1 卷,人民出版社 1995 年版。

［美］Ben Fry:《可视化数据》,张羽译,电子工业出版社 2009 年版。

［美］艾尔弗雷德·D.钱德勒:《战略与结构》,孟昕译,云南人民出版社 2002 年版。

［美］赫伯特·A.西蒙:《管理行为》,杨砾等译,北京经济学院出版社 1988 年版。

［美］赫伯特·A.西蒙:《管理决策新科学》,李柱流等译,中国社会科学出版社 1982 年版。

［美］卡斯特·罗森茨韦克等:《组织与管理:系统方法和权变方法》,李柱流等译,中国社会科学出版社 1985 年版。

［美］迈克尔·波特:《竞争优势》,陈丽芳译,中信出版社 2014 年版。

［美］迈克尔·波特:《竞争战略》,郭武军、刘亮译,华夏出版社 2012 年版。

［美］迈克尔·查特菲尔德:《会计思想史》,文硕等译,中国商业出版社 1989 年版。

［美］托马斯·约翰逊、［美］罗伯特·卡普兰:《管理会计的兴衰史——相关

性的遗失》,金马工作室译,清华大学出版社 2004 年版。

[美]约翰·B.坎宁:《会计中的经济学》,宋小明等译,立信会计出版社 2014 年版。

[意]卢西亚诺·弗洛里迪:《第四次革命:人工智能如何重塑人类现实》,王文革译,浙江人民出版 2016 年版。

[英]维克托·迈尔·舍恩伯格等:《大数据时代:生活、工作与思维的大变革》,盛杨燕等译,浙江人民出版社 2013 年版。

艾文国:《会计电算化》,高等教育出版社 2003 年版。

曾鸣:《智能商业》,中信出版社 2018 年版。

朝乐门、邢春晓、张勇:《数据科学研究的现状与趋势》,《计算机科学》2018 年第 1 期。

陈敏:《认知计算导论》,华中科技大学出版社 2017 年版。

陈启坤:《ERP——从内部集成起步》,电子工业出版社 2005 年版。

陈为、沈则潜、陶煜波:《数据可视化》,电子工业出版社 2013 年版。

陈先昌:《基于卷积神经网络的深度学习算法与应用研究》,浙江工商大学硕士学位论文,2014 年。

陈旭:《智能会计信息系统》,高等教育出版社 2021 年版。

董琼慧:《我国开发财务决策支持系统的环境分析》,《中国会计电算化》2000 年第 5 期。

高等财经院校会计教材编写组:《会计原理》,中国财政经济出版社 1979 年第 2 版。

高俊峰、董玥:《网络舆情场中信息受众的观点测度》,中国科学技术出版社 2018 年版。

葛家澍:《关于财务会计基本假设的重新思考》,《会计研究》2002 年第 1 期。

葛家澍:《会计学导论》,立信会计图书用品社 1988 年版。

葛家澍:《马克思的簿记理论与现代会计》,《中国经济问题》1983 年第 1 期。

郭海、杨主恩:《从数字技术到数字创业:内涵、特征与内在联系》,《外国经济与管理》2021 年第 9 期。

胡翠华、陈登科:《商务智能在我国的发展现状、问题及其对策》,《科技管理研究》2007 年第 10 期。

胡雄伟、张宝林、李抵飞:《大数据研究与应用综述》,《标准科学》2013 年第

11 期。

黄津孚、张小红、何辉:《信息化　数字化　智能化:管理的视角》,经济科学出版社 2014 年版。

黄群慧:《未来 30 年中国工业化进程与产业变革的重大趋势》,《学习与探索》2019 年第 8 期。

黄世忠:《财务报表分析的逻辑框架——基于微软和三大汽车公司的案例分析》,《财务与会计》2007 年第 19 期。

李德毅、林润华、李兵:《云计算技术发展报告》,科学出版社 2012 年版。

李德毅、于剑:《人工智能导论》,中国科学技术出版社 2018 年版。

李建会:《走向计算主义》,《自然辩证法通讯》2003 年第 3 期。

李金昌:《从政治算术到大数据分析》,《统计研究》2014 年第 11 期。

李金昌:《大数据与统计新思维》,《统计研究》2014 年第 1 期。

李良才、陈冀豫:《财务决策支持系统研究》,《会计研究》1996 年第 4 期。

李守明、黄敏学、范明:《财务决策支持系统》,经济科学出版社 2001 年版。

李守明:《试析企业财务决策支持系统》,《武汉大学学报》1997 年第 5 期。

李长云、王志兵:《智能感知技术及在电气工程中的应用》,电子科技大学出版社 2017 年版。

李正风:《科学知识生产方式及其演变》,清华大学出版社 2006 年版。

林志军:《关于会计计量的认识》,《会计研究》1986 年第 5 期。

刘华:《关于财务决策支持系统的研究》,《财务信息化》2004 年第 12 期。

刘梅玲、黄虎、佟成生、刘凯:《智能财务的基本框架与建设思路研究》,《会计研究》2020 年第 3 期。

刘卫国:《现代化、信息化、数字化、智能化及其相互关系》,《中国铁路》2011 年第 1 期。

娄尔行:《会计的实质是管理——〈现代物资企业会计管理〉序》,《中国物资流通》1989 年第 12 期。

陆文婷:《多源信息融合视阈下商务智能体系研究》,《求索》2016 年第 10 期。

马建光、姜巍:《大数据的概念、特征及其应用》,《国防科技》2013 年第 2 期。

孟小峰、李勇、祝建华:《社会计算:大数据时代的机遇与挑战》,《计算机研究与发展》2013 年第 12 期。

潘序伦、王澹如:《基本会计学》,知识出版社 1983 年版。

秦荣生:《大数据、云计算技术对审计的影响研究》,《审计研究》2014 年第 6 期。

孙海侠:《商务智能系统的架构及技术支持》,《情报技术》2005 年第 2 期。

汤谷良、夏怡斐:《企业"业财融合"的理论框架与实操要领》,《财务研究》2018 年第 2 期。

王爱国:《会计理论研究——构建中国特色的会计理论体系》,南海出版公司 1995 年版。

王爱国:《再论智能会计——兼谈智能会计的科学属性》,《财会月刊》2021 年第 21 期。

王爱国:《智能会计:会计转型发展的方向》,《会计之友》2020 年第 9 期。

王斌:《论业财融合》,《财务研究》2018 年第 3 期。

王芳、王宣艺、陈硕:《经济学研究中的机器学习:回顾与展望》,《数量经济技术经济研究》2020 年第 4 期。

王亚星、李心合:《重构"业财融合"的概念框架》,《会计研究》2020 年第 7 期。

韦坚、刘爱娟、唐剑文:《基于深度学习神经网络技术的数字电视监测平台告警模型的研究》,《有线电视技术》2017 年第 7 期。

吴超:《从原材料到资产——数据资产化的挑战和思考》,《中国科学院院刊》2018 年第 8 期。

吴江、邹柳馨、胡忠义:《大数据环境下电子商务学科的智能化转型和商务智能研究》,《图书情报知识》2020 年第 5 期。

吴世农、林晓辉、李柏宏、王举明:《智能财务分析与诊断机器人的开发及实证检验》,《债券市场导报》2021 年第 2 期。

武晓芬、田海洋:《智慧社会治理下的人工智能审计平台构建研究》,《西安财经学院学报》2019 年第 3 期。

谢志华、杨超、许诺:《再论业财融合的本质及其实现形式》,《会计研究》2020 年第 7 期。

谢志华:《会计的逻辑——以会计信息为基础整合企业信息体系》,《会计研究》2003 年第 6 期。

续慧泓、杨周南、周卫华、刘锋、刘薇:《基于管理活动论的智能会计系统研究——从会计信息化到会计智能化》,《会计研究》2021 年第 3 期。

阎达五、陈亚民:《论会计管理循环》,《财会通讯》1988 年第 8 期。

阎达五:《会计管理结构——对中国会计理论建设的若干思考》,北京出版社 1990 年版。

杨栋、魏大鹏:《科学观之演进与管理学科学属性之争》,《管理世界》2009 年第 6 期。

杨纪琬、娄尔行:《经济大辞典(会计卷)》,上海辞书出版社 1991 年版。

杨纪琬、阎达五:《开展我国会计理论研究的几点意见——兼论会计学的科学属性》,《会计研究》1980 年第 1 期。

杨纪琬:《1982 年会计学论文选》,中国财政经济出版社 1983 年版。

杨钰、吴键:《ITIL 中 IT 基础架构管理模型设计与实现》,《计算机技术与发展》2007 年第 4 期。

茵明杰、钱平凡:《再造流程》,浙江人民出版社 1997 年版。

余绪缨:《要从发展的观点,看会计学的科学属性》,《中国经济问题》1980 年第 5 期。

张瑞君、陈虎、张永冀:《企业集团财务共享服务的流程再造关键因素研究——基于中兴通讯集团管理实践》,《会计研究》2010 年第 7 期。

张先治:《财务分析学》,东北财经大学出版社 1995 年版。

张先治:《现代财务分析程序与方法体系重构》,《求实学刊》2002 年第 4 期。

张新民、王秀丽:《企业财务状况的质量特征》,《会计研究》2003 年第 9 期。

赵致琢:《关于计算机科学与技术认知问题的研究简报(1,2)》,《计算机研究与发展》2001 年第 1 期。

郑树泉:《工业智能技术与应用》,上海科学技术出版社 2019 年版。

中国注册会计师协会:《财务成本管理》,中国财政经济出版社 2017 年版。

周瑾、黄立平:《知识管理和商务智能关系研究》,《科学学与科学技术管理》2009 年第 3 期。

朱扬勇、熊赞:《数据学》,复旦大学出版社 2009 年版。

二、外文文献

Abdolmohammadi M. J.,"Decision Support and Expert Systems in Auditing:A Review and Research Directions",*Accounting and Business Research*,Vol.17,No.66,1987.

Bell T. B.,Knechel W. R.,Payne J. L.,et al.,"An Empirical Investigation of the

Relationship Between the Computerization of Accounting Systems and the Incidence and Size of Audit Differences", *Auditing*, Vol.17, No.1, 1998.

Daigle R. J., Lampe J. C., "The Level of Assurance Precision and Associated Cost Demanded When Providing Continuous Online Assurance in an Environment Open to Assurance Competition", *International Journal of Accounting Information Systems*, Vol. 6, No.2, 2005.

Iansiti M., Lakhani K. R., "The Truth About Blockchain", *Harvard Business Review*, Vol.95, No.1, 2017.

Kamil Omoteso, "The Application of Artificial Intelligence in Auditing: Looking Back to the Future", *Expert Systems with Applications*, No.39, 2012.

Kokina J., Davenport T. H., "The Emergence of Artificial Intelligence: How Automation is Changing Auditing", *Journal of Emerging Technologies in Accounting*, Vol.14. No.1. 2017.

Raphael J., "Rethinking the Audit", *Ournal of Accountancy*, Vol.223, No.4, 2017.

Samantha Bowling CPA C., Meyer C., "How We Successfully Implemented AI in Audit", *Journal of Accountancy*, Vol.227, No.5, 2019.

Turner C., R., Fuggetta A., Lavazza L., et al., "A Conceptual Basis for Feature Engineering", *Journal of Systems & Software*, No.1, 1999.

Maroufkhani P., Tseng M. L., Iranmanesh M., et al., "Big Data Analytics Adoption: Determinants and Performances among Small to Mediumsized Enterprises", *International Journal of Information Management*, Vol.54, 2020.

Anderson M., Hitten D., Lett B., "OIS Scenario: The Emerging Electronic Workplace", Gartner Group, R-OIS-126, 1996.

Andrew Gely, "The Study of Harvard Analysis Framework and Corporate Financial Analysis", *Emerald Insight*, Vol.2, No.4, 2016.

Arunachalam D., Kumar N., "Benefit-Based Consumer Segmentation and Performance Evaluation of Clustering Approaches: An Evidence of Data-Driven Decision-Making", *Expert Systems with Applications*, Vol.111, 2018.

Ban G-Y, EI Karoui N., Lim A. E. B., "Machine Learning and Portfolio Optimization", *Management Science*, Vol.64, No.3, 2018.

Barc, BI Trend Monitor 2020, http://Barc - Research. com/Research/Bi -

Trend-Monitor/.

Blankespoor E., Dehaan E., Zhu C., "Capital Market Effects of Media Synthesis and Dissemination: Evidence from Robo-Journalism", *Review of Accounting Studies*, Vol.23, No.1, 2018.

Blasum R., "Business Rules and Business Intelligence", Information Management, Vol.17, No.4, 2007.

Buja A., Cook D., Swayne D. F., "Interactive High-Di-Mensional Data Visualization", *Journal of Computational and Graphical Statistics*, Vol.5, 2003.

Card S., Mackinlay J., Shneiderman B., "Readings in Information Visualization: Using Vision to Thinking", San Francisco: Morgan Kaufmann Publishers, 1999.

Chen H., Chiang R. H., Storey V. C., "Business Intelligence and Analytics: From Big Data to Big Impact", *MIS Quarterly*, Vol.36, No.4, 2012.

Chi E., Riedl J., "An Operator Interaction Framework for Visualization Systems", *Proceedings of the Symposium on Information Visualization (Info Vis' 98) North Carolina*, 1998.

Chi E., "A Taxonomy of Visualization Techniques Using the Data State Reference Model", *Proceedings of the Symposium on Information Visualization (Infovis' 2000)*, 2000.

Chuah M., Roth S., "On The Semantics of Interactive Visualization", *Proceedings of IEEE Visualization*, 1996.

D'Acunto F., Prabhala N., Rossi A. G., "The Promises And Pitfalls of Robo-Advising", *Review of Financial Studies*, Vol 32, No.5, 2019.

Dong X. L., Srivastava D., "Big Data Integration", *Synthesis Lectures on Data Management*, Vol.7, No.1, 2015.

Edward R., Tufte, *The Visual Display of Quantitative Information*, Florida: Graphics Press, 1983.

Erich A., Helfert, *Techniques of Financial Analysis: A Practical Guild to Managing and Measuring Business Performance*, Irwin Professional Publishing, 1997.

Fink L., Yogev N., Even A., "Business Intelligence and Organizational Learning: An Empirical Investigation of Value Creation Processes", *Information & Management*, Vol.54, No.1, 2017.

George Foster, *Financial Statements Analysis*, New Jersey: Prentice Hall International Editions, 1986.

Gruman G., "Rethinking Business Intelligence", *Infoworld*, Vol.29, No.14, 2007.

Hoyland S., Holte K., Gressgard L., et al., "Exploring Multiple Working Arrangements in Norwegian Engineering, Procurement, and Construction Industry From a Middle Manager and Supervisor Perspective: A Sociotechnical System Perspective", *Applied Ergonomics*, Vol.76, 2019.

Kaplan R. S., Norton D. P., "The Balanced Scorecard Measure that Drive Performance", *Harvard Business Review*, Vol.1, No.2, 1992.

KeimD.A., H.P., "Kriegel Visualization Techniques for Mining Large Databases: A Comparison", *IEEE Transactions on Knowledge and Data Engineering*, Vol. 8, No. 6, 1996.

Keim D. A., "Information Visualization and Visual Data Mining", *IEEE Transaction on Visualization and Computer Graphics*, Vol.8, No.1, 2000.

Keim D. A., "Visual Exploration of Large Databases", *Communication of ACM*, Vol.44, No.8, 2002.

Leopold A. Bernstein, John J. Wild, *Financial Statement Analysis*, New York: Mcgraw-Hill College, 2001.

Liang T.P., Liu Y.H., "Research Landscape of Business Intelligence and Big Data Analytics: A Bibliometrics Study", *Expert Systems with Applications*, Vol.111, 2018.

Mccormick B. H., Defanti T. A., M. D. Brown, "Visualization in Scientific Computing", *Computer Graphics*, Vol.21, No.6, 1987.

Palepu, Healy, and Bernard, *Business Analysis & Valuation: Using Financial Statements*, Cincinnati: South-Western College Publishing, 2000.

Panetta K., *Gartner Top 10 Strategic Technology Trends for 2018*, https://www. gartner. com /smarterwithgartner / gartner – top – 10 – strategic – technology – trends – for–2018/.

Porter M. E., "How Competitive Forces Shape Strategy", *Harvard Business Review*, 1979.

Power D. J., "Decision Support Systems: Concepts and Resources for Managers", *Information Systems Management*, Vol.20, No.4, 2002.

Roberson G. G., Card S. K., Mackinlay J. D., *The Cognitive Co-processor for Interactive User Interfaces*, Proceedings of UIS'89, ACM Symposiom On Userinterface and Software and Technology, 1989.

S. K. Card, "Visualizing Retrieved Information: A Survey", *IEEE Computer Graphics & Applications*, Vol.16, No.2, 1996.

Shneiderman B., "The Eyes Have it: A Task by Data Type Taxonomy for Information Visualization", *IEEE Symposium On Visual Language*, 1996.

Simon H. A., *The Sciences of the Artificial*, Cambridge: MIT Press, 1969.

Sutherland A., "Does Credit Reporting Lead to a Decline in Relationship Lending? Evidence from Information Sharing Technology", *Journal of Accounting and Economics*, Vol.66, No.1, 2018.

Tory M., Möller T., A Model-Based Visualization Taxonomy, Computing Science Dept., Simon Fraser Univ., 2002.

Trist E., Bamforth K., "Some Social and Psychological Consequences of the Longwall Method of Coal-Getting", *Human Relations*, Vol.4, No.1, 1951.

W. Playfair, *The Commercial and Political Atlas*, London: Cambridge University Press, 1786.

Watson H. J., Goodhue D. L., Wixom B. H., "The Benefits of Data Warehousing: Why Some Organizations Realize Exceptional Payoffs", *Information & Management*, Vol.39, No.6, 2002.

Wehrend S., C.Lewis., "A Problem-Oriented Classification of Visualization Techniques", *Processing of IEEE Visualization*, 1990.

Wu J., "Indicators of Successful Business Intelligence Solutions", *DM REVIEW*, Vol.16, No.12, 2006.

Yogev N., Even A., "Business Intelligence and Organizational Learning: An Empirical Investigation of Value Creation Processes", *Information & Management*, Vol.54, No.1, 2017

Zhong R., Newman S., Huang G., et al., "Big Data for Supply Chain Management in the Service and Manufacturing Sectors: Challenges, Opportunities, and Future Perspectives", *Computers & Industrial Engineering*, Vol.101, 2016.

Anaerson J. E., " Making Operational Sense of Mergers and Acquisitions ",

The Electricity Journal, Vol.12, No.7, 1999.

Andersen A., "Insights on European Shared Services Operations", *American Economic Review*, Vol.10, No.2, 1997.

Andreas Rauber, Andreas Aschenbrenner, "Part of Our Culture is Born Digital—On Efforts to Preserve it for Future Generations", *On-line Journal for Cultural Studies Internet-Zeitschrift*, Vol.10, 2001.

Ben Youssef A., Boubaker S., Dedaj B., Carabregu-Vokshi M., "Digitalization of the Economy and Entrepreneurship Intention", *Technological Forecasting and Social Change*, No.3, 2021.

Berger E. S. C., Von Briel F. V., Davidsson P., Kuckertz A., "Digital or Not—The Future of Entrepreneurship and Innovation", *Journal of Business Research*, Vol.125, No.3, 2021.

Bharadwaj A., Sawy O. A. E., Pavlou P. A., Venkatraman N. V., "Digital Business Strategy: Toward A Next Generation of Insights", *MIS Quarterly*, Vol.37, No.2, 2013.

Carroll L., Farr E., Hornsby P., et al., "A Comprehensive Approach to Born-Digital Archives", *Archivaria*, 2011.

Denburgh E. V., "Cagna D. Doing More with Less", *Electric Perspectiver*, Vol.25, No.1, 2000.

Forst L. I., "Fulfilling the Strategic Promise of Shared Services", *Strategy*, Vol.25, No.1, 1997.

Gatos B., Mantzaris S., Perantonis S., "Automatic Page Analysis for the Creation of a Digital Library from Newspaper Archives", *International Journal on Digital Libraries*, Vol.3, No.1, 2000.

Gunn R. W., Carberry D. P., Frigo R., et al., "Shared Services: Major Companies Are Reengineering Their Accounting Functions", *Management Accounting*, Vol.75, No.5, 1993.

Jan Askhoj, Shigeo Sugimoto, Mitsuharu Nagamori, "A Metadata Framework for Cloud Based", *Lecture Notes in Computer Science*, No.10, 2011.

Jan Askhoj, Shigeo Sugimoto, Mitsuharu Nagamori, "Preserving Records in the Cloud", *Records Management Journal*, Vol.21, No.3, 2011.

Katharine Stuart, DavidBromage, "Current State of Play Records Management and the Cloud", *Records Management Journal*, Vol.20, No.2, 2010.

Keith D., Hirschfield D. R., "The Benefits of Sharing", *HR Focus*, Vol.73, No. 9, 1996.

Schulman D. S., Harmer M. J., Dunleavy J. R., Lusk J. S., Shared Services: Adding Value to the Businessunits, New York: Wiley, 1999.

Lyytinen K., Yoo J., Richard J., et al., "Digital Product Innovation Within Four Classes of Innovation Networks", *Information Systems Journal*, Vol.26, No.1, 2016.

M. Hammer, "Reening Work: Don't Automate, Obliterate", *Harvard Business Review*, 1990.

Marijn J.A., Joha J. V., Grinsven, *Operational Risk Management as Shared Service Center of Excellence(COE)*. Wiesbaden: Springer Fachmedien Wiesbaden, 1999.

Michael E. P., *Competitive Strategy*, New York: Free Press, 1980.

Moller P., "Implementing Shared Services in Europe", *Treasury Management International*, Vol.6, No.7, 1997.

NambisanS., "Digital Entrepreneurship: Toward a Digital Technology Perspective of Entrepreneurship", *Entrepreneurship Theory and Practice*, Vol.41, No.6, 2017.

Nicola Orio, Lauro Snidaro, Sergio Canazza, Gian Luca Foresti, "Methodologies and Tools for Audio Digital Archives", *International Journal on Digital Libraries*, Vol.10, No.4, 2009.

Ries A., Trout J., "The Positioning Era Cometh", *Advertising Age*, Vol. 24, No. 4, 1972.

Robin Taylor, "MINERVA: Archiving Born-Digital Material at the Library of Congress", *Slavic & East European Information Resources*, Vol.5, No.2, 2004.

Ross MacIntyre, Simon Tanner, "Nature A Prototype Digital Archive", *International Journal on Digital Libraries*, Vol.3, No.1, 2000.

Schulman D. S., Harmer M. J., Dunleavy J. R., Lusk J.S., *Shared Services: Adding Value to the Businessunits*, New York: Wiley, 1999.

Sebastian I., Ross J., Beath C., Mocker M., Moloney K., Fonstad N., "How Big Old Companies Navigate Digital Transformation", *MIS Quarterly*, Vol.16, No.3, 2017.

Shah B., "Shared Services: Is It for You", *Industrial Management*, Vol. 40, No. 5, 1998.

T. A. Aldowaisan, L. K. Gaafar, "A Framework for Developing Technical Process Reengineering Designs", *Computers Industry Engineering*, Vol.32, No.3, 1997.

Trout, J., "Positioning is A Game People Play in Today's Me-Too Market Place", *Industrial Marketing*, Vol.54, No.6, 1969.

Ulrich D., "Shared Services: from Vogue to Value", *Humn Reseource Planning*, Vol.18, No.3, 1995.

Yoo Y., "Computing in Everyday Life: A Call for Research on Experiential Computing", *MIS Quarterly*, Vol.34, No.2, 2010.

Zhang Guigang, Xue Sixin, Feng Huiling, Li Chao, Liu Yuenan, Yong Zhang, Chunxiao Xing, "Massive Electronic Records Processing for Digital Archives in Cloud", *Lecture Notes in Computer Science*, No.11, 2013.

Accounting Principles Board (APB) Statement No. 4, *Basic Concepts and Accounting Principles Underlying Financial Statements of Business Enterprises*, AICPA, 1970.

Agostino D., Sidorova Y., "How Social Media Reshapes Action on Distant Customers: Some Empirical Evidence", *Accounting, Auditing and Accountability Journal*, Vol. 30, No.4, 2017.

American Accounting Association (AAA), A Statement of Basic Accounting Theory, *American Accounting Association*, 1966.

Arnaboldi M., Busco C., Cuganesan S. "Accounting, Accountability, Social Media and Big Data: Revolution or Hype?", *Accounting, Auditing and Accountability Journal*, Vol.30, No.4, 2017.

Bhimani A., Willcocks L., "Digitisation, 'Big Data' and the Transformation of Accounting Information", *Accounting and Business Research*, Vol.44, No.4, 2014.

Denning P. J. et al., "Computing as a discipline", *Communication on ACM*, Vol. 32, No.1, 1989.

Donoho D., "50 Years of Data Science", *Journal of Computational and Graphical Statistics*, Vol.26, No.4, 2017.

Duncan Watts., *Computational Social Science: Exciting Progress and Future Challenges*, The Bridge on Frontiers of Engineering, 2013.

Knudsen D. R., " Elusive Boundaries, Power Relations, and Knowledge

Production：A Systematic Review of the Literature on Digitalization in Accounting", *International Journal of Accounting Information Systems*, Vol.36, 2020.

Manyika J., Chui M., Brown B., Bughin J., Dobbs R., Roxburgh C., Byers A. H., Big Data：the Next Frontier for Innovation, Competition, and Productivity, McKinsey Global Institute, 2011, http://stat－athens. aueb. gr/~jpan/MGI _ big _ data _ full _ report.pdf.

Marr B., *Big Data：Using SMART Big Data, Analytics and Metrics to Make Better Decisions and Improve Performance*, Chichester：John Wiley & Sons, 2015.

Mautz R. K., *Effect of Circumstances on the Application of Accounting Principles*, Financial Executives Research Foundation, New York：Financial Executives Research Foundation, 1972.

Mcafee A., Brynjolfsson E., *Machine, Platform, Crowd：Harnessing Our Digital Future*, New York：W.W.Norton & Company, 2017.

Pasquale F., *The Black Box Society：The Secret Algorithms That Control Money and Information*, Cambridge：Harvard University Press, 2015.

Peter Naur, *Concise Survey of Computer Methods*, New York：Petrocelli Books, 1974.

Porter M. E., Heppelmann J. E., "How Smart, Connected Products are Transforming Competition" *Harvard Business Review*, Vol.92, No.11, 2014.

Quattrone P., "Management Accounting Goes Digital：Will the Move Make It Wiser?", *Management Accounting Research*, Vol.31, 2016.

Rom, Anders, Carsten Rohde, "Management Accounting and Integrated Information Systems：A Literature Review", *International Journal of Accounting Information Systems*, Vol.8, No.1, 2007.

Rosenberg, "Lakatosian Consolations for Economic", *Economics and Philosophy*, No.2, 1986.

Scott S. V., Orlikowski W. J., "Reconfiguring Relations of Accountability：Materialization of Social Media in the Travel Sector", *Accounting, Organizations and Society*, Vol.37, No.1, 2012.

Sidney Davidson, *Handbook of Modern Accounting*, New York：McGraw－Hill Book Company, 1977.

Simon H. A. ,"Bounded Rationality in Social Science:Today and Tomorrow", *Mind & Society* ,No.1 ,2000.

Simon H. A. ,"Rationality in Psychology and Economics", *Journal of Business* ,No. 59 ,1986.

Simon H. A. , *Administrative Behavior-A Study of Decision Making Processes in Administrative Organization* ,New York:Macmillan Publishing Company ,1971.

Simon H. A. , *Models of Bounded Rationality* (*Vol.* 3) , Cambridge: The MIT Press ,1997.

Simon H. A. , *Theories of Bounded Rationality* ,Amsterdam:North-Holland ,1972.

Simon H. A. ,"Rational Choice and the Structure of the Environment", *Psychological Review* ,No.63 ,1956.

Tony Cass ,"A Handler for Big Data", *Science* ,No.10 ,1998.

Yuji ,Ljiri. ,"The Theory of Accounting Measurement", *American Accounting Association* (*AAA*) ,1975.

后　记

　　人类社会正处在数字时代的起跑线上,正处于"百年未有之大变局"加速演进过程中。与个人电脑、互联网、移动设备和云端技术相比,AI 对人类社会的影响最为根本。AI 服务已经涵盖了医疗健康、金融保险、交通运输、生产制造等世界上最大的兆级产业,ChatGPT 所代表的生成式人工智能(AIGC)终将改变会计、改变商科、改变世界。

　　技术赋能会计,会计使能技术。在数据、算法、算力驱动下,会计智能化转型已经迫在眉睫、已是大势所趋。伴随数字经济的高速发展和数字企业的加速建设,智能会计一定是一个连接企业价值重构、价值共创和价值共生的数字记录和数字运用技术装置系统,注定是会计智能化和企业数字化转型发展的方向。构筑智能会计的学科体系、学术体系和话语体系,为世界贡献智能会计发展的中国智慧、中国经验和中国方案,是当代会计学者和会计实务工作者的光荣使命和责任担当。为了应对这种机遇和挑战,本书初步构建了智能会计的理论与方法体系,详细介绍了智能会计的基本概念、基本原理、基本方法和基本技术,全面阐述了智能会计本质、智能会计核算、智能财务共享、智能财务决策、智能财务分析可视化和智能审计监督等相关内容,特别突出了智能会计的学科概念和理论体系的逻辑性、系统性和整体性。

　　本书是山东财经大学智能会计团队集体智慧的结晶,全书共分六章,第一章智能会计本质由王爱国教授撰写,第二章智能会计核算由李瑞雪博士撰写,第三章智能财务共享由史文雷博士撰写,第四章智能财务决策由赵冠华教授撰写,第五章智能财务分析可视化由牛艳芳教授撰写,第六章智能审计监督由刘玉玉副教授撰写。最后由王爱国教授负责总纂。张泉博士进行了文字校对和文献订正等工作。宋国荣先生提供了大量资料和数据支持。

本书付梓得到了山东财经大学和人民出版社的大力支持,在撰写过程中参考了大量相关文献,对此一并表示衷心感谢。

本书所进行的探索是初步的,难免存在不完善、不合理之处,敬请读者批评指正。

编　者

2023 年 6 月于燕子山

责任编辑：张　蕾

封面设计：汪　莹

责任校对：周晓东

图书在版编目（CIP）数据

智能会计：理论、方法与应用/王爱国 主编. —北京：人民出版社，2024.4

　　（2024.10 重印）

ISBN 978－7－01－026346－5

I.①智…　Ⅱ.①王…　Ⅲ.①会计信息-财务管理系统　Ⅳ.①F232

中国国家版本馆 CIP 数据核字（2024）第 037845 号

智能会计

ZHINENG KUAIJI

——理论、方法与应用

王爱国　主编

人民出版社 出版发行

（100706　北京市东城区隆福寺街 99 号）

北京汇林印务有限公司印刷　新华书店经销

2024 年 4 月第 1 版　2024 年 10 月北京第 2 次印刷

开本：710 毫米×1000 毫米 1/16　印张：25

字数：359 千字

ISBN 978－7－01－026346－5　定价：69.00 元

邮购地址 100706　北京市东城区隆福寺街 99 号

人民东方图书销售中心　电话（010）65250042　65289539